明治維新

田中　彰

目次

図表作成協力　佐々木　克

凡例

一、引用史料は、できるだけ原文を生かしたが、一部読み下した部分がある。また、一部は口語訳にし、必要に応じて濁点を付した。差別用語は、史実を見極め克服するために史料のままとした。

一、引用文中カッコ内の説明と傍点およびルビは、とくにことわらない限り著者のものである。

一、人物の生没年は、西暦を用いたが、その他は元号年に西暦年を併記した。なお、月日は明治六年以前は陰暦である。人物の年齢は、原則として数え年とした。

一、本文中の文献は、煩瑣を避けるため、必要な場合を除き、出版社、出版年は省略した。

一、元版巻末の「明治初年の政府高官一覧」および「一八七一年（明治四）の廃藩置県と府県別順」は省略、「岩倉米欧使節団のコース」は別図を使用し、「明治初年の官制変遷一覧」とともに本文内に掲げた。

一、改訂の方針とその部分については、巻末の「学術文庫化にあたって」を参照されたい。

明治維新

序章　近代日本の開幕――はじめに――

サンフランシスコへの第一歩

機はぐっと高度を下げた。眼下にひろがるカラフルな街並み。その街並みのあいだをまっすぐ糸をひくように走る自動車の列。静と動とが織りなす近代都市サンフランシスコが刻々目のまえに近づく。紺碧《こんぺき》の湾内には、対岸オークランドへ一直線にベイ＝ブリッジが走り、かなたの夕靄《ゆうもや》のなかに金門橋の幾何学的な雄姿がうかぶ。昭和四九年（一九七四）四月、私ははじめて空からこのサンフランシスコに第一歩を印したのである。

その一〇三年前、明治四年（一八七一）一二月六日（陰暦）のあけがた、新しい国家づくりをめざす明治新政府の首脳岩倉米欧遣外使節団は、はるか日本から太平洋を横断して、アメリカ大陸のこの地を天明の霧のかなたにながめた。おりからの旭光《きよつこう》にしだいにくっきりと姿をあらわしたゴールデンゲート（金門）に、思わず彼らは「景色ウルハシ」と嘆声を発しているのだ。

一行のなかには、明治新政府の中心人物、右大臣岩倉具視《ともみ》（一八二五―八三）・参議木戸孝允《たかよし》（一八三三―七七）・大蔵卿大久保利通《としみち》（一八三〇―七八）がいた。彼らにははじめてのか。統一国家形成への道をきりひらいてきた彼らの胸中に去来したものは、いったい何であったの外国の地である。幕末の動乱を経、版籍奉還についで廃藩置県を断行し、とにもかくにも

日の丸演説

その数日後の一二月一四日夜、この使節団の歓迎会《レセプション》が、宿舎モントゴメリー街グランド＝ホテルでひらかれた。そのとき、特命全権副使・工部大輔《たゆう》伊藤博文《ひろぶみ》（一八四一－一九〇九）は、つぎのような一場の演説をこころみた。時に会場にはところどころに日章旗と三七星条旗とが交差してかかげられ、この地の知事をはじめ顕官・将星・市民三〇〇人がきらびやかにつめかけていたのである。

今や外国の風習は日本全国を通じて諒解《りょうかい》せらる。今日我国の政府及び人民の最も熱烈なる希望は、先進諸国の享有する文明の最高点に到達せんとするに在《あ》り。この目的に鑑《かんが》み、我等は陸海軍、学術教育の諸制度を採用したるが、外国貿易の発展に伴ふて知識は自由に流入せり。我国に於ける改良は物質的文明に於て迅速なりと雖《いえど》も、国民の精神的改良は一層遥かに大なるものあり。

伊藤の声はいちだんと高まり、彼のスピーチはさらにつづく。

我国の最も賢明なる人々は、精密なる調査の結果、この見解に於て相一致す。数千年来、専制政治の下《もと》に絶対服従せし間、我人民は思想の自由を知らざりき。物質的改良に伴ふて、彼等は長歳月の間彼等に許されざりし所の特権あることを諒解するやうになれり。尤《もつと》もこれに伴ふ内変は一時の現象に過ぎざりき（『伊藤博文伝』上巻）。

彼は、数百年の強固さをほこった日本の封建制度は、「一箇の弾丸も放たず、一滴の血を流さずして、一年以内に撤廃せられたり」といい、このおどろくべき事実は、「政府と人民との合同行為」によって達成され、「今や相一致して進歩の平和的道程を前進しつつあり、中世紀に於ける孰《いず》れの国が戦争なくして封建制度を打破せしぞ」と断言した。

伊藤は、幕末ロンドンに学び、また、明治三年（一八七〇）にはこのアメリカの地をふんでいた。その経験が彼に自信をもたせていた。あまりうまくはないが（異説もある）、英語での彼の得意げなスピーチは、人々を傾聴させた。

使節としても、個人としても、われわれの最大の希望は、わが国に有益な物的および知的状態の永久的進歩に貢献する資料をもって帰国することにある。われわれはもとより、わが人民の権利および利益を保護する義務を負うていると同時に、わが通商を増進することを期し、かつこれにともなう生産の増加をはかり、そのいっそう大なる活動を助長する健全な基礎をつくろうと望んでいるのである——こう彼は使節団のめざす目的を述べ、やがてつぎのようにむすんだ。

我国旗の中央に点ぜる赤き丸形は、最早《もはや》帝国を封ぜし封蠟《ふうろう》（書状を封じたり、びんなどの口を密封する赤い蠟状のもの）の如くに見ゆることなく、将来は事実上その本来の意匠《いしょう》たる、昇る朝日の尊き徽章《きしょう》となり、世界に於《お》ける文明諸国の間に伍して前方に且《か》つ上方に動かんとす。

伊藤のこの演説は、「日の丸演説」といわれ、当時、内外人のあいだでなかなかの反響をよんだ。そこには、開国以来、外国人が日章旗をみて、「あれは日本の封蠟だ」と笑っていたことに対する、彼のナショナルな反発がこめられていたのである。

使命観に燃えたこの伊藤の心意気も、使節団の気負いもわかる。新しい日本国家の構築は、彼らの双肩にかかっていたからである。

だが、ひるがえって伊藤のこの演説に目をむけてみると、いったい明治維新は、彼がいうように、外圧による「物質的改良」よりも「精神的改良」（「精神的進歩」とも伊藤はいう）がはるかに大きく、ために封建制度の撤廃が、一発の弾丸もはなたず、一滴の血も流さずにおこなわれたのかどうか。そしてそれは、彼が自画自賛するように「政府と人民との合同行為」によってなされたのかどうか。

また、この「物質的改良」によってめざめた「人民の思想の自由」の自覚による、いうところの「内変」は、はたして一時の現象にすぎなかったのかどうか。

さらに、伊藤が「もとより」と自負し、力説したように、この明治政府の首脳たちは、帰国後、人民の権利や利益を保護する義務を果たす努力を傾注したかどうか。

疑問はつぎつぎにわく。つまり、伊藤が世界の文明諸国に伍して、「前方に且つ上方に動かん」と断言した「日の丸」は、維新変革のなかから生まれたいかなるもののシンボルであったのか――こうした課題にせまるためにも、本書は「明治維新」のプロセスをたどってみることにしよう。

明治維新の始期

ところで、この明治維新とは、いつからいつまでをさすのか。

この問題は数多い維新史をひもとけば、じつに多岐にわたる。そこに維新の性格の複雑さがあり、維新をどうとらえるかのむずかしさが横たわっている。

いま、第二次征長（幕長戦争）以後、幕府がたおれ、維新政府が成立する慶応期から明治元年（一八六八）前後の、ごくかぎられた時期を維新期とみる、もっとも狭義のとらえかたを別とすれば、ほぼつぎのように大別できよう。

まず、その始期。これは天保期《てんぽう》（一八三〇—四〇年代）と開国期（一八五三—五八年）にわけられる。

天保期にも諸説あるが、天保八年（一八三七）の大塩平八郎の乱か、幕府の天保改革の失敗（天保一四年）を指標にとるのが一般的だろう。外圧が日本におよぶまえの天保期を維新の始期とするこの考えかたは、幕藩体制内部にすでに明治維新をひきおこす矛盾、つまり農民的商品経済の発展や階級闘争があり、それが表面化して変革をよぎなくさせたという内部の要因に着目するのである。幕末維新期の経済的発展や倒幕運動の階級的性格、あるいは明治維新の本質、さらにはその後の日本資本主義の構造や特質などが、天皇制打倒の戦略・戦術とからんで論じられた、昭和初年のいわゆる日本資本主義論争以後、こうした見かたの基礎がすえられ、これをうけて敗戦直後から戦後の十数年間はもっぱらこの説が強かった。

つぎの開国期は、象徴的なペリー来航の年（嘉永六年＝一八五三）、もしくは安政の通商条約の締結（安政五年＝一八五八）の時期をさす。この「黒船」来航からを維新とみる説は、明治以来の根強い見かただった。すでに幕末期に「癸丑以来《きちゆう》」ということばが多くの史料のなかに見いだせる。癸丑（みずのとうし）とはペリーのきた嘉永六年の干支《えと》のことだ。外圧の影響はそれほど大きかったのである。しかし、明治以降の維新史の大部分はそれを外からの偶然の契機とみていた。

ところが、この一見偶然と思われる「黒船」の背後に世界史の必然的な法則を見、産業革命以後の世界資本主義の発展のなかに日本が包摂された決定的時点こそ維新の始期だ、というのがこの開国期説なのである。すでにこれも日本資本主義論争前後にそれに近い見かたは打ちだされていたが、さきの内部要因、つまり内的必然性を過大に重視した戦後の維新史研究への反省をこめて、昭和三五年（一九六〇）ころから、この開国期からの説が強まり、現在の維新史の多くはこうした見解のうえにたっている。

もちろん、それは内部の要因を軽視したものではない。内的必然性と外側からの国際的要因をこの時点で統一的にとらえようとしているのだ。本書では、叙述のつごう上、開国期にはふれないが、明治維新の始点はそこにおかれている。

明治維新の終期諸説

では、明治維新はいつ終わるのか。

この終期の問題は、始期のそれよりもさらに諸説が入りくんでいる。ペリー来航のような決定的な時点がないのもその一因だが、維新の性格と明治国家成立のかかわりかたの複雑さのゆえに、いっそうさまざまな見解がだされているのである。いま、簡単に列挙してみよう。

(1)　明治四年（一八七一）。これは廃藩置県によって幕藩体制が一掃され、新政府による統一国家がこの年成立した、とみる。

(2) 明治六年（一八七三）。学制（明治五年）や徴兵令・地租改正（ともに同六年）などの一連の諸改革令がだされた。また、この年にはそれまでとにもかくにも歩調をそろえて維新変革をすすめてきた政治勢力が、征韓論を契機に分裂し、ひとつの時期を画した、とみる。それは同時に大久保政権といわれ、「有司《ゆうし》専制」体制といわれるものの成立をも意味する。

(3) 明治一〇年（一八七七）。あいつぐ士族反乱もこの年の西南戦争でいちおう終わりをつげ、以後は七年の国会開設要求にはじまる自由民権運動の新たな段階にはいった、とみる。西郷隆盛・木戸孝允・大久保利通という維新の三傑がつぎつぎとこの年から翌年にかけて死んだことも、維新の終わりというイメージを強めている。

(4) 明治一二年（一八七九）。「琉球《りゅうきゅう》処分」がその指標である。かつて、服部之総《しそう》著『明治維新史』（昭和四年刊）がここに維新の終期をおいたことがある。この書がのちに自己批判されたためか、戦後この終期説はまったくといってよいほど無視されてきた。だが、本書では、この年に明治維新の終期をおく。それはたんに叙述のつごうというより、「琉球処分」をぬきにしては明治維新史はありえないと考えるからである。いうまでもなく、「琉球処分」は沖縄における廃藩置県であり、その完了によってはじめて日本の近代国家としての統一は完成する。

ところが、この「琉球処分」は同時に、清《しん》国とのあいだでこの地を分割するという政治的取引をもふくんでいた（四七六ページ以下参照）。つまり、民族の一部を切りすて、犠牲にすることによって国土を画定し、日本の主権の確立をはかろうとするものであった。この「琉球処分」の意味をつつみこまない維新史は、その意図いかんにかかわらず、当時の明治政府同様、民族の一部を切りすてて恥じることのない維新史観となりかねないのである。

もうひとつ、この「琉球処分」を維新史の終期と考えるゆえんは、これが日本の近代的統一国家形成過程における、旧体制と国際的条件のきりむすぶ最後の結節点だったことによる。その意味では、他の終期説がもっぱら国内的要因に視点をおいているのに対し、この一二年説は内外諸条件のきりむすぶ始期に対応した終期説といいうるだろう。

(5)　明治一四年（一八八一）。いわゆる明治一四年の政変の年である。ここを終期とみる説は、旧領主階級と政商に基盤をおいたそれまでの国家権力が、この政変あたりから自己修正をとげ、しだいにその基盤を寄生《きせい》地主と旧政商・特権ブルジョアジーの系譜をひく近代産業ブルジョアジーへと移行しはじめた、とみているのである。

(6)　明治一七年（一八八四）。秩父《ちちぶ》事件のおこった年である。秩父事件は、それまでの封建領主対封建小農民という幕藩体制の基本的な階級対立から、寄生地主・資本家対小作人・労働者という資本主義社会の基本的階級対立への転換点となった、とこの説は主張する。

明治一七年説の背後には、秩父事件が自由民権運動の決定的な転換点だとみる歴史観がある。

(7)　明治二二―二三年（一八八九―九〇）。大日本帝国憲法の制定と教育勅語の発布、つまり、これらによって明治天皇制の法的な枠組《わくぐみ》とイデオロギーの支柱が形づくられた、とみる。帝国議会もひらかれ、このころまでには資本主義の土台もほぼ形成された、と考えられているのである。

以上のうち、(5)(6)(7)の説はいずれも自由民権運動を維新史のなかにつつみこんでいる。明治維新史はこの民権運動をつつみこむべきなのか、あるいは維新期と民権期とは別個のものとしてとりあつかうべきなのかは、これまた明治維新の性格規定と関連して大きな意味をもち、今後の課題となる。さらに、(7)の説にしても、日清戦争（明治二七―二八年）との関連まで視野をひろげるならば、この戦争のもつ意義が大きいだけに、その「戦後経営」をもふくめての画期が可能だとも私は考えている。

いずれにせよ、これらの諸説は明治維新と近代天皇制国家（日本資本主義、ひいては日本帝国主義）とのかかわりかたということになろう。だが、そのいずれをとるにせよ、日本近代国家成立の出発点に明治維新をおき、その維新のプロセスこそがその後の明治国家や近代天皇制の性格や構造を決定づけた、とみる点では共通しているのである。

本書の視点

以上の諸説の共有財産のうえに立ちつつ、本書はつぎの視点から叙述される。

その第一は、民衆にとって明治維新とはいったい何であったのか、それを問いなおすことである。たしかに維新によって明治天皇制は構築されたが、維新にはなお多くの可能性もはらんでいた。その可能性をもふくめて民衆の視座から照射してみたいのである。その意味で戦後の地方史研究の成果の活用に意をくばりたい。しかしながら、一口に民衆といっても、その民衆は、屈折した運動の軌跡や思考をしめし、けっして一筋縄にはいかない。そのひだの深さにも、なるべく光をあててみたいのである。

第二に、こうした民衆に対して権力はいかに対応し、いかなる支配の体系をきずきあげていったのか、をみていきたい。統一国家の形成過程やそこにおける天皇の役割、あるいは支配の思想や政治構造の特徴に力点をおくのもそのためである。どの類書にもある通史部分は簡単にするか割愛したところもあることを予めことわっておく。

第三には、維新の指導者たちの目に、当時の米欧やアジアがどのように映り、彼らがそれにいかに対処しようとしたか、をみる。それは明治維新の世界史的位置づけというよりも、維新のリーダーたちがいかに一九世紀後半の米欧をくぐりぬけ、くぐりぬけることによってみずからをアジアのなかにどのように位置づけようとしたのか、をあとづけることになろう。

以上の視点にたつ本書は、明治維新を絶対主義の成立かブルジョア革命かという、戦後の維新史研究に支配的だった二者択一《たくいつ》の発想にはかならずしもとらわれてはいない。それは維新の性格や本質をぼかすということではなく、一九世紀後半、つまり帝国主義移行前夜の世界史の段階における、アジアのなかの維新変革の内容を、事実に即して浮き彫りにすることによって、逆に右の世界史的段階での「革命」の性格や本質規定を、もう一度とらえなおす時点にわれわれは直面している、と考えるからにほかならない。

第一章　「世直し」か「王政復古」か

「世直し」と「ええじゃないか」

江戸小石川の捨訴

慶応二年（一八六六）八月、江戸小石川《こいしかわ》に捨訴《すてそ》とおぼしい一通の投書があった。捨訴は〝すてぶみ〟ともいう。江戸時代、幕府の役所やおもだった役人の屋敷前などにひそかに訴状をおくことで、もちろん厳禁されていた。しかし、幕末ころになると、訴えごとを門などにはりつける張訴《はりそ》などとともに、さかんとなったアピールの一種である。

この小石川のものも、どこにあてたのかはわからない。が、その捨訴の主は、「六十六州安民大都督・大河辺主税《ちから》、同副翼・竹田秋雲斎《しゅううんさい》」という肩書と名前をもちいている。どこかの儒者か浪人者かもしれない。この肩書から察するところ、日本の全国の民衆の安穏《あんのん》をねがっている者であることにはちがいあるまい。文中には幕府軍を「官軍」とよび、「長防の賊徒」などといっているから、幕府寄りの人物のようではある。そうした立場から、この人物は、第二次征長において、長州側では下層の細民まで一和一致して戦ったのに、幕府側にはそれがあったか、ときびしく問う。「今若《もし》江戸に事あらば、都下之《の》人民能《よ》く政府（幕府）の難に赴《むか》ふもの有るや否《いな》や」というのだ。そして、現状の政治では、天下は大乱となり、ついにはこの日本は「夷人《いじん》の有」に帰してしまう、とさえ危惧《きぐ》しているのである。

こうした危機感のもとに、いまこそ多年万民の困苦を嘆いてきた「同志の者数千人」が結集し、おおいに「仁義の兵」をおこしたい、という。そして薩長をはじめとする諸大名をうちほろぼし、天下万民撫育《ぶいく》の委任をうけて「仁政」をほどこしたい、と訴えるのである。

捨訴のスローガン

では、その「仁政」とは何か。この捨訴は一二項目のスローガンでそれをしめしている。そこでは、四民がおのおのその業に安んじ、貧窮の者や乞食・盗賊・遊民などが一人もいないようにしたい、米をはじめ諸物価を引下げ、また、病院・盲院・老院・幼院などをつくりたい、金銀にこまりはて、国をすて、首をくくらなければならないような者には、どんな大金でもつかわして救いたい、などといい、さらに悪業の者もまず教戒し、あらためないときに罰を加え、人を殺した者でなければ死罪にしない、才能ある者はどんな卑しい身分の者でも高位の官に抜擢《ばってき》する、ともいう。仏閣や町なかに学校を建て、孝悌《こうてい》忠信の道を説いて諸民を教導するとか、孝や忠（天皇に対してという意味ではなく、「上」一般に対して）の封建倫理も強調しているから、儒教的発想がまつわりついてはいる。が、すくなくともこれは、生活と格闘しつつあった当時の一般庶民の立場に考慮をはらい、またそこから有能な人材とエネルギーを吸収しようとする、すぐれて民衆的な綱領であったといえよう。

そして、この捨訴はその最後をつぎのようなことばでむすんでいるのだ。

右にかかげたような「仁政」によって、万民は和平を楽しみ、夜は戸じまりもいらないし、道での落し物はだれも自分のものにする者はなく、野良《のら》では畔《あぜ》をおたがいにゆずり、行きかう者も道をゆずりあう。かくて、「自然の善政を為し、かつ外国の貿易を盛んにし、国を富《とま》し、兵を強くし、日本国は世界第一の善国と致したく、我等希望する所なり」と。

ユートピアと日本国家

この捨訴をまずとりあげたのは、その内容とともに、これが慶応二年（一八六六）八月という時期のものであることに着目するからである。この年は質量ともに江戸時代の百姓一揆《いっき》と打ちこわしのピークをしめし、その五月から八月にかけてはなかでも決定的な時点だったのである（次ページの表-1および一一五ページの図-8参照）。

右の捨訴は、そうした幕末の重大転機に「世直し」をかかげ、「世均《なら》し」をさけんだこれら一揆・打ちこわしのめざす、いわばユートピアをしめしたものとみてよいのだ。

もう一つ、ここで注目したいのは、この捨訴が、一方では日本の政治の現状を外圧とから

表-1　慶応２年各月一揆・打ちこわし件数

月	百姓一揆	都市騒擾	村方騒動	計		備考
1	2	0	4	6		薩長同盟成る
2	3	1	1	5		
3	3	1	3	7		
4	2	1	4	7		薩，第２次征長出兵拒否
5	21	17	3	41	85(46%)	改税約書調印 米価暴騰，以後つづく
6	9	3	3	15		第２次征長開戦
7	7	2	2	11		将軍家茂没
8	12	4	2	18		征長停戦
9	2	1	2	5		征長軍解兵
10	8	0	1	9		凶作により外米輸入販売許可
11	13	1	2	16		
12	10	1	4	15		徳川慶喜第15代将軍となる。孝明天皇没
不明	14	3	13	30		
計	106	35	44	185		

(注)　青木虹二著『百姓一揆総合年表』より作成。ただし，春・秋とのみあるものは５月と11月に算入した。表中の都市騒擾とは，町方で都市民が中心にひきおこしたもの，いわゆる打ちこわしで，村方騒動は一揆にいたらない村落内部の争いや小作騒動をいう。

めて、このままでは事実上外国の手に帰してしまうという危機感でうけとめ、他方では、同志による仁義の兵をおこし、仁政をほどこすことによって「世界第一の善国」にしたいと述べていることである。そこには「日本国」ということばもつかわれ、「世界」と対比してそれが意識されている。「世界」に対する「日本」という統一・独立国家像が、民衆またはそれに近い立場でアピールされた捨訴の「世直し」のユートピア像とかさねあわされていたことは留意しなければならない。

幕末期の東北の岩代国《いわしろ》（福島県）伊達郡《だて》金原田村《かなはらだ》の一農民菅野《かんの》八郎（一八一〇—八八。持高二〇石余、小作をしたこともあり、父は名主《なぬし》をつとめたこともある）や、南部藩上閉伊郡《かみへい》栗林村の肝煎《きもいり》三浦命助《めいすけ》（一八二〇—六四）の例などを想起すれば、この捨訴出現の背景に、民衆のそうした意識が開国以後急速にひろがっていたことがわかるだろう。

　事実、いまでも農村の調査にでかけると、こんな草深い片田舎でと思われるところの名主《なぬし》や庄屋文書《もんじょ》のなかに、ペリー来航以後の条約その他の情報や、京都や江戸をめぐる政局の動向がくわしくメモされている史料にでくわすことが多い。その意味では、明治二四—二五年（一八九一—九二）刊の竹越与三郎《よさぶろう》（号は三叉《さんさ》）の名著『新日本史』が、「米艦一朝浦賀に入るや、驚嘆恐懼《きょうく》の余り、船を同《おなじゅ》うして風に逢へば胡越《こえつ》も兄弟たりと云ふが如く、夷敵《いてき》に対する敵愾《てきがい》の情のためには、列藩の間に存する猜疑《さいぎ》、敵視の念は融然として掻《か》き消すが如くに滅し、三百の列藩は兄弟たり、幾百千万の人民は一国民なるを発見し、日本国家なる思想此《ここ》に油然《ゆうぜん》として湧き出でたり」と述べているのは、十分うなずくことができる。

　第二次征長（幕長戦争）に幕府が全力を投入しながらも、ついに長州一藩さえもうちくずすことができず、逆にみずからの倒壊をはやめていったのは、まさにこうした歴史の流れにさからったからにほかならない。遠く異郷の地からは、かえってそれがはっきりとみえたのであろう。日本から密航し、当時かぞえ年二五歳の新島襄《にいじまじょう》は、アメリカのマサチューセッツ州アマースト大学から弟双六《そうろく》あてに、「皇国の形勢大《おおい》に変換せし趣承り候。是《これ》は乃《すなわ》ち開化の兆《きざし》なるべし。政府（幕府）数万の兵、一の長州を如何《いかん》ともし難きをもむき《(趣)》、実に笑ふに堪《た》へたりと云ふべし」（一八六七年一二月二四日＝陽暦）と書いていたのである。

「ええじゃないか」

ところで、この「世直し」の潮流は、慶応三年（一八六七）、人々を「ええじゃないか」の狂乱にまきこんでいく。

「ええじゃないか」は慶応三年八月ころから、東海道筋・名古屋、そして京・大坂へとひろがり、江戸から広島あたりまでの人々をまきこんだ、民衆の集団乱舞である。

空から伊勢神宮のお札《ふだ》が降ったということをきっかけに、人々は緋縮緬《ひぢりめん》の着物や青や紫のそれに身をつつみ、女装の男、男装の女たちが入りまじり、太鼓や笛、三味線などをうち鳴らし、「ヨイジャナイカ、エイジャナイカ、エイジャナイカ。クサイモノニ紙ヲハレ。ヤブレタラ、マタハレ。エイジャナイカ、エイジャーナイカ」「日本国のよなおり（世直り）はえゝぢやないか、ほうねんおどり（豊年踊り）はお目出たい。おかげまいりすりやえゝぢやないか、はあ、えゝぢやないか」と踊りまくった。

彼らは日ごろ不満をもった地主や商人の家々に集団で踊りこみ、「こいつ呉《く》れてもえゝぢやないか、そいつ上げてもえゝぢやないか、持つて去《い》んでもえゝぢやないか、着ものぬいでもえゝぢやないか、あたまはつてもえゝぢやないか、まをとこ（間男）してもえゝぢやないか」と、猥雑《わいざつ》な歌詞をまじえて、お祭りさわぎのなかで強奪と破壊と淫乱《いんらん》をほしいままにしたのである。

すでにみた慶応二年の一揆・打ちこわしの高まりが、なぜ翌年このような「ええじゃないか」に転じたのか。時あたかも幕府倒壊の決定的瞬間である。意味するところは大きい。そこでさまざまな説がだされてくる。

「ええじゃないか」諸説

諸説を列挙してみよう。

(1) 「ええじゃないか」の外見上の様相を、昭和初年に流行したエロ・グロ・ナンセンスと対比する見解。しかし、実質的には「一つの政治運動上の現象」(土屋喬雄著『日本社会経済史の諸問題』)とみる。

(2) 伝統的な「おかげ参り」の変形、もしくはそれと本質を同じくする民衆のエネルギーの宗教的昇華作用とみる。

(3) 討幕派が作為し、倒幕運動に利用したとする説。

(4) 「おかげ参り」に封建制下の民衆の解放運動または民族形成運動の側面を見、「ええじゃないか」はこの伝統を利用して政治的にひきおこされた大衆混乱とする。

(5) 一四、五世紀ヨーロッパ中世の舞踏病と比較する。そして、このマス＝ヒステリアを、「社会不安の兆候として、あるいは『模擬』反乱、圧制権力に対する民衆の抵抗の一種の倒錯」(E＝H＝ノーマン著『クリオの顔』)とみる。

(6)「ええじゃないか」のなかに、伝統的な民衆の「世直し神」＝ミロク（弥勒）信仰をみる。

(7)社会心理学の立場から、社会的解放欲望の「実感」的表現形態とみる。

(8)御鍬《おくわ》祭百年祭（伊勢神宮の別宮で、東海地方の農民の信仰を集めていた伊雑宮《いぞう》〈「いざわ」とも〉の祭）をきっかけとする説――等々。

これらの諸説は、実際にはいくつかがかさなりあっているから、「ええじゃないか」の性格はきわめて複雑だといわねばならない。かりに六〇年周期の「おかげ参り」変形説にしても、ではなぜその周期にあたらない慶応三年という時期に、こうした現象がおこったのかは解けない。討幕派の作為・利用説も、たしかにこの「ええじゃないか」は慶応三年八月ころから翌明治元年（一八六八）四月ころまでつづいたとされているから、倒幕運動をすすめる討幕派がこれを煙幕にし、政治運動にフルに利用したことは事実として否定できない。しかし、たんに彼らの作為だけで、これだけ広範囲な大衆乱舞がおこるはずはない。それにはその発生の社会的基盤がなければならないのだ。

前年の一揆・打ちこわしとの関連でいえば、慶応二年、あの高まりをしめした民衆の「革命的エネルギー」がこの「ええじゃないか」によって混乱せしめられ、放散せしめられたとする見解（遠山茂樹著『明治維新』）と、「ええじゃないか」の放埒《ほうらつ》・アナーキーは認めつつも、封建秩序を麻痺《まひ》させるという当面の効果としては、前年の一揆・打ちこわしよりも大きかったとする見解（井上清著『日本現代史Ⅰ明治維新』）とにわかれている。評価はまっこうから対立しているのである。

「世直し」と「ええじゃないか」

いま、慶応二年の「世直し」一揆の高揚と、翌年の「ええじゃないか」の関係を考えるばあい、この時点の政治状況を私は重視する。そこには、一方に幕権の崩壊があり、他方に人々の「世直し」のかなたの、ユートピアへの期待があった。時代転換への予感と解放への願望、それにともなう不安が交錯していたのである。そうしたなかで、お札《ふだ》の降下という宗教的契機があたえられれば、鬱屈《うっくつ》した民衆のエネルギーが、一挙に異常なかたちで噴出することはありうることだ。ましてや、「おかげ参り」や「おかげ踊り」の伝統が人々のなかに伏在し、ミロク信仰による「ミロクの世」＝「世直し」到来への幻想がそれにかさなればなおさらである。

いうところのミロク信仰とは、近世の民衆のあいだに潜在的に伝承されたミロクに対する「世直し神」信仰である。人々のあいだには、古いいきづまった世にかわる新しい世は、米の豊熟な幸福にみちたミロク世だという信仰が伝承されていたのである。このミロク信仰が、幕末の民衆の「世直し」の切実な要求とかさなったのだ（宮田登著『ミロク信仰の研究』）。その意味で慶応二年の一揆・打ちこわしの高まりと、翌年の「ええじゃないか」は不可分なのである。

この「ええじゃないか」について、史料発掘と戦後の地方史研究の成果を生かしてまとめた、西垣晴次《せいじ》著『ええじゃないか』は、多くの事実を提供してくれる。著者はそのなかで、「ええじゃないか」の歌詞の多くが、「世直り」であって「世直し」でないことに注目し、

民衆が自《みずか》らたちあがって自分の手で要求を得ようとした百姓一揆にこそ、世直しが意識されるのである。御祓《おはらい》の降下を契機に展開する無銭飲食やハレの日の状態の持続は、民衆が自ら意識してうみだした世直しではなく、それは民衆とは離れたところからもたらされた他動的な世直りであった。民衆の生活は、彼らの努力だけではなんともしがたい壁に当面していた。前年のあの江戸時代最大の高まりをみせた百姓一揆・打ちこわしをもってしても、状況は変化しなかったからこそ、彼らは彼ら以外の力による世直りの到来をまち望んでいたのである（傍点原文）。

と述べている。

なるの論理

たしかにおもしろい着目だが、はたしてこの解釈は妥当だろうか。

西垣氏は「世直し」には主体性を、「世直り」には他動的な性格をよみとっているのだが、ここでの「世直り」は、じつは「世直し」の主体性に対比される他動的なそれというよりも、世の中がなりゆきとしてそうなっていく、いわゆる「なるの論理」ないしは「自発」の表現なのである（板坂元著『日本人の論理構造』）。つまり、「世直し」をめざしてたちあがった民衆は、二世紀なかばもつづき、あたかも自然現象かのごとく存在した徳川の天下が音をたてて眼前でくずれゆくのをみたとき、まさにそれは世の中が時の勢いとしてかわっていくことを自覚し、そうなる状態を「ええじゃないか」と歌いあげ、はやしたのだ。「世直り」ということばが、「ええじゃないか」という結末の状態の肯定的なはやしことばとつながっているのもそのためである。

表-2　慶応3年の一揆・打ちこわし

地方	国名	百姓一揆	都市騒擾	村方騒動
東北(13)	陸中	2		
	羽後			1
	羽前		1	1
	岩代	4		1
	磐城			3
関東(20)	武蔵	4	1	6
	上野	1		
	下野	2	1	2
	上総			1
	下総	1		1
北陸(1)	加賀	1		
東海中部(19)	駿河			3
	遠江	1		
	三河	1		
	美濃	1		4
	甲斐	1		1
	信濃	3		4
畿内近畿(11)	摂津			1
	河内			2
	和泉			1
	近江		2	
	伊勢	1		
	播磨			2
	紀伊		1	1
中国(6)	備中	1		
	備後	2		
	安芸	2	1	
四国(5)	讃岐	1		
	土佐			1
	伊予	1		2
九州(5)	筑後	1		
	肥後			1
	日向	2		
	対馬	1		
計	80	34	7	39

（注）青木虹二著『百姓一揆総合年表』より作成。地方欄カッコ内の数字は地方ごとの計。

それは日本思想史家丸山真男《まさお》氏が、日本の「歴史の展開を通じて、執拗な持続底音《バッソ゠オスティナート》としてひびきつづけてきた思惟《しい》様式のうちから、三つの原基的な範疇《はんちゅう》を抽出」してフレーズ化した、いわゆる「つぎつぎになりゆくいきほひ」と要約される日本人の歴史意識の「古層」のひとつの範疇「なりゆく」につらなっている、ともいえるだろう（丸山真男編『歴史思想集』）。民衆は、「彼ら以外の力による世直りの到来をまち望んでいた」のではなく、まさに彼ら自身をもふくめて時のなりゆきとして世の中がかわっていくことを「ええじゃないか」と認識したのである。

さらにもう一つつけ加えたいことは、「世直し」一揆がすべて「ええじゃないか」に転じたわけではない、という事実である。前年の慶応二年の半数以下とはいえ、この年にも八〇件にのぼる一揆・打ちこわしがかぞえられている。

前ページの表‐2はその八〇件の全国的分布をしめしたものである。これをみると、「ええじゃないか」が席巻《せっけん》した関東・東海・近畿・中国一帯にも、件数は少なくなっているものの一揆や打ちこわしはおこっている。だから、「世直し」のエネルギーは一揆・打ちこわしとして継起的に噴出しつつ、反面、幕府倒壊というどたん場で、「世直り」＝「ええじゃないか」に転じた、ということになる。

この「世直し」の継起的噴出と「世直り」＝「ええじゃないか」の併存と交錯、――ここに明治維新と民衆の微妙な関係がしめされている。それはあとでふれる「御一新」の表現ともかかわってくるのである（九六ページ以下参照）。

「大政奉還」から「王政復古」へ

徳川慶喜の意図

慶応三年（一八六七）一〇月一四日、第一五代将軍徳川慶喜《よしのぶ》（一八三七―一九一三）は、「大政奉還」を朝廷に申し出た。これは土佐藩主山内豊信《やまうちとよしげ》（一八二七―七二、容堂《ようどう》）の名による大政奉還建白書を、後藤象二郎・福岡藤次（孝弟《たかちか》）が二条城にいた老中板倉勝静《かつきよ》をたずねて提出し、これを慶喜がうけ入れたものだ、とされている。

戦時中の国定教科書が、「慶喜は元来尊王の志があつく、またよく時勢を見ぬいてゐたので、豊信のすゝめに従ひ、その旨を朝廷に奏上すると、天皇はこれをお聴《きき》入れになつた」（『小学国史』下巻。昭和一六＝一九四一年刊。ちなみに、傍点部分は、この第五期の国定歴史教科書からはじめて書き加えられた）という尊王論による解釈はさておくとしても、慶喜や慶喜の側近にとって、当時画策されつつあった倒幕の策謀をくじくためには、列侯会議に権力の主体をおく土佐藩の公議政体論による「大政奉還」をうけ入れることが、もっとも得策だとする判断があったからにほかならない。

大正四年（一九一五）、わずか二五部の限定私家版で、徳川慶喜の伝記編纂《へんさん》関係者だけに配布された徳川慶喜の回想談、渋沢栄一編『昔夢《せきむ》会筆記《かいひっき》』（東洋文庫版、昭和四一年刊）をみると、つぎのようなやりとりがある。

井野辺（茂雄。編纂員。のち維新史家）
あの頃山内容堂などの計画では、議政府というものを設けまして諸大名・旗本・諸藩士、そういう者から俊才を抜擢《ばってき》して、会議制度で政治をやって行こうという案でございます。容堂の腹の底では議政府の議長みた（マヽ）ようなものを御前に願って、やはり徳川家が政治の中心であるかのごとき形でやって行きたいというような計画をいたしておりました。何かそんな風の事柄につきまして……。

公（徳川慶喜）
何かあったか知らぬが、しかしそれは容堂の方にあるのだ。こちらにはない。すべて返上した以上は、朝廷の命を奉じて何でもやろう、こういうだけの精神だ。それまでのことだ。他にはいろいろ何もあったろうけれども、それは他の方の話で、関係のないことだ。

慶喜は「大政奉還」に政治的野望はいっさいなかったと、躍起になって否定している。だが、すでに慶応三年六月に、慶喜側近、つまり老中板倉や若年寄格永井尚志《なおゆき》（「なおむね」

とも）などのあいだでは、慶喜を朝廷政府の摂政《せっしょう》にしようという謀議がなされていたのだ。これも『昔夢会筆記』では、「聞かぬことだ」「全然知らぬ」と慶喜は打ち消している。

この本を校訂した歴史家大久保利謙《としあき》氏は、こんな朝廷乗っ取り策ともみられる「恐るべき策謀」を慶喜が知らなかったはずはない、と断言する（同上「解説」）。最後の将軍徳川慶喜がその大叔父にあたる水戸徳川家第一三代の当主徳川圀順《くにゆき》氏（敗戦時の貴族院議長）も、大政奉還のとき、慶喜はどうせ朝廷では政治はやれそうにないから、「奉還しても、いずれまた、朝廷からあらためて御委託があるというつもりだったのではありませんか」と語っている（金沢誠他編『華族』）。慶喜が躍起になって否定すればするほど、逆にそこにはその政治的野望がうかびあがってくるのである。

徳川統一政権の構想

事実、慶喜の周辺には徳川統一政権の構想がうずまいていた。たとえば老中格大給乗謨《おぎゅうのりかた》（恒《ゆずる》）の案や津田真道の草案「日本国総制度」（前文日付、慶応三年九月）、あるいはオランダ留学後幕府の開成所《かいせいじょ》（蕃書調所《ばんしょしらべしょ》の後身）の教職についた西周《にしあまね》（一八二九—九七。当時、周助）の「議題草案《ぎだいそうあん》」（前文日付は同年一一月）などがそれである。

いま、その「議題草案」の政権構想をみると次ページの図-1のようになる。これは慶応三年一一月当時、京都にあった西が、「大政奉還」後の薩長討幕派のまきかえしの渦中で建

図-Ⅰ　徳川政権構想図

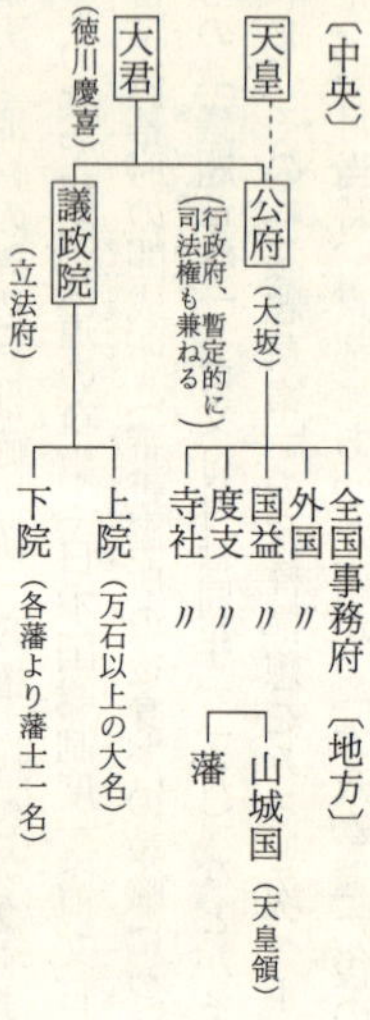

策し、慶喜をはじめ幕府側全体の空気を反映したものだ、とされている。

この構想はヨーロッパの政治形態にならっていちおう三権分立のかたちをとるが、従来の諸大名領は現状のままとし、それぞれの領国内の政治は議政院の立法権の範囲で認められている。軍事権は当面諸大名にあたえられてはいるものの、数年後は中央政府へ統轄されるべきものとする。

すでにこの時点においても、一〇〇人以上の百姓一揆や家中の分派争いの処断は、議政院や公府の会議にゆだねるというのだから、実際の処分権は、中央政府がにぎっていた、とみてよい。大坂におかれる公府の元首は徳川氏の当主つまり慶喜がなり、「大君《たいくん》」とよばれる。そのもとにある各事務府の人事権は「大君」がにぎる。これらの役所の職制にはこれまでの幕府のそれとの関連が考慮されているから、きわめて現実的プランだったのである。

行政府の長としての「大君」は、上院の議長でもあり、下院の解散権をもつ。両院でくいちがいがおこったときには、この「大君」が裁定権を一手に掌握する規定もあるのだ。西はこの「大君」を外国の国王、あるいはサルタンまたはツァー（いずれも皇帝の意）に対比している。これに対して天皇の政治上の権限は、事実上否定されている。天皇は法の欽定《きんてい》権をもってはいるが、拒否権はまったくないのである。あとは元号や度量衡（これとても議政院にかけられる）、叙爵や宗教的な権限のみにかぎられているのだ。

とすれば、明らかにこれは徳川統一政権構想である。大名会議なども組み入れた公議政体論的よそおいのもと、すでにすすめられつつあった慶応幕政改革の実質を生かしながら、新たな官僚機構のもとで、徳川慶喜が絶大な権限をもつ統一権力の創出が企図されていたのである。それがフランスの借款《しゃっかん》に唯一のよりどころをもとめているとすれば、買弁《ばいべん》的な「徳川絶対主義《アブソリューティズム》」といわれるのもけだし当然であろう（石井孝著『増訂明治維新の国際的環境』参照）。

この構想を背景とした「大政奉還」（一〇月一五日勅許）によって、一〇月一四日、「討幕の密勅」を手に入れた討幕派が肩すかしを食ったことはよく知られている。「大政奉還」直後の情勢混沌《こんとん》、憶測はみだれとび、諸大名は形勢観望をきめこんだ。「大政奉還」直後の徴召令に応じて一一月中に上京したのは、薩芸尾越の四大藩のほかには近畿の小大名十数藩にすぎず、一二月にはいっても土佐藩ほか数藩をかぞえるのみであった。あとの約二〇〇の諸藩は、辞退もしくは上京延期などによって、去就を明らかにしなかったのである。

こうした情勢のなかで、老中格兼陸軍総裁大給乗謨以下、幕府の歩・騎・砲三兵は上京の途につき、旗本もぞくぞく江戸を脱して京都に集結しはじめた。京都では徳川氏累代《るいだい》の恩顧にむくいるべきだ、と会津・桑名藩士たちはいきまく。他方、薩長芸三藩も大坂を拠点に京都周辺をかためはじめた。

坂本竜馬の官制案

「大政奉還」をすすめた土佐藩にあって、坂本竜馬《りょうま》（一八三五―六七）はどちらかといえば討幕派寄り、後藤象二郎（一八三八―九七）は徳川氏寄りに新しい政権構想を考えていた。が、その竜馬も、「大政奉還」が実現すると、もはや実力で幕府を討つ必要はない、と「不戦」説へかわった。彼は中島作太郎（信行）や三条家家士戸田雅楽《うた》（のちの尾崎三良）らと新しい官制案をつくって、後藤を通じて岩倉へ提出した。

この案では、まず、「上《かみ》一人を輔弼《ほひつ》し、万機《ばんき》を関白し、大政を総裁す」という関白と、それを補佐する内《ない》大臣を一人ずつおき、前者には公卿の三条実美《さねとみ》、後者には当時内大臣であった徳川慶喜を暗にあてようとしていた。そのもとに議奏若干名、「大政に参与し、兼て諸官の次官を分掌《ぶんしょう》す」という参議若干名がおかれ、それぞれのポストに次ページの表1-3のような人々を擬していたのである。

みられるように、これは討幕派と公議政体派の連合政権であり、当時としてはもっとも現実的な妥協政権だった。

そのとき、坂本と中岡慎太郎とが何者かの手によって暗殺された。竜馬は三三歳、中岡は三〇歳。慶応三年一一月一五日のことである。幕府見廻組の手にかかったというのが通説なのだが、諸説紛々《ふんぷん》、下手人についてはいまだに憶測をよんでいる（平尾道雄著『竜馬のすべて』）。薩長両雄藩の仲立ちになり、討幕・公議政体の両派に通じ、現実的プランの推進者であったこの二人のとつぜんの死は、めまぐるしく動く政局の大きな歯車の一つが欠落したことを意味した。

表-3　坂本竜馬の官制案

職　名	人数	氏　　名
関　白	1人	（三条実美）
内大臣	1人	（徳川慶喜）
議　奏	若干名	宮方　有栖川宮・仁和寺宮・山階宮 諸侯　島津・毛利・越前〈松平〉春岳・山内容堂・鍋島閑叟・徳川慶勝・伊達宗城 公卿　正親町三条〈嵯峨〉・中山・中御門等
参　議	若干名	岩倉・東久世・大原・長岡良之助・西郷・小松・大久保・木戸・広沢・横井・三岡〈由利〉・後藤・福岡・坂本等
六　官		神祇官・内国官・外国官・会計官・刑部官・軍務官

（注）『維新史』第５巻より作成。氏名欄中（　）内はともに「暗に……擬す」とある。

「玉」と「芝居」

一一月下旬、後藤や松平慶永《よしなが》（春《しゅん》岳《がく》）らは在京諸侯会議をひらき、簾前《れんぜん》の誓約によって新しい統一政権の基礎をかためようとした。事態がこのまま推移せんか、徳川氏にかえて天皇をかつぎ、そこに権力の主体をおこうとした討幕派の企図はくずれ去ってしまう。

一一月二二日付の木戸から品川弥二

郎あての手紙は、その情勢の深刻さをつぎのように述べた。

政局の展開にさきんじて、うまく「玉」をわがほうへだきこむことが、何にもましてもっともだいじなことなのだ。もし万が一にも、彼の手中にそれをうばわれてしまったなら、たとえどんなに覚悟をきめようとも、実際には四方の志士・壮士の心はみだれてしまい、「芝居」は大崩れとなる。薩長芸三藩の滅亡はいうにおよばず、ついに「皇国」は「徳賊」の有になって、ふたたび形勢挽回《ばんかい》が不可能なことは、鏡に照らすよりも明らかだ。

この興味ある表現の意味するところは深い。討幕派にとっては天皇は隠語で「玉」であった。これを「ギョク」とよんだか、「タマ」といったかは明らかではない。しかし、この「玉」は「ギョク」としての絶対性と、「タマ」としての政治利用性とをあわせもったものとみてよい。しかも、彼らがいま断行しようとしているのは、演出の必要な「芝居」だったのである。その「芝居」にはまさに「玉」が必要だった。

かつて大久保は、「至当の筋をえて『天下万人御尤《ごもっとも》』と奉ってこそ勅命なのであって、非義の勅命は勅命ではないから、奉じなくてよい」と慶応元年（一八六五）九月の西郷隆盛（一八二七―七七）あての手紙に書いている。これは第二次征長をゆるした朝廷への批判をこめたものだが、この〝非義の勅命は勅命にあらず〟という命題の背後には、勅命それ自身の絶対性とは別のところに価値の基準がもとめられている。幕末期の尊攘派《そんじょう》は天皇や尊攘それ自体に唯一絶対の根拠をもとめたが、その天皇の意志（勅命）の変更（文久三年八月一八日の政変）や尊攘運動の破産という深刻な歴史体験が、討幕派のこうした発想を生みだしたのである。

いうところの別の価値基準、つまり天下万人の納得《なっとく》（のちの公議輿論《よろん》）とは、じつは討幕派が判断の主体であることを意味し、天下の人心とは彼らの意志の別の表現でもあった。かくて勅命はいまや天下の人心とむすびつけられることによって、勅命という絶対シンボルを一方で保持しながら、他方では操作されるシンボルとなった。それこそがまさに「玉」とよばれたのである。その「玉」をかかえこむ「芝居」を討幕派はうとうとしていたのだ。

だが、事態はその「玉」を、「大政奉還」をすすめた公議政体派の手中にうばわれる可能性があった。討幕派は危機に直面した。この危機克服の道は一つしかない。軍事力を背景にしたクーデターの敢行である。

「王政復古」クーデター

かくて、一二月九日、「王政復古」クーデターは断行された。薩摩・土佐・安芸などの諸藩兵で宮門をかため、岩倉らが朝廷の実権をにぎって「王政復古の大号令」を発した。摂政・関白をやめ、将軍職を廃止し、国事御用掛・議奏・武家伝奏・京都守護職・所司代など、旧体制の中枢はことごとく廃絶された。

かわって天皇のもとに総裁（皇族）・議定《ぎじょう》（公卿・諸侯）・参与（廷臣・藩士・庶人）の三職がおかれた。さきの坂本の官制案を下敷きにしながら、たくみに討幕派寄りの改変が加えられていた。関白・議奏という旧体制下の名称は総裁・議定とすりかえられ、参議もわざわざ参与となっている。メンバーにさほどの異同がないだけに、せめて名称に討幕派の息を吹きかけておきたかったのであろう。

だが、問題は徳川慶喜の処遇だった。将軍職は廃止されても、現に慶喜は内大臣の職にある。「王政復古の大号令」は、文久三年（一八六三）八月一八日の故知にならってのクーデターといわれているが、それはあくまで公議政体派との妥協の産物だった。だから、決行の数日前、計画の情報は後藤象二郎から松平慶永へ、そして慶喜へと流されている。九日という期日も、その前日の八日にしたい、という岩倉や大久保の主張に対して、後藤がこの日に固執してきまっているのだ。

とすれば、この計画には両派の思惑《おもわく》がうずまいていた、とみなければならない。ただ、討幕派が一戦をまじえて死中に活《かつ》をもとめる覚悟をきめ、軍事力を動員して宮門をかためたこと、九日夜の小御所《こごしょ》会議で慶喜の辞官・納地（内大臣辞退と所領返上）を強引に決定したことが、この計画を討幕派のクーデターたらしめたのである。

小御所会議

新政権から慶喜の事実上の追放決定――これこそが、小御所会議における討幕派のゆずれぬ一線だった。それだけに、小御所会議での両派の応酬ははげしかった。

山内豊信は、大政奉還をした慶喜の功績の大きいことを述べ、「然るに二三の公卿、幼冲《ようちゆう》の天子を擁し、陰険の挙を行はんとし、全く慶喜の功を没せんとするは何ぞや」と、「玉」という操作シンボルによってその政治的野望をつらぬこうとした討幕派の、もっとも痛いところをついた。だから、岩倉は色をなして反論した。「今日の挙は一に皆聖断に出《い》でざるはなし。何ぞ其の言を慎まざるや」と。

慶永がさらに慶喜のために弁ずれば、岩倉は、さらに抗弁した。

慶喜にして果して反省自責の念あらば、当《まさ》に速《すみや》かに官位を辞退し、土地人民を還納し、以て王政維新の鴻猷《こうゆう》（大きなはかりごと）を翼賛《よくさん》すべきなり。而《しこう》して事此《ここ》に出でず、今や政権の空名のみ奉還し、土地人民の実権に至りては、則《すなわ》ち自ら之《こ》れを擁し、敢《あ》へて奉還するの状なし。其の心術尚《なお》許し難きものあり。

大久保がこれに賛意を表し、「官位辞退・土地人民還納の命を奉ぜざれば討伐すべし」と追い討ちをかければ、後藤がさらに反駁《はんばく》した。豊信・慶永の論に賛成して一歩もひかなかったのである。

会議はいったん休憩にはいる。このとき、西郷隆盛は軍隊指揮の任にあたっていたからこの席にいなかったのだが、小御所会議の薩土の衝突を聞くや、「唯之《こ》れあるのみ」と短刀をしめした、という（浅野長勲「維新前後」『幕末維新史料叢書』四）。

この間に舞台裏での工作がはげしくつづく。後藤はなんとか大久保をくどこうとした。だが、大久保も岩倉も異常な決意をしめした。もはやこれまでと後藤もあきらめたから、再開後の会議では、慶喜の辞官・納地は一決した。夜はふけ、すでに午前一時をまわっていた（以上発言引用は『明治天皇紀』第一）。

この「王政復古」クーデターから小御所会議にみられる権謀術数を行使しての強引な断行の行動様式は、討幕派のひとつのパターン（型）をしめす。それはあとでみるなしくずしの行動様式とともに、相互に補完しつつ、維新官僚にひきつがれる。

が、ともかく、この「王政復古」をめぐる一連の策謀のなかで、長州藩主毛利敬親《たかちか》父子や幽閉の公卿もいっせいに赦免された。岩倉が公然と政治活動できたのも、そのためだった。

「王政復古」大号令の思想

「王政復古の大号令」には、「諸事神武創業ノ始ニ原《もと》ヅキ」という復古思想、「至当ノ公議」をつくすという公議政体思想、そして、民衆の反封建意識を反幕にかかわるかぎりで代表しようとする思想がみられた、と歴史家遠山茂樹氏は指摘する。復古思想や公議政体思想の混在は、これまでの経過からわかる。では、民衆の反封建意識は、どのようなかたちで反映していたのか。

たしかに討幕派は、幕末の激動期をくぐりぬけた自己の体験から支配の危機状況、とりわけ民衆の「世直し」の志向に、より敏感であった。その意味で、大号令の一節が、近年の物価高騰のいかんともなしがたいこと、富者はますます富をかさね、貧者がいよいよ貧窮に追いこめられていること、それらは畢竟《ひっきょう》、政治の「不正」に発していることを指摘し、「民ハ王者之《の》大宝」とうたっているのは、その一つのあらわれとみてよい。

だが、それにつづけて、その現状の矛盾と「百事御一新」に臨もうとする天皇の意中とがむすびつけられ、「智謀遠識」、救弊の方策を「誰彼」となくもとめているのは何を意味しているのか。それは民心に近づくのではなく、逆に民心を支配の側からとらえなおそうとする、権力者としての政治的リアリズムないしはマキャヴェリズムの一表現がそこにあったとみるべきだろう。そのかぎりで、そこには「世直し」の志向に対応しつつも、それを峻拒《しゅんきょ》しようとした討幕派の姿勢をよみとることができるのである。

第二章　戊辰の内乱

鳥羽・伏見の戦いと五箇条の誓文

ヘボン博士の手紙

この国の政治情勢は騒然としており、一つの転換期にあるのです。どうなるのかわかりません。現在の大君《タイクン》は大政奉還し、数世紀以前から奪っていた権力を帝《ミカド》の手に奉還するに至りました。

これは大君《タイクン》が有力なる大名らから激しい反対を受けたために生じたのです。これらの大名は大君《タイクン》が外国と貿易をしたり、外国人と接触したりすることによって、大君《タイクン》の権力が増大するのを嫉《ねた》んで、大君《タイクン》との戦いを宣するに至ったのです。大君《タイクン》はこの戦いをさけるため、将軍の地位をなげだし、その一切の責任をそれらの諸大名に譲りました。帝《ミカド》は諸大名のカイライにすぎなかったからです。大阪と兵庫の開港は、これら諸大名の反対をおしきって大君《タイクン》が裁断した政策でありました。開港の期限は一八六八年一月一日（陽暦）と決定したので、もうまぢかです。当地の諸外国の代表者らは条約によって開港を主張しました。それでもしも諸大名がこれを拒絶するならば実力行使、いいかえれば英仏との戦いが生ずる可能性もあります。諸大名は各自の港を開きたいから、大君《タイクン》の廃棄も必要だと考えるものもあります。しかしどうなるか予言することはむずかしいのです（高谷道男編訳『ヘボン書翰集』）。

ヘボン式ローマ字でよく知られ、来日米人宣教医の第一号でもあるヘボン博士（一八一五―一九一一）から、アメリカの友人の息子J＝C＝ラウリー博士あての一八六七年一二月四日の手紙の一節である。この日付は陰暦では慶応三年一一月九日にあたる。一一月九日といえば、「大政奉還」がなされ、「王政復古の大号令」のでるちょうど一ヵ月まえだ。ここには「大君《タイクン》」＝将軍とそれに反対する諸大名、その対立の背景、諸大名のカイライとしての帝《ミカド》（天皇）、さらにこれらにからむ英仏外国勢力との関係などが浮彫りにされている。ヘボンは、いまや日本の政情が一つの転換期にさしかかっていたことをはっきりと感じとっていたのだ。

さらに目をひろげれば、すでにみたような「世直し」から「ええじゃないか」の波が、京・大坂といわず東海道から瀬戸内一帯を席巻し、人々を期待と不安と焦燥にかりたてていた。

公議政体派のまきかえし

いまや「王政復古」クーデターと小御所会議によって、幕府は廃絶され、徳川慶喜の辞官・納地は決定された。だが、そのことはただちに討幕派の主導権が確立したことを意味しはしない。いやむしろこのクーデター以後の政権空白期に討幕派の弱点は暴露する。なぜなら、独自の政権具体策をもちえず、現実には公議政体論に依拠するところ大きかった討幕派は、公議政体派のあいつぐ列侯会議開催要求に反対できなかったからである。それは討幕派の弱点というよりも、列侯会議そのものが幕藩体制の危機を全領主階級の総意によって克服する、当面考えうる唯一の具体的プランだったから、階級的性格を同じくする討幕派も、それに異をとなえることはできなかった、というべきかもしれない。

それだけに討幕派は、公議政体派のまきかえしに、一歩一歩後退をよぎなくされた。慶応三年一二月二三―二四日の小御所の朝議がそれをしめす。その対立点は納地＝「領地返上」をめぐってであった。討幕派があくまで納地を主張すれば、公議政体派はその不当をついた。そもそも将軍職と領地はほんらい別個のものだ、という反論なのである。

そして、いかに天下が王土だからとはいえ、王たるものはそれをかってにとりあげてよいというものではないと、名分論を現実論でおしきった。かくて、大久保起草になる諭書案の、「天下之公論を以《もっ》て返上」というもっとも肝心な一節は、「天下之公論を以御確定」と修正された。領地返上という討幕派のねらう結論を、「天下之公論」つまり列侯会議にゆだねれば、まきかえし可能だと公議政体派はふんだのだ。

　この事態の深刻さを、明治元年（一八六八）一月三日、木戸は品川あてに、いままさに「三大事」がうしなわれ、「皇国」は瓦解《がかい》、土崩《どほう》し、変革は水泡・画餅《がへい》に帰すこと明らかだ、と訴えた。

　うしなわれた三大事とは何か。第一は、一二月九日の小御所会議以来、徳川氏の処置を武力で決せず、尾越両藩に周旋させる公議政体派の策に譲歩したこと、第二は慶喜が大坂城へうつってその周辺を旧幕府軍でかため、また彼が諸外国使臣に条約履行の責任をとる通告を発し、あたかも政権の所在がなお徳川氏にあるかのように振舞わせたこと、第三は、慶喜の参朝・議定《ぎじょう》就任の問題であった。それはどれひとつをとってみても、討幕派のリーダーシップがうばわれる重大事だったのである。

鳥羽・伏見の戦い

　この木戸の手紙が発せられたその日、京都郊外で、薩長中心の討幕軍と旧幕府軍とのあいだに火がふいた。鳥羽《とば》・伏見の戦いである。戊辰《ぼしん》戦争は開始された。戦端のひらかれる直前まで、薩摩藩は藩邸を拠点に、浪士を手さきとして江戸市中や関東一円を攪乱《こうらん》し、旧幕府側を挑発していた。

たまりかねて旧幕府側は一二月二五日、江戸取締りの庄内《しょうない》藩兵を主力として、薩藩邸や支藩の佐土原《さどわら》藩邸をおそい(一〇一―一〇二ページ参照)、ついで、翌明治元年一月一日、討薩の表を発した。幼い天子を擁して、私意をほしいままにする君側《くんそく》の奸《かん》をはらう――これが旧幕府側の軍事発動の名分だった。この軍事衝突こそ、じつは討幕派のねらいだった。討幕派は押されぎみの情勢を軍事力によって突破しようと企図していたのである。

間髪《かんはつ》をいれず、薩長新政府軍の攻撃は開始され、新政府軍は緒戦で勝利を得た。旧幕府軍は総兵力約一万五〇〇〇、数からいえば薩長の優に三倍だった。にもかかわらず、旧幕府軍が敗れた。

理由はいろいろある。旧幕府軍は歩・騎・砲三兵軍事力をもってはいた。だが、それも傭《よう》兵《へい》では統制もゆきとどかず、士気もあがらなかった。士気からいえば、この三兵よりも戦いの帰趨《きすう》が直接自藩の運命にかかわる会津《あいづ》・桑名《くわな》藩兵などのほうが高かった。しかし、彼らの装備は薩長軍の近代的編成や装備に遠くおよばなかった。戊辰戦争における鉄砲の役割を考察した歴史家洞富《ほら》雄氏は、『横浜新報もしほ草』を引用して、アメリカ製のスペンサー元込め銃をもちいた薩長軍は、古風なゲベール銃の旧幕府軍の一発に対し一〇発をはなち、両軍勝敗の決定的要因はこの鉄砲装備の格差にあった、と指摘する(『種子島銃』)。そのうえ、薩長軍は身分よりも実力に応じた指揮官を任命し、指揮の統一を保持していた。まさに量よりも軍事力の質こそが明暗をはっきりとわけたのだ。

加えて、錦旗《きんき》を手中にしていた薩長軍はそれをふりかざし、戦争目的を明確にしていた。戦闘の局面によっては、民衆は両軍いずれの側に対しても一揆《いっき》をもってこたえたが、すくなくともこれら民衆の「世直し」への期待が、旧体制打倒をめざす討幕軍に、より多くかけられたことは否定できない。

この緒戦の勝利は、事態転換のきっかけとなった。形勢観望の諸大名、とりわけ近畿以西の諸藩は薩長側につき、両陣営に二股をかけていた三井《みつい》ら三都の特権商人は、その軍事的勝利者に馬をのりかえはじめた。対外的にも討幕派側は、戊辰戦争開始直後に開国和親の方針を列国に布告し、旧幕府のむすんだ条約はかたく守ることを各国に通告した。それは薩長側天皇政府が、主権の所在とその方針を国際的に明確にし、それによって列強の支持を得ようとしたものであった。

有栖川宮熾仁《ありすがわのみやたるひと》親王を大総督とする新政府軍は、東海・東山・北陸の三道から江戸をめざし、明治元年三月一五日を江戸城総攻撃の日ときめた。

大阪遷都論

討幕軍をすすめる新政府のリーダーたちの頭のなかには、諸大名の土地人民を吸収するプランがめばえつつあった。木戸が明治元年二月、「七百年の積弊を一変し、三百諸侯をして挙《あげ》て其《その》土地人民を還納せしむべし」といえば、大久保はその手はじめの一つとして大阪遷都論を提起した（明治元年以降は大阪と表記。引用文の表記はそのまま）。

大久保の遷都論は、たんに都を京都から大阪へうつすというものではない。彼はなお混沌《こんとん》としている内外の情勢を、この遷都によって打開しようとしたのだ。そのためには宇内《うだい》の大勢を洞察し、因循《いんじゅん》の腐臭《ふしゅう》を一掃しなければならない。そして、「国内同心合体、一天ノ主（天皇）ト申シ奉ルモノハ、斯《か》ク迄モ有難キモノ、下蒼生《しもそうせい》（人民）トイヘルモノハ、斯《か》ク迄ニ頼モシキモノ」と上下が一貫し、天下万人が感泣するようにしなければならない、というのである。

〝すだれ〟の奥深く公卿にとりかこまれていたこれまでの天皇を、「民ノ父母」として前面におしだそうとしたのである。その反面、大久保は、この天皇の命令がひとたびくだれば、天下が慄動《りつどう》するような体制をつくらなければ、皇威を海外に輝かし、万国に対立することはできない、とも喝破《かっぱ》した。

かくして、彼は「外国交際ノ道、富国強兵ノ術、攻守ノ大権ヲ取リ、海陸軍ヲ起ス等」のためにも、地形適当な大阪の地へ都をうつすことが焦眉《しょうび》の急だ、と主張したのである。

この遷都論には、公卿の議定や松平慶永《よしなが》らが猛烈に反対した。慶永らの反対論の背景には、武力討幕をおしすすめようとする討幕派に対する反感があり、遷都のような問題は、列侯会議できめよ、という公議政体論の立場がはっきりとうちだされていた。

なしくずしの行動様式

この情勢をみてとった岩倉は、三条実美《さねとみ》（一八三七―九一）とはかって、大阪遷都にかえるに大阪行幸をもってした。それは遷都から行幸へと反対派へ一歩ゆずるかたちをとりながら、大阪への行幸後しばらく天皇をそこに滞在せしめ、関東の形勢によって東海道へすすむことを企図し、遷都の形式よりも討幕派の意図の実をとろうとしたものであった。しかし、期日はつぎつぎ延期された。ようやく三月一五日（五箇条の誓文《せいもん》の翌日）に、大阪親征（行幸）を二一日にすると発令し、それは実現をみた（還幸は閏《うるう》四月八日）。

このころから、こんどは江戸遷都論がおこる。ここでもあいつぐ反対論がだされ、結局、一度、そして二度の東京行幸によって、天皇は東京城（皇城。のち宮城）にうつり、ずるずると東京奠都《てんと》は実現した。

この奠都実現の過程にみられるなしくずしの行動様式は、相拮抗《きっこう》する政治諸勢力のなかで、決定的優位をたもちえない討幕派が、操作シンボルとしての天皇をかつぎながら、しだいにリーダーシップをかちとっていくさいのパターンをしめしていた。それは、つぎの五箇条の誓文のなかにもつらぬかれている。

五箇条の誓文と宸翰

一、広ク会議ヲ興シ、万機公論ニ決スベシ。

一、上下《しょうか》心ヲ一《いつ》ニシテ、盛ニ経綸《けいりん》ヲ行フベシ。

一、官武一途《いっと》庶民ニ至ル迄 各《おのおの》 其志ヲ遂《と》ゲ、人心ヲシテ倦《う》マザラシメンコトヲ要ス。

一、旧来ノ陋習《ろうしゅう》ヲ破リ、天地ノ公道ニ基クベシ。

一、智識ヲ世界ニ求メ、大《おおい》ニ皇基ヲ振起スベシ。

我国未曾有《みぞう》ノ変革ヲ為《なさ》ントシ、朕躬《ちんみ》ヲ以テ衆ニ先ンジ、天地神明ニ誓ヒ、大《おおい》ニ斯国是《このこくぜ》ヲ定メ、万民保全ノ道ヲ立《たて》ントス。衆亦《また》此旨趣ニ基キ、協心努力セヨ。

この誓文のでた明治元年三月一四日は、江戸城総攻撃予定の前日であった。この日、明治天皇は京都御所内の紫《し》宸殿《しんでん》に、公卿・諸侯および文武百官の群臣をひきいて、天地神明に誓う形式をとった。同時に、いわゆる「国威宣揚の宸翰《しんかん》」（木戸孝允起草）も発せられた。これは天皇親征によって万国対峙《たいじ》のなかで万民を安撫《あんぶ》し、国威を四方に宣布することを明らかにしたものである。

ここでも天皇は九重《ここのえ》の奥深く存在するものではなく、一国の命運に直結したものであることが強調され、その命運を切りひらくためにも、上下一致、旧来の陋習を打破し、開国進取・富国強兵が必須《ひっす》の課題であることが主張された。誓文とこの宸翰とは一体だったのだ。いやむしろ、当時は宸翰のほうが重要視された、ともいわれている（ちなみに、北九州小倉藩の豪商中原嘉左右《かそう》の日記には、慶応四年＝明治元年四月八日の条に、町方《まちかた》役所の触出《ふれだし》として宸翰の写しのつぎに誓文が記されている。伝達の速度もわかる）。

天皇が群臣をひきいて神明に誓うという誓文の形式は、天皇が権力の主体であることの表明であり、かつ、その神権的粉飾《ふんしょく》の第一歩であった。だが、米沢藩士宮島誠一郎の目は、それが討幕派の演出であることをするどく見ぬいていた。彼の日記には、「尽《ことごと》ク薩長ノ姦謀《かんぼう》に出《い》ヅ」と記されていたのだ（判沢弘「宮島誠一郎と雲井竜雄」思想の科学研究会編『共同研究明治維新』）。

この誓文の草案は、明治元年一月ころ由利《ゆり》公正《きみまさ》（一八二九―一九〇九。三岡八郎）が議事所の規則として「議事之体大意」を執筆し、ついで土佐藩士福岡孝弟《たかちか》（一八三五―一九一九。藤次）が諸侯会盟（列侯会議）の盟約書としてその本旨をあらため、そのまま放置されていた。それを三月にはいって、長州藩士であり、徴士・総裁局顧問でもあった木戸孝允《たかよし》が加筆し、最終的にはおそらく岩倉具視《ともみ》や三条実美も加わって、一四日ぎりぎりの時点で、さきにみた大阪親征の前提としてしあげがなされた、と思われる。修正・加筆のたびごとに、原案の限定的語句は抽象的なことばにかえられた。

誓文の政治性

そのもっとも象徴的な部分は、福岡案からあった「列侯会議を興し」という箇所が、「広ク会議ヲ興シ」にあらためられていることである。これまでの通説では、これを原案にさかのぼって解釈し、だから、「広ク会議」は「列侯会議」のことだと説かれてきた。しかし、それではなぜ最終段階でわざわざ「広ク」にあらためたのか、という意味は解けない。

五箇条の誓文が大阪親征とからんでいることからわかるように、討幕派は当時いかに新政府の主導権をにぎるかに腐心していた。原案にあった「列侯会議」という文字をのこすと、公議政体派がこれを根拠にいつまきかえしをはかるかわからない。また、天皇をとりまく伝統的な公卿勢力も異論をとなえる可能性がある。さらにすぐあとにふれる対外事件処理の問題もこれにからむ。へたをすると新政権はこの内外の情勢におしつぶされるかもしれないのだ。

すでにふれたように、天下の人心、つまり公議は、討幕派にとっては天皇シンボルの操作軸であった。そこで木戸らはこの現実を見すえて、「列侯会議」を「広ク会議」とぼかすことによって、一方では公議の尊重を印象づけつつ、流動的な諸勢力を「広ク」新政権のもとへ結集し、他方では列侯会議そのものをきっぱりと否定したのである（大久保利謙「五ヶ条の誓文に関する一考察」『歴史地理』八八の二）。

さきの宸翰は、天皇の志を体認して、「私見を去り、公議を採《と》り」と述べていた。公議（公議を公義とみて宇内《うだい》の条理とする説もある）をふりかざし、それを採ることによって、〝私〟的なものを否定し、否定しながらまだ権力の基礎のかたまらないこの政権に、割拠《かっきょ》的あるいは伝統的な諸藩ないし諸政治勢力の解体・吸収をこころみようとしたのである。「広ク会議」というわずか四字の語句の背後には、当時のこうした政治情勢を反映した、するどくかつ巧妙な政治性が秘められていた。

このような意図を秘めた誓文が、きわめて開明的な文字で粉飾された一因は、当時、神戸事件（一月一一日、岡山藩兵が神戸で外国兵と衝突）・堺事件（二月一五日、土佐藩兵とフランス兵との堺での衝突）・イギリス公使パークス襲撃事件（二月三〇日）とあいつぐ外国人殺傷事件がおこっていたことにもよる。つぎつぎにおこるこうした事件を前にして、新政権の開明性を強調しなければ、先進列強の支持は得られなかったのである。もし、列強外交団の支持をうしなえば、戊辰《ぼしん》戦争の遂行も不可能になる。

誓文のでた翌日、五榜《ぼう》の掲示があらためてだされた。「永世の法」たる第一札から第三札までには、儒教道徳の五倫をすすめて悪業を戒め、徒党・強訴《ごうそ》・逃散《ちょうさん》を禁じ、切支丹《キリシタン》宗門の禁制がうたわれた。「一時の掲示」たる第四・第五札では、万国公法の履行と外国人殺傷の禁ならびに脱籍浮浪化を戒めた。宸翰や誓文が内外の政治勢力や政治情勢を意識したものだったとすれば、この掲示こそは対民衆への新政府の基本姿勢の端的な表明であった。両者は矛盾したものではなく、まさに楯《たて》の両面だったのである。

忘れられた誓文

後章にくわしくみる岩倉使節団のメンバーの一人、参議木戸孝允は、明治五年（一八七二）四月から五月にかけて、アメリカで米国憲法の翻訳などの指図をしていた。この翻訳に加わっていた久米邦武《くめくにたけ》（一八三九—一九三一。のち歴史学者）は、ある日、木戸にむかって、

「今日本は世界的の大改革を仕遂げる際であるから、一旦善いと思つて実施しても不可を発見することは怪《あやし》むに足らぬ。当分朝令暮改は已《や》むを得ぬだらうが、然し、如何に定体なき政令も天皇が神明に誓うて仰せ出された条件はよも反故《ほご》にはなるまい。万々が一是《これ》が変る事があれば、天皇が祖宗《そそう》神明を欺《あざむ》かせられた事になり、皇室と雖《いえども》、危険に立ち到らぬとも限らぬ。是丈《これだけ》の変改は慎まねばならぬ」

と答へた。すると、木戸は之《これ》を聞いて驚き、

「天皇が天地神明に誓はせられたとは何の事だ」

と反問されたので、

「五箇条の御誓文である」

と余《よ》は答へた。木戸ははたと手を拍《う》ち、「成る程左様な事があつた。其の御誓文を今覚えて居るか」と訊《たず》ねられたので、余は行李《こうり》の中から其の写を取り出し、再び写して木戸に示した。

『久米博士九十年回顧録』（下巻）はこう叙述している。

誓文起草の当事者木戸がわずか数年にしてすっかりこれを忘れていたというこのエピソードは、いったい何を物語っているのだろうか。

すでにみたように誓文は、当時の内外情勢を念頭においた、すぐれて政治的な文書だった。それはけっして新国家の不変の大方針というようなものではなかったのだ。誓文がそのようなものだったからこそ、情勢がかわれば数年にして起草の当事者がすっかり忘れていたのである。木戸は久米に指摘された翌日、「彼《か》の御誓文は昨夜反覆熟読したが、実によく出来て居る。此の御主意は決して変易してはならぬ。自分が目の黒い間は死を賭《と》しても之を支持する」といったという。

誓文のひとり歩き

ところが、このような性格の誓文を、民主主義的に解釈したのは、皮肉にものちの自由民権運動の推進者たちだった。民権論者たちは、維新の精神は人民の平等や自由の拡大であり、五箇条の誓文はその精神をさししめすものであり、その一ヵ条一ヵ条は国会開設によって実現できる、とした。そして、その誓文をいまの藩閥専制政府はふみにじっており、われわれこそがその正統な継承者だと、みずからの運動とこの誓文とをむすびつけて、運動の正統的な位置づけをしようとした。そこに、誓文の当初の意味とはまったくちがう意義が付与されたのである。

以後、この誓文は日本のデモクラシーの出発点かのように喧伝《けんでん》され、太平洋戦争敗戦後も再出発の起点とされた（昭和二一年一月一日「新日本建設に関する詔書」〈天皇人間宣言〉）。これはほんらいの誓文の意味とは異なる誓文のひとり歩きである。誓文の語句の開明的な抽象性の現代的解釈が、かえって誓文の当時もっていた歴史的性格を見うしなわせてしまった、といえよう。

上野戦争・奥羽越列藩同盟

とりまく国際勢力

さて、徳川慶喜の退阪を追うかのように、新政府は一月七日、慶喜追討令を発した。さらに、慶喜および佐幕諸藩主・幕臣ら二六人の官位をうばい、また、旧幕領をすべて朝廷領とすることを布告した。東征大総督には有栖川宮熾仁《ありすがわのみやたるひと》親王を補し、東海・東山・北陸各道の先鋒《せんぽう》総督（兼鎮撫使《ちんぶし》）や山陰・大和《やまと》・九州の鎮撫総督、中国・四国追討総督などをつぎつぎに任命して、各藩を分属させ、二月には最高軍司令部としての大総督府を設置、諸道の総督をその指揮下において江戸にむかった。その数約五万。この新政府軍は錦旗《きんき》を正面にふりかざし、鳥羽・伏見の戦いで敵対行動をとった諸藩を「朝敵」として第一等から第五等まで区分した。

第一等には徳川慶喜をあげた。第二等には会津・桑名両藩、第三等には伊予松山・姫路・備中《びっちゅう》松山の各藩が指名された。「官軍」への発砲と、慶喜との同一行動ないしは慶喜の「逆意ヲ補佐」したかどうかが、罪の軽重の理由になっていた。この第三等以上の罪は重く、開城後は城・領地ともお預けとし、関東平定後に処分するとしたのである。第四・第五等には宮津・大垣・高松の各藩の名がみえるが、これはさほど重くみてはいない。事実、第三等までの諸藩は開城・謹慎に処せられたが、以下の諸藩は恭順の態度いかんによってはゆるされている。恩威あわせおこなわれているのだ。かくて、関西以西の諸藩は錦旗の前にあっけなく屈した。

ところで、慶喜は江戸東帰後、抵抗と恭順との交錯のなかで一ヵ月をすごした。そして、その周辺には主戦論と恭順論とがうずまいていた。それをとりまく国際勢力も、相拮抗《きっこう》していた。フランス公使ロッシュ（一八〇九―一九〇一）や書記官カシヨンが貿易独占の経済的利益とひきかえに、旧幕府軍への軍事援助をほのめかせば、イギリス公使パークス（一八二八―八五）は、そうしたフランス側の態度を批判しつつ、新政府による全国統一に期待をかけた。この日本を二分するような旧幕府＝「大君」政府と天皇＝新政府とに対して、列強は結局一月二五日（陽暦二月一八日）、局外中立を宣言した。それは列国が東西二つの政府を対等の交戦団体とし、両者に対して厳正中立を守るということにほかならなかった。

図-2　東征軍の進撃コース

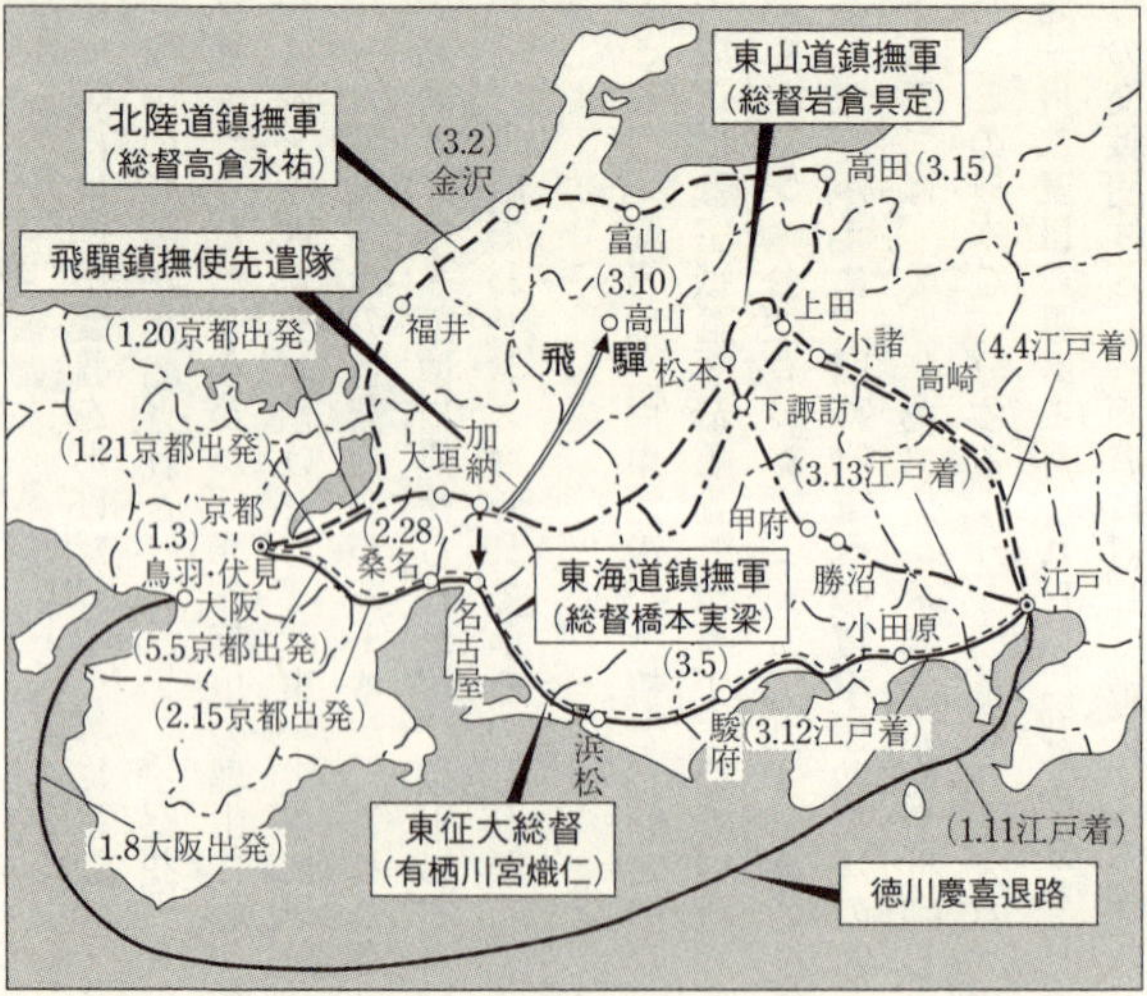

だが、このことは列強とこれまで条約をむすんでいた「大君」政府にとっては、交戦団体への格下げを意味し、新政府にとっては、列強が旧幕府と対等の地位を国際的に認めたことを意味した。

この局外中立宣言によって、列国各代表は、旧幕府がアメリカに注文していた甲鉄艦＝ストーンウォール号（のちの東《あずま》艦）や、新政府側の諸大名がイギリスから得ようとしていた軍艦などが、両軍の手にわたることを阻止した。

列国は内乱がながびき、市場が攪乱されることをなによりも回避しようとしていたのである。とりわけ、ストーンウォール号は戦力として強大だったから、これが旧幕府側の手にわたることの拒否されたことの影響は大きかった。局外中立宣言は、現実には新政府側に有利に機能したのである。

事態の不利をみてとった慶喜は、二月になるとしだいに恭順へと態度をかため、江戸城から上野《うえの》寛永《かんえい》寺大慈院に屏居《へいきょ》した。この情勢下、江戸城総攻撃予定日三月一五日を前にして、旧幕府側の勝海舟と新政府軍の大総督府参謀西郷隆盛の会見はおこなわれた。

勝・西郷会談の内幕

勝は、慶応幕政改革を牛耳《ぎゅうじ》った小栗忠順《おぐりただまさ》（一八二七―六八）や栗本鯤《こん》（一八二二―九七。鋤雲《じょうん》）らが、フランスとむすんで主戦論をとなえることにきびしい批判の目をむけていた。彼は幕末期、「尊王攘夷」は「損王攘夷」だとし、それは中国やインドのような半植民地・植民地への道だと述べていたが、さりとていまや天下の大勢をもかえりみることなく、フランスを頼んで「大いに国内を併呑《へいどん》」しようとする主戦派のやりかたにも反対していたのである。海舟は幕藩体制と開国の矛盾をするどく感じとっていたから、新たな国際関係に対応するためには、従来の封建的な割拠主義をこえた統一国家の必要なことを知っていたのである。だから、彼は幕府が「先自《まずみずか》ら倒れ、自ら削小《さくしょう》して顧みず」という覚悟をきめ、人材を登用し、誠心誠意、もって天下に恥じることのない立場をとり、そのうえで事をなすべきだ、と主張していた。

具体的には、公議政体論に近い政権構想のもとに、列強と国際関係をむすび、軍事・商業・科学・産業・金融などの諸改革によって、統一権力の基礎をかためようと考えていた。その勝が、軍艦奉行から海軍奉行並《なみ》、さらに陸軍総裁を経て、いまや軍事取扱となっていた。かつての小栗・栗本らにかわって、彼こそが大久保忠寛《ただひろ》（一翁《いちおう》）とともに旧幕府内の中心人物であり、とりわけ旧幕府軍の動向を左右できる地位にあったのだ。

三月一三日・一四日の勝・西郷会談で、慶喜の処遇や旧幕府軍の処置など七ヵ条が合議された。これらの予備折衝がすでに山岡鉄太郎を通じてなされていたことはよく知られている。

勝海舟の日記（以下の日記の引用は勁草書房版『勝海舟全集』による）をみると、勝は西郷にむかい、インドや中国の二の舞をふみ、「皇国の首府」「天下の首府」たる江戸で一戦をまじえ、「国民」を殺すような事態をひきおこすことは、一徳川氏という〝私〟のためにもならず、慶喜自身もけっして考えているところではないから、どうか公平な処置で「皇国化《か》育《いく》の正しき」ことを全国および海外におよぼしてほしい、と述べた。そうすれば、「国信一洗、和信益ゝ《ますます》固からむ」というのである。

これに対し西郷は、「これらは自分一人ではきめかねるので、明日出立《しゅったつ》して総督府へうかがいをたてる。よって明一五日の江戸城総攻撃延引の令をくだそう」（大意）といったという。ところで、この日記のくだりに、「薩藩一、二の小臣、上《かみ》天子を挟《さしはさ》み、列藩に令して、出師迅速、猛虎の群羊を駆《か》るに類せり、何ぞその奸雄成る哉」と、勝は書き加えることを忘れてはいなかった。世にいう維新の英雄勝・西郷会談はその心中でするどい政治的火花を交錯させていたことがわかる。

さきにもあげた戦前の久米邦武の『回顧録』には、「西郷参謀は人を英公使パークスに遣はし、請求する所あつたが、パークスは言を正しうして、『聞く処では、徳川公は恭順するといふに、之《これ》に向つて戦ふとは何事ぞ、足下《そつか》は朝命を云為《うんい》すれど、今日日本は無政府状態なるに、何の朝命ぞ、外国人居留地の保護も忘れて漫《みだり》に戦はんとするは、亡状《ぼうじょう》も甚《はなは》だしい』と席を蹶《け》つて去つたので、西郷は之を聞いて意沮《はば》み、遂に進戦を停《とど》めて、勝安芳《やすよし》の嘆願を受けたとの噂《うわさ》がある」と述べていた。

これがたんに噂でなかったことは維新史家石井孝氏によって戦後明らかにされた（『明治維新の舞台裏』）。パークスは江戸が戦場になることによって、横浜貿易に影響がおよぶことをもっともおそれていたのである。このパークスの反対意向を知るや、西郷は心中ひそかに江戸城攻撃の中止を決意して勝との会談に臨んだ。一方、勝は西郷よりさきにパークスの意向をキャッチしていた。いや、知っていたがゆえに、パークスの影響力を利用して新政府軍の強硬方針をおさえようとさえしたのだ。おまけに旧政府の海軍力をにぎっていた勝は、海軍力の弱い新政府軍の後方を攪乱するぞと、西郷に圧力をかけたのである。

それだけではない。この勝・西郷会談の背景には、二月中旬以降、関東とその周辺におこっていた百姓一揆・打ちこわしの高まりがあった。江戸の戦乱によってこれがさらに激化することを勝も西郷も、ともにいちばん畏怖《いふ》していたのである。新政府側が、この一揆・打ちこわしの高まりやイギリスの反対をおしきってまで江戸城総攻撃をする自信がなかったとすれば、総攻撃が中止され、また、徳川氏の処分が寛大になったのも当然といえよう。美談として喧伝されたエピソードの背後にあった、きびしい歴史の現実を見落としてはならないのである。

上野戦争と東京

かくして、江戸城は四月一一日、新政府軍に接収され、慶喜はみずからの出身地、旧御三家の一、水戸《みと》藩にむかった。

ちょうどそのころ、さきにもふれたヘボンは、帝《ミカド》は名目で、国家は事実上有力諸大名に支配されているが、しかし、「大君《タイクン》はなお、日本において最も有力な支配者であって、もしちゃんと、もとどおりにするならば、失った権力を取り戻すこともできましょう」（ラウリー博士あて、一八六八年四月二四日＝陰暦四月二日）と書いていた。

それかあらぬか、江戸開城の当日、旧幕府軍艦接収に不満をもった海軍副総裁榎本武揚《えのもとたけあき》が旗艦開陽《かいよう》以下富士山《ふじやま》・蟠竜《ばんりよう》などの艦船をひきいて品川沖から房州館山《たてやま》へ走れば、歩兵奉行大鳥圭介《けいすけ》らも下総《しもうさ》に脱し、やがて総勢二千余人が常野《じようや》（常陸《ひたち》・下野《しもつけ》）の地に威をふるった。撒《さん》兵頭《べいがしら》福田八郎右衛門も千五百余の手勢をひきいて木更津《きさらづ》に拠《よ》った。譜代《ふだい》・家門《かもん》の諸藩士がこれに加わり、農民の不安や不満がこれとむすびついた。関東周辺は、ゲリラ活動の場と化したのである。軍防事務局判事大村益次郎《ますじろう》（一八二五—六九。永敏）は岩倉具視にあて、房総一帯は「藩士恐怖、民心麻の如し」といい、また、「両野（上野《こうずけ》・下野）の始末聞く毎《ごと》に、薄氷徒渉の思《おもい》、瓦解《がかい》近日に在り」と述べていた。

この状況をみて、当時の大久保利通《としみち》は、慶喜の水戸謹慎は「虎ヲ山ニ放ツ」おそれがないわけではないと、その不安をかくしきれなかったのである。

こうした情勢のなかで、江戸内外とひそかに気脈を通じて、上野《うえの》の彰義《しょうぎ》隊や寛永寺執当覚《かく》王院義観《おういんぎかん》らの新政府軍への抵抗はなされていたから、その彰義隊を一挙にたたくことの重要性を、大村はだれよりもよく知っていた。江戸にのりだした彼の指揮によって、五月一五日、彰義隊は一日にして壊滅させられた。

鳥羽・伏見の戦いからこの上野戦争の勝利によって、薩長討幕派は徳川統一政権の最後の可能性を徹底的にうちやぶることができた。と同時に、新政府軍は実質的に江戸を拠点とする足がかりをつかんだ。

上野戦争勝利四日後の五月一九日には、江戸鎮台《ちんだい》が設置され、その下に社寺・市政・民政の三裁判所が設けられた（裁判所については一四九—一五〇ページ参照）。ついで七月一七日には鎮台は鎮将府とあらためられ、駿河《するが》以東関東一円、さらに陸奥《むつ》・出羽《でわ》をふくむ一三ヵ国が管轄下におかれた。同じ日、江戸は東京（当時はトウケイ〈東京〉）となった。それは西京（京都）に対するよび名だった。

そして、天皇はこの地に「親臨以《しんりんもっ》テ其政《そのまつりごと》ヲ視《み》ル」と宣言した。その詔書は、「江戸ハ東国第一ノ大鎮、四方輻湊《ふくそう》ノ地」と述べたが、それにつづけて「朕《ちん》ノ海内一家、東西同視スル所以《ゆえん》」とうたったことの意義は大きい。当時はなお東北戦争のさなかであったが、すでに維新政権は「東西」をあわせての統一権力たることへの願望と自信を、こう表明していたのである。それはとりもなおさず、戊辰《ぼしん》戦争勃発《ぼっぱつ》当初、外国人によって危惧《きぐ》されていた日本二分の危機を、現実に克服しうる見通しと確信の表明でもあったのである。

奥羽越列藩同盟

彰義隊壊滅のほぼひと月まえ、明治元年閏四月一一日、仙台・米沢両藩をはじめとする奥羽諸藩の重臣たちは白石《しろいし》に会盟した。新政府側の会津・庄内《しょうない》二藩に対する不当なやりかたや強引な追討命令に反発したのである。会津藩のぬれぎぬを弁疏《べんそ》し、暗に薩長二藩を弾劾《だんがい》しようとしたその嘆願書が、奥羽鎮撫総督府から却下され、それが参謀世良《せら》修蔵（長州藩士）らの画策と知った仙台藩士は、世良をおそい、暗殺した。また、奥羽諸藩は一揆蜂起《いっきほうき》という事情を口実に、会津・庄内征討のための兵をひきあげた。「鎮撫総督府の勢威は全く失墜《しっつい》」した、と官撰の『維新史』（第五巻）すら書かねばならない状態が現出したのである。

この情勢を背景に、五月三日、奥羽二五藩、つまり、仙台・米沢・盛岡・二本松・守山《もりやま》・棚倉《たなくら》・中村・三春《みはる》・山形・福島・上ノ山《かみのやま》・亀田・一ノ関・矢島《やしま》・秋田・弘前《ひろさき》・新庄《しんじょう》・八戸《はちのへ》・平《たいら》・松山・本庄《ほんじょう》・泉・湯長谷《ゆながや》・下手渡《しもてど》・天童の同盟がなり（この奥羽同盟成立の日には諸説がある）、さらに北越の新発田《しばた》・長岡・村上・村松・三根山《みねやま》・黒川六藩が加盟し、ここに奥羽越列藩同盟が成立した。

盟主に仙台藩主伊達慶邦《よしくに》が推《お》された。中心機関としての公議府は白石城におかれた。やがて、七月、この陣営に輪王寺宮入道公現親王《りんのうじのみやにゅうどうこうげん》（のちの北白川宮）が加わり、宮は討薩の令旨《りょうじ》を仙台藩主と米沢藩主（上杉斉憲《なりのり》）にくだし、同盟側は宮を軍事総督に推した。そして、旧幕閣小笠原長行《おがさわらながみち》・板倉勝静《かつきよ》らもこれに参画したのである。

この同盟の打倒目標は、じつは朝廷ではない。君側の奸としての薩長であった。「王政復古」はすでに事実として肯定されているのだ。「奸賊」たる薩長を討つために、親王をかついで大義名分化し、公議政体論を標榜《ひょうぼう》しつつ、敗走の旧幕閣を参画させて軍事同盟軍は結成されたのである。

二枚の文書

ところで、『前賢故実《ぜんけんこじつ》』の著者菊池容斎《ようさい》筆録の史料中、半紙二枚に墨書《ぼくしょ》した袋綴《ふくろとじ》の文書には、つぎのような記事があると、むしゃこうじ＝みのる氏は紹介している（「戊辰役の一資

図-3　奥羽越列藩同盟関係図

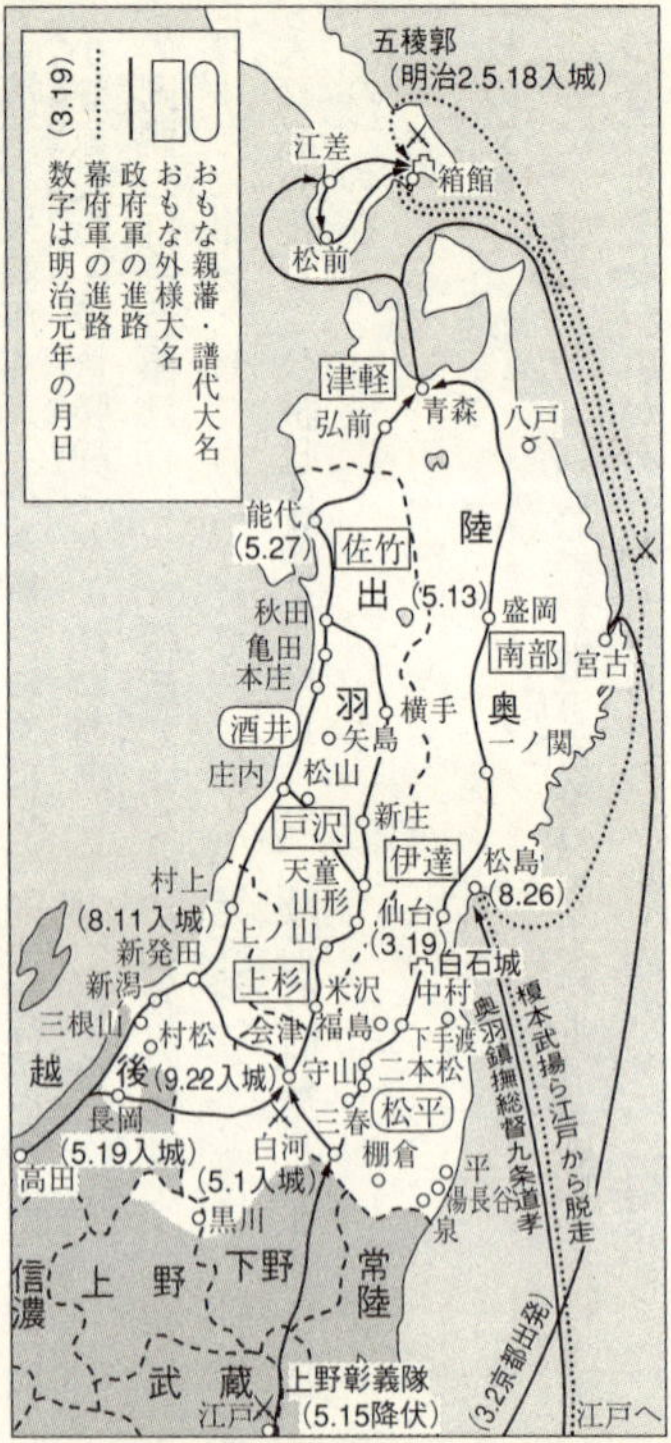

(注) 芳賀徹著『明治百年の序幕』〈大世界史21〉の図を参照。

料」『史学雑誌』六一の八）。

それによれば、慶応四年（明治元）六月一六日、奥州においては元号を「大政元年」とし、上野宮《うえののみや》（輪王寺宮）が即位して「東武皇帝」となる。皇后には仙台藩主の養女、じつは一条関白の女《むすめ》があてられる。そして奥羽鎮撫総督九条道孝は関白・太政大臣、副総督沢為量《ためかず》は大納言《だいなごん》、参謀醍醐忠敬《だいごただたか》は左大臣のポストにつき、仙台藩主は権《ごん》征夷大将軍、会津藩主は副将軍と総裁を兼ね、出羽探題《たんだい》兼守衛・奥羽蝦夷《えぞ》海陸兼守衛・出羽探題守衛・越後《えちご》口《ぐち》奸賊防御などにはそれぞれ秋田・津軽・盛岡・米沢などの各藩主が名をつらねているのである。これがたんなる風聞か、あるいは、実際に同盟内部で検討された案なのかは、いまのところ知るよしもない。ただ奥羽越列藩同盟が、このプランのような雰囲気をもっていたことだけはたしかである。

ここにみられるものは、薩長中心の「王政復古」に対抗し、みずからの政権もそれに似せてつくろうとした「王政復古」の再版にほかならない。とすれば、それは〝二度目の喜劇〟以外のなにものでもないではないか。それははじめから討幕派の論理をのりこえ得ず、むしろ、その枠《わく》のなかでみずからを正当化し、反討幕派戦線を急造、寄合化した陣営にほかならなかった。だから、戦闘が白河口・平潟《ひらかた》口・越後口・秋田口などでくりかえされ、情勢がすすみ、不利にかたむくや、各藩内部は分裂するか一貫性をうしない、同盟からの脱落はあいついだ。そして、米沢・仙台藩の降伏についで、明治元年九月二二日には会津若松城も開城されてしまうのである。

この間、会津籠城は三旬におよばんとした。城内には藩兵約三〇〇〇、老幼婦女約二〇〇〇をかかえていた。弾薬・糧食《りょうしょく》は絶たれて死傷者は続出し、城中の白木綿はことごとく包帯に使われた。開城当日の白旗は、のこる白布の断片をつなぎあわせたものであり、その針をもつ婦女の手はふるえ、白布は涙でぬれていたという悲話が伝えられている。この藩の少年よりなる白虎《びゃっこ》隊の飯盛《いいもり》山の悲劇もこのときのことであった。

河井継之助と北越戦争

北越方面は、長岡藩を中心に河井継之助《つぐのすけ》（一八二七―六八）らの指揮する軍と、参謀山県《やまがた》有朋《ありとも》（一八三八―一九二二）・黒田清隆（一八四〇―一九〇〇）、あるいは西園寺公望《きんもち》（一八四九―一九四〇）らの新政府軍との戦いであった。当時、河井は長岡藩の家老上席の座にあった。すでに彼は江戸や四国・九州を遊歴ののち、万延元年（一八六〇）三月、備中国松山（高梁市《たかはし》）から東帰を決意したとき、義兄椰野嘉兵衛《なぎのかひょうえ》にあてて手紙を書いた。そのなかで彼は天下の形勢は早晩大変動をまぬかれず、「勢《いきおい》と申す者ほど、恐る可《べ》き者は之《こ》れ無く候」（一部読み下し）と、歴史の流れの巨大な力を見ぬいていた。

だから、河井の目には攘夷の愚かさはいうまでもなく、外国との交際も必然だと映っていたのである。彼にとっての急務は、朝廷とか幕府とかにこだわらないで「政道御一新、上下一統、富国強兵」を実現することであった。いつまでも政治のありかたがかわらないと思いこむ浅慮を戒めていたのだ。それにつけても、朝幕間に、薩長の徒が介入し、その離間を策しているかにみえるのは心外だった。幕府が軽々しい態度をとらないことを彼はねがっていたのである。

それから八年、時代の激流のなかで四二歳の河井は、薩長新政府との対決をせまられた。彼は長岡藩を武装中立の立場におき、新政府との交渉にあたった。戦闘を回避しようとしたのである。このままでは民心を動揺させ、大害を生ずるだけだ、これは一領国、一藩のためにのみいうのではない、日本国中が協和協力し、世界へ恥じることのない強国にしたいのだ――これが河井の主張だった。しかし、小千谷《おぢや》の慈眼寺《じげん》で彼と相対した新政府軍の二三歳の軍監・岩村精一郎（高俊《たかとし》。土佐藩士。岩村通俊《みちとし》・林有造の弟。のち貴族院議員）はこれに一顧だにあたえなかった。後年、岩村は当時を回想し、若い血気のゆえに、河井もまた尋常一様の門閥の馬鹿家老だと思ってとりあいもせず、会談は決裂におよんだが、にもかかわらず河井がくりかえし嘆願をしたのは、「或《あるい》は真に戦意なかりしにてもあらんか。去《さ》れど当時は、勢之《これ》を信ぜざりし」と語っている。

嘆願を一蹴された河井は、根岸邸にやってきた。明治元年五月三日夜八時のことである。時に一三歳の根岸練次郎（昭和一九年、八九歳で没）にとっては、その両親に決意を秘めて語る叔父河井継之助の姿は、脳裏に深くきざまれ、衝撃的なものだった、という。

さて、会談決裂によって戦端はひらかれ、榎峠《えのき》や長岡城をめぐる攻防がつづいた。一進一退、対峙《たいじ》すること三ヵ月、河井は会津の塩沢村《しおざわ》（福島県南会津郡只見町塩沢）で没した。うけた弾傷がもとだった。絶筆となった義兄椰野《なぎの》あての手紙には、「死生は私には不仕候《つかまつらず》」と記されていた（今泉鐸次郎著『河井継之助伝』、安藤英男校注『塵壺』、同『河井継之助』参照）。

この北越戦争の背後には、新潟開港（期日一八六八年四月一日＝陰暦三月九日。のち延期）をめぐる国際的利害がからんでいた。同盟側は新潟を事実上開港し、ここを武器補給港とした。オランダ商人スネル（日本名、平松武兵衛）らが〝死の商人〟として活躍した。酒田の大地主本間家などがその武器補給の資金源となっていたことは、地もとの佐藤三郎氏の著『酒田の本間家』などにも語られている。この補給路を絶つために、新政府軍は海陸両方面から新潟を攻撃し、これを陥落させたのである。

東北戦争と民衆

勝海舟は、その日記の慶応四年（明治元）閏四月二七日の条に、「王政維新」というけれども、そのやりかたは幕府と五十歩百歩ではないか、と述べ、それにつづけて「殊《こと》に歎くべきは人心の背《そむ》きて困弊《こんぺい》するを顧みず、東国半ばはその政を厭《いと》うがごとし。大政の衰弊する、日を卜《ぼく》して知るべし」と書いた。同じころ、東山道総督岩倉具定《ともさだ》・同副総督岩倉具経《ともつね》は、父具視《ともみ》あての「上書《じょうしょ》」（明治元年閏四月）に、いまの状況では「官軍之微勢且偸安怠惰《かっとうあんたいだ》、政道一も不相立《あいたたず》」、民衆は新政府軍に「大《おおい》に軽侮の心を生じ、児童・走卒に至る迄、官軍を見ては唾罵《だば》致し候様に相成り」と述べていたのである。

こうした新政府軍の動向のみならず、東北諸藩の状況を、現地にあって醒《さ》めた目でみつめていた一人の農民がいた。菅野《かんの》八郎（一八一〇―八八）である（三二ページ参照）。

彼は、明治元年の四月中旬から、六月朔日《ついたち》までの日記ふうの『八老独《はちろうひとり》年代記』（中巻）のなかで、一〇人のうち八、九人までが会津・仙台両藩の勝利になるだろうともっぱら噂しているが、そんなことは思いもよらない、と述べていた。それはこの両藩が「何《いず》れも衆の心を失ひながら、大望を企《くわだて》候義、土の船に乗りて大海を渡らんとするが如し」と、民心が藩主からはなれていることを、見ぬいていたからである。

明らかにここには民衆の側からの醒めた目でみた東北戦争観がある。そして、この八郎は信達両郡が戦場になれば、農民は「如何なる浮目《うきめ》を見る事やらん」と案じたとおり、戦線が東北・北越にひろがることによって、民衆は犠牲を強いられた。農民一揆がつぎつぎにおこったのは当然であろう。それはなによりも農民自身の利害にもとづく行動であった。一揆指導層の立場や、ときの状況によって、一揆は結果的には新政府軍に、あるいは同盟側に有利に作用したのである。

敗者の怨念

この東北戦争には、さらに薩長に対する敗者の怨念《おんねん》がかさなる。

会津藩出身の陸軍大将・軍事参議官柴五郎《しばごろう》（一八五九―一九四五。八七歳で没）は、政治小説『佳人之奇遇《かじんのきぐう》』の著者東海散士《とうかいさんし》こと柴四朗《しばしろう》（一八五二―一九二二）の実弟だが、その薩長に対する憤怒《ふんぬ》に燃えた遺書ともいうべき手記にこう書いた。

後世、史家のうちには、会津藩を封建制度護持の元兇のごとく伝え、薩長のみを救世の軍と讃《たた》え、会津戦争においては、会津の百姓・町民は薩長軍を歓迎、これに協力せりと説くものあれども、史実を誤ること甚《はなは》だしきものというべし。百姓・町人に加えたる暴虐の挙、全東北に及びたること多くの記録あれど、故意に抹殺されたるは不満に堪えざることなり(石光真人編著『ある明治人の記録』)。

たしかに、新政府軍は征服者の常として略奪・暴行をほしいままにした。とくに会津では男女老幼を殺戮《さつりく》し、公然と強姦《ごうかん》をし、強奪をきわめた。だが、文久元年(一八六一)、イギリス公使館付きの医者として来日したウィリアム＝ウィリス(一八三七―九四。明治二年副領事、同年末鹿児島医学校兼病院に赴任)は、東北戦争の戦傷兵治療に派遣されたが、敗走後の会津兵もまた「みずからの国への退却中に統制のない無頼《ぶらい》の集団となり、逃走の道すじで物を盗み、人を殺し、略奪をはたらいた」と、現地新発田《しばた》からパークスあてに報告している(一八六八年一一月一八日付＝陽暦、以下同じ)。

そしてまた、「会津兵が越後に退却して行く途中、彼らは女たちを強姦し、家々に盗みに入り、反抗する者をみな殺害したのである。一方、会津の国では、ミカド(天皇)の軍隊は各地で略奪し、百姓の道具類までも盗んだという話を聞いた」(江戸にて、一八六九年一月二三日付)とも述べた。それは戦争という極限状況における、倫理観をうしなった征服者と被征服者、支配する者と支配される者との人間模様である。新政府軍と同盟軍との差ではけっしてない。

嗅ぎわける民衆

問題は、そうしたなかで、政変によって相戦う両陣営のいずれの側が人々の生活と事態の改善を約束し、それをいかに民衆が嗅《か》ぎわけているかにある。パークスあてのウィリスの報告書（高田発、一八六八年一〇月一七日付）は、その点について「私の調査のおよぶかぎりでは」とまえおきして、つぎのような意味のことを述べている。

すなわち、人民は最近の政変が将来にとってよりよい状態をまねくだろうと考え、とりわけ旗本領の農民は、これまで旗本が圧制的な領主だったためか、新政府側に期待をかけている。彼らには旧体制に対する同情心は片鱗《へんりん》すらない。ただし、大領主の下《もと》の農民は政変に無関心で、旗本領の農民とはおおいに事情を異にしているようだ。新政府の権威はいたるところで承認され、抗戦中の東北同盟軍の側への共感はまったくない。私が耳にすることができたものといえば、「大君」政府は廃止され、旧体制はもはや復活不可能だというだけである、と（ウィリスの報告については中須賀哲朗訳『英国公使館員の維新戦争見聞記』および石井孝著『維新の内乱』参照）。

このウィリスの報告に接したイギリス公使パークスも、新政府がこれまでの領主の重税よりも課税を軽くすることで、農民をひきつけていることを認めている。新政府は、戊辰戦争開始一〇日後の明治元年一月一二日、旧幕領のこの年の年貢を半分にするという年貢半減令をだしていたのである。そして、その後も奥羽・北越地方でしばしばこの半減令は布告されていた。しかし、これは敵地の農民を味方にひきつけるためのものであった。この半減令の真に意味するものが何であったかはあとで述べる。

内乱終結と「御一新」

海舟の切歯扼腕

東北戦争のさなか、明治元年（一八六八）八月一九日の夜、旧幕府の軍艦開陽・回天・蟠《ばん》竜《りょう》・千代田形《ちよだがた》・長鯨《ちょうげい》・神速《こうそく》・美賀保《みかほ》・咸臨《かんりん》の八隻は、おりからの月明りを利用して品川沖から錨《いかり》を上げた。旧幕府海軍の脱走である。これを指揮したのは海軍副総裁榎本釜次郎《かまじろう》（一八三六—一九〇八。武揚）、陸軍奉行並《なみ》松平太郎（正親）、前若年寄永井尚志《なおゆき》（玄蕃《げんば》）らであり、フランス陸軍教官ブリュネー、カズヌーブらも加わっていた。総勢二千余名。

すでに榎本は五月、徳川家の減封や駿府《すんぷ》移封が発表されるや、困窮不平の幕臣を蝦夷《えぞ》地に移住させ、開拓を名としてひそかに幕権の回復をはかろうとくわだてていた。戦火が東北にひろがり、奥羽越列藩同盟が榎本指揮下の海軍力に期待をかけると、榎本の決起の決意はいっそうかためられた。その旧幕府艦隊脱走の風説が伝えられたとき、勝海舟は、八月、榎本に自重をもとめた。

ところが榎本の返書の一節には、「一寸之虫にも五分《ごぶ》之魂とやら」とあった。海舟はそこに秘められていた榎本の決意を読みとれなかったのか、その日記の八月七日のくだりには、「榎本より四日の返書到来。文穏かにて更に世上風聞、脱走の意あらず」と記したのである。だから、榎本脱走の報に接したとき、海舟はこう書いた。「嗚呼《ああ》士官輩、我が令を用いず」と。彼はみずからの見こみちがいに切歯扼腕《せっしやくわん》したのである。

サムライの「共和国」

かくて、榎本らは、暴風や宮古《みやこ》海戦など途中曲折を経ながら、ついに蝦夷地にたどりついた。そして、函館（当時は箱館）および五稜郭《ごりょうかく》（箱館奉行所、武田斐三郎《あやさぶろう》設計）を占拠して一帯を平定した。時に一二月一五日。一〇一発の空砲はこの榎本政権の発足を祝ってとどろいた。

これを、W＝E＝グリフィスの著『ミカド』（原著は一九一五年刊。亀井俊介訳）はつぎのように述べる。グリフィスは明治三年の末、アメリカから福井藩にまねかれ、のちに東京大学の前身である南校で教鞭《きょうべん》をとった人物である。

蝦夷の数か所の町村を占領し、彼（榎本）らは共和国を宣言した。またアメリカの先例と習慣にならい、投票によって役人を選んだ。この新生国は函館の近く、亀田砲台に祝福されて、発足した。そして「普通選挙」をもって憲法の根本をなすと宣言した。もっともサムライだけが投票することができたのであるが。

表-4　榎本政権のおもな役職・氏名・獲得票数

総　裁	榎本武揚	(156票)
副総裁	松平太郎	(120票)
海軍奉行	荒井郁之助	
陸軍奉行	大鳥圭介	(86票)
同　並	土方歳三	(73票)
会計奉行	榎本対馬	
同	川村録四郎	
開拓奉行	沢　太郎左衛門	
箱館奉行	永井玄蕃	(116票)
同　並	中島三郎助	
江差奉行	松岡四郎次郎	(82票)
松前奉行	人見勝太郎	
海陸軍裁判役頭取	竹中春山	
軍船頭	甲賀源吾	………(以下略)
〈旧幕府重職参加者〉		
小笠原長行(壱岐守)	元老中・唐津藩主の子	
板倉勝静(伊賀守)	元老中・備中松山藩主	
板倉勝全	勝静の子	
松平定敬(越中守)	元所司代・桑名藩主	

(注)『新北海道史』第3巻通説2。同書によると，(　)内の数字は『秋田家文書』による票数(投票総数856票)。次ページの表-5票数とは異なるがそのままにしておく。

この投票は、士官以上のそれであった。その結果によるおもな役職と顔ぶれは右表（表-4）のとおりだが、幕艦神速《こうそく》乗組の内藤清孝の『蝦夷事情乗風日誌』（ハーバード大学燕京《エンチン》図書館蔵）のメモ（表-5）をみると、その投票結果の入札点数が一部記されているので、参考までにかかげておく。

いうところの「共和国」は列強から「事実上《デ＝ファクト》の政権」といわれたが、つまるところ、戊辰戦争の最後の拠点をここにもとめた、旧幕臣を中心とした「サムライだけ」の「共和国」にほかならなかった。実際、この政権は、「榎本武揚等歎願書」がいうように、「王政復古」による天皇政府を肯定し、「一には皇国の為《た》め、二には徳川の為め」、旧幕臣をやしない、北門の警固にあたろうというものであった。

とすれば、これは旧幕臣の夢を託した「共和国」であって、民衆を基盤とした共和国とはおよそ縁遠い存在だったのである（拙著『北海道と明治維新』）。

表-5　榎本政権の役職・票数・氏名

役職	入札票数・氏名
総裁	155 榎本釜次郎　14 松平太郎 4 永井玄蕃　1 大鳥圭介
副総裁	126 松平太郎　18 榎本釜次郎 7 大鳥圭介　5 永井玄蕃 4 荒井郁之助　2 土方歳三 1 柴誠一
海軍奉行	73 荒井郁之助　14 沢太郎左衛門 13 柴誠一　9 甲賀源吾 2 松岡盤吉　1 古屋佐久左衛門
陸軍奉行	89 大鳥圭介　11 松平太郎 8 土方歳三　6 松岡四郎次郎 1 伊庭八郎　1 町田肇

（注）内藤清孝著『蝦夷事情乗風日誌』による。アラビア数字は入札（投票）票数をしめす。

はきだめの蝦夷地開拓

それにしても、この榎本政権の成立は、ここ蝦夷地に二つの政権が並立したことになる。

榎本政権と並立したもう一つとは、いうまでもなく新政府の箱館裁判所（明治元年四月一二日設置、閏四月二四日箱館府と改称。「箱館府裁判所」というような呼称の例もある）である。これが翌二年七月の開拓使設置へと発展するわけだが、この箱館裁判所の明治元年閏四月の布告は特徴的である。すなわち、この地が徳川氏にかわる天皇の直轄支配になったという維新の意義の強調は、本州各地の布告と共通するが、ここでは「天子様」のもとに蝦夷地の行政にあたる「御総督様」の尊くめぐみ深いことが、あたかも本州での天皇のようにうたわれている。この地の政治のいっさいを委任された総督とは、まさに〝蝦夷地の天皇〟にほかならなかった。これがのちの開拓長官に尾をひくのだ。つづいて役人の賄賂《わいろ》を強く戒めているのは、それまでのこの地の実情を反映したものであろう。

新政府は維新当初からこの蝦夷地の開拓を重要視した。明治元年三月、天皇は太政官代（二条城）に臨幸して蝦夷地開拓の得失を諮問《しもん》し、また、翌二年二月には、岩倉具視が外交や財政とともにこの地の開拓を朝議に付すべきことを論じた。そして、その年五月、皇道興隆・知藩事新置・蝦夷地開拓の三ヵ条が勅問された。

右の岩倉の論には、この地を開拓して「富有ノ地」とし、ここに「一箇ノ小日本国」をつくり、ロシアに「垂涎《すいぜん》ノ念」を断たしめ、「皇国ノ威勢」をこの地から海外に宣揚せしめる、と述べている。ただその場合、彼の発想の背後に、つぎのような見解が秘められていたことは留意してよい。

それは明治元年一〇月の岩倉の意見書にみられるものだ。そこには「奥羽降伏ノ諸藩其他脱籍人等ノ死一等ヲ宥《ゆる》セラレ、終身禁錮《きんこ》ニ処スベキ者、又ハ流罪《るざい》ニ処セラル者、又ハ穢多《えた》ノ如キ他ノ人民ト平生交通シ難キ事情アル者等ヲ此地ニ移シ、開拓ニ従事セシムベシ」とある。そして、おいおい「良民」も「説諭」して「内地」から移住させ、漁業や農業に力を入れれば、天然の物産も収穫でき、これに器械力を加えれば、「必ズ他年ハ一大繁昌《はんじょう》ノ地」をひらくことができようという。維新の敗北者や罪人、あるいは社会のアウト＝ローによって開拓をすすめ、その後「良民」を移住せしめよというこの発想こそは、のちの北海道の開拓に一貫し、近代天皇制の支配と日本資本主義の構造を、この地が沖縄とともに底辺でささえることになる。それが維新当初かくも明確に宣言されていることは注目しなければならない。

この岩倉の意見にのっとって、明治二年七月、開拓使が設置され、翌八月一五日、蝦夷地は北海道と改称された。

ところで、この新政権の出先機関、いや〝北海道の天皇〟政権と対峙した榎本政権はどうなったであろうか。

死者につらぬく差別

明治元年（一八六八）一二月二七日（陽暦一八六九年二月八日）、列国代表会議は局外中立の撤廃を満場一致で決定し（翌日告示）、新政府軍はストーンウォール号を手に入れた。これは榎本政権の崩壊をはやめた。また、この局外中立の撤廃は、内乱の終結、つまり列強が新政府による全国統一を国際的に承認したことを意味した。もはや「事実上の政権」は消滅したのである。のこるのは国際的に承認されない反乱軍の、軍事的壊滅のみであった。その壊滅の瞬間、新政府軍の参謀黒田清隆（当時、了介。薩摩出身）は箱館病院の医師高松凌《りょう》雲《うん》を介して五稜郭および弁天崎砲台に使者を送り、降伏を勧告した。このとき、榎本は断固ことわり、返書に付して彼がオランダ留学中に入手したフランス国際法学者オルトランの『海律全書』（加茂儀一氏の訳名では『海の国際法と外交』）二冊を黒田に託し、黒田もまた酒五樽《たる》を榎本の陣に贈った話はあまりにも有名である。かくて〝サムライだけの共和国〟はほろび去った。時に明治二年五月一八日。

投獄された榎本はやがて出獄し、黒田開拓次官（のち長官）のもとに、開拓使四等出仕となる。彼は北海道鉱山検査巡回の任についた。明治五年三月のことである。

だが、それにつけても、私が最初に訪れたときには、いま北海道檜山《ひやま》郡江差《えさし》町の江差文化センターのある小高い丘には、日本海の荒海に面して、草むらに埋もれるようにして箱館戦争の戦死者の墓がならんでいた。風雨にさらされた墓石の氏名をよくみると、それは新政府軍戦死者のそれである。榎本軍のものはひとつとしてない。

伝えられるエピソードでは、箱館戦争は終わっても、新政府をおそれてだれも榎本軍の死骸をかたづける者がいなかった、という。そこで子分六〇〇人を擁し、消防の組頭をしていた柳川熊吉（新門辰五郎《しんもんたつごろう》の配下、木場《きば》の仙三の子分。安政地震で江戸から箱館にわたった）

が、大工の棟梁《とうりょう》大岡助右衛門（のち、札幌の豊平《とよひら》橋や豊平《ほうへい》館をつくる）とともに、死骸をひろいあつめて実行寺（いまの富岡町付近）に墓標をたててとむらった。怒った新政府軍の一将が墓標をたおし、熊吉を捕えて「耳を切れ」「鼻をそげ」と部下に命じたが、熊吉は平然と「首をはねよ」と答えた。その勇気に軍監田島圭蔵（永山盛繁）が感じ入って彼はゆるされた。その熊吉は、明治四年のころ、函館山の中腹の地を手に入れ、実行寺の付属地として遺骨を改葬した。それが明治六年の大鳥圭介の北海道巡視で目にとまり、当時ロシア公使だった榎本の賛成を得て明治八年、碧血碑《へっけつひ》の建立《こんりゅう》となり、いまにいたった、というのである（元木省吾著『函館郷土史話』）。

日本各地には、戊辰戦争や西南戦争の「官軍墓地」はある。しかし反政府軍の戦死者は、この碧血碑のエピソードのようなかたちでしかまつられていない。「官軍」のみをまつった最大のシンボルは、あとでもふれる靖国神社なのだ。差別の支配構造は、死者にまでつらぬく。

戊辰戦争論

鳥羽・伏見の戦いから上野《うえの》戦争、さらに東北戦争を経て箱館戦争にいたる、日本を東西二分しての内乱を、戊辰《ぼしん》戦争とよぶ。のちの士族反乱が西日本の一部に局限されているのに比し、この戦争は東日本、とりわけ東北地方、北海道の南端を戦場と化した。すでにふれた伊藤博文のサンフランシスコ演説のように、一発の弾丸もはなたず、一滴の血も流さず、幕藩体制が廃止されたわけではけっしてない。それだけにこの戊辰戦争を、明治維新のなかにどう位置づけ、どうみるかは、維新史全体の評価にかかわるのである。

遠山茂樹著『明治維新』（昭和二六年刊、昭和四七年改版）は、慶応三年（一八六七）の決定的瞬間における「下からの革命勢力のみじめな挫折」という視点から、幕府の倒壊を「社会変革としての底の浅い政権移動」としてとらえ、いきおい戊辰戦争の意義に対する評価は低い。その後の著『明治維新と現代』（昭和四三年刊）においても、この戦争は「局部的かつ一時の内戦」と表現されている。

これに対して、井上清著『日本現代史I明治維新』（昭和二六年刊）は、戊辰戦争を「大内乱」といい、この戦争による旧幕府勢力の徹底的な打破こそが「日本を半植民地化の危機」から救い、「日本民族はこれによってはじめて当時の東洋における唯一の独立国家たる方向を確立することができた」と述べた。戊辰戦争の評価が、じつは維新史全体のとらえかたにかかわっていることがわかろう。

戦前、服部之総氏はこの戊辰戦争を国民的ブルジョアジーと封建諸侯の対立と見、戦後の修正説では絶対主義への道をあゆむ二つの陣営の対立と規定した。原口清著『戊辰戦争』（昭和三八年刊）は、戦後はじめてこの戦争を真正面から分析したものだが、氏は井上説に賛意を表しつつ、戊辰戦争を絶対主義権力（新政府側＝個別領有権を否定し、天皇への統合）と列藩同盟権力（旧幕府側＝個別領有権の連合）との対立とみて、他説を批判した。

これに対し、服部修正説をうけついだ石井孝著『維新の内乱』（昭和四三年刊）は、この原口説に反論を加えた。私も基本的には服部修正説に近い立場をとるが、石井説のように奥羽越列藩同盟を、たんに「おくれた封建領主のルースな連合体」とはみない。この同盟が「王政復古」の再版をめざしていたことはすでにみたとおりである。

だから、戊辰戦争の決定的段階はやはり鳥羽・伏見の戦いから江戸開城までの局面にあった、とみてよい。そして、この戦争が封建領主制の廃棄に、いかに深くひろく影響をおよぼし、万国に対峙する急速な統一国家形成への道を準備したかは、以下の章にみるごとくである。

「明治」と「維新」と

さて、幕末の尊攘・倒幕運動から「王政復古」の政治過程、戊辰戦争、さらにその後の統一国家の形成のプロセスを、ふつうわれわれは「明治維新」とよぶ（序章「近代日本の開幕」参照）。

この「明治」ということばは、『易経《えききょう》』の「聖人南面して天下を聴き、明に嚮《むか》いて治む」（原漢文）からとったのだ、とされている。議定《ぎじょう》松平慶永に命じて、いくつかの元号の候補を儒者に選定させ、明治元年（実際は改元まで慶応四年）九月七日の夜、天皇睦仁《むつひと》が賢所《かしこどころ》でくじをひいてえらんだのが、この明治という元号だった。そして、翌八日、「今より以後、旧制を革易《かくえき》し、一世一元、以て永式と為《な》す」（原漢文）という改元の詔《みことのり》がだされた。それまでは吉凶や天変地異などを理由にたびたびかえられていた元号は、以後天皇一代に一つの元号とさだめられたのである（一世一元の制）。

また、「維新」という語は、「周は旧邦と雖《いえど》も、其の命維（こ）れ新たなり」（『詩経』、原漢文）とか、「旧染汚俗、咸共《みな》に維れ新たなり」（『書経』、同上）などともちいられ、百事が一新することを意味するといわれている。そして、明治三年（一八七〇）一月三日の大教宣布の詔書のなかでは、「百度維新、宜《よろ》しく治教を明らかにし、以て惟神《いしん》の道を宣揚すべし」（原漢文）と「明治」と「維新」とが神道《しんとう》イデオロギーによって、たくみにむすびつけられている。たしかにこれらは「明治維新」の語源の説明にはなる。

「一新」から「御一新」へ

ところが、維新当時、この変革は一般に「御一新」とよばれていたことはよく知られている。では、この「御一新」とは何を意味するのか。まず「一新」の幕末期の使用例からみよう。

幕末期、長州藩で、士庶の身分にかかわらず、有志の者によって奇兵《きへい》隊以下の諸隊が結成され、さらに農民や町人による多くの庶民軍がつくられたことは有名である。そして、この軍事力のなかには身分差別された人々よりなる隊もいくつかふくまれていた。「えた」の賤称とひきかえに編成されたこれらの隊は、「一新組」あるいは「維新団」と名づけられた。差別された人々は、みずからの身分解放をかちとる第一歩として、積極的にこれに参加し、第二次征長戦を果敢に戦った。とすれば、この隊名にみられる「一新」や「維新」という語には、身分外の身分としてながいあいだ賤《いや》しめられ、苦しめられてきた彼らの解放へのせつなる期待がこめられていた、とみていいだろう。

だが、この「一新」のうえに「御」がつけられる。それはつぎのようなプロセスを経てである。

明治元年三月、長崎裁判所（一四九―一五〇ページ参照）からだされた「御諭書《ごゆしょ》」はいう。

マヅ御一新ト云《いう》ト、何デモ新ラシクナルコトニ違ヒハナイガ、コノ下々ノ者ノ心得違ヒノ、出来サウナ所ヂヤカラ能々《よくよく》ハナシテ聞カス。トツクリト聞《きく》ガヨイ。サテ、一新ト云《いう》ト、一寸考《ちよつとかんがえ》ルト、手ノ裏ヲカヘスカ、又ハ暗《やみ》ノ夜ガ、ニハカニ白日ニナルヤウニ思フデ有《あろ》ウガ、中々其《なかなかその》リクツニハイカヌゾ。

こう述べて、この布告は「御一新」というのはちょうど夜明けがた、だんだん明るくなるようなものだ、というのである。もしも、「下々《しもじも》デ考《かんがえ》ル様ニ、手ノ裏ヲ反《かえ》ス様ニ、夜ガ昼ニナツテミタガヨイ。ドノヤウニウロタヘルカ。譬《たと》ヘバ夜ル夜《よ》中ニ、人目ヲ忍ンデスルコトガ有ラウガ、其所《そこ》へ俄《にわか》ニ　御日様ガ御出ナサツテハ、タマルマイデハ無ヒカ。ヂリヂリト夜ガ明《あけ》ル間ニハ、茶モワク、掃除モ出来ル。其所《そこ》デ商買《（ママ）》モ出来ルデハナイカ」と。

なかなかの説得力である。そのうえで、この布告は、夜明けまえのほの暗さをしだいに明るくする「御日様」と「天子サマ」とをかさねあわせるのだ。そして、お日様にひとしい天子様こそが「日本ノ御主人サマ」だと断言するのである。

当時の人々は、一般には「公方《くぼう》様」、つまり将軍の存在は知ってはいたが、天皇はほとんど知らなかった。知らなかったがゆえに、布告は何度も天皇の尊貴なゆえんを説く。「奥羽人民告諭」（明治二年二月）は天皇が天照皇大神宮の子孫で日本の主であり、正一位の稲荷《いなり》大明神の位も天皇がさずけたものだ、と説明する。民衆に身近な稲荷信仰をひきあいにだせば、神様以上の天皇の尊さもよくわかる。そして、「一尺の地も一人の民も、みな、天子様のものにて、日本国の父母にまします」と、王土王民思想がうたわれるのである。

さらに、さきの「御諭書」では、天皇のめぐみ深いことが勧善懲悪思想や、儒教的な家族倫理によって説かれ、天皇への忠誠が強調される。つまるところ、「何分何事ニヨラズ、御《お》上《かみ》へ御スガリ申《もうし》テ、御下《おんげ》知《ち》ノ通リニ」せよ、という。ここに「一新」と天皇とはつながられ、それが「御一新」となるのである。

こうしてみてくると、「一新」や「維新」ということばの背後には、抑圧された人々の解放へのねがい、つまり「世直し」の期待がこめられていた。ところがこの「世直し」＝「一新」＝「夜明け」は、たくみに「御日様」＝天皇とむすびつけられ、むすびつけられることによって天皇へすがり、天皇に忠誠をつくす「御一新」へとすりかえられていく。「御一新」という当時流布《るふ》されたよびかたの背景には、このような〝下から〟の解放へのエネルギーをとらえつつ、巧妙にそれを〝上から〟のチャンネルに流しこむ「明治維新」の論理がかくされていたのである。

第三章　民心のゆくえ

「偽官軍」事件と隠岐騒動

草莽・相楽総三

明治元年（慶応四年＝一八六八）八月、京都で小洲処士の名で書かれた『復古論』という小冊子には、こんどの復古は、建武中興とちがって「勤王《きんのう》」の論は「草莽《そうもう》」からおこったのだから、たとえ天皇の心がどうかわり、大名たちがどう考えようとも、建武中興の二の舞になるようなことはけっしてない、と書かれている。つまり、維新の原動力は草莽にある、という主張なのである。

この草莽とは〝くさむら〟、転じて〝在野〟の意だが、これを、いわゆる「志士」や豪農商とみるか、あるいはもっと草深い村の農民たちまでふくめて考えるかによって、明治維新の見かたは異なってくる。が、ここではいくつかの具体例でその動向やゆくえをたどってみよう。

その一つに相楽《さがら》総三《そうぞう》らの赤報隊《せきほうたい》がある。これについては作家長谷川伸《しん》著『相楽総三とその同志』（昭和一八年刊）が有名だが、維新史研究者高木俊輔著『維新史の再発掘』（昭和四五年刊）、同『明治維新草莽運動史』（昭和四九年刊）が、たんねんな名簿づくりや「志士」群像の追跡によって、これをうかびあがらせている。以下これらによってみていこう。

相楽（本名小島四郎左衛門将満《まさみつ》、通称四郎。相楽総三は変名）は天保一〇年（一八三九）の江戸生まれだが、小島家は郷士《ごうし》、もとは下総《しもうさ》国相馬《そうま》郡椚木《くぬぎ》新田《しんでん》村（茨城県北相馬郡藤代町椚木）の豪農・名望家だった。文久元年（一八六一）、二三歳の彼が尊攘《そんじょう》の「志士」として運動に身を投じたとき、父兵馬《ひょうま》から五〇〇〇両の大金をひきだしているといわれているから、その富豪ぶりもうかがわれる。

相楽は薩摩藩の伊牟《いむ》田尚平《たしょうへい》や益満休之助《ますみつきゅうのすけ》らと相知り、その紹介で薩藩の実力者西郷隆盛や大久保利通（一蔵《いちぞう》）にも近づく。そして、薩藩邸を拠点とする浪士隊の総裁となった。慶応三年もあと一ヵ月余というころである。おそらく彼のもつ資金が大きくものをいったにちがいない。

この浪士隊は郷士・豪農商、脱藩士や農民で編成され、総勢五〇〇人。関東周辺でゲリラ戦をこころみ、また、薩藩の意をうけて江戸市中の攪乱工作をおこなった。挑発された幕府は庄内藩以下羽州上ノ山《かみのやま》・越前鯖江《さばえ》・武州岩槻《いわつき》の四藩に出兵を命じ、幕府お雇いのフランス人ブリュネーの砲撃指導で、一二月二五日、薩藩邸に焼打ちをかけた。勝海舟はその日の日記にこういう。「薩邸を取囲む。是《これ》、此程より、浪士輩二百計《ばか》り集居。夜中、強盗を事とし、或いは近郊へ出入して、集金の事聞えたるを以てなり。火して大抵遁去《にげさ》る」と。こうして、翌明治元年一月三日、戊辰戦争がひきおこされた（五七―五八ページ参照）。

赤報隊と「偽官軍」

江戸を脱して京都入りした相楽らは東征軍の先鋒《せんぽう》隊として、公卿綾小路俊実《あやのこうじとしざね》・滋野井公寿《しげのいきんひさ》を盟主とする一隊をつくり、一月一〇日、この隊は赤報隊と命名された。隊員およそ二〇〇ないし三〇〇人。結成当初とその後では構成もだいぶ異なるが、二月、諏訪《すわ》入りしたころの相楽隊のメンバーをみると、郷士出身の相楽が総裁で、幹部は関東・東北地方の脱藩士・豪農商が中心だった。

一月一二日、相楽らは年貢半減の建白《けんぱく》を新政府首脳に提出、これをいれて新政府は、この日ただちに旧幕領への年貢半減令（前年の未納分も同様）を発した。そして、赤報隊には東海道鎮撫使の指揮をうけることを命じたのである。

赤報隊は年貢半減をスローガンに、一月中旬から下旬にかけて、雪の近江《おうみ》路から美濃《みの》路へ、さらに東山道へとすすむ。二月六日、相楽らは下諏訪《しもすわ》についた。そのころ、この相楽隊は、滋野井隊・綾小路隊と三隊にわかれてすすんでいたのである。

だが、これらの隊の背後には、謀略の黒い影がせまっていた。謀略とは何か。相楽らに

図-4　薩邸脱出から赤報隊進軍経路

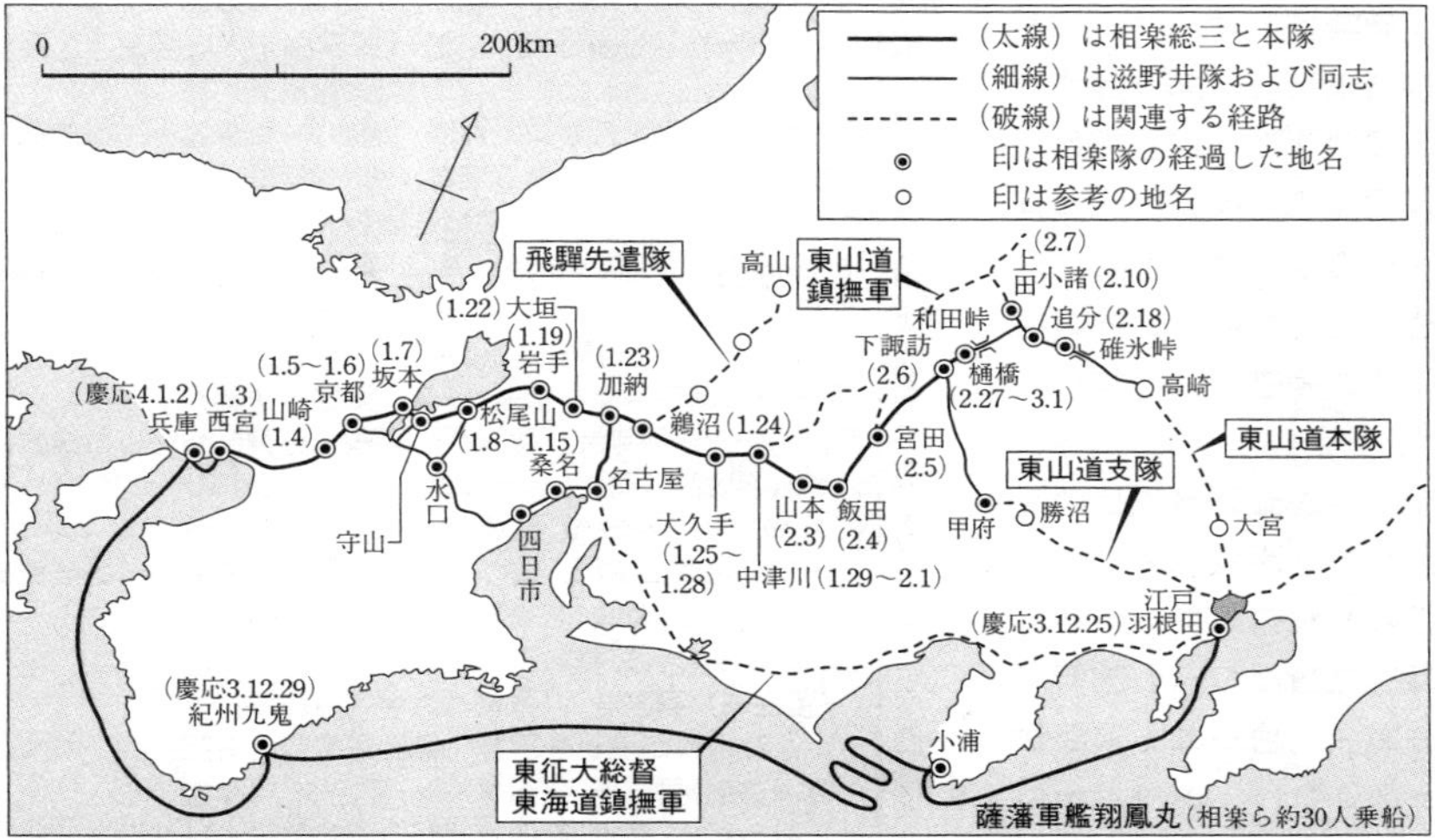

（注）高木俊輔著『維新史の再発掘』による。

表-6　明治初年のおもな草莽諸隊

関東・東山地方……利鎌《とがま》隊（下野・壬生藩、神職）　誠心隊（足利藩）　赤報隊（本文参照）　高松隊（高松実村《さねむら》を盟主、赤報隊同様、諏訪から甲府にでたところで「偽勅使」として解隊）　護国隊（甲州郷士）　断金《だんきん》隊（甲州・農民）　松代隊（松代藩、長谷川昭道の献言）　伏水隊（筑摩地方）など。

東海地方……遠州報国隊・駿州赤心隊　豆州伊吹隊　（以上三隊は神職中心）　磅礴《ほうはく》隊（豪農・浮浪）　集義隊（博徒）　草薙隊（農兵、以上三隊は尾張藩）など。

北越地方……居之《きょし》隊（方義隊）　金革隊　北辰隊　（以上、三隊は越後で結成。地主・豪農クラスの農民を中心、明治三年、三隊は第三遊軍隊と改編）　戊辰隊（越後・農兵隊）　など。

近畿・山陰地方……山国隊（丹波、神主・農民）　弓箭《ゆみや》隊（丹波・郷士）　高野山鷲尾《わしお》隊（鷲尾隆聚《たかつむ》を盟主）　正義党（隠岐、本文参照）　など。

山陽地方……神機隊（広島藩、農兵、ほかに一五隊）　長州諸隊　（本文参照）

四国・九州地方……迅衝《じんしょう》隊（土佐藩、郷士・庄屋・地下《じげ》浪人ら）　勇敢隊（筑前・福岡藩、博徒・山伏・神官ら）　花山院《かざんいん》隊（花山院家理《いえこと》を盟主。薩長により弾圧）　など。

（注）高木前掲二書，栗原隆一著『幕末諸隊始末』，同『幕末諸隊100選』参照。

「偽《にせ》官軍」のレッテルをはることである。というのも、新政府は一月下旬、年貢半減令を取消していたのだ。財政的にゆるされるはずもないこの半減令を、諸藩からの伺いに対し口頭で取消していたのである。

これでは、相楽らがそれを知るよしもない。彼らが半減令で民心をひきつけてすすめばすすむほど、相楽隊は総督府の統制にしたがわない「強盗無頼之党」で、不当に武器をたくわえた「偽官軍」だとされたのである。新政府にとっては、年貢半減令をふりかざす彼らが、「世直し」の潮流をいちだんとはげしくし、それとむすびつくかもしれない、という危惧《きぐ》があったからだ。

相楽の弁明はゆるされず、彼は捕えられ、処刑された。時に三月三日。信州の冷たい雨が降りそそいでいた。

この赤報隊弾圧は、あの『復古論』の草莽維新史観の抹殺《まっさつ》を意味していた。だから、前ページの表-6にみるような草莽諸隊も、赤報隊と軌《き》を一《いつ》にした運命をたどったものが多い。

隠岐の文武館設置運動

隠岐《おき》は島前《どうぜん》と島後《どうご》よりなる。この島では幕末の海防の一翼をになって、文久三年（一八六三）、総勢四八〇人の農兵が組織され、村々の庄屋がこれを指揮した。ところが、慶応元年（一八六五）、島で百姓一揆がおこり、米商人がおそわれた。米相場をあやつる村役人・問屋や買収された代官所役人がねらわれたのである。農兵とこの一揆の関係はわからない。が、一揆の翌年、松江藩は新農兵を編成している。これは身もと確実な青年三〇人をえらび、藩が扶持《ふち》を給して藩士の統制下においたものである。そして、翌慶応三年五月、藩は農民一般が武芸の修練をすることを禁じた。

こうした藩のやりかたは農民の反発をかい、不穏《ふおん》な空気が島内にただよった。そのとき、文武館設置の嘆願書がだされたのだ。そこには「当今天下大変革之《の》形勢」「孤島迫切之事情」

図-5　隠岐島要図

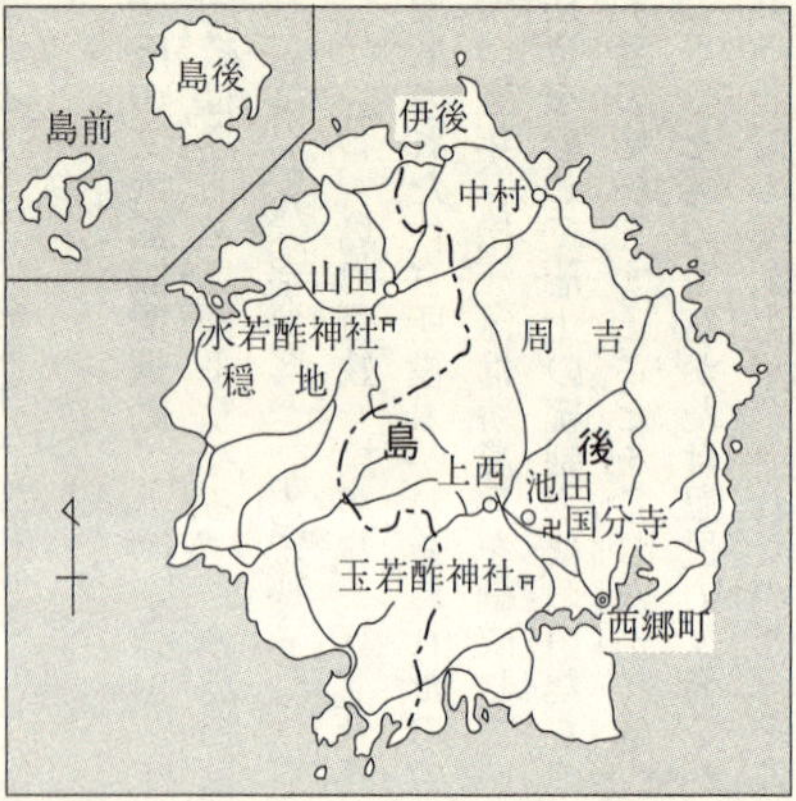

という内外の情勢が強く意識されていた。この絶海の孤島にも外国の危機がせまっているから、島民が文武稽古《けいこ》にはげむために文武館の設置をゆるしてほしい、というのである。これを推進したのは、この地の郷学《ごうがく》のにない手中西毅男《はたお》（山田村）らであった。

毅男は中西淡斎《たんさい》（鈴木恕平《じょへい》門下で水若酢《みずわかす》神社境内に膺懲館《ようちょうかん》をひらき、在郷の子弟を教育した）の子、京都で中沼了三（号は葵園《きえん》、のち明治天皇侍講）に接し、十津川《とつがわ》郷士たちが中沼に師事して文武館を設置したのをまのあたりにし、隠岐の朝廷直轄化の思いを秘めて帰郷し、文武館設置を島内に説いたのである。応じて嘆願書に名をつらねた者七三人（穏地《おち》郡三六人、周吉《すき》郡三七人）、島後四九ヵ村中三〇ヵ村が参加し、うち身分のわかる者は庄屋二〇人、年寄三人、神官一二人。これが隠岐騒動の中核となる。地域的には町方《まちかた》よりも在方《ざいかた》に比重がかかっている。

嘆願書をみた郡代《ぐんだい》は、形式も不備で礼を失することははなはだしく、おまけに農民たちがわけもなく武事を練習するのは不穏だ、として一蹴した。二度、三度嘆願書はだされ、恫喝《どうかつ》と懐柔がくりかえされた。

島民結集と郡代追放

やがて、幕府はたおれ、年が明けた。文武館設置の指導者中西毅男や横地官三郎（上西村《かみにし》庄屋）ら一一人はひそかに島をぬけ、石州を占領していた長州軍に接した。天下の情勢の急変を知った彼らはふたたび島へ帰った。ちょうどそのとき、山陰道鎮撫使から島民代表あての手紙を松江藩が無断で開封するという事件がおこったのである。

山陰道鎮撫使西園寺《さいおんじ》公望《きんもち》が、松江下向《げこう》の途次、隠岐の庄屋役あてに送った手紙には、すでに隠岐国は朝廷直轄になっているから、代表が鎮撫使のところまで出頭し、そのさい、土地の実態を記した郷帳をもってこい、というものだった。それを松江藩がかってに開封したということから、島内はわきたった。

明治元年三月一五日、池田村国分寺で島後の庄屋大会がひらかれた。議論は沸騰《ふっとう》し、意見はまっ二つに割れた。松江藩の責任を徹底的に追及し、その手はじめに隠岐国郡代を追放せよ、という強硬派と、それに反対して藩や郡代側を支持する一派である。前者はみずからを正義党といい、反対派を出雲《いずも》党とよんだ。出雲党は文武館設置の署名にも加わらなかった西《さい》郷《ごう》町およびその近在の庄屋とその一派で、海上交通をにぎる特権的問屋商人が多かった、という。

正義党は上西村の庄屋横地の家にあつまった。さきの脱島一一人がリードしていたのである。彼らは一八日、島内決起をよびかけ、翌一九日明けがたまでに約三〇〇〇人が結集した。島民男子の約三六パーセントである。

その日、六ヵ条の要求が「憂国《ゆうこく》同志中」の名のもとに西郷陣屋の郡代につきつけられた。この島民の異常なほどの結集と郡代に対する敵対を、たんに朝廷直轄地になったという理由だけからでは理解しがたい。この点、史料「隠岐騒動」(『日本庶民生活史料集成』第一三巻所収)の解説者(福田アジオ氏)は、山陰道鎮撫使の諸命令のなかに年貢半減令のあったことに注目し、「この『年貢半減令』は隠岐に対して直接出されたのではなく、間接的に伝えられたもので、郡代追放のおこなわれた三月一九日の五日前の一四日に隠岐に伝わった。この『年貢半減令』が農民たちを立ち上がらせた最大の契機と考えてよかろう」と述べている。

このいわゆる年貢半減令なるものは、因州(因幡《いなば》、のち鳥取県)あてのものであり、すでにみたように、実際にはもはや取消されている。それがなぜ山陰道鎮撫使の、この諸命令書のなかにふくまれていたのか、また、この半減令をどうして島民側が知り、それが郡代追放と、はたしてむすびついていたのかどうか(さきの六ヵ条の要求のなかには、そのことについては何もふれていない)などにかんしては、いまのところ確証はない。だが、もしこの半減令と朝廷直轄化がかさねあわされていたとすれば、郡代追放へ島民が結集したことは十分首肯《しゆこう》しうる。

この勢いにおされて郡代は陣屋を明けわたし、その夜一行三十余人は藩船観音丸に乗り、翌二〇日、島を退去した。このとき、正義党はあらためて郡代から「憂国同志衆中」あての、屈伏確認書をとっている。

正義党は国中に檄《げき》をとばした。そこには「皇国ノ民」たる名分論と、「文武ヲハゲミ、攘《じよう》夷《い》ノ御布告相待ツベキ」ことが訴えられていた。彼らはまた島前に代表二人を派して協力をもとめた。しかし、島前の庄屋たちは従来からの消極的態度をかえなかった。

島内「自治」の体制

郡代追放のあと、陣屋は会議所にあてられ、正義党長老格四人の合議制とし、執行機関としての総会所が設けられた。この総会所には周旋方、文事・軍事方、撃剣《げきけん》・武具方、兵糧方《ひようろう》などの担当をはじめ、算用調方《しらべかた》・廻船方・記録方・直用掛《じきよう》・警衛方・三町壮士付添・目付《めつけ》役などの部署がさだめられ、一人ないし数人（最大七人）の公文《くもん》の交代制によって構成された。

そのころから庄屋の称は公文という古称にすべてあらためられていたのである。それは「復古」によるアンシャン＝レジーム否定の島民の意思表示だったのかもしれない。また、戍兵《じゅへい》・義勇・揮刀《きとう》三局がおかれ、壮士四、五十人が交代で詰めて町や村を巡回した。

　こうして、島内の「自治」の体制はととのえられた。

　だが、出雲党は潜在するし、いつ松江藩の報復があるかもしれない。正義党は、一方では京都の西園寺鎮撫使庁に使いをだすとともに、他方では石州占領中の長州軍へ救援を乞う連絡をとった。

　ところが、四月一三日、新政府（太政官）は方針を一転させ、松江藩に島民の厳重な取締りを命じた。藩側の画策が功を奏したのだ、といわれている。島内には出雲党が台頭《たいとう》し、藩兵は島に上陸しはじめた。正義党に与《くみ》する農民は、各地の氏神《うじがみ》に集合し、盟約、調印し、姓名を会議所に提出した。事態は一触即発の情勢になった。五月一〇日、松江藩兵約三〇〇が陣屋を包囲し、明けわたしをせまった。対峙《たいじ》すること半日、藩兵の発砲のまえに陣屋は占拠された。正義党は四散した。会議所・総会所の「自治」体制はくずれたかにみえた。

　だが、そのときまでに会議所からの急使は、鳥取・長州・浜田の諸藩へ、さらに京都へととんでいた。長州軍は薩摩の軍艦とともに、丁卯《ていぼう》艦を隠岐に送り、鳥取藩と連合して松江藩に強硬な交渉をおこない、ついに松江藩兵をひきあげさせた。太政官も監察使を派遣した。松江藩はまたもや隠岐の実権をうしない、こんどは出雲党の摘発がきびしくなった。宇屋町の例では、大奸《だいかん》・中奸・小奸と区分された計三九人のブラックリストがつくられ、彼らはつぎつぎに摘発された。そのある者は島前へ脱走した。

このときの摘発者の調書をみると、彼らはいずれも会津勢が勢力を挽回《ばんかい》して薩長勢を追いたて、ふたたび徳川の天下になるという情報がしきりに流れていたことを訴えている。この時点での流動的な情勢と人心動揺の一端をよみとることができる。

ふたたび会議所の合議制が復活し、総会所の体制はもとにもどった。しかし、その年一一月、隠岐国の管轄は松江藩から鳥取藩へうつされ、さらに翌明治二年（一八六九）二月、隠岐県の設置となって中央政府が直轄した。知県事には真木直人《なおと》（真木和泉守《いずみのかみ》の弟）が任命され、やがて会議所や総会所は解散させられた。この間、排仏毀釈《はいぶつきしゃく》という鬱屈《うっくつ》したプロセスを経て（二二五—二二八ページ参照）、隠岐は新政府の機構のなかに完全にくみこまれたのである。

そして、明治四年一一月、かつての正義党のリーダーたちは刑部省《ぎょうぶ》のとりしらべをうけ、刑に処せられた（横地＝二七歳、徒罪一年半。中西＝三二歳、杖一百など）。ただし、その刑の執行は形式的だったという。

「日本の経験の縮図」

以上の事実や史料の引用は、主として戦前の『隠岐島誌』（昭和八年刊）や現地の史家永海一正氏の遺著『近世隠岐島史の研究』（昭和四七年刊）あるいは『新修島根県史』（昭和四一—四二年刊）などによったのだが、ここには新政府が藩権力と在地の抵抗勢力をたくみにあやつり、結局、後者の勢力を根こそぎ壊滅させていく状況がよくわかる。新政府にとっては、正義党も出雲党も、所詮《しょせん》、抵抗する民衆勢力にほかならなかったのである。

この民衆勢力が、短期間とはいえ「自治」機関をつくり、島内に「自治」の体制を敷いたことは注目してよい。が、と同時に、この「自治」体制をリードした者たちが、尊攘《そんじょう》をスローガンにした国学者や神官・庄屋層であったことも見のがしてはなるまい。彼らの「自治」の姿勢は、朝廷にむけられ、国学的な攘夷をふりかざしての「自治」の体制だったのである。

いわば、この「自治」は〝上〟と〝外〟への志向をしめしており、ほんらい〝下〟と〝内〟とに根ざすべき自治からはほど遠かったのである。こうした「自治」の性格こそが、権力の弾圧とともに、この体制を短期間で潰《つい》えさせていった要因といえよう。

かつて、カナダの歴史家E＝H＝ノーマン氏は、その著『日本の兵士と農民』（大窪愿二訳）のなかで、「一般に、隠岐島の事件は維新後数年間における日本の経験の縮図である」と述べた。たしかに、ここには外圧と旧体制の崩壊、天朝支配と藩権力との関係、これに抵抗する民衆の「自治」の創出と民衆内部の分裂、そして新政府の支配の確立――等々の諸要素がみられる。この「縮図」のなかにもう一度立入るために、新政府首脳のおひざもとでおこった諸隊反乱に目をうつそう。

諸隊反乱と民衆

〝隊中さま〟

いまの山口市のはずれ、通称恒富《つねどみ》というところから、ごろごろした山道を鋳銭司《すぜんじ》にむけて約三〇分ものぼっていくと、鎧ケ垰《よろいがたお》（「たお」は方言、峠と同意、峠の表記もある）にでる。かつては段々畠や水田があったのか、あたりには生いしげる草の茂みのなかにいくつもの石垣がみえる。私がここをおとずれたのは昭和四八年（一九七三）四月のはじめ、現地の史家石川卓美《たくみ》・広田暢久両氏の案内によってである。一面伐採された山峡のむこうのこんもりした緑のなかに、満開に近い一本の桜が美しく目立った。その桜の下に、三本の榊《さかき》の木にかこまれるようにして一つの墓石があった。正面には「藤山佐熊源正道神霊」ときざまれ、両側面には「振武隊《しんぶたい》阿武郡賀年《（マヽ）》」「明治二歳次庚午二月九日戦死」（実際は明治三年。一説では、わざと二年と彫り、戊辰戦争の戦死者と思わせたのだともいう）とある。これが地もとでいう〝隊中さま〟の墓である。

この〝隊中さま〟つまり、墓石の祭神は振武隊員藤山佐熊なのだ。彼は阿武郡嘉年《かね》村（阿東町）の農民出身で、明治二年（一八六九）末から翌年にかけてのいわゆる脱隊騒動で、反乱諸隊の一人としてこの地で戦死した。時に二二歳。

表-7　諸隊の地域別出兵数

地　方	出兵数
山陽道	1,245人
伏見	663
奥羽	650
北越	1,520
箱館	558
計	4,636人

表-8　諸隊の死傷者一覧

隊　名	戦死	戦傷	小計
奇兵隊	74人	121人	195人
干《かん》城《じょう》隊	73	89	162
第一大隊	47	94	141
振武隊	32	80	112
第四大隊	24	53	77
整武隊	23	75	98
鋭武隊	16	22	38
遊撃隊	8	17	25
第二奇兵隊	3	22	25
毛利出雲一手	3	12	15
第一砲隊	4	3	7
膺懲隊	1	4	5
第二砲隊	2	0	2
計	310人	592人	902人

（注）表-7とも『諸隊万控』（山口県文書館蔵）より作成。

諸隊反乱

では、この脱隊騒動、つまり諸隊反乱とはなにか。

幕末期、長州藩で結成された諸隊のうち、奇《き》兵《へい》隊・遊撃隊（遊撃軍ともいう）以外の隊は、慶応三年（一八六七）改編、合併された（一一五ページ表-9参照）。そして、これらの諸隊は戊辰戦争で各地に転戦した。いま、山口県文書館《もんじょかん》毛利家文庫の『諸隊万控《よろずひかえ》』から、この諸隊の地域ごとの出兵数・戦傷死数をみると、右の二つの表のとおりである（表-7、表-8参照）。合計四六三六人の出兵数中、死傷者は計九〇二人（戦死三一〇、戦傷五九二）、出兵数の約二割の死傷であり、諸隊がいかに第一線に投入されたかがわかる。

明治元年一〇月、東北鎮定直後に当時兵庫県知事の伊藤博文は、「この機に乗じ、東北凱《がい》旋《せん》の兵をして、改めて以て朝廷の常備軍隊と為《な》し」、軍事改革によって「朝廷親しくこれを統御せん」と述べたが、それは「尾《び》大《だい》の弊《へい》」（木戸孝允らのことば）となりつつあったこれら軍事力を再編して新政府の直轄軍事力にくみこみ、同時に武威を海外に輝かそうという一石二鳥をねらったものにほかならなかった。

とりわけ西南雄藩軍事力は、その「尾大の弊」の最大のものであった。長州（山口藩）の諸隊もその例外ではなかったのだ。

表-9　慶応3年諸隊合併表

隊　名	合併隊名	陣　営
御楯隊 鴻城隊	整武隊	三田尻《みたじり》
八幡隊 集義隊	鋭武隊	小郡《おごおり》
南園隊 荻野隊 （義昌隊）	振武隊	石州郷田村
膺懲隊 南奇兵隊 （第二奇兵隊）	健武隊	岩城山《いわき》

（注）天野御民稿『諸隊編製』（山口県文書館蔵）その他より作成。

明治二年九月四日、当時兵制改革推進の中心人物、大村益次郎（長州藩士）の暗殺事件（死亡は一一月五日）がおこった。それは脱隊騒動激発のまえぶれでもあった。翌一〇月、この藩は常備兵二〇〇〇を親兵としてさしだすことを請願し、そのため一一月二七日、諸隊改編令を発した。つまり、従来の隊号を廃して、第一・第二・第三・第四大隊へ編成がえするというのである。これが脱隊騒動の直接の発火点となった。そのとき、「闔《こう》藩《はん》人民ニ告《つ》諭書」は、改編の真意は「精選」にあると述べた。「既ニ精選ト称スレバ、勢ヒ除隊ノ者ナキ事能《あた》ハズ。規則法律モ亦従《またしたが》ッテ厳ナラザル事能ハズ」と。藩はこの「精選」が、諸隊に抵抗をよびおこすであろうことを十分予知していた。というのも、すでに一一月一四日、諸隊の一つである遊撃隊では、「嚮導中《きょうどう》」の名によって、隊の長官や幹部を弾劾する一四ヵ条にわたる兵士の立場からの告発の書が提出されていたからである。

「長官と兵士の分裂」

その弾劾項目には、賞罰の不公平、隊の長官や幹部の不正・乱脈、戦死者や兵士の立場を無視した隊運営などが具体的に述べられていた。木戸はそれを「長官と兵士の分裂」からおこったとみている。

この告発書をつきつけられた藩軍事局は、これに一顧だにあたえず、遊撃隊全員を排除して他の諸隊から常備軍の精選・改編をこころみようとしたのである。

抑《そもそも》ヽ此脱隊兵の騒擾《そうじょう》は、藩庁の処置宜《よろ》しからず、諸隊長の駕馭《がぎょ》、その道を失ふた結果で、其れが為《た》め多くの無知の輩《やから》を、斯《か》かる悲惨なる目に逢はせたと云ふことは、実に気の毒で堪《たま》らぬ。爾来《じらい》幾春秋の間、終始胸中に往来して、更に忘れることゝてもなかつた。

後年、観樹将軍こと三浦梧楼《ごろう》（一八四六—一九二六。陸軍中将、枢密顧問官）は、『観樹将軍回顧録』でこう語っている。その三浦も、当時は奇兵隊にあって、他の役付とともにやりだまにあげられていた。「私欲にふけり、権威をかさにきて、えこひいきの所業少なからず、有功手負いの老兵を除隊させてその飢渇を顧みず、遊蕩をきわめ、不義の心底は許しがたい」（大意）と。

明治二年一二月以降、奇兵・整武・遊撃・振武・鋭武・健武の諸隊員は、上表のように約半数が脱隊、反乱し、山口から瀬戸内側の三田尻《みたじり》・宮市《みやいち》に走った。「脱隊凶徒之者、惣兵凡《そうへいおよそ》千八百人余」と当時いわれたその大部分は農商出身の兵士であった。「三田尻ニ走リシハ皆兵卒ノミニテ、長官アル事ナシ」というのだ。

表-10　諸隊人員と脱隊人数

隊　名	隊員数	脱隊人数
奇兵隊	556人	255(＋3)人
整武隊	572	274(＋1)
遊撃隊	346	185(＋18)
振武隊	435	202
鋭武隊	359	171
健武隊	261	109(＋5)
計	2,529人	1,196(＋27)人

（注）『諸隊万控』および『脱隊人名控』（ともに山口県文書館蔵）より作成。脱隊人数中（　）内は『脱隊人名控』による追加。

たしかに、反乱諸隊の要求のなかには、上述の理由のほか洋式兵制改革や被髪脱刀、家禄削減などに反対する保守的な諸要求も混在している。その意味ではこの脱隊騒動はのちの士族反乱のはしりともみられる側面がある。しかし、にもかかわらず、その根底には、一般兵士の立場からのすぐれて〝民主的〟な要求がひそんでいたことを否定できない。それは倒幕を実現して権力をにぎるや、たちまち、その反人民性を暴露しはじめていた藩政府＝維新政府への批判へつらなるものがあったのである。

藩政府や維新政府のめざすところが、あの「王政復古」の延長上にあったとすれば、この反乱諸隊員の兵士の要求には、士族的、保守的要素を混在させつつも、「世直し」一揆の底流と相通ずるものがあった。倒幕の過程では、この二つはかさなりあうところがあったし、すくなくとも民衆の目にはそう映じていた。

だが、倒幕が実現するや、討幕派出身の維新官僚のめざすところと民衆のそれとのあいだに、大きな懸隔《けんかく》のあることが自覚されはじめたのだ。

諸隊反乱と一揆

天保期以後、全国的に一揆が高揚するなかにあって、長州藩ではほとんど一揆らしい一揆がおこっていない（岩国領を含めて四件）。民衆のエネルギーは討幕派によって倒幕へふりむけられたからであろう。ところが、明治二年の暮れ近くから翌年にかけては、凶作と米価騰貴をきっかけとして、この藩でもあいつぐ一揆が勃発《ぼっぱつ》する。

明治二年一二月一八日夜半より、美禰《みね》郡岩永村の農民がたちあがれば、同じ日、山口藩管轄下の豊前《ぶぜん》国企救《きく》郡にも庄屋不正反対の一揆が勃発した。前大津においても一二月晦日《みそか》近くに渋木村で一揆がおこりかけ、代官の鎮圧で未発に終わったものの、あたりには不穏な空気がみなぎった。ついで翌三年正月には、吉田・船木の農民が蜂起《ほうき》し、さらにその一二日、熊《くま》毛《げ》郡岩田村の農民一揆とあいつぎ、また、翌一三日には、山口藩とさかいを接する大森県浜田でも一揆がひきおこされる、というありさまだったのである。

これらの一揆は主として貢租の軽減や村役人層の交替・永《えい》役廃止などをかかげてたちあがっている。とくに村役人層のうち、各村々の庄屋とともに畔頭《くろがしら》（庄屋のもとにあって、管轄内の年貢の収納・検見《けみ》・戸籍などの用務にあたる。幕領における組頭《くみがしら》に相当）が、ほとんどすべての村で一揆の攻撃対象になっていることは注目してよい。一揆の主導権がこの藩の天保大一揆のころとくらべて、いちだんと下層の農民へうつっていたのである。

諸隊反乱と一揆のさなか、急遽《きゆうきよ》帰郷してその鎮圧に藩内をかけめぐっていた木戸は、民望をうしなった村役人の交替や民政のベテランの起用を提言し、農民が飢餓に直面しないように、という意見書をだした。それは諸隊反乱と農民一揆とがむすびつくことを極度におそれたからにほかならない。だが現実にはこの二つはむすびつきつつあった。

さきの美禰郡一揆の主導者のなかには旧諸隊員がいたし、大森県浜田の場合には、脱隊員が「煽動《せんどう》指揮」した。また、一揆にかけつけた諸隊員は、米を放出して安売りをおこなった。あるいは、一揆農民の要求は当然であって、首謀者の詮議《せんぎ》がなされないように諸隊中で請負うともいった。また、遊撃隊以下の諸隊員は、村政の改革を申しさとし、営業の自由を

図-6　長州諸隊反乱関係図

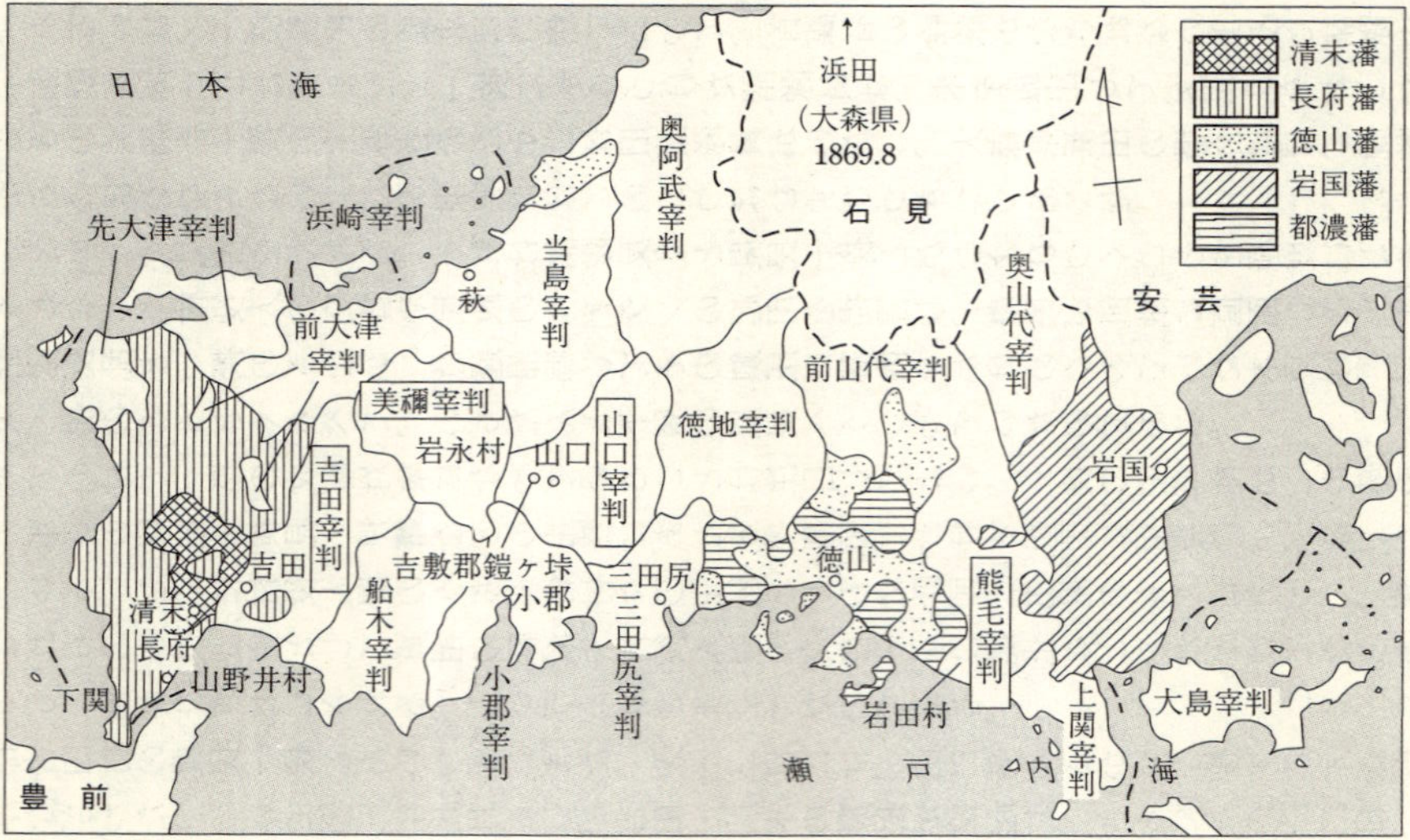

うたい、難渋者には一日一人米五合と銀札《ぎんさつ》六〇匁との交換をとりなす、とした。村々の民心を反乱諸隊に帰依《きえ》させようとしていたのである。明治三年正月、吉田宰判《さいばん》（宰判は郡とほぼ同じ。一四九ページ参照）山野井村の「百姓中」の場合は、一四ヵ条にわたる諸要求を藩へではなく、奇兵隊あてに提出しているのだ。「常備さわぐなさんしよ（山椒）が芽立つ、やがて四月にや鯛《たい》（諸隊）が来る」という歌がはやり、人心は反乱諸隊にかたむいた。

反乱諸隊が村政の改革を宣言し、一揆農民がその要求するところを、藩あてにではなく、諸隊にだすとすれば、そのいきつくところはどうなるか。それは反乱軍事力と農民一揆の結合であり、反藩庁・反政府権力の出現であり、それは人民的自立の権力である。新政府・藩庁に抵抗するこの人民的な自立の権力がもし確立すれば、そこにはあの隠岐のばあいよりももっと強固な、軍事力をもった自治の体制が生まれるではないか。しかも、その地は維新官僚の出身地においてである。

内乱への危機

このおそるべき事態をみて、維新当初からこの藩の改革を主導し、新政府の民部大輔から参議に任じられていた広沢真臣《さねおみ》（一八三三―七一）は、明治三年（一八七〇）正月、現地にあった木戸に手紙を書き、このままでは防長両国は「終《つい》ニ暴動諸隊之有《ゆう》ト相成」ること必然だと述べ、また、この「防長農商之動揺ヨリ神州一統ニ及」ぶことをなにによりも危惧《きぐ》した。

図-7　諸隊反乱処刑者

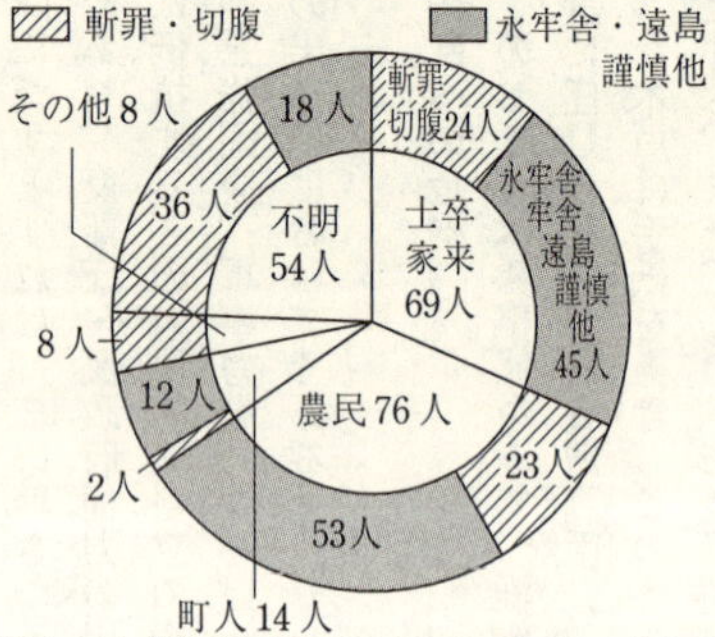

（注）稿本『忠愛公伝』所収「処刑者一覧」より作成。

それは渦中にあった木戸の実感でもあった。木戸は人心動揺、まことに容易ならざる事態で、これまでの「百日之説法」が水泡に帰するかもしれない、と述べたのである。

岩倉具視もまた大久保利通にあてて、この防長二分の勢いから「再ビ天下一乱之端《たん》」になるやもはかりがたい、と書き送った。維新政権構築過程における山口藩のこの反乱・一揆をきっかけにこれが全国的な内乱と化し、これまでの努力のいっさいが吹きとぶかもしれないという、新政府指導者たちの危機感はじつに深刻だったのである。

だからこそ、東京・京都・大阪をはじめとして西日本一帯には二月、厳戒令がくだされ、現地には大納言徳大寺実則《さねのり》が宣撫《せんぶ》使として派遣され、徹底的な弾圧が強行されたのである。

その処刑者の一覧は右の図表（図-7）のとおりだが、処刑者計二一一人中の四〇パーセントの九〇人が農町民であったことは特徴的である。

抵抗思想の伏流

反乱諸隊や一揆はかくて鎮圧された。だが、民衆の心までも権力はおさえることはできなかった。人々は弾圧にたおれた諸隊員を手あつく葬り、その墓への信仰はひろまった。いわゆる〝隊中さま〟である。

「近頃、吉敷《よしき》郡鎧ケ峠ナル或ル墓ニヨリテ、幸福ヲ禱《いの》ルモノアリ。始メハ纔《わず》カ三、四人ナリシモ、追々遠近ヨリ聞伝ヘ群集スルヨシ。コハ何事ゾヤ」――明治五年一〇月、県はこのような布達をだした。そして、この布達は躍起になって〝隊中さま〟信仰を否定しようとするのである。

元来コノ墓ノシタニ埋メコレアルモノハ、去々年ノ春、国ノオキテヲ背キシ天罰ノ身ニ報ヒテ、ココニ倒レタル罪人ナリシヲ、コノアタリノ慾フカク心ヒガメナルモノ共ノミガ、利ヲ得ン為メニ斗《はか》リテ、コノ墓ニコトヨセ、根モナキアヤシキコトドモヲ工《たく》ミニ言ヒフラセシヲ、無智ノモノ聞伝《ききつた》ヘ語リツギテ、一途《いちず》ニ真ノ事トオモヒ、惑《まど》ウルモノニテ、更ニ霊験奇異アルヲ聞カズ。コレ甚《はなはだ》シキマヨヒニアラズヤ。人々ヨク此《この》理ヲ弁《わきま》ヘ、カヤウノ淫邪ノ浮言ヲ信ズルナカレ。

いまや、開化の世の中になったのだから、このような淫祠《いんし》にまよわされるのは、「文明ノ国ニ対シテ恥カシキ事ニアラズヤ」とも、この布達はいう。

うっかり読むと、民衆の俗信に対する明治政府の開明的な啓蒙政策かと見まがう。だが、布達が〝隊中さま〟への民衆信仰を、啓蒙的言辞で否定すればするほど、それはその背後にひそむ民衆の抵抗思想に、支配者が重大な脅威を感じとっていたことがわかる。

この県布達にもかかわらず、〝隊中さま〟信仰はひろまっていく。石川卓美氏の『平川文化散歩』には、「もともと、この峠道は人通りが多かった上に、遠近となく参る人がふえたので、茶店が道すじに何軒も立ちならぶようになった。茶店では『奉寄進　藤山佐熊源正道』と刷りこんだ紙のぼりを参詣人に配ったといい、その版木《はんぎ》が今に地元の小出《こいで》部落に伝わっている。紙のぼりは木の小枝につけて、鎧ガ峠に登る道の左右や、墓前に立ちならんだという。また、参詣人に配ったと思われる守札の版木も地元に残っている」とある。私も現地でそれをみせてもらった。その一見なんの変哲もないのぼりや守札のなかに、民衆抵抗の伏流の波うちを感じたのである。

民心のゆくえ

民心のうねりと特徴

これまでみてきた「偽官軍」事件や隠岐騒動、あるいは諸隊反乱などは、たしかにある地域の特定の条件のなかでおこった諸事件ではある。しかし、その背景には、倒幕過程から維新政権樹立期にかけて、きっかけさえあればどこにでもおこりうる、民心の大きなうねりをみないわけにはいかない。事実慶応期から明治初年の農民一揆の動向は、それをしめしている。

図-8　慶応・明治初年農民一揆件数

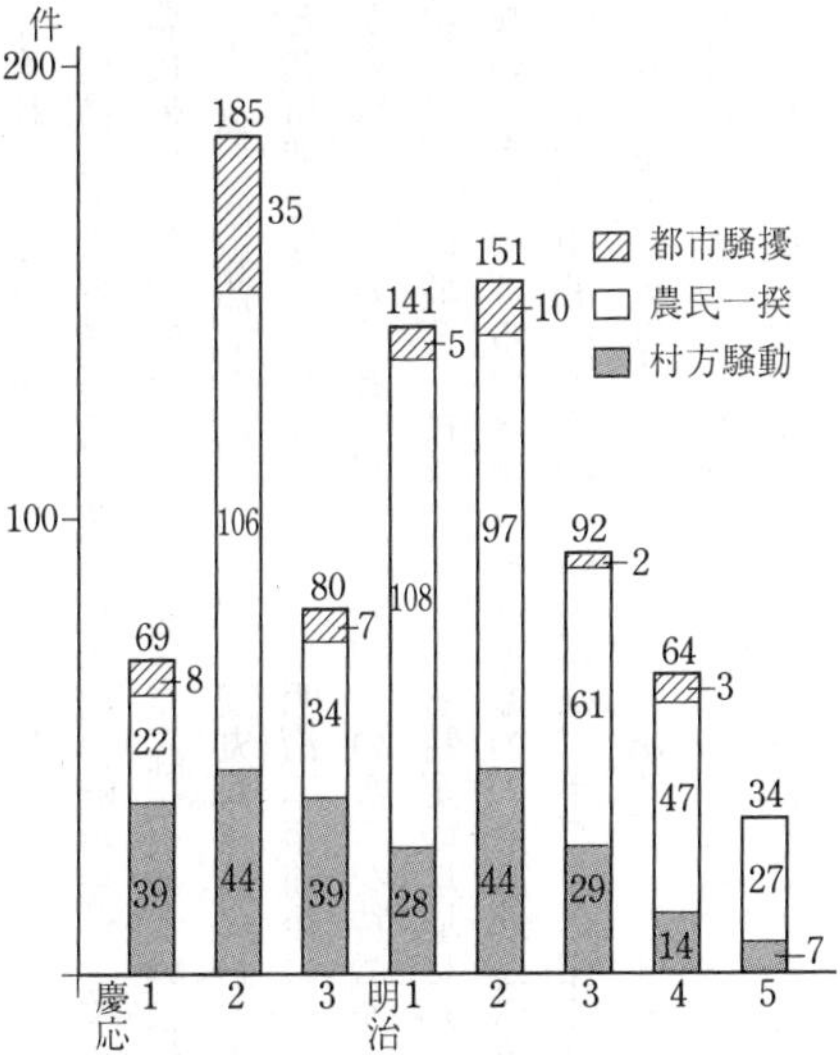

（注）青木虹二著『百姓一揆総合年表』より作成。

上の図-8にみられるように、一揆件数は最大のピークが慶応二年（一八六六）、ついで明治二年（一八六九）、そして同元年ということになる。

慶応二年の一揆の高まりと翌年の「ええじゃないか」についてはすでにふれた。明治元年・同二年の高揚は、政権転換期に民衆が「世直し」を要求してはげしく権力の足もとをゆさぶったことを物語るが、それにしても、明治二年の一揆の高揚の意味するところは大きい。

土屋喬雄・小野道雄編『明治初年農民騒擾《そうじょう》録』（昭和六年刊）をはじめ、青木虹二著『明治農民騒擾の年次的研究』（昭和四二年刊）、あるいは佐々木潤之介編『村方騒動と世直し』（上下二冊、昭和四七―四八年刊）、安丸良夫著『日本の近代化と民衆思想』（昭和四九年刊）など諸研究を参照にしながら、この明治二年前後の一揆の発生状況や要求内容、その特質などから整理してみると、だいたいつぎのような特徴を指摘できる。

第一は、この期の一揆はたんにある特定の地域にかたよっておこったというようなものではない。多少のばらつきはみられるものの、東北から九州にいたるまで全国的に勃発しているのである。開港による経済的影響は、年ごとに深くひろく浸透していたから、矛盾は慶応期よりもさらに大きくなっていたのである。

そこに、つぎのような第二の特徴がみられる。

すなわち、その要求内容をみると、貢租の減免などをふくむ収奪反対や、当面の凶作・米価騰貴などによる生活困窮などの経済的要求が、政権の転換にともなう政治的混乱のさけめから噴きだした人々の、すぐれた政治的要求とむすびついて打ちだされていることである。

これら「世直し」一揆を規定する基本的矛盾は、なお幕藩領主層と農民層とのあいだに根ざしていた。だから、権力に対するかぎりは隠岐《おき》騒動にみられるように、村役人（庄屋）層と一般農民は一致してこれに抵抗した。だが、それにもかかわらず、この時点の一揆には、つぎの第三の特徴がオーバーラップするのである。

つまり、この期の一揆の主体は、農村にあっては貧農、あるいは土地から離脱をよぎなくされた人々であり、都市またはその周辺にあっては下層の貧民層だった。だから村役人層や富商ははげしい攻撃にさらされた。いや、明治四年の廃藩置県直後におこった武一《ぶいち》騒動（広島県）などでは、「全く庄屋等は太政官の手先なる由」と一揆側からいわれているのである。副次的な矛盾のひろがりによって、被支配者層内部の対立が激化しつつあったのだ。

支持率三割の新政府

そして、第四の、維新政権には決定的なつぎのような特徴がでてくる。それは人々がいまや「御一新」が何であったかを自覚しはじめたことである。

かつて旧幕府軍が鳥羽・伏見の戦いで敗走したとき、これを眼前にみた畿内大阪近郊の農民たちは、たちまち領主から離反した。当時、河内国古市《ふるいち》郡新町村（羽曳野《はびきの》市広瀬）の地方代官塩野兵太夫は、この手のひらをかえしたような世情を、「誠に薄情成るもの」と嘆いたが、それからわずか一年有余の明治二年一二月には、ふたたび民心は大きくかわってきたのである。

「近来の事情を洞察してみると、天下の人望は以前に異なり、道路の浮言ではあるが、王政は幕政に及ばず、薩長は徳川氏に劣るなどといわれているやに承り、誠に憤懣《ふんまん》やるかたない」とは、諸隊の山口藩あての建白書の一節だが、王政と幕政、薩長と徳川氏とを比較して民衆は新政権に対してはきびしい批判の目をむけていたことがわかる。「道路の浮言」、つまりそれが道ばたのひそひそ話であるだけに、そこには民心の真実が語られていた。人々は新政府からはなれはじめていたのだ。

明治三年六月のある探索書は、それを裏づけるかのように、「いまの政治のありさまではとても治世はおぼつかなく、窮民どもの暮らしはたちゆかない。旧幕政のほうがよかったというものがいまや七分、のこりの三分がわずかに御一新の政道をよいといっているにすぎない」（大意）と報告している。新政府の支持率はわずかに三〇パーセントにすぎなかったということになる。

宇和島藩では明治三年春、宇和郡奥野郷（旧野村・山奥両組）一帯に約一万五〇〇〇人の農民による野村騒動がおこるが、ここの農民は、維新政府を「日本三天下、一ツ橋出てん下、太政官やめてん下、薩長お引てん下」と痛烈に風刺していたのである。

あの島崎藤村《とうそん》の『夜明《よあ》け前』第二部明治六年五月一三日のくだりに、主人公青山半蔵が、新政府軍が東山道を西から木曾街道へとすすんできた明治元年はじめのころを回想し、そのころの民意の尊重をうたった新政府と、いまの新政府との姿勢のあまりのへだたりに、「御一新がこんなことでいいのか」とつぶやく場面がある。藤村は夜が明けてのちの暗さを半蔵のこの一語に集約させたのである。

青山半蔵は木曽馬籠《まごめ》の本陣・問屋・庄屋の三役を兼ねた豪農商＝村落支配者の一人である。その半蔵でさえ、こうして新政府への絶望感を表明していた。とすれば、さらに下層の農民たちにとっては、維新はもっと暗い。

百姓五郎作の末路

明治二年、飛驒《ひだ》の高山《たかやま》一揆（梅村騒動）をあつかった江馬修の作品『山の民』のむすびをみよう。

この一揆のリーダー格として活躍する百姓五郎作《ごろさく》は、村では人気者であり、老若からも敬愛されていた暴れん坊だった。かつて彼は新政府の年貢半減令や減税策に感激し、有頂天《うちょうてん》になって天朝をほめたたえ、いよいよありがたい御時世がめぐってきたから、百姓一揆や唐丸《とうまる》かご（罪人をはこぶためのもの）はもう昔ばなしになったとしゃべったほどだった。しかも、彼は検挙の手がのびて捕えられるそのときも、「おらァつまらぬ水呑百姓で、虫けら同然のものじゃが、天朝さまに隠さにゃならぬ事や、うしろ暗いことは何にもしとらん。じゃで、どんなおエライお方の前に出たって、到って気が強い。じゃで、おらァ元気で行くんじゃ」と語る。この百姓五郎作のその後を、この小説はつぎのように描写して終わっているのである。

それっきり五郎作の消息はとだえた。何でも東京の牢屋におるらしいという噂もあったが、たしかなことは分らなかった。二年ちかくすぎた。ある秋の日、広瀬村の弥助のもとに(彼も今では女房をもっていた)高山御役所から呼出状がとどいた。そこで、旧例どおり弥助が村役人と同道でさっそく役所へ出頭すると、すぐ評定所《ひょうじょうしょ》へまわされた。そして一人の役人から五郎作の遺品だといって、すっかりよれよれになった手織もめんの袷《あわせ》が一枚、つぎはぎだらけの股引《ももひき》、それにまるで紐《ひも》のように細い帯の三点がさげ渡された。これらの品はたしかにかごで送られる時、五郎作の身につけていたものだった。東京で死んだらしい話だったが、委細は分らなかった。でも、処刑になったとはきかされなかったので、おそらく牢死したものであろう。

そう言えば、火方の安右衛門も牢死した。同じく増造も、宮田村房吉も牢死した。牢死がおおかたの共通した運命であった(文中カッコ内は原文。北溟社版)。

五郎作のこの運命は、維新史のなかに名さえとどめることのなかった庶民の歩んだ、いや歩まされた道でもあった、といえよう。

この「世直し」層の志向を基底に、さらに重層的に反政府エネルギーを供給していたものは、「脱籍浮浪《だつせきふろう》の徒」であった。

脱籍浮浪の徒

では「脱籍浮浪の徒」とは何なのか。明治元年（一八六八）八月四日の布告はつぎのようにいう。

近年有志之輩《ともがら》、天下形勢不可已之処《やむべからざるのところ》ヨリ、往々藩籍ヲ脱シ、四方ニ周流シ、義ヲ唱ヘ、難ニ殉ジ、数百年偸惰《とうだ》之風《ふう》ヲ一変シ、大《おおい》ニ国家之命脈ヲ維持シ、今日　朝廷御復古之運ニ際会スルモ、自ラ其唱首之力ニ資スルモノ不鮮《すくなからず》。

つまり、彼らは維新の激動期にあたり、藩を脱し、天下をかけめぐって義をとなえ、難に殉じて国家の命脈を維持し、「王政復古」の実現にすくなからず力をつくした存在だったのである。それだけにいまや彼らをどう統御し、そのエネルギーを新政府の手中にいかにつなぎとめておくかは、当面のはなはだ困難な問題であった。新政権は、彼らが憤懣のつのる民心とむすびつき、その「世直し」一揆的エネルギーをリードしはじめることを極度に警戒していたのである。

彼らへの厳重な取締令ははやくも明治元年三月四日に発せられている。いや、すでにその前日には、草莽《そうもう》浪士たる相楽《さがら》総三らが処刑されているではないか。

右の取締令は、浮浪の徒の脱籍の原因は、つまるところ、言路をとざし、政令のゆきとどかないところにあるとみていた。この取締令からちょうど一〇日後に、あの五箇条の誓文の第一条が、「広ク会議ヲ興シ、万機公論ニ決スベシ」とうたったのは、さきにこの誓文のところでふれた理由のほかに、こうした「脱籍浮浪の徒」に対する深い政治的配慮が秘められていたことを見のがしてはなるまい（同時に、五榜《ぼう》の掲示では脱籍浮浪化を戒めている）。いまや、彼らを「朝政一新、万機　御親裁」の名のもとに、それぞれ旧地へ復帰させなければならない。脱籍や浮浪化は「大ニ御政体ニ相背《あいそむ》」くという理由においてである。その復籍令がさきに引用した八月四日の布告だった。この点について藤田省三氏はその著『天皇制国家の支配原理』で、「倒幕のエネルギーの組織化は旧籍への復帰を通じておこなわれたてんに維新の非革命的性格が表れていた」（傍点原文）と、指摘しているのだが、そうしなければ、これら「脱籍浮浪の徒」による危機の新たな醸成を回避する道はなかったのである。

当時、岩倉具視はその「御沙汰書草案」（明治二年）のなかで、「脱籍浮浪の徒」が尊大にかまえて、あれこれ議論をとなえ、「公ヲ仮リ私ヲ済シ」て朝政を妨害し、人心を扇動し、「或ハ会賊残党等之勧誘ヲ受ケ、浮浪之徒ト成リ、天下ニ落魄《らくはく》致候者モ有之哉《これあるや》之趣、心得違《こころえちがい》之《の》至《いたり》ニ候」と述べていたのである。

「王政復古」理念の否定

この岩倉の危惧《きぐ》は、たんなる杞憂《きゆう》ではなかった。岩倉が右の「草案」を書いたその年四月、「報国義烈士」の名において、「王政復古アリシヨリ未ダ維新ノ美政ヲ不見《みず》」と江戸小石川方面に檄文《げきぶん》が発せられた。それにはつぎのような一節がある。

当今ノ王政ハ、真ノ英傑ノ人主出《いで》テ王政ヲ行ヒシニ非《あら》ズ、唯強藩ノ好士、己ガ身ヲ利スルガ為ニ設ケシモノナル故也。今夫《いまそれ》天下ヲ治平セント欲セバ、更ニ天下ヲ一変セザル可《べ》カラズ、因《よつ》テ我輩治世安民ノ大挙兵ヲ起シ、満天下ノ奸邪《かんじゃ》ヲ勦除《そうじょ》シ、賢明ノ士ヲ撰挙、日本ノ君主ト為シ、公正至当ノ善政ヲ建《たて》、四方四隅ノ人民一人モ窮乏ノ者ナク、一人モ無苦無憂、昇平鼓腹《こふく》夜不鎖《とをとざさざる》戸ノ世ト為サント欲ス。苟《いやしく》モ吾等《われら》ト同意ノ諸君子ハ、否合同シテ義挙ノ大事ヲ商議スベキ者也（藤井甚太郎・森谷秀亮共著『綜合日本史大系第一二巻明治時代史』所引）。

新潟県蒲原郡の一揆に使われた旗図
図版は『新聞雑誌』掲載の図より。

ここには新政府正当化の原理である「王政復古」の理念すらも否定し、「治世安民ノ大挙兵」と「日本ノ君主」を選挙できめる共和制実現の志向とをはっきりうたっている。

そして、そのもとで貧民の一人も

表-11　明治初年の士族の反政府行動

明治 2 年	1 月	参与横井小楠暗殺
(1869)	春	久留米・熊本藩士ら蠢動
	9 月	兵部大輔大村益次郎襲撃(11月死亡)
	11月	長州藩諸隊反乱（本文参照）
明治 3 年	4 月	米沢藩士雲井竜雄ら陰謀発覚
(1870)	8 月	岡崎恭助ら東京襲撃計画
	10月	日田県下の蠢動(大楽源太郎ら)
明治 4 年	1 月	参議広沢真臣暗殺
(1871)	2 月	久留米藩大参事水野正名ら蠢動
	3 月	愛宕通旭事件
明治 5 年	4 月	新潟県蒲原郡一揆(本文参照)
(1872)	5 月	熊本士族蠢動

いない万民の和平を実現しようといい、その「義挙」への参加・協議が提起されているのである。かの慶応二年（一八六六）八月の同じ小石川での捨訴《すてそ》を想起せしめるものがあるではないか（二九—三二ページ参照）。

翌三年九月の、筋違橋《すじかい》の投書も、「日本国仁者」の名で、「在朝之賊吏」や「暴政」によって士民が塗炭《とたん》の苦しみをうけていることを「不届至極《ふとどきしごく》」と批判し、「義兵」をあげて東京城ならびに諸府藩県を「掃除」し、新たに「仁政」を施行したい、と述べていたのである（同上）。

現実には、そうした挙兵はおこらなかった。だが、すくなくとも「脱籍浮浪の徒」が一揆とむすびつくことによって、新政府に武力蜂起《ほうき》に近いほこさきをむけていたことは事実である。明治五年（一八七二）四月の信濃《しなの》川堀割入費取立てに端を発した新潟県蒲原《かんばら》郡の一揆は、旧会津藩士渡辺悌助《ていすけ》（貞助・悌輔とも史料にはみえる）が首謀者とみられ、一揆のリーダーたちは多く刀や槍を携帯していた。

彼らは一三三ページの図のような旗をひらめかせ、およそ三万人に達する農民が結集したのである。ここでは、天照皇大神をかかげる「復古」は、徳川家の回復であり、いまの新政府は、それをさまたげる奸賊《かんぞく》として朝敵視されている。

重層的な危機

このようにみてくると、「世直し」のエネルギーを最底辺にして、草莽や「脱籍浮浪の徒」の政治不信や不満がそれにかぶさっていることがわかる。新政府はまさにこうした重層的な危機に直面していたのである。しかもそれらがたがいにむすびつきはじめていたのだから、危機は深刻とならざるをえない。

しかもこの時期には、前ページの表（表-11）にみられるように各地で「脱籍浮浪の徒」による政府高官の暗殺や政府転覆運動が継起的に勃発《ぼっぱつ》していたのである。

とすれば、重層的危機のもっとも流動的かつ指導的な部分、つまり「脱籍浮浪の徒」に政府が当初から重大な関心をはらい、あいつぐ取締令を発しているのは、十分理由のあったことといわなければならない。新政府が戸籍の編成を急いだ一つの理由もまたそこにあった。いや、「むしろ『脱籍無産の徒取締り』のために、明治初期の戸籍は編立されたものといっても差支えない」（山主政幸「明治戸籍法の一機能」、福島正夫編『戸籍制度と「家」制度』所収）とさえいわれているほどなのである。

このような国内の危機状況を、維新官僚がいかなる支配の論理で克服し、いかにして統一国家を急速に形成していったのか。それをつぎにみることにしよう。

第四章　統一国家の形成㈠——支配の思想——

維新政権

過渡期のなかの過渡の政権

これまで私は幕府倒壊後の政権を、新政府とか維新政権とかよんできた。これは明治四年(一八七一)七月の廃藩置県後の明治政府と区別したかったからである。

というのは、幕藩体制の頂点にあった幕府は廃止されたものの、いぜんとして地方には藩体制がのこっている。新政府は旧幕府領およびその家臣の領地を直轄地とし、当初は鎮台(一九一—一九二ページ参照)・裁判所(一四九—一五〇ページと表-14参照)を設置し、ついでそこを府・県とした(府は幕府の城代《じょうだい》・所司代《しょしだい》・奉行《ぶぎょう》の支配地、つまり、東京・京都・大阪のほか神奈川・奈良・長崎・箱館・越後・度会《わたらい》・甲斐におかれたが、二年七月、東京以下三府のほかは県となった)。さらにそれは戊辰《ぼしん》戦争で抵抗した東北諸藩の没収地(次ページの表-12参照)におよび、ここにも県がおかれた。いわゆる府・藩・県三治制といわれる

表-12　東北諸藩没収地一覧（総計 880,800石）

藩主・藩名	旧高(石)	削封高(石)	新高(石)
伊達慶邦(仙台)	625,600	345,600	280,000
松平容保(会津)	230,000	200,000	30,000
南部利剛(盛岡)	200,000	70,000	130,000
丹羽長国(二本松)	100,700	50,700	50,000
酒井忠篤(庄内)	170,000	50,000	120,000
牧野忠訓(長岡)	74,000	50,000	24,000
阿部正静(白河)	100,000	40,000	60,000
上杉斉憲(米沢)	180,000	40,000	140,000
久世広文(関宿)	58,000	5,000	53,000
松平信庸(上ノ山)	30,000	3,000	27,000
田村邦栄(一関)	30,000	3,000	27,000
酒井忠良(松山)	25,000	2,500	22,500
板倉勝尚(福島)	30,000	2,000	28,000
本多忠紀(泉)	20,000	2,000	18,000
織田信敏(天童)	20,000	2,000	18,000
岩城隆邦(亀田)	20,000	2,000	18,000
内藤政養(湯長谷)	15,000	1,000	14,000
南部信民(八戸)	11,384	1,000	10,384
水野勝知(結城)	18,000	1,000	17,000
林　忠崇(請西)	10,000	10,000	

ものである。

この三治制は、新政府が一方では欧米の諸制度をとり入れ、他方では中国の郡県制を導入することによって中央集権化をこころみ、藩はその過程で暫置したものだった。郡県思想はすでに幕末期、幕府も導入を企図し、越前藩士中根雪江《ゆきえ》の『丁卯《ていぼう》日記』（慶応三年一一月二七日条）によれば、徳川慶喜もイギリスにならって「公議の上、郡県ならでは強国とは難二相《あい》成《なりがたし》二」と決心していた、という。

だから、維新政権は、旧幕府にかわって天皇政府がそこに位置し、倒幕を主導した西南雄藩出身者（主として討幕派）がその実権をにぎるという、新たな統一国家への過渡期のなかの過渡の政権といわなければならない。

ほんらい、幕藩体制は幕府を頂点としたピラミッドの体制であった。そこでは幕府と藩とはわかちがたくむすびついていたはずである。『明治維新研究史論』の著者である下山三郎氏は、幕府は「領主権全体の結節環」をなしていた、という（「近代天皇制研究の意義と方法」『歴史学研究』三二四）。とすると、幕府がたおれたということは、この結節環がなくなったことになるわけだが、はたしてどうなのだろうか。

この問題を解くためには、幕末期の幕藩体制の構造をふりかえってみなければならない。

公武合体体制

近世中期以降、生産力の上昇とともに商品化された生産物は、藩域をこえて流通し、それを基軸として幕末期には幕藩体制はしだいに変容しつつあった。とくに開国という世界資本主義の衝撃とその包摂によって鎖国体制がくずれると、その矛盾はさまざまなかたちで表面化した。

幕藩関係の変容もその一つだが、そこに着目した大久保利謙氏は、それまでの体制と、幕閣阿部正弘《まさひろ》以後の幕末期の段階とをいちおう区別して、後者を「公武合体体制」と名づけたのである。それはつぎのような三つの特徴をもつ。

(1)「公武合体体制」は、朝廷（公）―幕府（武）―諸雄藩（武）の三つの勢力のバランス＝オブ＝パワー（力の均衡）として現出したもので、幕末の政局は、このバランスの推移ないし質的な変動の過程である。

(2) 従来の幕藩政治が、幕府を頂点とする将軍―諸大名の上下の力関係であったのに対し、この幕末の体制は、三つの勢力の横の関係である。

(3) したがって、この体制は、幕府が独裁的な地位を放棄し、諸勢力の横の連繫《れんけい》によって、連合政権的な方向へ進み、方式としては合議制の政体となる(「幕末政治と政権委任問題」『史苑』二〇の一)。

しかし、この場合、朝廷・幕府・諸雄藩の三つの勢力は、その力関係を規定する条件において現実には同じというわけではない。幕府は二世紀なかばにわたる支配の実力と伝統を背景にし、また、それゆえに、その機構の硬直化と内部にはらむ矛盾の大きさによって、しだいに下降現象をしめしつつあった。これに対し、薩長をはじめとする雄藩は、天保期以降の藩政改革とはげしい内部訌争《こうそう》の克服のうえに実力をたくわえて台頭《たいとう》しつつあったが、なお個々の力で幕府に対抗しうるほどのものではなかった。いきおい諸雄藩は「同盟」あるいは「盟約」という連合形態をとって、幕府との対決をこころみざるをえない。慶応二年(一八六六)一月の薩長連合はその典型である。

天皇(朝廷)は、経済的にも政治的にも力らしい力はまったくもっていなかった。徳川幕府こそが全支配者だったのである。ところが外圧という幕府をはるかにこえ、幕府の手にあまるものが現出したとき、一部の儒者や神道《しんとう》家・国学者によって準備されていた、「いわば架空の委任論」が政権返上論をひきだし、その委任論と返上論が政局を動かしつづけ、明治維新ひいては近代日本の国家と天皇制の問題を、「かなりのところまで決定してしまった」と日本近世思想史家松浦玲氏は強調する（『日本人にとって天皇とは何であったか』）。つまり、外圧を契機に政権委任論が現実化したのである。そしてひとたび現実化するや、天皇は幕府より古くかつ上位の伝統的権威として政治的機能を果たしはじめたのだ。

従来それが無力であり、無色透明的な存在であっただけに、その伝統的権威の衣は、人々に絶対的幻想をあたえるのに好都合だった。この格好なシンボルを、幕府に対抗しようとしていた諸雄藩が見のがすはずはない。幕府あるいは諸雄藩は、みずからの行動の正当化のために、きそってこのシンボルとむすびつこうとした。

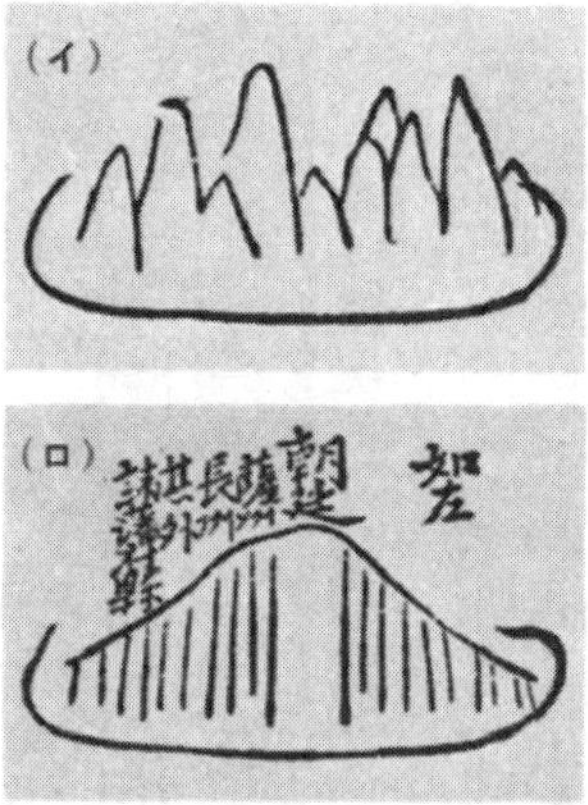

山の図（イ・ロ）　木戸書簡より。(ロ)図は朝廷を頂点に薩長・諸藩府県が山すそを形成している。

開国を契機として天皇のいやおうなしの政治化がここにはじまり、幕末の公武合体運動がここに展開する。

木戸孝允《たかよし》は明治元年（一八六八）一〇月、同郷の長州藩士野村素介《もとすけ》（右仲）あての手紙のなかに、上の(イ)図のような絵をえがき、「各藩がそれぞれ自分の山を高くしたいというような考えでは、とても『皇国一致』というようなことはおぼつかない」と嘆いた。そして、(ロ)図をえがいて、「皇国」がこのように朝廷を基本とし、「各々順々に肩をなし」、一体となって力を合わせて国家を維持するならば、「五洲強大何ぞ終《つい》に恐るゝに足《たら》ん」と述べたのである。

じつはここにみられる(イ)図こそは、これまで述べてきたいわゆる「横の関係」に規定された、ほんらいのピラミッド型から変容した「公武合体体制」の姿とみてよいだろう。

朝藩体制

とすれば、幕末期においては、幕府は幕藩体制の結節環としての機能をもはやうしない、膨大な天領（幕府直轄領）を有する最大の藩以上ではなくなっていたといえる。いや、その膨大な天領さえも、所領の分散や入組《いりくみ》支配、あるいはそこでひきおこされる一揆・打ちこわしなどによって、現実にはその石高《こくだか》に匹敵する力をもちえず、逆にそれらの条件がその力の総体を相殺《そうさい》しつつあったのだ。そして、「同盟」「盟約」という連合方式によって倒幕を実現した西南雄藩は、その力の均衡状態からいっても、そのいずれかが盟主となることは不可能で、ここにそれまで名分としてかかげてきた天皇（朝廷）をみずからの頭にいただいたのである。木戸の(ロ)図がこれをしめす。私のいう維新政権である。『地租改正』の著者福島正夫氏はそのなかで、これを「朝藩体制」と名づけ、つぎのように説明を加えている。

その政治的、実質的基礎は、とくに初期において薩長土等西南雄藩の連合権力であり、これを主導して十数の他藩がこれにしたがい、いわゆる官軍を組成した。財政的基礎は、根本的には、幕府の資材および直轄領（天領）を継承し、これに佐幕諸藩の接収領を加えたものである。朝藩体制とは、天皇のもと府藩県の三治一体と称する組織である。京都・江戸をはじめ諸国の旧天領を統治するため府県をおき地方官をこれに配置し、諸藩はそのまとして朝廷政権の全般的統轄に服させた。ただしそれへの統制は次第に強化されてゆく。藩の体制は従来のものとはじめ同一であったが、その内部で自主的な改革も次第に行なわれる。

この「朝藩体制」、いうところの維新政権が、「世直し」を志向する民衆のはげしい一揆・打ちこわしにさらされ、民心離反、あるいは「脱籍浮浪の徒」による大官暗殺、または反政府運動、さらにそれらの結合というかたちでの重層的な危機に直面していたことはすでにみた。

維新官僚

こうした情勢のもとで、この維新政権の実権をにぎっていたものを、私は維新官僚と名づける。

　では、維新官僚とは何か。

　第一に、それは薩長土肥（西南雄藩）出身者がそのトップを占めていた。彼らが維新政権を実質的ににない、リードする。

　第二に、彼らは片足を出身藩においた藩士であるとともに、他方の足は天皇政府におき、朝臣として上昇しつつあった脱藩士（脱藩の士ではない）であった。彼らがみずからの名に氏《うじ》・姓《かばね》を付したのは（たとえば三条は藤原朝臣《あそん》実美、岩倉は源朝臣具視、大隈は菅原朝臣重信、伊藤は越智宿禰《おちのすくね》博文など）、たんに「王政復古」による朝臣意識の表現のみでなく、それによってじつは旧幕藩体制の藩主―藩士の階層的な価値序列をつきくずそうとしていたのである。

　第三に、この時点ではまだ行政機構は確立していなかったから、彼ら自身がその機構をつくりだしつつそれをリードする。いわば政治家と行政官僚との未分化の状態なのである。そして、第四には、右の機構確立の試行錯誤のなかで、彼らは有能な人材を中央に登用し、彼らの必要とする能力ある者のみで人的配置をかためていった。

　いま、この第四に指摘したプロセスをかいまみておこう。慶応三年（一八六七）一二月九日の「王政復古の大号令」による当初の勢力配置は、尾越芸土薩の五藩勢力と公家勢力の連合というかたちをとっていたが、翌明治元年一月一七日の三職七科制、二月三日の三職八局制、閏《うるう》四月二一日の政体書による官制改革というめまぐるしさのなかで薩長土肥を中心とした藩士層の進出がめだった。「無定員」の徴士《ちょうし》や、大藩（四〇万石以上）三・中藩（一〇万石以上）二・小藩（九万石以下）一という定員をさだめた貢士《こうし》の制は、有能な人材を中央に吸収する道であったし、わずか五ヵ月間に三度の官制改革がくりかえされているのは（一四六―一四七ページの表-13参照）、集権的な官僚機構をつくりだすための試行錯誤であるとともに、人事の更迭《こうてつ》がそのねらいだった。だから、官制がかわるごとに、にない手は更新され、公卿や藩主層はしだいに排除されていった。維新官僚としての能力をもつもののみがのこり、政権の主導権はこの維新官僚の手中に落ちていったのである。

それでは、この維新官僚の支配の論理はどのようなものであったのだろうか。

天皇と公議

長崎会議所

明治元年一月一四日、長崎奉行河津伊豆守祐邦《すけくに》は夜陰に乗じ、長崎に停泊していたイギリス船で脱走した。幕府倒壊によって、長崎奉行所が維持できなくなったからである。彼は洋服に靴をはき、ズボンのポケットにはピストルをしのばせていた、という。幕藩体制下、世界への窓でもあった国際都市、長崎の最後の奉行らしい逃亡の図である。

官制変遷一覧

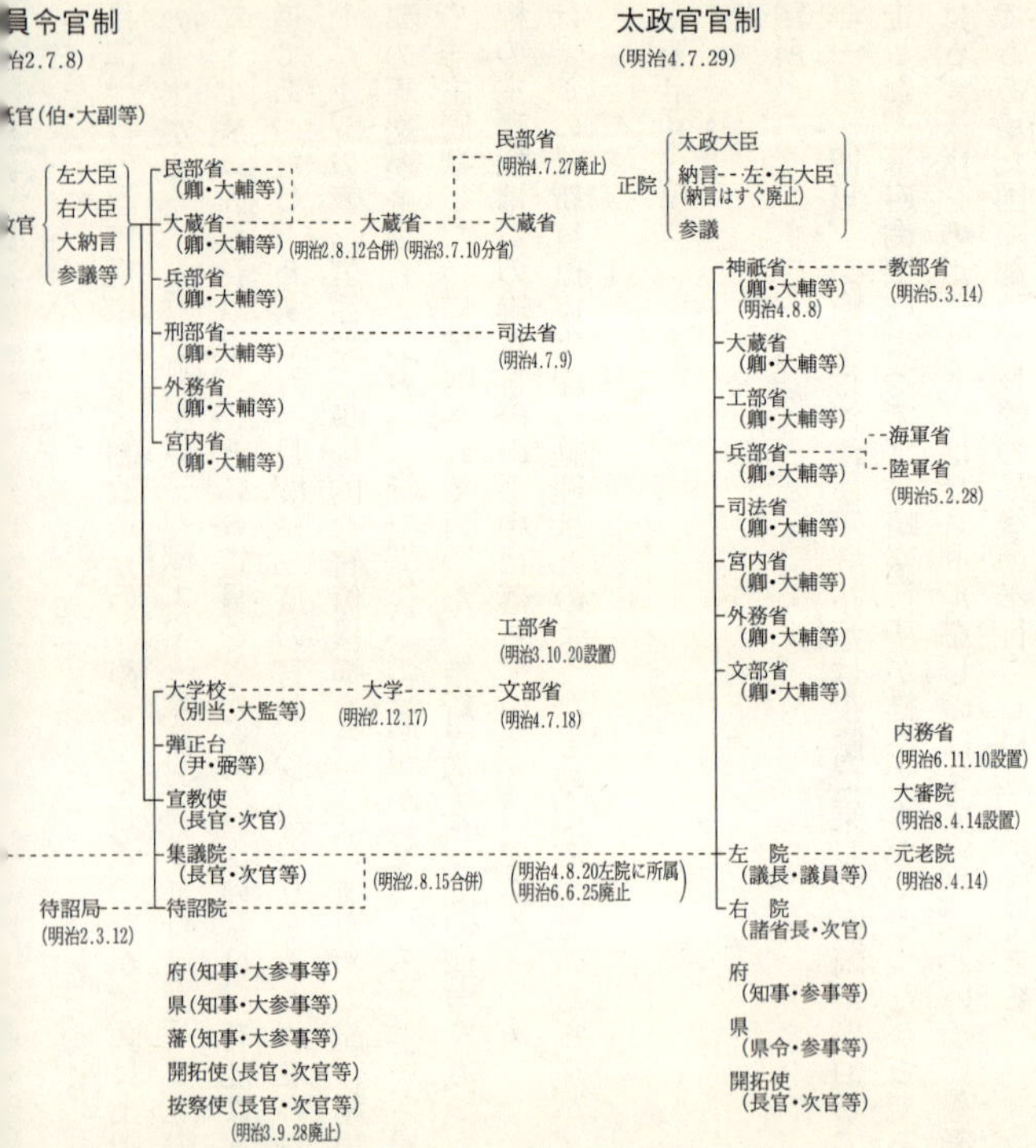
員令官制
台2.7.8)
官(伯・大副等)
官
左大臣
右大臣
大納言
参議等
民部省 (卿・大輔等)
大蔵省 (卿・大輔等)
(明治2.8.12合併)
大蔵省
(明治3.7.10分省)
民部省
(明治4.7.27廃止)
大蔵省
兵部省 (卿・大輔等)
刑部省 (卿・大輔等)
司法省
(明治4.7.9)
外務省 (卿・大輔等)
宮内省 (卿・大輔等)
工部省
(明治3.10.20設置)
大学校 (別当・大監等)
大学
(明治2.12.17)
文部省
(明治4.7.18)
弾正台 (尹・弼等)
宣教使 (長官・次官)
集議院 (長官・次官等)
(明治2.8.15合併)
(明治4.8.20左院に所属 明治6.6.25廃止)
待詔局
(明治2.3.12)
待詔院
府(知事・大参事等)
県(知事・大参事等)
藩(知事・大参事等)
開拓使(長官・次官等)
按察使(長官・次官等)
(明治3.9.28廃止)
太政官官制
(明治4.7.29)
正院
太政大臣
納言--左・右大臣
(納言はすぐ廃止)
参議
神祇省 (卿・大輔等)
(明治4.8.8)
教部省
(明治5.3.14)
大蔵省 (卿・大輔等)
工部省 (卿・大輔等)
兵部省 (卿・大輔等)
海軍省
陸軍省
(明治5.2.28)
司法省 (卿・大輔等)
宮内省 (卿・大輔等)
外務省 (卿・大輔等)
文部省 (卿・大輔等)
内務省
(明治6.11.10設置)
大審院
(明治8.4.14設置)
左　院 (議長・議員等)
元老院
(明治8.4.14)
右　院 (諸省長・次官)
府 (知事・参事等)
県 (県令・参事等)
開拓使 (長官・次官等)

表-13　明治初年の

三職七科の制
(明治元.1.17)

- 三職
  - 総裁
  - 議定
  - 参与
- 七科
  - 神祇事務科（事務総督・事務掛）
  - 内国事務科（事務総督・事務掛）
  - 外国事務科（事務総督・事務掛）
  - 海陸事務科（事務総督・事務掛）
  - 会計事務科（事務総督・事務掛）
  - 刑法事務科（事務総督・事務掛）
  - 制度事務科（事務総督・事務掛）

三職八局の制
(明治元.2.3)

- 三職
  - 総裁
  - 議定
  - 参与
- 八局
  - 総裁局（総裁・副総裁・輔弼・総裁局顧問・弁事）
  - 神祇事務局（督・輔・判事）
  - 内国事務局（督・輔・判事）
  - 外国事務局（督・輔・判事）
  - 軍防事務局（督・輔・判事）
  - 会計事務局（督・輔・判事）
  - 刑法事務局（督・輔・判事）
  - 制度事務局（督・輔・判事）

政体書官制
(明治元.閏4.21)

- 立法 ― 議政官
  - 上局（議定・参与）
  - 下局（議長・議員）- - - 公議所 - - -（明治1.12.6設置）
- 行政
  - 行政官（輔相・弁事・史官等）
  - 会計官（知官事・副知官事等）
  - 神祇官（知官事・副知官事等）
  - 軍務官（知官事・副知官事等）
  - 外国官（知官事・副知官事等）
  - 刑法官（知官事・副知官事等）
  - 民部官（知官事・副知官事等）（明治2.4.8設置）
- 司法 ― 刑法官（知官事・副知官事等）

府（知府事・判府事）
県（知県事・判県事）
藩（諸　侯）

翌日、長崎奉行所は長崎会議所にかわった。それは在崎の諸藩の代表藩士（聞役《ききやく》）と長崎の地役人《じやくにん》（地元の町年寄）との協議機関で、会議制として発足し、長崎の西役所におかれた。奉行がもち逃げしようとした約二万両が差押えられ、奉行所の手兵遊撃隊《しゅへいゆうげきたい》（のち振遠隊）も管下に入れられた。参加諸藩は薩州・長州・土佐・芸州・大村・宇和島・対州・加賀・柳川・越前・久留米・肥後・筑前・肥前・平戸・五島の一六藩（史料により若干の異同がある）で、これをリードしたのは土佐の佐々木高行（一八三〇—一九一〇。当時、三四郎）、薩摩の松方正義（一八三五—一九二四。助左衛門）らである。

後年の佐々木のいささか我田引水《がでんいんすい》的な話では、つぎのようなことになる。

表面会議というて、各藩士が交代して出勤の筈《はず》になつて居《お》るが、事実は決してさうでない。自分はたとへ一寸《ちょつと》たりとも毎日顔出しせぬと用が弁ぜぬ。さうして万事松方と相談して極《き》めて了《しま》へば、夫《それ》で善いのだ。汾陽《かわみなみ》（治郎右衛門、薩摩）、楠本（平之允、のち正隆。大村）、揚井謙蔵（長州）、石津（蔵六、安芸）、井関（斎右衛門、宇和島）抔《など》は同志であるから相談もするが、他の者には別に相談しなくても済むのだ。さうして自分が欠勤の日など事が起つた場合は、皆下宿にやつて来る。マア云はゞ盟主の様な塩梅《あんばい》だ（『勤王秘史佐佐木老侯昔日談』）。

表-14　長崎裁判所役職・氏名

役職	氏名（藩）	役職	氏名（藩）
総督	沢宣嘉（公卿）	御料所取調掛	野村要助（土佐）
参謀	井上聞多（長州）	〃	長谷川範蔵（筑前）
〃	町田民部（薩摩）	諸向取調御用	岡田実明
判事（参謀）	野村盛秀（〃）	御料所取調掛	加屋栄太
〃（参謀助役）	佐々木三四郎（土佐）	御料所御用掛	古賀一平（肥前）
参謀助役	松方助左衛門（薩摩）	神社取調掛	坂田諸遠
〃	大隈八太郎（肥前）	運上所掛	中野剛太郎（肥前）
〃	揚井謙蔵（長州）	御料所御用懸	中川栖山（土佐）
権判事	吉井源馬（土佐）	諸向取調掛	深沢南八郎
参謀助役	楠本平之丞（大村）	〃	菅野覚兵衛（土佐）
兵隊御用掛	石田栄吉（土佐）	学局督学教授	丸山作楽（島原）
〃	光田三郎（長州）	御料所取調掛	長岡新太郎（大村）
御料所取調掛	福田与（大村）	〃	渡辺昇（〃）

（注）『佐賀県史』下巻より作成。

会議所は、米五〇〇〇石と金八〇〇〇両を市中にばらまいて、民心をおさえた。この会議所は長崎の鎮撫《ちんぶ》のみならず、日田《ひた》・天草など九州一円の旧幕領地の接収をもめざし、また、在崎の英・米・仏・ベルギー・プロシア・ポルトガルその他各国領事との交渉にあたった。

長崎裁判所

長崎会議所は翌二月一五日、九州鎮撫総督沢宣嘉《のぶよし》の着任による長崎裁判所設置までのちょうど一ヵ月間つづいた。この維新当初の裁判所というのは地方の直轄地行政庁の称呼である。もともと長州の行政区画は宰判《さいばん》（裁判とも書く。一代官の管轄区域でほぼ郡と同じ）とよばれていたが、どうやらそのよび名がこの新政府当初の各地の直轄地行政庁の名に付されたらしい。

長崎裁判所設置とともに人材登用がおこなわれ、九州鎮撫総督参謀井上馨《かおる》（一八三五―一九一五。聞多《ぶんた》）が裁判所参謀となり、佐々木高行は同助役となった。以下、役職・氏名は前ページの表-14のとおりで、会議所の主要メンバーが名をつらねていた。だから、この長崎裁判所は、「中央から公卿（沢宣嘉）が総督として赴任していた京都政府の支庁であったが、その実質は、幕末維新期における地方的な諸藩連合体（中心は土佐・薩摩、それに肥前・筑前・大村藩など）が基盤となった地方政権」であり、「東京の鎮将府が東日本政府であったのに対して、九州鎮撫総督・長崎裁判所は実質的には西日本政府であった」といわれているのである（大久保利謙監修『明治維新と九州』）。

五月四日、長崎裁判所は長崎府とあらためられるが、このときには大隈重信（八太郎）が長崎府判事兼外国判事に任命されている。

公議輿論と制度

以上の過程は、地方的な規模ではあるが、幕府倒壊から新政権への移行期に、まず権力機構がどのような形態をとるかという一つのサンプルをしめしている。いや、このような諸藩代表の会議形態でなければ、新たな統一権力創出への橋わたしはできなかった、ともいえる。その意味で、明治元年閏四月二一日の政体書が五箇条の誓文を冒頭にかかげ、天皇のもと「天下ノ権力総テコレヲ太政官ニ帰ス」としながらも、形式的には三権分立と議事制度を採用して、「輿論《よろん》公議」をとること、「公論」を経ることを強調しているのは十分意味あることだったのである。そして、そこでは諸官の四年交替、公選入札の制さえも規定されていた。

この政体書は土佐藩士福岡孝弟《たかちか》と肥前藩士副島種臣《そえじまたねおみ》（一八二八―一九〇五。ともに参与）の起案（とくに後者）にかかり、日本の古典を参照し、また、『聯邦《れんぽう》志略』（アメリカ人、ブリジマン著）、『万国公法』（同、ホイートン著）、あるいは福沢諭吉（一八三四―一九〇一）の『西洋事情』など、欧米の新しい政治知識を借りていた。しかし、右にみたような権力転換期における現実的要素が大きく作用していたことは見のがしてはなるまい。

この「公議」や「公論」は、すでに幕末期、崩壊期に直面した領主階級、とりわけ幕府や公議政体派が、その政権たてなおしのために用いたスローガンであった。

幕府が倒壊するや、こんどは維新官僚がそれを意識的に前面におしだし、五箇条の誓文をはじめ当時の布達類にことあるごとにくりかえしうたった。のみならず、制度としては、議政官における上局・下局をはじめ、徴士《ちょうし》・貢士《こうし》、あるいは下局の改称された貢士対策所、貢士の系譜をひく公務人や公議人、さらに公議所、待詔局、集議院などの公議機関が創設されたのである。

そして、議政官上局会議では国是《こくぜ》が議せられ、公議所では二七四人にのぼる公議人（尾佐

表-15　官吏公選結果

輔相	三条実美	49票
議定	岩倉具視	48票
〃	徳大寺実則	36票
〃	鍋島直正	39票
参与	大久保利通	49票
〃	木戸孝允	42票
〃	副島種臣	31票
〃	東久世通禧	26票
〃	後藤象二郎	23票
〃	板垣退助	21票

（注）神祇官知事以下は省略。票数は諸文献によって若干異なるが，ここでは『維新史』第5巻によった。

竹猛著『維新前後に於ける立憲思想』所収の名簿による。『維新史』第五巻によると、公議所開院式の公議人は二二七人）が諸政策を論議したのである。さらに、政体書に規定された官吏公選は、明治二年（一八六九）五月、三等官以上の入札（選挙）によって、輔《ほ》相《しょう》・議定《ぎじょう》・参与以下六官知事・副知事・内廷職知事がえらばれた（右の表-15参照）。

これはたんに中央政府内にとどまらない。地方の諸藩においても、明治元年一〇月二八日の「藩治職制」にもとづいて議事制度がこころみられている。藩議院・議事所・集議所・衆議院・議事局などとよばれたものがそれである。議員の公選を規定したところも少なくない。たとえば、鳥羽藩（のち三重県）の藩議院の下院を構成する「議民」は各村の農商からえらばれた者であり、明石《あかし》藩（兵庫県）の衆議所の議員は、「士族以下庶人僧侶」からの公選だった。郡上《ぐじょう》藩（岐阜県）の議事所の下局にあたる「議事者」は、藩内の庶民・僧侶から「才智議論アル者」を「公挙」すると規定されていた。岡山藩（岡山県）の場合も、「郷市議者」つまり町村議員は「入箇」（選挙）によってきめるとしていたのである（尾佐竹前掲書）。また、松江藩（島根県）では、明治二年二月に「藩治職制」を発したさいに藩吏の服務規律もさだめ、その一ヵ条には「一たび定まれる制度と雖《いえども》、又異議あれば、衆論を尽して速《すみやか》に改正すべし」とうたっていた（小野武夫著『維新農村社会史論』）。

明治二年四月からひらかれた四国会議（金陵＝琴陵会議。第一回は丸亀、以後は琴平《ことひら》で開催）は、藩領をこえた四国地方の議事機関とでもいえようか。これは土佐藩の主導した四国一三藩の会議である「建置金陵会議」はいう。

敝邑《へいゆう》ノ意一ノ会議所ヲ設ケ、外内ノ利害、彼此《ひし》ノ得失及都鄙《とひ》上下ノ情状、悉《ことごと》クソノ詳ヲ此《ここ》ニ得ンコトヲ欲スルノミ。夫《そ》レ事アレバ必《かならず》相聞シ、議アレバ必相図《はか》リ、動静必相通知シ、然後《しかるのち》ニ協心戮力《りくりよく》、内ハ以《もつて》天朝ニ奉ズベク、外ハ以外患ヲ防グベシ（『土佐藩政録』下）。

会議の目的や性格は右の一文につきているが、内外の情勢に対処する方策をすべてこの金陵会議で協議し、内は天朝を奉じ、外は外患を防ごうというのである。会議には各藩からの人材を公議人にあて、この公議人を琴平に駐在させ、本藩と京都・東京との連絡をとり、探索・報道・議事に任ずる、としている。その議事事項をみると、浮浪応接や常備兵論、廃刀や献金、あるいは海賊取締りなど、種々の議題がのぼり、さまざまな決議がなされている。この四国会議を伝え聞いて、藩政の参考にと人を派してきた藩は、盛岡・豊後《ぶんご》府内・出雲・

駿州・長州・松江・岡山・佐賀・秋田・豊後森・久留米をかぞえることができる（福家惣衛著『香川県近代史』）。当時、一種の会議ブームがおこっていたことがわかる。明治二年二月の「府県施政順序」が、府県知事への職掌指示の一項に「議事ノ法ヲ立《たつ》ル事」をあげ、「従前ノ規則ヲ改正シ、又ハ新ニ法制ヲ造作スル等総テ衆議ヲ采択《さいたく》シ、公平ノ論ニ帰着スベシ」といい、「衆庶ノ情」にそむくことなく、民心を安堵《あんど》させることが必要だ、と規定しておればなおさらである。

スローガンの実体

しかし、これらは、民衆の「世直し」の志向のなかから、こうした会議や公選が生みだされたものではなかったから、かならずしも現実に機能しないままに、廃藩にいたった（四国会議は明治三年九月廃止）。公議・公論は新政府のスローガンとして、〝上から下へ〟と流されたものにすぎなかったのだ。佐賀藩の実情を、この藩出身の久米邦武はその『回顧録』につぎのように語っている。

此の頃、朝廷では公論・公選といふ事が流行語となり、江藤（新平）参政は将来の政体は議会召集に帰納するとの意見を主持し、史局の余《よ》も之《これ》に同意し、爰《ここ》に其《そ》の手始として代官が村の庄屋を公選させた。それで、各郡令は村民に便宜の神社を指定した処、村民は握飯を持参して集り、代官の前で投票したが、開票した結果本名を書いたり、前名を書き、或《あるい》は綽名《あだな》を書き、中には「源平とは藤吉（橘）の事」など洒落《しゃれ》をいふもあり、選挙された者は多く魯鈍《ろどん》な正直者で吏事を知らず、余が家に出入の百姓も選挙されて我が家に来《きた》り、「私も庄屋に選挙された以上、御上《おかみ》の為に一図《いちず》に勤むる覚悟」と述べたので、余は「否、村の為に勤めねばならぬ、其の心得が肝腎《かんじん》」と諭《さと》した処、「御上の御威光を蒙り勤める心得であつたが、村の為にとあつては勤まらぬ役目だ」と悄気《しょげ》た奇話もある。

〝下から上へ〟という公議・公論のあるべき姿とは逆に、〝上から下へ〟流された公議・公論の実体が目にみえるようではないか。

天皇と公議のセット

要するに、維新政府のふりかざした公議・公論とは、天皇（朝廷）とむすびつけられ、新たな朝権確立のためにこそ必要なものだったのである。

かつて幕末期、大久保利通が勅命（天皇の絶対性）の実質的正当性を、天下の人心にもとめたことはまえにふれた（四八―四九ページ参照）。その大久保は、慶応二年（一八六六）、「衆議」と「公論」とをはっきり区別し、衆議から公論を抽出《ちゅうしゅつ》し、この公論によって「大政ヲ議スルニ決ス」とした。そして、「公論ヲ採《と》ルニ法アリ」と述べていた。この「法」の具体化が、さきにみた公議諸機関（議事制度）だったのである。

では、この公議・公論と朝権確立とはどのような関係にあるのか。

岩倉具視《ともみ》が明治二年（一八六九）一月、三条実美《さねとみ》にあてて提出した意見書の一節、「議事院ノ事」について述べたところに、それがはっきりとしめされている。

将来ニ於テモ議事院ヲ設置シ、施政ノ法度《はっと》ハ衆議ニ附シタル上、廟議《びょうぎ》（朝廷の会議）一決シ、宸裁《しんさい》（天皇の決裁）ヲ経テ施行セバ、縦令《たとい》異論百出スルモ容易ニ之《これ》ヲ変更スルコトヲ得ズ。此ノ如《かく》クナレバ、朝権自ラ重ク、億兆之ヲ信ジ、朝令暮改《ちょうれいぼかい》ノ誹謗《ひぼう》ハ自然ニ弭止《びし》（やむこと）スベシ。

つまり、議事院によって施政の策を「衆議」に付することは、「異論百出」をおさえて「朝権」を重くするためのものなのである。もう一度いえば、衆議→廟議→宸裁→施行→朝権強化という手順である。公議と天皇のみごとなセット化だ。そして、こうしてセット化されることによって、公議も天皇もともに相対化され、それゆえに、操作されるシンボルとなる。公議をふりかざすことによって天皇への権力の集中はいっそう強まり、その集中の中心、天皇は公議とむすびつけられることによって、その基盤をいちだんと拡大しうる。

天皇と公議のセット化こそは、新たな権力創立のための〝集中〟と〝拡大〟の論理だったのである。

国家独立と公議

もう一つ、それはつぎのような論理とむすびつく。慶応四年（明治元）四月、江戸開成所御用掛神田《かんだ》孝平《たかひら》（一八三〇―九八）は、『中外新聞』（第一二号、慶応四年四月一〇日）に一文を投じた。

神田はその三ヵ月後の七月、福沢諭吉・柳川《やながわ》（河）春三《しゅんさん》（一八三二―七〇。もと幕府開成所教授。『西洋雑誌』『中外新聞』など刊行）とともに京都に召しだされた。そして、彼は福沢がことわり、柳川が逡巡《しゅんじゅん》した新政府への仕官を承諾した。政策立案者として彼をうけ入れ、その主張を実地にうつすことのできる権力の座を神田はもとめていたからである。徴士・議事取調所御用掛などを経、公議所で活躍した彼は、公議所の副議長となった。公議所法則案も彼の起草にかかるという。

また、明治三年には、「田租《でんそ》改革建議」という、のちの地租改正の基本的な方向づけをした意見書を提出し、翌四年には外務省に出仕し、やがて兵庫県令となる。彼が明六《めいろく》社に名をつらねたことは周知のことである。

ところで、さきの神田が投じた一文とは何だったのか。それは「日本国当今急務五ヶ条の事」と題されている。いま、その五ヵ条をかかげよう。

一、我日本は永久独立国たるべし。決して他国の付属となるべからず。
二、我日本独立せんと欲せば、是《これ》に相応せる国力を起さざるべからず。
三、右、国力を起さんと欲せば、日本国中宜《よろ》しく一致すべし。
四、日本国中の一致せん事を欲せば、国人をして悉《ことごと》く政府の政《まつりごと》に従はしむべし。
五、国人をして政府の政に従はしめんと欲せば、政府にて広く日本国中の説を採るべし。
決して一方の説に泥《なず》むべからず。

これを図式化すれば、〝日本国家の独立―国力振起―国中一致―政府への服従―国中の説（公議）を採る〟ということになろう。この論のはこびかたは、神田がいうように「西洋国法学の大綱領」にもとづいたものであった。ヨーロッパ思想で色あげされたこの国家独立―公議の論理は、当時、統一国家の形成によって列強と肩をならべる、いわゆる「万国対峙《たいじ》」を至上課題としていた維新官僚には必要不可欠の論理でもある。

キー゠ワード、公議

この国家独立―公議は、公議を共通項に、さきの天皇―公議の論理ととうぜんかさなる。つまり、公議こそは、天皇という統一国家の絶対的シンボルと、国家独立というナショナルなシンボルとをむすびつけるキー＝ワード、ないしはキー観念であり、操作軸だったのである。このキー＝ワードによる天皇と国家独立とがかさねあわされることによって、天皇はナショナルな幻想で粉飾《ふんしょく》され、国家独立（国権確立）は天皇の絶対化によって至上の価値を付与されていく。しかも公議の衣をかぶってである。

だから、この時点のキー＝ワードの役割は、〝上から下へ〟〝外から内へ〟の志向をもちつつ、天皇と国家（統一と独立）こそが、公議・公論の集約点かのような幻想を人々にあたえる効果をもった。

維新による明治国家創出の当初において、公議・公論がこのような役割を果たしたことは、結果的には近代日本のデモクラシー形成に悲劇的な烙印《らくいん》をおした、といってよい。あとでもみるように、地租改正においても公議（＝官）がふりかざされたし、自由民権運動が公議・公論の具体化を国会開設にもとめてアピールしたときも、天皇＝国家の存在と、専制政府への攻撃は、まったく別個のものであり、強調される民権にはつねに国権がつきまとった。大正期の民本《みんぽん》主義もまた同じである。それらは天皇＝国家が公議・公論の集約点かのごとき幻想をもたせた維新当初の支配の思想の枠組《わくぐみ》を、うちやぶることはできなかった。その枠のなかでのデモクラシーの強調にすぎなかったのである。

時代の潮流は大きくかわったとはいえ、敗戦後の民主主義の強調も、この支配の思想の枠組をぬけでたものではないように思う。

が、いまはそれはさておこう。公議・公論がこのような役割をになっていたからこそ、明治元—二年をピークに、ときの政府の布告や布達類は枚挙にいとまがないほど、これを最大限に強調したのである。

影をひそめるキー゠ワード

だが、戊辰《ぼしん》戦争が維新官僚の勝利に帰し、版籍奉還もおこなわれて彼らの主導権がしだいにゆるがぬものになるや、この操作軸のキー゠ワードは影をひそめていく。それとともに、いったん制度化されたかにみえた公議機関は、廃止されたり形骸化したりしてしまう。立法府としての議政官は行政官に吸収され（明治元年九月、議政官廃止。翌年四月復活、翌月廃止）、公議所は集議院となり（明治二年七月）、廃藩置県後は形骸化し、やがて廃止された（明治六年六月）。

各藩の議事制度もこれに相応ずるかのように機能しないままに姿を消したことはまえにふれた（明治五年三月の大阪府の『市中制法』や『郡中制法』は、「諸事公論に決し、衆庶其処を得、各志を遂げしむる事」とうたい、とくに後者は村役人の「公選入札」についての心得を述べている。しかし、これは明治二年三月の京都府のそれと内容はほぼ同じだから、五人組をはじめ村々における生活の心得に力点をおいた京都版がそのまま踏襲されて、日付のみをかえて印刷され、頒布《はんぷ》されたとみるべきであろう）。

いちばん極端な例は、政体書に規定された官吏公選である。これは実施されたその日に、一回かぎりということが諭告されていたのだ。それは軍務官副知事大村益次郎らが、岩倉に、「公選入札法、因襲例と為《な》り、他日共和政治を唱ふる者出《い》づるあらば、国家不測の禍根は蓋《けだ》し今日に胚胎《はいたい》すと謂《い》ふべきなり」とその不可を論じたからだという（『明治天皇紀』第二）。スローガンとしての公議・公論が実体化し、定着化することをなによりもおそれた維新官僚の体質が、みごとにしめされている。

このことは、維新政権下の藩政改革の過程で、「四民平均」「自由」「平等」などが当初強調され、ひとたび改革の実効があがってくるや、たちまちこれらのスローガンが消えていったのと相通じている。

明治三年三月二〇日、三条実美あての木戸孝允の手紙には、天下一般の人民からこれまでの束縛を解き、おのおのに「自由之権」をとらせ、朝廷の政治を「自然と独出」させることが諸藩の旧習をうちやぶることになる、と述べている。つまり、自由の権というのは、諸藩の旧習を打破し、天皇政権を確立するためにこそ必要だったのである。だから、人民への自由の権の付与は、つくりだされつつある天皇制国家とけっして相反するものではない。いやむしろ、新政府と人民とのあいだに介在する藩体制の打破・解消のためには不可欠でさえあったのだ。

したがって、ひとたび藩体制の解体がすすみ、それを天皇政権が吸収しうる見とおしがつくや、その自由の権は不要のものとなる。それは時期的には、あの公議・公論のスローガンが消えていくのとほぼひとしい。そして、権力のにない手が、公卿・諸侯から参議・大輔《たゆう》などの任についた脱藩士としての朝臣、つまり維新官僚へとうつり、権力の主導権が、天皇をとりまく彼らの手中ににぎられていく過程とそれが相応じていたことは、ここでくりかえす必要はあるまい。

第五章　統一国家の形成㈡——支配の実体——

藩政の改革

戊辰戦争と王土王民論

戊辰戦争という二つの政治勢力の武力対決は、それを挑発した討幕派の意図さえもはるかにこえた客観的な結果をもたらした。おそらくこの戦争がなかったならば、旧幕府勢力や幕藩領主層があれほど徹底的に打破され、維新官僚の企図がかくも急速に貫徹するということはありえなかったであろう。その意味では、桑名藩に生まれ、「賊兵」として鳥羽・伏見戦争や北越の戦いに参加した岡本武雄が、その著『王政復古戊辰始末』(明治二一年刊)で、この戦争のなかに「一大政変」を見、旧来の門閥政治の打破も、廃藩置県の挙も、武士の解体もこの戦争によるものだとし、「これを概言すれば、日本の文明を促がして今日あるに至らしめしものは此戦争の賜なり」と述べているのは興味深い。

ところで、この戦争にさいして、新政府は王土王民論をふりかざして、思想的、イデオロギー的に諸藩を屈伏させた。もちろん、その背後には薩長を中心とした新政府軍の軍事力があった。しかし、幕末以来、幕府がみずからの危機克服策としてもちだした大政委任論の、その根源としての天皇の伝統的権威を、こんどは新政府が真正面からおしたてて王土王民論をとなえれば、幕府への忠誠はいきおい天皇のそれへと吸収されざるをえない。戊辰戦争の過程で、諸藩内部には勤王・佐幕の内部訌争《こうそう》がひきおこされたものの、結局、大勢は地すべりをおこして天皇政府へと忠誠を誓ってしまうのも、そのゆえである。

静岡藩の設置

しかも、この王土王民思想のもとで諸藩が吸収されるということは、現実にはどのようなかたちになるのか。徳川氏の処分、静岡藩の設置がそれを端的にしめしてくれる。

新政府は徳川氏の処分を朝議に付したが、大総督府の会議で明治元年閏四月、田安慶頼《たやすよしより》の子、当時六歳の亀之助（一八六三―一九四〇。のち家達《いえさと》）をして徳川家をつがせることに決し、翌五月、駿河府中藩（静岡藩）に家禄七〇万石で封じた。それは、一方では新政府への抵抗の代償が、七、八百万石の徳川氏をその一〇分の一の一大名に転落させる処分のきびしさをしめしたが、他方、新政府ともっとも敵対した徳川氏といえども、ひとたび天皇政府への忠誠を誓うかぎりでは、根こそぎそれを否定するものでないことを立証したのである。つまり、王土王民思想は、幕藩領主層の従属・吸収の側面と、過渡的にではあれ、一つの藩としてその存在をゆるすことを公認したのだ。ここにも維新政権の性格をみることができる。

もちろん、この静岡藩は、維新政権下で新しくつくられた藩だから、旧来の藩とは異なる存在であった。それは当初から解体の要因を内包し、天皇政府への抵抗の精神はほとんど骨ぬきにされて成立していた。しかも、そこには旧幕府のもっていた文化的遺産が継承され、沼津兵学校をはじめとして、この駿遠の地には人材や高度な科学技術などがプールされ、やがてそれは明治政府に還元されることで自己の歴史的役割を終えるのである（原口清著『明治前期地方政治史研究』上、および武田楠雄著『維新と科学』）。

藩財政の危機

ところで、諸藩がいやおうなしに戊辰戦争にまきこまれたことは、藩体制の解体をいっそううながした。戦費の負担は、すでに赤字累積の危機に面していた藩財政を、身動きならないものとしたのである。

次ページ（表-16）にかかげたものは、維新当初の藩債額である。二七七藩の内国債の内訳をみると、明治元年（一八六八）から明治四年までの新債が、短期間にもかかわらず、他の旧債・官債・古債などに比較して大きな比重を占めていることがわかる（もちろん、急速な物価の上昇を念頭におかねばならない）。これらの諸藩のうち、藩札と藩債額との合計額が藩の実収をうわまわるものは、藩札発行額の判明する一四四藩のうち、じつに九三パーセ

表-16　明治初年時の藩債（石，円未満省略）

藩　数	277		
領地高	18,809,480石		
内国債	74,130,874円	藩債の総申告額	
内訳（主なもの）	%		
新債	12,820,216円(17.3)	明治元年より4年までの藩の負債	公債
旧債	11,220,841円(15.1)	弘化元年より慶応3年までの24年間の藩の負債	公債
官債	6,435,949円(8.7)	旧藩および旧幕直轄地に対する政府からの財政補助としての貸付	公債
古債	12,025,981円(16.2)	天保14年以前の藩の負債	削除
棄債	14,977,026円(20.2)	明治4年届出を失誤するか，書類の焼失等により公債に該当しないもの	削除
外国債	4,002,052円	（内訳のほかに利子等があるので，内訳の合計とは一致しない）	
内訳			
	1,854,145円(46.3)	輸入品（軍艦・汽船・武器・米・反物・小間物・機械類等）代金支払未済	
	316,365円(7.9)	輸入品（茶・生糸・銅・樟脳等）引当前借	
	749,798円(18.7)	藩経費充当現金借入	
	369,352円(9.2)	商業資金・民間勧業救済貸付資金借入	
	472,700円(11.8)	その他	
内外債総合計	78,132,926円		

（注）『明治前期財政経済史料集成』第9巻その他より作成。

ントにおよぶ一三四藩に達することが指摘されている（後藤靖著『士族反乱の研究』）。

いま、当時の藩財政の実態を知るためにもう一つの表をかかげよう（次ページ表-17）。美濃苗木《なえぎ》藩（表高《おもてだか》一万二一石。のち岐阜県の一部）の一年間の収支をしめしたものである。これは明治二年一一月、この藩が維新政府に提出した報告書によったもので、五ヵ年間の平均の数字でしめされている。総収入四九一六石余に対して支出の総計は六二〇六石余、年間不足高は一二八九石余（金額にして八五九両余）、じつに総収入の二六パーセントにあたる額の赤字なのである。

支出のうち、九パーセントは藩主の費用、五〇パーセントあまりが家臣団への俸禄その他、一七パーセントが藩債の年賦金にあてられている。藩は財政的にまったく破綻《はたん》にひんしていたといえる。だから、藩主遠山友祥《ともあき》（友禄《ともよし》）は、家老小池伝兵衛らの改革指示の要請に対して、現状では「迚《とて》も治兼《おさめかね》候」といい、「さりとてひとりの男の子もないのでは直ちに隠居もできない」などと嘆いていたし、これに対する藩の役人たちも、いまのような「人気」ではとても役人だけでは治めかねると、お手上げの状態だった、という（後藤時男

表-17　明治初年の苗木藩1年間の収支

苗木藩表石高		10,021石
収　入	現　　石	4,434.276余石
	種子貸利米	482.1313石
計		4,916.4073余石

支出高(石)	支　出　項　目
575.539	藩主私用（9%）
1,789.84	士族俸禄・役給・歩夫卒切米（29%）
1,422.0	士族・隠居・歩卒以下扶持米（23%）
134.58	士族・歩卒以下切符金
21.0	知行士族夫銀
7.5	医師薬種料
30.04	社寺合力米
200.0	井水・川除・普請人足扶持米
175.58	水損年季引
2.0	高森神社修覆費
58.5	村々名主役米・上地瀬戸渡船場給米
15.67	炭代米
94.71	紙・真綿代米
142.5	江戸・京都旅費
16.8	藩費負担伝馬入用
39.645	営繕方雇入人足賃金
56.395	城内外修覆・諸雑費
57.0	文武手当
52.5	臨時諸雑費
1,050.0	藩債年賦金（17%）
45.0	軍資金
150.0	公務方・外交方手当金
69.264	養老扶持
6,206.063	計
差引不足高　1,289.6557石 (両に換算　859両余)	

（注）後藤時男著『苗木藩政史研究』所収の表より作成。

表-18　明治初年の藩財政の破綻（藩区分別）

(B)＼(A)	小藩（1～9万石）	中藩（10～39万石）	大藩（40万石以上）	計
1,000円～	31藩	4藩	0藩	35藩
800～	18	3	0	21
700～	19	2	0	21
600～	9	2	0	11
500～	19	1	1	21
400～	24	2	3	29
300～	12	5	1	18
200～	17	5	0	22
100～	24	5	1	30
100未満	9	2	1	12
計	182藩	31藩	7藩	220藩

（注）(A) 1年の貢租収納100石に対する藩債額。
(B) 明治元年，維新政府による区分。
上記の藩債額は明治4年政府が引受けた内・外国債で，貢租収納高は明治2年現在。藩数には慶応4年の新立，減藩再立，減高藩はふくまれていない。
丹羽邦男著『明治維新の土地変革』13ページ第2表（原典は『藩債輯録』）より作成。

著『苗木藩政史研究』）。

これがたんに一苗木藩にとどまるものでなかったことは、上の表-18をみればわかる。小藩ほどいかに大きな負債をかかえこんでいたか一目瞭然である。この表の数字をはじきだした『明治維新の土地変革』の著者丹羽邦男氏は、「概して、勤王雄藩は債務額は相対的に低く、またそれは小藩ほど破滅的である」といっているのだ。

もう一度一六六ページの表-16にもどろう。表中の外国債の債務藩は三七藩をかぞえる。件数は一一一件、債主たる外国商人は五七人にのぼる。その内訳は、イギリス一九、オランダ一二、プロシア一〇、アメリカ八、フランス四、スイス二、ポルトガル一、清《しん》国一となっているが、その多くは戊辰戦争前後の時期のものだったのである。藩の財政は外国商人にも依存していたのである（関山直太郎著『日本貨幣金融史研究』）。

藩権力の無力化

この財政不安のうえに、一揆《いっき》や打ちこわしの攻撃がかけられる。とりわけ領地が分散し、入組《いりくみ》支配などがかさなっている地帯では、その領主支配の無力ぶりが暴露された。たとえば、信州伊那《いな》県（のち長野県）周辺は、県と各藩の領地分散・入組支配の典型的なところであるが、この地帯では明治元―四年（一八六八―七一）の四年間に全国一揆件数の約一割にあたる三〇件の農民一揆がかぞえられている。しかも、それらは飯田二分金《にぶきん》騒動・上田騒動・会田《あいだ》騒動・川西騒動（以上、明治二年）、中之条局管下一揆・松代騒動・須坂騒動・中野騒動（以上、明治三年）等々とほとんど間断なく、しかもあるときは別個に、あるときは相互に関連しておこり、「一時的にせよ地方政治権力が機能をうしなった」とされているのである（『長野県政史』第一巻）。

このような藩体制の危機を背景に、藩内では内部訌争が表面化する。それがさきにもふれたように、王土王民思想とからんで勤王・佐幕の両派に分裂し、対抗するとき、藩体制の解体はいっそうおしすすめられていったのである。

加えるに、戊辰戦争遂行の主力となった諸藩軍事力は、「尾大の弊」と化しつつあった（一一五ページ参照）。この「尾大の弊」は、中央政府に対しては諸藩、とりわけ西南雄藩の軍事力の増大となってあらわれ、藩内においては藩上層部の統制をはみだす下士・兵士層の台頭となった。すでにみた山口藩の諸隊反乱を想起すれば十分だろう。

図-9　明治２年６月の信州伊那県と各藩

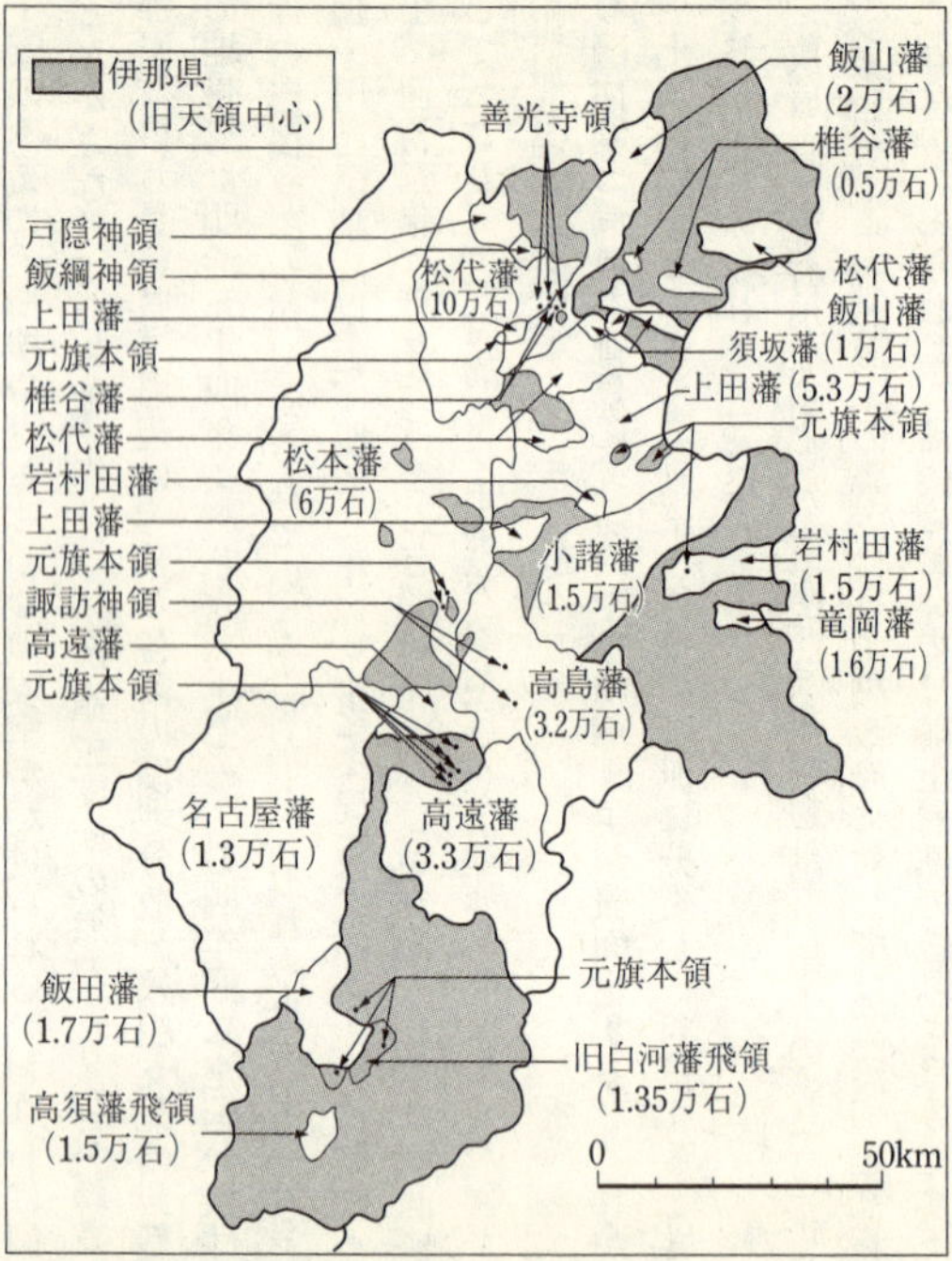

（注）『長野県政史』第１巻より。

藩政改革令

明治元年閏四月の政体書は、地方行政に対して府・藩・県の三治制をしいたが、一〇月二八日、新政府は「藩治職制」をだした。門閥世襲の家老制度にかわるに、執政・参政・公議人などをおき、藩機構の統一、藩行政と藩主の家政の分離、議事制度の勧奨をうたった。人材登用のもとに藩制を画一化し、藩政の動向を新政府の統制下におこうとしたのである。

明治二年（一八六九）六月の版籍奉還と同時に、新政府は各藩の石高《こくだか》・諸産物・税収・藩庁費用・藩制職員・藩士・兵卒の員数などを報告させ、藩高の一〇分の一を家禄とし、一門以下平士にいたるまですべて士族として統一した。翌三年九月には「藩制」を布告し、藩を大（一五万石以上）・中（五万石以上）・小（五万石未満）にわけ、現石一〇分の一の知事家禄の残高は、軍事費・藩庁費・士卒俸禄などにあて、禄制改革を実施した。藩の自主権は大幅に制限され、士・卒の家格の整理や減禄が強行され、士族の帰農商への道をひらいたのである。

ここで、相対的に余裕があったとみられている中藩上層ないしは大藩の様相を、いくつかみておこう。藩政改革の実情はそれぞれの藩でかなり異なるが、これらの藩の動向が新政府に大きく作用していたことは争えないからである。

熊本藩の改革

肥後の熊本藩（五四万石）では明治三年、知事細川護久《もりひさ》・大参事細川（長岡）護美《もりよし》のもと、藩士改革派と豪農派との連合で改革は推進された。横井小楠《しょうなん》（一八〇九―六九）の系統をひいた実学党の進出である。徳富《とくとみ》健次郎（一八六八―一九二七。蘆花《ろか》。蘇峰の弟）の著『竹崎順子』は、「肥後の維新は、明治三年に来ました」という。

それは横井小楠がかねて嘱望し遠ながら誘掖《ゆうえき》して置いた世子細川護久が家督を相続し、熊本藩知事となり、勅許を得て弟長岡護美と藩政改革に帰って来たのが、きつかけでした。横井死後満一年で横井の時代が肥後に来ました。横井の息のかかつた若い藩主や、其弟が局に立つと、横井の友人門人が網の元綱をしぼるやうに続続と登庸《とうよう》されます。

この竹崎順子（その妹がそれぞれ小楠や徳富一敬の妻。徳富蘇峰・蘆花の伯母）の夫、竹崎律次郎は民政局大属《だいさかん》となっている。機構の簡素化や貢租の軽減、封建的諸制限が廃止され、洋学校も開設された。律次郎の筆になる改革意見の要綱には、上下二院の設置やいっさいの役人・村役人の入札公選がかかげられていた。

そして、しだいに豪農派が実権をにぎり、中央政府の「意図をこえてブルジョア的性格を強めて」いった、とされているのである（森田誠一「幕末・維新期における肥後熊本藩」大久保前掲書所収）。

高知藩・山口藩

高知藩（二四万二〇〇〇石）でも明治二年から翌年にかけて、あいついで藩政改革令がだされ、大参事板垣退助（一八三七―一九一九）や権《ごん》大参事福岡孝弟らがリードした。三年一二月の高知藩庁布告は「人民平均ノ理」をうたい、新たな官僚の登用、士族の家禄廃止と禄券支給、常備軍の創出、農工商の身分制からの解放や士族・平民一括しての戸籍の編成などの方針をかかげていた。板垣が後年、「我国憲政ノ由来」のなかで、こうした藩政改革の方針は、東北戦争での会津落城を眼前にみながら、なお人民が「風馬牛相関セザルノ状」であったことにかんがみて、自藩の改革に四民平等・国民皆兵主義をとったのだ、と語っていることは有名だが、そこで強調された「四民平等」は、所詮、藩体制下の旧習打破のため以上のものではなかった。福島正夫氏はその著『日本資本主義と「家」制度』で、それは「実質において非ブルジョア的新規制の面」をもっていた、といわれている。

山口藩（三六万九〇〇〇石）では、「藩治職制」がでるまえから改革が開始され、広沢真《さね》臣《おみ》・木戸孝允・井上馨らがこれに参画した。ここでは広沢がいったように「他藩とは格別」（明治二年八月二〇日、山口藩参事あて）という意識があった。だから、維新政府の意図を忠実に体した改革がすすめられた。

それだけに常備軍編成をめぐってひきおこされた諸隊反乱事件は、中央政府に衝撃をあたえ、木戸や井上らは全力をこの鎮圧にかたむけた（一二一―一二二ページ参照）。この鎮圧に成功したとき、彼らは機構の体系化や財政・民政の確立、さらには軍事力をも手中にして改革の主導権を完全ににぎりえた。ここでは藩政の実権掌握者と維新官僚とがかさなっていたから、彼らが維新官僚として藩体制の解体を決断すれば、それはそのまま機能したのである。

和歌山藩・鹿児島藩

和歌山藩（五五万五〇〇〇石）では、明治二年以後大参事津田出《いずる》（一八三二―一九〇五）のもと陸奥宗光《むつむねみつ》（一八四四―九七。藩勘定奉行伊達宗広の子）らの登用により、藩庁の集権的官僚機構化や郡政の改革、四民教学体系の展開、士族授産や殖産興業、とりわけプロシア式の徴兵による軍制改革など、中央政府への対抗意識を秘めた独自の改革がなされた。

鹿児島藩（七七万石）では、戊辰戦争従軍兵の帰還とともにこの下士団軍事力を背景に門閥打破・人材登用などの改革要求がだされた。明治二年二月以降、改革は推進された。やがて、西郷隆盛が参政、ついで大参事として藩政に参画し、藩庁知政所を中心に伊地知正治《いじちまさはる》（一八二八―八六）・桂久武（一八三〇―七七）らとともに実権をにぎった。「藩のなかの藩」ともいえる一門・一所持《いっしょ》の私領は、返上を命じられて、藩の直轄とされ、外城士《とじょう》（郷士）は城下士と同格となった。そして、旧門閥からとりあげた世禄の大部分は軍備の拡張にあてられ、明治三年（一八七〇）一月現在で、一万二〇〇〇人という膨大な常備兵が編成された。と同時に、その幹部は民政をもにぎり、鹿児島藩は「末端にいたるまで、強固な軍隊組織の網の目でおおわれている士族の軍事国家」となったと、毛利敏彦氏は指摘している（大久保前掲書）。のちの西南戦争の要因はすでにここにきざしていたのだ。

このようにみてくると、事情を異にしながらも、比較的藩体制が強固だった雄藩においてさえ、藩政改革の過程で維新政府がその規制のくさびを打ちこみ、支配力を強めていったことがわかる。自己解体のもっとも強いくさびを打ちこまれ、中央政府の藩政改革の意図がつらぬかれたのは諸隊反乱を経た山口藩であった。これに対して、中央政府の意図をはみだして旧藩的、士族的勢力をいちばん強くのこしたのは鹿児島藩であり、逆にもっともブルジョア的志向をしめしたのが熊本藩だった、といえよう。そのいずれもが維新政府にとっては危険な存在と化しつつあったのである。廃藩は急がねばならない。

すでに財政的にも破綻《はたん》し、一揆や打ちこわしでその無力ぶりを暴露されていた多くの中・小諸藩においては、藩政改革はもはや維新政府の指示どおりにおこなう以外に手だてはなかった。急速かつ確実に藩権力が中央政府に吸収、統合される下地は客観的に熟しつつあったのである。

維新政権の経済的基盤

会計基立金

鳥羽・伏見戦争後の明治元年（慶応四＝一八六八）一月二一日、参与由利公正《ゆりきみまさ》（三岡八郎・福井藩士）は会計基立金三〇〇万両の募債を建議し、実行にうつした。京・大阪をはじめ全国の「富饒之者《ふじよう》」――「富有のもの」から「国債」を徴募したのである。再三の強制によって、畿内周辺から七五・三パーセント、江戸をふくむその他の地方から二四・七パーセントという地域的な比率で応募がなされた。

その応募金額の合計は、二百八十五万五千余両、内訳は図‐10のグラフのとおりである。いかに三井・小野・島田の為替方《かわせかた》三組をふくむ都市特権商人に比重がかかっていたかがわかるであろう。

ところで、維新政権は基本的には、これまでの幕藩体制とかわらない領主層による土地所有の上に立っていた。だから、その直接の財政的基礎は、全国三〇〇〇万石のうち、旧幕領没収高約八〇〇万石と東北藩地没収高とをあわせた九〇〇万石から、府中（静岡）藩七〇万石と賞典禄一〇〇万石との計一七〇万石とをさしひいた、約七三〇万石が主たる財源であった。戊辰戦争緒戦時においては、それも新政府はまだ手中におさめていたわけではないから、会計基立金はそうした緊急事態のなかでの措置だった。

つまり、そうした維新政権の財政の不安定を、右のように、おもに特権商人への依拠でおぎなおうとしたのである。そして、三都や開港場など当時の全国的商品流通および外国貿易の要地をその支配下におくことによって、その財政的基盤をかためようとしていたのである。

由利財政

この由利財政がつぎに打った手は、明治元年閏《うるう》四月の太政官札《だじょうかんさつ》（金札）の発行決定と商法司・商法会所の設立である。太政官札は拾両札・五両札・壱両札・壱分札・壱朱札の五種からなり、翌月から発行され、明治二年五月までに総額四八〇〇万両に達した。この発行目的は「富国之基礎」をつくるための資金の捻出《ねんしゅつ》にほかならなかったが、実際には政府財政の赤字の補塡《ほてん》に、その三分

図-10　会計基立金応募内訳

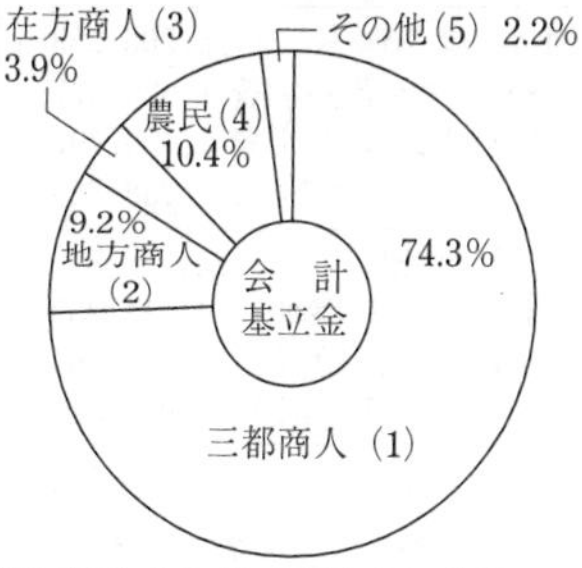

（注）(1) 為替方3組・御用達商人・株仲間・個人・町中など。
(2) 御用達商人・株仲間・個人（堺・長浜・彦根・松阪など）。
(3) 農村在住の商人。
(4) 村役人をふくむ。
(5) 個人・寺社・府県など。
中井信彦「商人地主の諸問題」（歴史学研究会編『明治維新と地主制』所収）より作成。

表-19　明治元年（慶応３年12月―明治元年12月）歳出入　（円未満省略）

通常歳入	3,664,780円	通常歳出	5,506,253円
内（主なもの）　地税	2,009,013	内（主なもの）　各官省経費	1,675,377
内（主なもの）　海関税	720,866	内（主なもの）　陸海軍費	1,059,797
		内（主なもの）　各地方諸費	938,223
臨時歳入	29,424,533	臨時歳出	24,998,832
太政官札の発行	24,037,389	内（主なもの）　征東諸費	4,511,933
内（主なもの）　調達借入	3,838,107	内（主なもの）　石高割貸付金	9,145,761
内（主なもの）　外国商社借入	894,375	内（主なもの）　勧業貸付金	9,011,518
歳入総計	33,089,313円	歳出総計	30,505,085円

（注）「歳出入決算報告書」（『明治前期財政経済史料集成』第４巻所収）を典拠とし，『維新史』第５巻を参考とした。

の二、約三〇〇〇万両が使用された（以後、民部省札＝明治二年二月、大蔵省兌《だ》換《かん》証券＝同四年一〇月、開拓使兌換証券＝同五年一月、とあいつぐ）。

いまこころみに、明治元年（実際は慶応三年一二月から明治元年一二月まで）の収支のおもなものをかかげると上表のようになっている（表-19）。通常歳出入のみでは百八十四万余円という赤字で、これは通常歳入の二分の一にあたる。赤字をおぎなう歳入の大部分は臨時歳入、つまり太政官札の発行や富商からの調達金、外国商社よりの借入金なのである。そして、それらの多くは戊辰戦争の軍費や諸藩への貸付金、殖産興業資金にあてられている。この財政の不安定はその後もつづき、これが廃藩置県を促進した大きな要因となる。

明治元年閏四月、会計官内に設置された商法司は、翌五月、「商法大意」をだした。旧来の株仲間を否定し、商法会所をとおして、あらためて全国の商品流通の掌握に着手したのである。それは三井・小野組などの前期的特権資本との結合によって、不換紙幣としての太政官札を藩や富商に貸しつけ、それを媒介として流通過程に寄生し、物産を集積、輸出しようとしたものであり、そのかぎりでは幕末以来の幕府の国益会所や国産会所の方式を継承したものにほかならない。しかも、太政官札の信用は薄かったから、通貨の混乱とからんで十分な機能を発揮しえなかった。

「ドロ」銀時代

いま通貨の混乱といったが、指原《さしはら》安三編『明治政史』（明治二五—二六年刊）は、この混乱期を「ドロ」銀時代と名づけた。

いうところの「ドロ」銀とは、悪貨や贋金《にせがね》の総称である。「幕府追討の師起るに及び、出《すい》師《し》の費用半《なかば》は貨幣の贋造《がんぞう》に仰ぎ、贋金の内、銀を包むに金を以てするものあり、或は真鍮《しんちゆう》に鍍《と》するに金を以てしたるものあり」というのである。とくに贋造二分金（二分金は通貨の価位の標準とされていた）の氾濫《はんらん》がひどかった。諸藩とりわけ薩長土などが、軍資欠乏をおぎなうため、当座の通貨としてこの二分金を製造し、軍隊の通過とともにそれが各地に流入したからである。この悪貨は、俗に「チャラ」金とも称せられた。

この贋金・悪貨の氾濫は、国内市場のみならず外国貿易に重大な障害をあたえた。外商の手に多く贋造二分金がわたったからである。

かくて、由利の財政施策には、外からは駐日イギリス公使パークスをはじめ、米・仏・伊・独など列強資本主義国外交団の圧力が加わり、内からは、これら外交団の抗議に直接応対しなければならない維新政府の外国官から批判がだされた。この外国官には対外折衝の過程で欧米資本主義への認識を深めていた少壮開明派官僚がいた。この圧力と批判の前に、由利は明治二年(一八六九)二月、会計官を辞し、翌月、商法司は廃止された。かわって通商司を中心とする経済政策が登場する。

大隈重信の登場

この通商司政策をになったのが、由利財政を痛烈に批判した少壮開明派官僚のひとり大隈《おおくま》重信《しげのぶ》(一八三八—一九二二)であった。大隈は、外国官判事から参与兼外国官副知事になっていたが、明治二年一月、会計官出仕を命ぜられ、三月、由利のあとをついで会計官副知事となった。時にかぞえ年三二歳、新婚ほやほやのときである。

その大隈は、「外交官と会計官とを一致せし」め、「特に外を以て内を制し、外交の困難を仮りて内治の改良を謀《はか》らん」(円城寺清編『大隈伯昔日譚《せきじつたん》』)とした。それは幣制改革によって、外からの列強資本主義の圧力に耐えうるような財政的基礎をつくろうと企図していたことをしめす。

そのためにはまず何をすべきか。大隈はいう。

人を射るには先づ馬を射よ、悪弊を洗滌《せんじよう》せんには、其《その》根本の革新を為《な》すべきなり。幣制紛乱の由《よつ》て来《きた》る所、中央政府に於て鋳造する貨幣の品位、日一日、劣悪に陥りたるに在り。全国幾多の藩侯が盛《さかん》に偽造贋造を行ふに在り。此《この》源を清め、此根を絶つにあらずんば、焉《いずく》んぞ能《よ》く其悪弊を洗滌し、其紛乱を整理するを得ん（同上）。

二月、東京には貨幣改所が設けられた。真偽の疑いがすこしでもある通貨をここで検査させたのだが、ほどなく貨幣司・金銀座は廃止されて、旧貨の鋳造はすべて止められた。そして、新たに造幣局を設置して、新貨鋳造にあたらせた。

七月、造幣局は造幣寮と改称、長崎府判事兼外国官判事井上馨《かおる》が造幣頭（長官）に任ぜられた。一時彼はその職をはなれるが、ふたたびこれに関与する。また、大蔵少輔《しょうゆう》伊藤博文は、アメリカでの貨幣の鋳造や紙幣・公債証書の発行などについて詳細に調査し、三年一二月、意見書を大納言《だいなごん》岩倉具視《ともみ》や参議大隈らに提出した。

これにもとづいて翌明治四年五月、新貨条例がだされた。旧貨幣の一両（純金一グラム半、量目四分）を一円として基準貨幣（原貨）とし、一〇進法をとった。そして、金貨は二〇円・一〇円・五円・二円・一円の五種類、銀貨は五〇銭・二〇銭・一〇銭・五銭の四種類、それに銅貨一銭・半銭・一厘《りん》の三種類としたのである。金本位制の確立がめざされたのだ。だが、当時の貿易は銀貨中心であり、条例も開港場にかぎって一円銀貨を貿易取引のために通用を認めたから、事実上は金銀複本位制で、むしろ、しだいに現実的な銀本位制となっていった。

通商司政策

通商司は明治二年二月設置された。これは貿易事務のいっさいを管轄する機関として外国官内におかれ、やがて会計官にうつされた。開港場および商業上の要地には通商司支署がおかれた。ここにも開明派官僚が兼任して名をつらねた。会計官権《ごん》判事伊藤博文（当時俊輔）が東京府通商司知事を、同五代友厚《ごだいともあつ》（一八三五―八五。才助）が神奈川県通商司知事を、長崎府判事井上馨（聞多）・東京府判事山口尚芳《ますか》（範蔵、前外国官判事）が大阪府通商司知事などといったぐあいである。

この通商司の権限はひろかった。物価の安定、貨幣流通および通商貿易の管理をはじめ、商社・両替屋の設立、海運業・保険業の創設など、外国貿易から商品流通・金融機関の設立にいたる経済全般をになうものであった。通商司のもとに通商会社・為替会社がおかれた。前者は通商貿易のための諸商社を設立してこれを統轄するものであり、後者はこれらの商社運営に必要な資金を供給する機関だった（明治二年版「東京御役所早見」には、通商会社は「すべてあきないうりかいの役所」、為替会社は「きんぎん引かへのやく所」と説明されている)。

この通商・為替会社は、通商司の設立と同時に、東京・大阪・京都・横浜・神戸・新潟・大津・敦賀《つるが》の八都市に設置された。そして、そこには三井・小野組以下の特権商人が参加し、その運営を担当した。そのかぎりではさきの由利財政下の商法司—商法会所と共通していた。ただ通商司—通商・為替会社の場合は、都市特権商人および地域の豪農商を組みこみつつ、当時の政治・経済状況に対応しながら、上からのより強い指導権のもとに全国的商品流通の掌握・規制を企図し、かつ外国貿易を独占しようとしており、また、為替会社に紙幣発行権をもあたえるという積極性をしめしていた。しかし、これも流通組織の再編成をとおして生産面にタッチしようとしたにすぎなかったから、十分な効果をあげえず、やがてその組織自体が破綻《はたん》して赤字を続出し、また、再度の列国外交団からの抗議によって後退をよぎなくさせられた。

明治四年七月、通商司は廃止された。そして明治五年一一月には、新たに国立銀行条例がだされた(この条例による国立銀行は、アメリカのナショナル・バンクをならった民間資本による銀行。当初は四行にとどまったが、明治一二年末までに一五三行がつくられた)。各地の通商・為替会社は、あるものは米穀取引所(東京・横浜・京都・大津などの通商会社)や国立銀行(横浜為替会社の場合)などに改組され、あるものは解散されたのである。

こうして商法司から通商司にいたる政策は挫折した。従来の商品流通面での諸政策の限界は明らかとなった。生産面での諸改革が必要となったのである。それはたんに外圧に耐えうるのみでなく、統一国家としての内在的な条件に適応した財政経済政策でなければならない。そして、その過程で「明治政府は旧特権的商業資本への一様な依存と保護の体制を廃して、新しい政策基調に対応しうる『政商』との結合を強化してゆく」のである（新保博著『日本近代信用制度成立史論』）。

外圧重視説

この間の事情を後述する地租改正・秩禄《ちつろく》処分を見とおしながら、外圧との関係、つまり国際的契機を導入しながらもっとも明確に述べたのが、丹羽邦男著『明治維新の土地変革』（昭和三七年刊）であった。丹羽氏は「明治政府」（ここでいう維新政権）は、薩長土肥の雄藩によって擁立された「連合政権」で、国内的には旧幕領を支配する一封建領主の実質にとどまるが、対外的には唯一の主権者であり、国内開港場および旧来の領主的な全国商品流通網をにぎっている、とした。この国内的には限定された一封建領主が、対外的には唯一の主権者であるという矛盾した性格が維新政権の特質であるとみたのである。

そして、先進列強との接触によってこの矛盾は大きくなり、外圧→流通面→生産面というかたちで経済政策の転換が要求され、ここに「全国統一的な形での領有制廃棄」（傍点原文）が必然化し、それが廃藩置県なのだ、と主張したのである。と同時に、この廃藩置県推進者たちの主導権掌握過程が、「絶対主義官僚」（私のいう維新官僚）の形成過程だったと見、彼らは対外的関係にうながされて、大都市特権商人を誘導しつつ、やがて地主の階級的利益を擁護する立場をとるにいたる、とみたのである。

この説は、それまでの維新変革のとらえかたが、どちらかといえば幕藩体制の内部で形成されてきた地主的土地所有の発展に視点をおいてみようとしていた傾向に対し、外圧という国際的な契機をもちこみ、そこに廃藩置県という統一国家形成の主動因を見いだそうとした点で論議をよんだ。ここでは、外国官→会計官（のち大蔵省）というかたちで貿易・財政問題にたずさわる人脈のなかで、外圧をじかに感じとった少壮開明派維新官僚が着目されていたのである。あとでふれる「書生論」はそれと関連する。

内部矛盾説

これに対して原口清氏は「明治初年の国家権力」（『法経論集』一六）でもっとも詳細な反論を展開し、ついで『日本近代国家の形成』（昭和四三年刊）を書いた。原口氏は、国内的にも対外的にも「唯一最高の主権者」である新政府の内部には、残存する「幕藩的分権的要素」と、統一的支配者としての「中央集権的要素」との矛盾した二つの要素をもっていることは認めるが、あくまで「この矛盾の主導的側面は後者にあ」り、「この内部矛盾が強力な資本主義列国との対立という条件において、一層はげしさをもってくる」（前掲論文。傍点原文）ととらえなければならない、と論じたのである。だから、廃藩置県はあくまで内政面（農民支配と租税徴収など）の矛盾に基本的な要因をもとめるべきだ、とした。

さらに、氏は従来の維新論が維新政府の「社会的支柱」（国家が機能を果たすために主として依拠する階級層）から封建領主階級を除いていたとらえかたに対して、「維新政府は、封建領主階級と大商人・高利貸に依拠しながら、これらに対して相対的に高度の独自性をもった専制官僚に指導され、廃藩置県と中央・地方の官制改革のなかで自己を確立するのである」（前掲書）と述べたのである。

世界史的にも異例とされる廃藩置県＝統一国家の形成過程の主動因を、外圧とみるか内圧とみるかで大きく見解はわかれたわけだが、これは二者択一というわけにはいくまい。明治維新こそは一九世紀後半の世界資本主義と、日本の内部的要因とが不可分にむすびついた変革だからである。かりに外圧が主動因にみえても、それが現実に展開するときは、あくまで国内矛盾ときりむすんで進行する。国内矛盾も幕末、とりわけ開国以後あらわになってきてはいたが、それだけでは一挙に廃藩置県というかたちでは現象化しなかったにちがいない。この内外要因の不可分な、あるいは相互媒介的な動因のありようを、実体に即してみていかないかぎり、明治維新の分析は不可能だろうし、維新をめぐる「革命」論はゆたかにはなるまい。

また、「社会的支柱」の問題にしても、いうところの「封建領主階級」は、天皇（皇族）・

華族・旧大名層を核としているのであって、かならずしも士族一般ではない（したがって、その転生・切り捨て策が徴兵令・秩禄《ちつろく》処分となる）。「大商人・高利貸」は、三都を中心とする特権商人に比重がかけられつつも、当面「富饒之者」「富有のもの」という国内のもっと広範な豪農商層をつつみこもうとする意図をすててはいなかったのである（それが農民の私的土地所有を法認した地租改正へつらなる反面、特定の「政商」資本と政府との密着がはじまる。小野・島田組などはその過程で切り捨てられ、明治七年破産する）。

そして、討幕派から転生した維新官僚は、自己の体験と新たな知識で飛躍・変容をとげながら、内外の矛盾や危機に対処して、相対的独自性を発揮し、強烈なヘゲモニーをにぎっていくのである。

廃藩置県とその実体

版籍奉還の上表文

参議木戸孝允は、彼の日記、明治四年（一八七一）六月一一日の条にこう書いた。

版籍返上を以第一段とし、此度《このたび》聊《いささか》其実を挙げ、方向をして一定せしむるを第二段とするの尽力なくんばあるべからず。

これは当時大納言岩倉具視に対する木戸のことばなのだが、木戸は「第二段」にためらいをみせる岩倉らを叱咤《しった》していたのである。

ところで、木戸のいう「第一段」の版籍奉還はどのようにしておこなわれたのか。すでに、戊辰戦争の深刻な影響で、藩を投げだそうとする動きが一部にはあったが、維新官僚はそれをおさえて、明治二年一月二〇日、薩長土肥四藩主の連名による版籍奉還の上表文を、朝廷に提出させた。

この上表文は、いま大政変革という千歳一遇のチャンスを有名無実にしてはならない、といい、一方では王土王民論を強調し、他方では「朝廷宜《よろしき》ニ処シ、其《その》与フ可キハ之《これ》ヲ与へ、其奪フ可キハコレヲ奪ヒ」と所領の再確認をほのめかしていた。これは多くの藩主たちに希望をもたせ、反対気運をそぐ効果をもった。上表文の第一のねらいである。

第二のねらいは、返上をねがいでようとしていた他の諸藩をおさえて、四藩主に主導権をとらせたところにある。この効果もまた大きい。

第三は、上表文をただちに聴許しなかった政治的効果である。上表文をうけた朝廷は、会議をひらき、公論をつくして決すると回答した。それによって列藩はおくれをとるまいと同一行動に走った。当時、諸藩のあいだではさかんに建白書の借覧がなされたという。だから同趣旨の建白書がつぎつぎに提出されているのである。

政治的な奉還聴許

版籍奉還問題は、五月、上局会議にかけられ、同時に公議所にも諮問《しもん》された。上局会議の公卿・諸侯は下問の趣旨に賛意を表しながらも、それが郡県制へつきすすむことをためらった。公議所では封建制か郡県制かで議論はまっ二つに割れた。封建論の尾をひきつつも、ともかく郡県制に賛成するものは一〇一藩と昌平《しょうへい》学校、封建制を支持するものは一〇二藩だった。賛否伯仲していたのである。ついに公議所は封建・郡県折衷《せっちゅう》論の奉答文を提出した。これに連署した議員は九七名だった（『維新史』第五巻）。

こうした雰囲気のなかで、断固郡県制を主張していた大久保利通は、煮えきらない折衷論しか出しえない公議所の無用をとなえた（七月八日廃止、集議院となる）。民部官副知事広沢真臣《さねおみ》（兵助）は、封建・郡県制のいかんよりも、生殺与奪の権をにぎり、理のあるところを断行する「朝廷権力の存否」こそが問題だ、とみていた（『広沢真臣日記』）。

このようなきわめて政治的な方法で、明治二年六月一七日、版籍奉還は聴許された。戊辰戦争終了直後である。のちに木戸はこの版籍奉還について、「余、一の謀略を設け」と日記（明治四年七月一四日条）に記した。佐倉藩の藩政改革に従事した西村茂樹（一八二八―一九〇二）も、その「記憶録」に、「版籍奉還と廃藩とは語に緩急の別ありて同じ意味なるが如く、同じ意味ならざるが如し」とその差の微妙なことを指摘し、版籍奉還の語は当時の藩主や藩士を説くにはつごうのよいことばだった、と述べている。「蓋《けだ》し大久保、木戸が其主人に説きしは、版籍奉還にして廃藩には非《あら》ざりしなるべし」と、その政治的「謀略」をほのめかしているのである。

画策は功を奏し、わずか一〇日たらずの六月二五日までに、薩長土肥以下二六二藩主が版籍を奉還した。そして最終的には二七四藩主、総草高《くさだか》千九百四万六千余石（現石九百二十六万一千余石）におよんだのである（明治三年八月二日）。

ここに藩主はあらためて知藩事（藩名を付したときには何々藩知事という）に任命され、維新政府は知藩事に諸務変革を命じた。土地・人民の返還は名目だけにとどまったものの、もはや知藩事は維新政府の任命したものである。彼らは政府の一地方官にすぎない。木戸のいう「第一段」は実現した。この時点では維新官僚は、藩主層との摩擦をなるべく避けたが、実際には藩主層は知藩事・華族の名を手にして一歩一歩後退せしめられていた。あの維新官僚のなしくずしのパターンである。

一石二鳥の親兵設置

『陸軍省沿革史』（山県有朋編、明治三八年刊）によると、明治元年一月二五日、軍防事務局所轄に「御親兵掛」がおかれた。親兵は長州（山口）藩の亀山隊（山口で編成。干城《かんじょう》隊付属）・致人隊（足軽の隊。干城隊付属）を基本とし、郷兵および諸藩の浪士よりなる、とされている。ついで、維新政府は、閏四月、陸軍編制法や諸藩の徴兵細則をさだめ、五月には陸軍局法度《はっと》を発令した。

八月には、府県に令して軍務官が兵制を一定するまでは、随意に府県兵の規則を設けることを禁止するとし、一〇月には、非常警備のほか「私ニ諸藩兵ヲ徴発スル」ことを禁じた。明治二年四月には、府県兵規則制定までは、府県での兵員新設を禁止し、七月の官制改革で兵部省《ひょうぶ》がおかれた。翌三年二月にいたると、常備編隊規則を諸藩県にわかち、一〇月には兵制一定（海軍はイギリス式、陸軍はフランス式）の布告をだし、一一月には徴兵規則を設けた。これによって「兵ヲ全国ニ募《つの》ラントシ、先ヅ之《これ》ヲ畿内ニ試ミシモ、遂ニ成功スルニ至ラザリキ。蓋《けだ》シ機運未ダ熟セザリシヲ以テナリ」と『沿革史』の総論は説明を加えている。

翌一二月には各藩常備編制がだされた。ついで明治四年二月一三日、鹿児島藩歩兵四大隊・砲兵四隊、山口藩歩兵三大隊、高知藩歩兵二大隊・騎兵二小隊・砲兵二隊の合計約一万を親兵として兵部省管轄下におくことを発令した。いわゆる「御親兵」である。「始メテ兵ヲ朝廷ニ備フルヲ得ルニ至レリ」と、さきの『沿革史』の総論は、それまでの道程のながかったことをほのめかしている。

そして六月下旬には、この親兵約一万の集結は終わった。

右の過程に呼応して、四月には「内国を鎮圧するの具」（山県らの「軍備意見書」）として東山・西海二道に鎮台《ちんだい》が設置された。前者の本営は石巻《いしのまき》（分営は福島・盛岡）、後者は小倉

（分営は博多・日田）におかれた。時の政府がどこにもっとも不安を感じていたかが端的にしめされている。八月には東京・大阪・鎮西《ちんぜい》（小倉、当分は熊本）・東北（石巻、当分は仙台）の四鎮台八分営の設置指令が出された。これらの兵力には旧藩下の常備兵が召集された。明治五年二月には兵部省にかわって陸軍省・海軍省が誕生した。

この新しい軍事力創出には大村益次郎のあとをうけた陸軍卿山県が、幕末における奇兵隊での体験（ただし、前述の諸隊→精選→諸隊反乱→鎮圧のプロセスがあったことに留意。奇兵隊は徴兵軍隊のたんなる原型ではない）と、洋行による新知識をもって意をそそいだ。その山県は、明治六年一月四日、徴兵令を前提とした「六管鎮台募兵順序」を建議し、兵備は「内は以て草賊を鎮圧し、外は以て対峙《たいじ》の勢を張るに足る」と述べた。のちにみる徴兵令による天皇制軍隊の目的は、ここに明白に語られている。その五日後に四鎮台は全国六軍管、東京・仙台・名古屋・大阪・広島・熊本の六鎮台（営所一四ヵ所）となり、翌一〇日、徴兵令が公布されるのである。ちなみに、この年の末の兵員総計は一万六千二百余人だった、とされている。

ややさきばしって兵制の整備過程をみたが、さきの親兵の問題にもどろう。

親兵約一万設置のプロセスをみると、新政府はみずからの手中に直轄軍事力を掌握しようとしつつも、他面、藩軍事力に依存せざるをえないという矛盾に悩まされていたことがわかる。この矛盾をいかに克服するか。そのために打った手が、薩長土三藩軍事力を中央に放出させての親兵設置だったのである。それは、維新政権の軍事的基礎の創出のみならず、当時「尾大《びだい》の弊《へい》」といわれていた地方的軍団の脅威を除くこともできたのだから、まさに一石二鳥だった。

この親兵軍事力は、長州の木戸孝允・山県有朋、薩摩の西郷隆盛、土佐の板垣退助らの協議によって実現したが、そのさい、山県と西郷との対話は興味深い。山県は西郷に対し、いやしくも親兵になった以上はもはや藩の家臣ではないのだから、万一薩長土の旧藩主が謀反《むほん》したときは、「大義ニ拠《よ》リ、断然之《これ》ニ対シテ弓ヲ挽《ひ》ク」ことを辞せずといい、西郷もこれに賛同して実現した、という（同上『沿革史』）。ここにはさきの矛盾の克服をめざそうとする、維新官僚の姿が浮彫りにされている。それは彼らが、旧藩の力をフルに利用しながら朝臣化しつつある姿でもあった。西郷とても例外ではなかったのである。

廃藩置県と書生論

廃藩置県は、この親兵軍事力を背景に遂行される。ただし、親兵設置は当初から廃藩断行のために計画されたものではないといわれているように、藩体制の解体は進行しつつも、一挙に廃藩までふみきるかどうかは政府部内でも一致していなかった。そして、この節の冒頭に引用した明治四年（一八七一）六月一一日の木戸日記のなかの「第二段」に、廃藩の意がふくまれているかどうかについての解釈は、いまもって微妙なのである。

私は、木戸がこの機会に諸藩へ「同一の命を下し、帰一の実を挙」げたいという、いわゆる「第二段」ということばの裏には、廃藩置県の問題を念頭においていたと思うのだが、政治学者升味準之輔氏は、なおこのときの木戸の意向は政府改革に集中しており、「廃藩を断行するつもりはなかった」とみる。そして、これが日程にのぼったのは、明治四年七月のはじめ、山県邸（東京麴町富士見町）にあつまった山県・鳥尾小弥太《こやた》（当時、兵学頭）・野村靖（外務大記、いずれも長州）の書生論が、「ある点で決定的だった」とする（『日本政党史論』第一巻）。木戸も西郷も、この時期にはまだ廃藩にふみきるつもりはなかった、というのだ。

『大隈伯昔日譚《せきじつたん》』をみると、この廃藩にあたって木戸や大久保はともかく、西郷がはたしてすんなりウンというかどうかが大問題だったらしい。それほどこの時点までの西郷は重い。山県は「万一にも、厭《あ》くまで自儘気儘《じままきまま》の振舞を為《な》す積りとあらば、已《や》むなく再び干戈《かんか》を執《と》りて起《た》ち、一撃の下《もと》に彼（西郷）を微塵《みじん》と為すべきのみ」といきまき、井上馨《かおる》も、「兎《と》や角《かく》と杞憂《きゆう》して種々の議論に日を曠《むなし》ふせんより、寧《むし》ろ直ちに進んで西郷と相衝突し、以て決する所あるべきのみ」と決意のほどをしめした。二人は西郷を訪《おとの》うた。ところが、西郷はあっさりと同意したのである。二人は「余りの案外に暫《しば》し茫然《ぼうぜん》たる許《ばか》りなりしとぞ」と大隈は語っている。

このエピソードには、廃藩置県断行の直接の起動力が、書生論にあったことが強調されている。そして、この書生論をとなえる少壮開明派の維新官僚にとって、西郷がどのような立場にあったかが問わず語りにしめされている。当時の微妙な西郷の政治的位置がよみとれる。この西郷を擁し、西郷に拠《よ》ろうとしていた勢力をはぐらかすためにも、「余（大隈重信）等同志は僅々《きんきん》三名」が、「藩々に下すべき種々の命令の如きも、尋常一般の手続に依らず、殆《ほとん》ど数夜を徹して之《これ》を制定し」た、と大隈は得意げに述べているのである（前掲『昔日譚』）。

廃藩への諸要因

廃藩への起動力が書生論にあったとしても、この廃藩をよぎなくさせた要因は深い。すでにみてきた戊辰戦争以後明治四年にかけての状況から、つぎのように要約できるだろう。

第一に、各地の農民一揆・打ちこわしが激化し、さらに、「脱籍浮浪の徒」による大官暗殺や反政府運動があいつぎ、これらは連鎖反応的に、あるいは重層的に、社会的、政治的危機を増大させていたことがあげられる。

第二は、藩財政のいっそうのゆきづまりである。

次ページの表I-20は明治二年一二月以降、自発的廃藩を申しでた一三藩（独立藩九、支藩の宗藩合併四）の一覧だが、盛岡藩を除くとすべて小藩である。これらの小藩は財政逼迫《ひっぱく》で身動きならなくなっていた。盛岡藩は戊辰戦争で領地没収、藩主南部利剛《としひさ》の子利恭《としゆき》が白石一

表-20　明治初年自発的廃藩

	藩名	(石高)	廃藩年月日	合併藩県(現在府県名)
(1) 独立藩の廃藩	吉井藩	(10,000)	明2.12.26	→岩鼻県(埼玉県)
	狭山藩	(10,000)	明2.12.26	→堺県(大阪府)
	盛岡藩	(200,000)	明3.7.10	→盛岡県(岩手県)
	長岡藩	(24,000)	明3.10.22	→柏崎県(新潟県)
	多度津藩	(10,000)	明4.2.5	→倉敷県(香川県)
	丸亀藩	(51,000)	明4.4.10	→丸亀県(香川県)
	竜岡藩	(16,000)	明4.6.2	→中野県 →伊奈県(長野県)
	大溝藩	(20,000)	明4.6.23	→大津県(滋賀県)
	津和野藩	(43,000)	明4.6.25	→浜田県(島根県)
(2) 支藩の宗藩合併	鞠山藩	(10,000)	明3.9.17	→小浜藩(福井県)
	福本藩	(10,573)	明3.11.23	→鳥取藩(兵庫県)
	高須藩	(30,000)	明3.12.23	→名古屋藩(愛知県)
	徳山藩	(40,010)	明4.6.19	→山口藩(山口県)

(注) 浅井清著『明治維新と郡県思想』参照。ただし，各地方史によって補訂した。

三万石に移封され、明治二年七月、ふたたび盛岡に復帰せしめられたものである。このとき、条件として七〇万両の献金を命じられた（だが、実際には内金五万両しか納めえなかった）。このいきさつからみて、盛岡藩も財政のゆきづまりは例外ではなかったのである。

ただこの場合、注目すべきは、財政逼迫を基本的理由としながらも、たてまえとしては郡県制による統一国家の必要をこれらの藩主が認識し、そこから廃藩を申し出、それを朝廷がゆるすというかたちをとっていることである。はなはだしい例では、丸亀藩（知事京極朗徹《あきゆき》）に対するように、藩政の改革と置県の意思表示を、知事辞任の意思いかんにかかわらず自発的廃藩とみなした政府は、ただちに手続きをとり、知事解任を強行しているのである。

ときに諸雄藩の藩政改革の進行（一七一ページ以下参照）とあいまって、蜂須《はちす》賀《か》茂韶《もちあき》（徳島藩）・細川護久《もりひさ》（熊本藩）・徳川慶勝《よしかつ》（名古屋藩）など、大藩諸知事から郡県制実施の建言がなされていたから、そうした動向の地ならしをこれらの諸小藩で先行させた、とみてよい。

第三は、藩政改革の進行である。まえにふれたように、それは基本的には新政府による藩統制の強化を意味したが、そのなかにあって鹿児島藩には士族の軍事国家、熊本藩では豪農的ブルジョア権力出現の可能性さえあった。一挙に廃藩にふみきらないと、中央政府の意図をこえた事態も予測されはじめていたのである。

第四は、重層的な矛盾の顕在化による危機感が、逆に政府首脳部の志向を一致させ、反政府分子の弾圧強化とともに、漸進《ぜんしん》的廃藩論から急進的廃藩論へと変化させたことである。

第五には、つぎのことが指摘できる。

すなわち、維新政府は対外的には唯一の主権者だったが、藩体制存置のままでは対内的支配には限界があった。このため財政も不安定であった。至上の課題であった万国対峙のためにも、統一国家の実質をそなえるためにも、はたまた財政不安の克服のためにも、廃藩の緊急性が痛感された。維新官僚は外圧の重みを統一国家実現のテコにしたのである。

廃藩置県と府県序列

かくて、明治四年（一八七一）七月一四日、廃藩置県は断行された。井上馨の談でいえ

表-21　府県藩数の変化

年　月	使	府	県	藩	計	備　考
明治元年閏4		10	23	277	310	
2・末	1	3	46	271	321	7月，開拓使設置
3・末	1	3	43	256	303	
4・6	1	3	41	261	306	廃藩置県直前
7	1	3	302		306	廃藩置県直後
11	1	3	72		76	県治条例公布
5・9	1	3	69	1	74	琉球藩設置
6・末	1	3	60	1	65	7年，変化なし
8・末	1	3	59	1	64	
9・末	1	3	35	1	40	10・11年，変化なし
12・4	1	3	36		40	沖縄県設置
21・末	(道)1	3	43		47	以後変化なし

(注)　宮武外骨著『府藩県制史』参照。使は開拓使，道は北海道をしめす。明治13～20年間には県数の変化があるが略す。

ば、「十四日にポカンと廃藩の令が出た」ということになる。版籍奉還のときとはちがって、こんどは天皇の一方的な命令としてである。いわく、「内以テ億兆ヲ保安シ、外以テ万国ト対峙《たいじ》セント欲セハ、宜《よろし》ク名実相副《あいそ》ヒ、政令一《いっ》ニ帰セシムヘシ」と。

この詔書にひれ伏す知藩事（旧藩主）を、維新官僚は天皇のかたわらで冷然とみつめていた。彼らの断行の行動様式である。版籍奉還から廃藩置県は、彼らのなしくずしと断行のパターンのたくみな組合わせによって実現した。

二六一藩が廃されて、そのまま県となり、全国（琉球を除く）は一使三府三〇二県となった。そして、知藩事は免官、東京府貫属《かんぞく》となる。明治四年八月八日、岸和田《きしわだ》藩（のち大阪府の一部）をいよいよはなれる知事岡部長《なが》職《もと》と旧藩士は盃をくみかわした。「盃に　酒よりさきに　涙かな」――藩としてのこっていたアンシャン＝レジーム解消の一瞬である（浅井清著『明治維新と郡県思想』）。

その年一一月、全国は一使三府七二県に統合され、政府任命の開拓長官（当時は次官）・府知事・県令（権令《ごん》・参事）が行政にあたった。地方行政も政府の手中に落ちた。

ついで、一二月一〇日、「仮ニ府県ノ班次ヲ定ム」（『明治史要』）として、全国七二県の府県の列順がきめられた。東京・京都・大阪三府の序列からはじまり（琉球藩設置後は琉球藩が三府につぐ）、神奈川・兵庫・長崎・新潟の重要港のある四県がこれにつぎ、以下関東・近畿・中部・東海（甲信をふくむ）・東北・北陸・山陰・山陽（和歌山をふくむ）・四国・九州というだいたいの順序である。当時、政府が三府と四港県をいかに重視していたかがわかる（以上、表-21参照）。

廃藩置県によって、ともかく統一国家はできあがったが、その後府県の境域が確定するまでにはなお十余年を要する。だが、当初そこには、つぎのようなことがかくされていた、という指摘は看過してはならない。

忠勤藩と朝敵藩

すなわち、政府は維新のさいの忠勤藩と朝敵藩とを区別し、廃藩置県後の明治四年一〇月から翌五年六月までのあいだに改置した県名には、はっきりそれがあらわれている、という

表-22　朝敵・あいまい藩などの県名

区　分	旧藩名	改称県名	改称県名の由来	備　考
徳川家	名古屋藩	愛知県	尾張国郡名	現存
〃	水戸藩	茨城県	常陸国〃	〃
朝敵藩	松江藩	島根県	出雲国〃	〃
〃	姫路藩	飾磨県	播磨国〃	明9.8.兵庫県へ合併
〃	松山藩	石鉄県	伊予国山名	明6.2.愛媛県と改称
〃	高松藩	香川県	讃岐国郡名	再三廃合し復県現存
〃	桑名藩	三重県	伊勢国〃	明9.4.度会県と合併.現存
あいまい藩	津藩			
朝敵藩	小田原藩	足柄県	相模国〃	明9.4.廃止.神奈川県
〃	川越藩	入間県	武蔵国〃	明6.6.廃止.熊谷県のち群馬県
〃	佐倉藩	印旛県	下総国〃	明6.6.廃止.千葉県
〃	松本藩	筑摩県	信濃国〃	明9.8.廃止.長野県
〃	高崎藩	群馬県	上野国〃	一時.熊谷県となる.明9.8.再置.現存
〃	仙台藩	宮城県	陸前国〃	現存
〃	盛岡藩	岩手県	陸中国〃	〃
〃	米沢藩	置賜県	羽前国〃	明9.8.山形県に合併
あいまい藩	熊本藩	白川県	肥後国川名	明9.2.熊本県再置
〃	宇和島藩	神山県	伊予国山名	石鉄県と合併して明6.2.愛媛県
〃	徳島藩	名東県	阿波国郡名	明13.3.徳島県再置
〃	金沢藩	石川県	加賀国〃	現存
（同分家）	富山藩	新川県	越中国〃	明16.5.富山県再置
あいまい藩	岩槻藩	埼玉県	武蔵国〃	現存
〃	土浦藩	新治県	常陸国〃	明8.5.廃止，茨城県

（注）宮武外骨著『府藩県制史』より作成。旧藩名は廃藩置県でそのまま県名となり，改称県名はその後の県名（本文参照）。

のである。これをはじめて指摘したのは、明治新聞雑誌文庫（現東京大学法学部所属）を設立した宮武外骨《みやたけがいこつ》氏（一八六七－一九五五）の著『府藩県制史』である。氏がこのことをしらべるきっかけになったのは、「昨冬（昭和一五年）偶《たまた》ま来訪された高齢八十三歳の渡辺修翁より聴いた事である」という。「翁は今より五十年ほどの昔、大蔵省預金局長、千葉県知事等であつた兵頭正懿《ひようどうまさよし》といふ人の物語りによつて諒得《りようとく》したのである」と。

宮武氏によれば、右の期間に、忠勤藩の大藩は県名にそのまま藩の名が用いられ、朝敵藩と日和見《ひよりみ》のあいまい藩の大藩には、その藩名を使わせないで郡名または山川名をつけた、というのである。具体的には、鹿児島・山口・高知・佐賀・福岡・鳥取・広島・岡山・秋田の忠勤九藩中、佐賀以外はすべて明治四年一一月二日より同月二二日までのあいだに、旧藩名と同じ県名があらためて付され、佐賀はいったん伊万里《いまり》県となったが、翌五年五月二九日にふたたび佐賀県と改称された、とする。そして廃藩置県後、藩名をそのまま一時的に使った県名や、明治四年九月上旬から一一月下旬までの三ヵ月間に合併改置した県名には朝敵藩名も使用されているけれども、翌五年一月以後においては朝敵藩名の県名は一つもない、と断言し、前ページの表‐22のような例をあげている。

ただ、藩名が県名にのこされている疑問のある藩が四つある、という。つまり、「朝敵福島藩のあった岩代《いわしろ》国に福島県、朝敵山形藩のあった羽前《うぜん》国に山形県、親類筋福井藩のあった越前国に福井県、徳川家和歌山藩のあった紀伊国に和歌山県があった事」だ、と。だが、これはつぎのような事情を考えれば解決する、と氏は述べる。

福島藩は明治元年一二月に三河国碧海《へきかい》郡に移封されて、重原《しげはら》藩となって福島藩は消滅した。福島県は翌二年七月に新置されたものである。山形藩は明治三年九月に近江国浅井郡に移封されて朝日山《あさひやま》藩となって山形藩はなくなり、山形県は同三年九月に新置された。だから、この二藩二県ともに廃藩置県前の廃藩と置県であって、明治四―五年のそれとは関係がない。

では、福井はどうか。この県は明治四年一一月に越前国足羽《あすわ》郡の郡名によって足羽県と改称されているので、明治五年には福井県はない（現在の福井県は明治一四年二月に設置）。

また、徳川御三家の一つ和歌山県の場合は、名古屋藩や水戸藩とはちがって、この藩が慶応三年末にいちはやく新政府に「反意なき旨」を伝え、また、将軍家茂《いえもち》は和宮《かずのみや》との関係もあって「疾《と》くに恭順の意を表した」などのことから、御三家の他の二藩と同一視されず、新政権に「好感」をもたれていたので和歌山県とした、というのである。

もう一つの静岡藩と静岡県の関係は、新政府によって新たに徳川家存続のために府中藩七〇万石が設置され、それが静岡藩となったのだから、この藩名が県名になっても、それは他の順逆大名とはちがう、とされている。

順逆表示の発想

宮武氏は、この順逆表示の県名の発案者は、当時府県監督の地位にあった大蔵大輔《だゆう》井上馨（長州）で、大蔵卿大久保利通（薩摩）がこれに賛同したのではないか、と推測している。

維新政府の朝敵藩に対する態度は、反面、戊辰戦争への軍功賞典となる。明治二年六月以

表-23　復古功臣賞典表

	永世禄	終身禄	一時賞賜	叙位
5,000石	三条実美(公) 岩倉具視(公)	山内豊信(高知・主)		従一位 徳川慶勝(名古屋・主)
1,800石	木戸孝允(山口・士) 広沢真臣(山口・士) 大久保利通(鹿児島・士)			正二位 松平慶永(福井・主)
1,500石	中山忠能(公) 中御門経之(公)	伊達宗城(宇和島・主)		正二位 浅野長勲(広島・主)
1,000石	正親町三条実愛(公) 大原重徳(公) 東久世通禧(公) 後藤象二郎(高知・士) 小松清廉(鹿児島・士) 岩下方平(鹿児島・士)			正三位 西郷隆盛(鹿児島・士)
800石	沢　宣嘉(公) 由利公正(福井・士)※			
500石	成瀬正肥(犬山・主)			
400石	田宮如雲(名古屋・士) 中根雪江(福井・士) 福岡孝弟(高知・士) 辻　将曹(広島・士)			
100石		島　義勇(佐賀・士) 北島秀朝(水戸・士) 土方久元(高知・士) 西尾為忠 江藤新平(佐賀・士)		
50石		新田三郎(郡山・士)		
金1,000両			田中不二麿(名古屋・士)	
500両			神山郡廉(高知・士)	
計	米　28,100石(20人)	米　7,050石(8人)	金　1,500両(2人)	(4人)

(注)『維新史』第5巻付録より作成。明治2年9月26日発令(ただし，※由利のみは明治3年12月2日発令)。公は公家，主は藩主，士は藩士をしめし，身分は当時またはそれ以前のものをしめす。
すでに戊辰戦争(鳥羽・伏見～箱館戦争)への「軍功賞典」は，明治2年6月2日以降逐次発令され，親王・公家・藩主以下西郷隆盛(2,000石)，大村益次郎(1,500石)，板垣退助(1,000石)らが名を連ねている。

降には、鳥羽・伏見の戦いから東北戦争までのあいだにおける四三一人および五兵隊・一〇船艦、箱館戦争では一〇四人および四兵隊・一二船艦が賞せられ、同年九月には、次ページ表-23のようないわゆる「復古功臣」（計三四人）への賞典が発せられている。「官軍」ないし薩長中心の勤王藩が主であったことはいうまでもない（この表は同時に、朝臣化し上昇しつつあった維新官僚の位置が如実にしめされている。一四三―一四五ページ参照）。

そういえば、政府が明治五年から着手し、約一七年間かけて、明治二二年（一八八九）に完成させた『復古記』（全二九八巻）は、戊辰戦争時の忠勤藩と反抗藩の記録集なのである。維新当初、明治二年の修史の詔勅により、ときの太政官がいかなる修史事業よりも、まずこの記録集を手がけたのは、十分意味深いといわねばなるまい。

もちろん、明治政府の基本方針は集権的な統一国家の形成であった。だから、府県名の境域画定の変遷には、もっと多様な要素、たとえば、一国一県の原則や、四〇万石（明治四年一一月）ないし八〇万石（明治九年八月）の統合基準、旧藩時代の藩情や地もとの反応（藩意識・国意識）、あるいはこれらとからむその時々の政府の方針などを加味して考えなければなるまい（林正巳著『府県合併とその背景』）。

だが、宮武氏が「賞罰的県名、順逆表示の史実」といい、「破天荒《はてんこう》の事実」という、さきの指摘は、維新の性格を考え、のちの藩閥政府の実体をみるとき、たんなるエピソードとして見のがすわけにはいかないのである。この時点で、すでにみたあの公議・公論が一時影をひそめている事実も右のことと無関係ではない、といえそうである。

天皇親臨・万機親裁

さて、話をもどそう。

廃藩置県にさいして、藩主層はまったくといってよいほど抵抗しなかった。廃藩によって年貢は新政府の手にうばわれたものの、旧藩士への家禄の支給や膨大な藩の負債は政府が肩がわりしてくれた。そのうえ藩主たちの実収入は保障されていた。知藩事ではなくなったが、彼らの華族という身分には変化はない。とすれば、藩主層にとっては、廃藩は不安や危機感からの解放であり、みずからうしなうことのもっとも少ない、保障された政治的措置にほかならなかった。

この廃藩置県直後、「太政官職制並《ならびに》事務章程」が制定された。ここには天皇親臨・万機親裁がこれまでになく明確に規定されている。

慶応四年（明治元＝一八六八）一月には、総裁が政治の「万機ヲ総裁シ、一切ノ事務ヲ決ス」とされたが、閏四月の「政体書」では、「天下ノ権力総《すべ》テ之《これ》ヲ太政官ニ帰ス」とさだめられた。ついで、明治二年七月には、その太政官に天皇の補佐・大政の総理・官事の総判権が規定された。ところが、いまや明治四年七月の廃藩とともに、天皇が親臨して「万機ヲ総判」することがはっきりとうたわれたのである。それは明治二年一月、岩倉具視が、「明天子賢宰相ノ出《い》ヅルヲ待タズトモ、自《おのずか》ラ国家ヲ保持スルニ足ルノ制度ヲ確立スルニ非《あ》ラザレバ不可ナリ」と三条実美あてに述べた志向にそうものであった。それは強靱《きょうじん》な天皇制官僚国家の構築以外のなにものでもない。

こうしてみてくると、維新政権は、それまでの幕藩権力を王土王民論のもとに吸収、集中した国家権力である。そのかぎりでは、封建支配一般を昇華したかたちで自己のなかに体現した絶対主義的権力といわなければならない。そして、そこでは維新官僚はその相対的独自性を強烈に発揮した。

さらにいえば、維新政権は幕藩体制の内的矛盾と、外圧という不可避の外的矛盾の交錯するなかで、その危機克服のために、キー＝ワードの公議・公論をふりかざし、ふりかざすことによって、支配層内部の支持と、下からの「世直し」のエネルギーとを吸収しつつ、万国に対峙するため天皇と国家とをむすびつけながら急速に構築された、すぐれて過渡的な統一権力だったのである。そこで相対的独自性を高度に発揮する維新官僚は、廃藩置県によって成立した天皇制統一国家の新たな基礎づくりを、モデルとしての先進資本主義国家を直接間接くぐりぬけることをとおして、着々準備していくのである。そのプロセスは、同時に、これら維新官僚がそのことを通じてみずからを変容させていく過程でもある。それをみるまえに次章で天皇の座がいかに粉飾されたか、それについてみておくことにしよう。

第六章　天皇の座の粉飾

天皇・宮廷・民衆

天皇睦仁の幼少時代

天皇睦仁《むつひと》――幼名は祐宮《さちのみや》、父は孝明天皇（一八三一―六六）、母は権大納《ごんだいな》言中山忠能《ごんただやす》の娘、中山慶子《よしこ》。嘉永五年（一八五二）九月二二日（陽暦で一一月三日。のち、天長節。二三八―二三九ページ参照）、中山邸に呱々《ここ》の声をあげた。ペリー来航の前年である。時に父孝明天皇はかぞえ年二二歳。

母中山慶子についてグリフィスは、前掲『ミカド』のなかの一章を、「睦仁の母は」と筆をおこし、「宮中の官女《かんにょ》で、孝明皇帝の後宮に属していた。皇帝の血統が絶えることをふせぐため、ミカドには一二人の後宮が認められていた。もっともこの数が満たされたことはめったにない。明治時代には、皇帝の母となるべき女性は枢　密《プリヴィ＝カウンスル》院が高貴な家柄のなかからえらびだした。それより昔でも、ミカドの配偶者をえらぶ仕事は国家の重大事であった。そのようにしてえらばれた女性の一人、きわめて高貴な女性たる二位局《にいのつぼね》を母として明治皇帝は生まれたのである。『ツボネ』は『ミカド』と同じく人よりも場所を意味する。つまり宮廷の奥の部屋、とくに特定の人が個人的に用いるための部屋のことである。『ニイ』の『ニ』は数字の二であり、『イ』は位である。つまりこの局《つぼね》の女性は宮廷で二番目の位にあった――女性としては非常に高い地位で、皇后につぐものである」と説明している。

こうした両親をもつ睦仁は、幕末の動乱期にその幼少年時代を送った。その気性は相当わがままで勝気で短気なところがあったらしい。

睦仁の乳人《ちのひと》(うば)木村ライの子で、二歳から七歳まで宮中の睦仁の遊び相手として一緒に育てられた一つ年下の木村禎之助は、後年、天皇崩御のさいの回想で、そのことを語っている。好みの木馬遊びでは侍女に思うままを命じ、怒りにまかせては土人形や玩具を投げつけ、気に入らぬと相手かまわず拳骨《げんこつ》をふるった、というのだ。

この睦仁は、当時毒殺とささやかれた孝明天皇の急死のあとをついで、慶応三年(一八六七)一月九日、第一二二代の天皇の位についた。かぞえ年一六歳のときである。のちに明治天皇(一八五二―一九一二)と追号された新国家の新しいシンボルは、ここに誕生した。

参与横井小楠《しょうなん》(熊本藩士。明治二年一月暗殺)の記すところでは、その顔は長めで色は浅黒く、声は大きく背たけはすらりとして、「御気量」は「十人並」ともいうべきか、「唯々並々ならぬ御英相にて、誠に非常の御方」とある。慶応四年(明治元)閏四月、イギリス公使パークスとともに、京都の東本願寺で謁見の式にでた書記官アーネスト＝サトウのそのときの印象では、「たぶん化粧しておられたのだろうか、色は白かった。口の格好はよくなく、医者のいう突顎《プラグナサス》であったが、大体から見ての顔の輪郭はととのっていた。眉毛はそられて、その一インチ上の方に描き眉がしてあった」という。

その天皇は、パークスがイギリス女王の書簡をささげると、「天皇《ミカド》は恥ずかしがって、おずおずしているように見えた。そこで山階宮《やましなのみや》（晃《あきら》親王。議定、外国事務局督）の手をわずらわさなければならなかったのだが、この宮の役目は実は天皇《ミカド》からその書翰《しょかん》を受取るにあったのである。また、陛下は自分の述べる言葉が思い出せず、左手の人から一言聞いて、どうやら最初の一節を発音することができた。すると伊藤（博文。参与、外国事務局判事）は、前もって用意しておいた全部の言葉を翻訳したものを読みあげた」（『一外交官の見た明治維新』坂田精一訳）。

このたどたどしい天皇を、鮮烈な国家シンボルにするため、維新官僚はつぎつぎに手を打ったのである。

東京奠都と宮廷改革

その第一は、すでにみた遷都問題だった。「広ク宇内《うだい》ノ大勢ヲ洞察シ玉《たま》ヒ、数百年来一塊《いっかい》シタル因襲《いんしゅう》ノ腐臭《ふしゅう》ヲ一新シ」と大久保が大阪遷都論で述べたように、一千年も天皇が住みつづけた因襲の拠点京都からひきはなし、新しい時代の新しい「玉」をつくりだそうとしたのである。断固たる決意を秘めつつ維新官僚たちは、そのなしくずしの行動様式で事実上の東京奠都《てんと》を実現した（六一ページ参照）。

第二は宮廷改革であった。

明治元年（一八六八）一二月二八日、宮中では一条美子《はるこ》の女御宣下《にょうごせんげ》についで即日立后《りっこう》の儀がおこなわれた。「中世以降立后の事は、殆《ほと》んど廃絶し、天皇の御嫡妻は多くは女御であらせられ、近世に於《お》いて後水尾天皇・霊元天皇・東山天皇・光格天皇が中宮を立て給うたのが稀有《けう》の例であった」と『維新史』（第五巻）が述べているように、皇后冊立《さくりつ》の復活も宮廷改革の一環だった。

この皇后となった一条美子は、左大臣一条忠香《ただか》の三女寿栄（はじめ勝子《まさこ》、女御宣下とともに美子と改名）、のちの昭憲《しょうけん》皇太后（一八五〇—一九一四）である。彼女は天皇睦仁よりも三つ年上だった。「三歳の年長は世俗四つ目と称して之《こ》れを忌《い》む所」だったから、彼女の生年月日は実際のそれよりも一年おくらせて嘉永三年（一八五〇）四月一七日（陽暦五月二八日）とさだめられた（『明治天皇紀』第一。『維新史』第五巻は実際の生年月日を嘉永二年一一月二八日とする）。

宮廷改革のねらいは、大久保がいみじくもいったように、宮中・府中の一体化で「根本を固め」るにあった。新たに構築されつつあった太政官と天皇とを一体化することによって、権力の集中と政治の一元化をはかろうとしたのだ。だから、そのためには天皇をとりまく後宮勢力の一掃がなされなければならない。御局《おつぼね》と称された宮中の女官たちは、天皇の側近にあって、牢乎《ろうこ》とした力をもっていた。彼女たちは、この宮廷改革をすすめる太政官の役人に、あたかも「仇讐《きゅうしゅう》」をみるがごとく反発した。おまけに宮廷内には、大久保のことばでいえば、「深閨《しんけい》中之《の》婦人同様」の公卿もいたのである。

これらの勢力から天皇をひきはなすために、明治元年閏四月、天皇の住居は後宮から表御座所にうつされた。そして、毎日御学問所で政務をとるようにしたのである。

明治四年八月には、宮中から女官の一掃がこころみられた。宮内大丞《くないだいじょう》としてこれにあたった吉井友実《ともざね》(旧鹿児島藩士)は、その日記の八月一日の条に、「今朝《こんちょう》女官総免職」と書き、数百年来の女権が、たった一日でうち消され、愉快きわまりなし、と記した。以後、女官は新たに選択任命となった。

翌五年五月にも再度の改革がおこなわれ、女官三六人が罷免された。吉井は、このときも岩倉具視あてに「百年の害」がとりのぞかれたといい、この改革以後皇后はよほど奮発され、天皇の服など御自分で始末されている、と書き送った。

新しい帝王学

この後宮勢力の一掃と反比例して、天皇の側近(侍講・侍読・侍従など)には国学者や有能な藩士たちがつぎつぎに送りこまれた。そこには玉松操《みさお》（国学者）・福羽美静《ふくばびせい》（同）・加藤弘之（旧出石《いずし》藩士）・伊地知《いじち》正治（鹿児島）・副島種臣《そえじまたねおみ》（佐賀）・元田《もとだ》永孚《えいふ》（「ながざね」とも。熊本）・米田虎雄（同）・高島鞆之助《とものすけ》（鹿児島）・山岡鉄太郎（静岡）等々の名を見いだすことができる。また、明治一〇年に侍補が新設され、徳大寺実則《さねのり》（公卿）・吉井友実（鹿児島）・土方《ひじかた》久元（高知）・元田永孚・高崎正風《まさかぜ》（鹿児島）・佐々木高行（高知）らが任命された。

彼らは宮中の気風を刷新し、天皇に新しい帝王学をさずけた。日本や中国の古典のほかにスマイルズ著『西国立志編』（自助論）、ブルンチュリ著『国法汎論《はんろん》』などが講義された。なかでもスイスに生まれ、しばらく自国の役人をして、やがてドイツの大学で教鞭をとったブルンチュリのこの書を、二〇歳前後の天皇に数年間、加藤弘之（一八三六―一九一六）がみっちりたたきこんだ。

加藤は後年、天皇はこの書によって「憲法、三権分立、市町村自治制の大意」を会得《えとく》されたと語っているのだが、実際の講義はあくまで国家概念を中心とした国家学にあったのではなかったか。というのも、彼の進講の抄訳をもとにして明治九年刊行された『国法汎論』には、国法や国家の元首、国家の職務、司法、国家の教育事務（宗教・教育など）などの部分は収められているものの、民選議院や地方自治体（町村）、あるいは個人の自由（自由権）の説かれた原典の章は略されているからである。

一方、元田永孚（一八一八―九一）は君徳の補導を強調した。彼は政治の要諦《ようたい》を「億兆ノ心ヲ攬《と》ル」、つまり民心の収攬《しゅうらん》にあると見、それは究極のところ君徳いかんにかかわる、とみたのである。そして、それを実現するためにこそ宮中・府中が一体でなければならない、と主張した。彼のこの主張が明治一〇年八月の侍補職の新設となったわけだが、ここで強調されている宮中・府中の一体とは、さきに大久保が主張したそれとは明らかに異なる。大久保の主張は太政官という国家機構と天皇を一体化して政治の一元化をはかろうとするものだったが、元田ら侍補グループが推進しようとした「天皇親政」運動は、君徳すなわち天皇の人格に重点をおき、それに政府（府中）を従属させようというものにほかならなかった。天皇制官僚国家をめざしていた政府首脳がそれをうけ入れるはずはない。結局、侍補制度は明治一二年一〇月、廃止された。このときの政府側の主張は、こんどは宮中・府中の別という論理だったのである。

天皇イメージの民衆浸透

第三の問題は、天皇イメージをいかに民衆に浸透させるかであった。

これも大久保がその企図を大阪遷都論で明確に述べていたが（五九―六〇ページ参照）、東征大総督府軍監江藤新平《しんぺい》（一八三四―七四。旧佐賀藩士）と徴士《ちょうし》大木民平《みんぺい》（一八三二―九九。喬任《たかとう》。同上）は、明治元年閏四月一日、江戸遷都論の建白書を副総裁岩倉具視にだし、つぎのように述べたのである。

鳳輦《ほうれん》（天皇の乗物）御東下之折ニ当リ、徳川氏ノ悪政ヲ順々御除キ、深ク下民ノ疾苦ヲ御察シ、極メテ善美之政ヲ御興シナサレタク、所謂《いわゆ》ル忠臣ノ墓ヲ祭リ、孝子ノ門ヲ表シ、田《でん》租《そ》ヲ除キ、廃疾《はいしつ》ヲ閔《あわれ》ミ、賢才ノ士ヲ抜擢《ばってき》シ、滞留ノ獄ヲ決シ、匹夫匹婦モ其ノ所ヲ得セシメ、以テ人心ヲ収纜（ママ）シ、皇沢《こうたく》ヲ下通ス等、鳳輦御東下コレナクテハ、是《これ》トテモウマク行ハル間《ま》敷《じく》（一部読み下し）。

明らかに、ここでの天皇像は過去の悪政からの解放者のイメージである。これは討幕派から維新官僚にいたるまで一貫して強調された天皇像にほかならない。

すでにみたように、当時の民衆への布告は、天皇が日本の主人公であり、その尊貴なゆえんをくりかえし説いていた。そして、そこでは日本近代思想史家鹿野政直氏がその著『資本主義形成期の秩序意識』で指摘するように、一方では天皇は神武天皇（政治支配者像）とかさねられ、他方においては天照大神《あまてらすおおみかみ》（神聖な支配者像）とむすびつけられた。この二つの天皇像が「現在の天皇という一身において結合されて、かれは政治的征服者であるとともに宗教的君臨者としての性格を贈与され」ていたのである。

この政治的征服者であり、宗教的君臨者としての天皇像とさきの解放者のイメージとがかさね合わされたとき、天皇ははじめて歴史の伝統と正統性の上に立つと同時に、解放者として歴史の進歩をも兼ねそなえた存在となる。いちはやく天皇が断髪をし、洋服を着て「文明開化」のシンボルとされたのも十分理由のあることだったのである。

人々に維新変革の歴史的必然や正当化を理解させるためには、こうしたイメージをあわせもつ天皇シンボルを情感をもって浸透させることがなによりも必要だった。その一つの具体策をさきの江藤・大木建白書はしめしていたのだ。

これは車駕《しゃが》東幸として、明治元年九月、実施にうつされた。それは東京奠都《てんと》のさきぶれでもあった。供奉《ぐぶ》する人々はなんと二三〇〇人。天皇の威光を誇示するには十分な人数である。そして、沿道の式内社《しきないしゃ》（延喜式の神名帳に記載されている神社）三三社には幣帛《へいはく》がだされ、各地の孝子・節婦一五二人が褒賞された。

また、七〇歳以上の高齢者一万三九八人や罹災《りさい》者など一万一八〇七人が賑恤《しんじゅつ》された。これらの金額はじつに一万一三七〇両に達した。加えて、東京市民には、当時「天盃頂戴《てんぱいちょうだい》」（御酒頂戴）と称する酒肴《しゅこう》がふるまわれ、天皇の仁恵ぶりがしめされた。市民は山車《だし》や屋台までくりだし、夜昼となく数日にわたってお祭り気分に酔ったのである。この東幸総費用は七七万八〇六〇円と計算されている。明治元年の通常歳入の約二割にあたる（一七七―一七八ページ参照）。

「群集」から「動員」へ

こうした天皇像の民衆浸透は、明治五年（一八七二）の西国巡幸以後、明治一八年にいたるいわゆる六大巡幸によって、北は北海道から南は九州まで全国を網の目のようにおおっているが、それはしだいに計画的かつ組織的になっていく。

明治元年三月の大阪行幸のさいは、人々は「御行列ヲ拝セントテ、市中近在ノ衆庶群集スル事 夥《おびただ》シ」（『御親征行幸中行在所日誌』第三号）と、ものめずらしさも手伝って行列のまわりに「群集」した。明治五年の巡幸とてもさほど大きなちがいはない。東京の小《こ》新聞（論説中心の大《おお》新聞に対し、市井の雑報が中心。判型もやや小さかった）の本格的な誕生とされる『読売新聞』第一号（明治七年一一月二日）の「布告《おふれ》」欄には、行幸・行啓にかんする太政官達《たつし》をのせ、天皇や皇后の「お通《とほ》りのときは、路傍《みちのわき》にかたより、帽子《かむりもの》を脱《ぬ》ぎ、立《たち》ながら頭を下げ、また馬《うま》や人力車《じんりきしや》にのつた人《ひと》は、おりて恭《うやうや》しく礼《おじぎ》をせよとのおふれでございます」（ふりがなも原文のまま）とわざわざ解説しなければならなかったほどだったのである。

おひざもとの東京でこの調子だから、関東以北ではなおさらである。明治八年二月の『明《めい》六《ろく》雑誌』（第二八号）の阪谷素《さかたにしろし》（財政家・政治家芳郎《よしろう》の父）の論説「民選議院変則論」の一節には、「吾《あ》妻《づま》辺ノ者ハ天公トカ禁公トカ申ス馬鹿癖アレド」とみえる。ここにいう「吾妻辺」がどの地方をさすのかはさだかでないが、すくなくとも関東以北の旧朝敵藩の多かった地方であることはまちがいあるまい。天皇を「天公」とか「禁公」とかいう雰囲気があったからこそ、明治九年六月から七月にかけての東北巡幸はあえておこなわれなければならなかったのだ。巡幸に供奉した木戸は伊藤博文あての七月九日の手紙に、東北地方では子供までが天皇の権限を論じる者がいる、とおおいに嘆いている。

だから、もし沿道の民衆に対してあらかじめ手が打たれていないときは、人々はものめずらしさ以上には感じていない。六月三〇日、仙台をすぎてまもなくの天皇の行列への人々の反応は、「田野山林の間を過ぎ玉ふに、拝見人も処々に居れども、みな股引《ももひき》をはきたる娘や、鎌鍬《かまくわ》を携《たずさ》へたる農夫どもにて、泥足を田の畔《あぜ》に並べ、草に居り敷き、石に腰掛けなどして、丸裸の赤子を背負ひたるまゝ、背中より脇の下へ小児の頭を引出し、乳を呑《のま》する婦人などもあり、顔も足も泥によごれたるまゝ、昼寝せしが、ソレお通りぞや、拝《おが》ぬかと、俄《にわ》かに叩《たた》き起されて、目をこすりながら、鳳輦を拝するもありて、最(も)と可笑《おか》しき事どもなりき」と記されている。

だが、反面、この東北巡幸にはいたるところで演出と大量動員がなされていた。田圃《たんぼ》の農民はあらかじめ赤や黄色の手拭《てぬぐい》をかぶり、赤いたすきをかけて天覧にそなえ、また、奉迎のために児童・生徒は各所に配置された。

さきに引用したのは、当時『東京日日新聞』に連載された岸田吟香《ぎんこう》（一八三三―一九〇五）の筆になる「東北御巡幸記」なのだが、それをみるとこの演出・動員のありさまは随所に描写されている。そして、演出されたこの天皇巡幸は十分その効果を発揮しはじめていたのである。

(明治九年) 七月十一日 午前七時、三《さん》ノ戸《へ》の行在所《あんざいしょ》を御発輦《はつれん》あらせ玉ふ。(中略) 雨沼坂、水無坂などいふところを過るに、処々の山の間に、拝見人があつまり居《おり》しが、鳳輦をみかけ両手を合して拝むもあり、両手を打つもありて、いづれも遠近の村落より出《いで》たる人々なるべし。

天皇イメージは、この国家的パレードの全国的展開によって、徐々にかつ確実に、民衆のなかへしみこんでいった。グリフィスの『ミカド』は、それをつぎのように表現している。

皇帝は東北の悪路を馬に乗って進んだ。それぞれの県で、その県の知事がずっとつきそい、また地方の境界ごとに、必ずそこの長官が迎えに出た。皇帝が歩いてまわった所では、下層階級の者たちは彼の足がふんだ部分の土をていねいに集めた。この土は今や神聖になっており、病気をなおしてくれると信じたのである。

全旅程を通して、さまざまな旅館の主人たちが、陛下の用いたものは何でも非常に大切にしまっておいた。

生き神信仰と天皇

それにしても、天皇の存在すらもほとんど知らなかった民衆のなかに、なぜかくも急速に天皇の権威が浸透していったのか。かりに天皇巡幸に民衆が演出、動員されたのだとしても、民衆それ自体の内部に天皇をうけ入れる基盤がなければ、人々の心までそう簡単に動員できるはずはない。

これをとくひとつの鍵《かぎ》は、右の引用のなかに、「鳳輦」に対して人々が両手を合わせて拝んだり、両手をうつものがあった、というくだりや、天皇の歩いた土が神聖視されたり、それが病気をなおしてくれると信じられたという部分である。

これはいったい何を意味するのか。

ここで私は民俗学の宮田登氏の著『生き神信仰』のなかの指摘を思いだす。氏は天皇信仰の底流に、民衆のなかの伝統的な生き神信仰の習俗のあったことを見いだしている。

いうところの生き神信仰とは、人が生前に神としてまつられる信仰現象をさす。生き神信仰の資料集ともいうべき加藤玄智著『本邦生祠《せいし》の研究』によると、昭和六年（一九三一）現在、それまでの生き神信仰の対象となった生き神は一〇五、生祠数は六四、その府県別分布表によると、一道三府四三県中、生き神・生祠のいずれにも記録のない県は一三県で、生き神信仰はいちおうひろく全国的に分布していた、といえる（この無記録県は比較的西日本に偏在している。こうした無記録県のあることは、生き神信仰のみが天皇信仰浸透の唯一の要因でないことをも示唆《しさ》している)。

そのうち、年代のわかっているものは六八例(明治以前三五例、以降三三例)、江戸時代以前のものは一例にすぎない。生き神信仰は近世以降の社会現象とみてよいのである。明治以後の三三例中、明治天皇関係は七例、うち四例は天皇の巡幸ないしそれに準ずるものが生祠設置の機縁になっている。生き神信仰と天皇巡幸との関係を推測させるものがある。

この点について宮田氏は、明治九年(一八七六)の東北巡幸や一一年の北陸・東海の天皇巡幸の例をひき、そのもてなしぶりは「村に来訪する神へのそれと同じである」という。『魚津市史』(下巻)をみると、このとき、富山県魚津の寺崎家は行在所《あんざいしょ》となった。当主の与一郎と父橘蔵《きつぞう》(俳号靄村《あいそん》)は、拝謁をゆるされたが、その心境を「現《うつつ》には拝みながらも夢の秋 靄村百拝」という句に託している。天皇と生き神信仰のむすびついた一句といえるだろう。

ここで、天保《てんぽう》二年(一八三一)七、八月以降、長州藩が防長大一揆の坩堝《るつぼ》にたたきこまれたとき、その一揆のさなか、藩主を村落共同体の中心でまつる「殿様祭り」が村々で挙行され、一揆農民がつぎつぎにその戦列からはなれていった事実を私は想起する。がんらい、この藩での殿様祭りは正月あるいは二月に、鎮守社で武運長久や国家(藩)安全、あるいは五穀豊穣《ほうじょう》を祈る年中行事の一つだったのである。それが八、九月ごろあいついでおこなわれ、一揆農民は前非を悔い、隊列をはなれた、というのだ。

このような殿様祭りは、さきの『本邦生祠の研究』には、生き神信仰の一つとして、ほかに肥後藩や芸州の国主祭りが挙げられている。『杵築《きつき》市誌』をみると杵築藩（大分県）でも同じことがおこなわれ、この藩の殿様祭りのおこりは、文政一二年（一八二九）だという。

幕藩体制下、藩主を生き神としてまつり、ときにはそれが一揆農民すらもそのほこさきをおさめる機能をはたしたとすれば、維新期に、この幕藩領主よりさらに上位の、天照大神《あまてらすおおみかみ》あるいは神武天皇と直結した、日本の主人公としての伝統的権威、解放者にしてしかも正統的支配者としての天皇が、巡幸というかたちをとりながら全国的に表出されれば、民衆のなかの生き神信仰が、〝生き神〟としての天皇へ収斂《しゅうれん》されるのは見やすい道理であろう。

すでに民衆のなかには、「お蔭参り」や「抜け参り」にみられるような伝統的な伊勢信仰があった。そして、あの「ええじゃないか」が、「幕末の神道《しんとう》興隆の、民衆レベルでの総決算」であり、しかも、「この宗教的興奮と狂騒が去ったときには、伊勢の神はすでに民衆の現世利益《げんせりやく》神アマテラスオオミカミではなく、国家神道の最高神アマテラシマススメオオミカミに変貌していた」（村上重良著『国家神道』）といわれているのであればなおさらである。

このような民衆信仰の潮流を組織的に政治のチャンネルに流しこもうと企図したのが天皇の全国巡幸であったのだ。さらに、明治初年の一連の神道国教化の政策や、また、国民教化策がこれに重ねられた。それをつぎにみよう。

神道・排仏毀釈・キリシタン弾圧

神道の国教化

すでにみたように、「王政復古」の理念は「神武創業ノ始」にもとづくことにあった。そして、現実の国家形態は古代の律令《りつりょう》国家の制度を模した。もちろん、それはたんなるひきうつしではなく、新たな天皇制創出のための古代国家制度の摂取・転生であった。

この摂取には、天皇の古代的な神権的権威の復活が企図されていた。それはすでに幕末期、外圧の危機の深まりや幕府の権威失墜と並行して、天皇の攘夷《じょうい》祈願あるいは朝廷と有力神社とのむすびつきというかたちをとってすすめられていた。また、公卿や国学者・神道家などからは、応仁の乱以後廃絶していた神祇《じんぎ》官の再興が、たびたび朝廷に建議されていた。

こうして「王政復古の大号令」にさきだつ慶応三年（一八六七）一一月一七日、朝廷から幕府および諸藩へ問うというかたちをとって、神祇官をはじめとする太政官制再興の意図が明確にされた。五箇条の誓文の前日、明治元年（一八六八）三月一三日にも、「諸事御一新、祭政一致」の制度の第一として、神祇官設置がうたわれているのである。そして、それは神祇事務科（明治元年一月一七日）・神祇事務局（同二月三日）を経て、閏四月二一日の政体書によって実現をみた。しかも、翌明治二年七月八日の官制局改革では、古代の大宝令《たいほうりょう》にならって神祇官と太政官の二官がおかれ、そのうえ神祇官は官制の最高位に位置づけられたのである（一四六—一四七ページの「明治初年の官制変遷一覧」参照）。

この神祇官の職掌は祭典・諸陵・宣教にかんすることであった。神祇官は皇室の祭祀《さいし》や全国の神社、あるいは山陵《さんりょう》のことをつかさどり、とりわけ大宝令と異なるのは、大教のイデオロギー的宣布が加わっていることだった。それは神道国教化による民衆の思想動員を意味していた。そのことを「神祇官意見」は、つぎのように述べている。

方今《ほうこん》大政一新ノ秋《とき》、実ニ神武天皇・崇《すじん》神天皇ノ大業ヲ亀鑑《きかん》トシ、大《おおい》ニ教化ヲ興シ、累年《るいねん》ノ衰政神道ヲ私物小道トセシ旧弊ヲ一洗シ、天皇万民共ニ畏敬スルノ大道ハ此神道ナル事ヲ弁へ《わきま》、神世以来ノ事理史典律令格式ヲ斟酌《しんしゃく》シ、諸国諸社旧家ノ遺儀ヲ探リ、漸漸《ぜんぜん》一定ノ大法典ヲ裁シ、国体ヲ守リ正道ヲ踏ミ、内外齟齬《そご》セズ、此道ヲシテ天地間ニ及ボシ、大ニ神慮ニ叶《かな》ハン事ヲ要スベク考候事。

神武・崇神天皇の時代を手本とし、神道をあらためて天皇とむすびつけ、国教の基本として体系化しようというのである。この神道国教化政策の背後には、津和野藩主亀井茲監《これみ》や国学者大国隆正（一七九二—一八七一）・福羽美静（一八三一—一九〇七）、さらにかれらと競う平田銕胤《かねたね》・樹下《じゅげ》茂国《しげくに》らがいた。また、幕末維新期の活動的な「志士」たちの多くが、後期水戸学や国学系の神道イデオロギーに影響されていたこととも関連する。

こうして、天皇は神道の最高神天照大神をはじめとする一群の神々とむすびつけられていく。

天皇と神々

前例のない、天皇が神明に誓うかたちの五箇条の誓文（明治元年三月一四日）、天皇親祭としての宮中南殿での軍神祭り（同三月二〇日、天照大神・大国主神《おおくにぬしのかみ》・武甕槌神《たけみかつち》・経津主神《ふつぬし》をまつる）、持統天皇以来絶えていた天皇の伊勢神宮への参拝（明治二年三月一二日）、神祇官内に八神（神産巣日神《かみむすび》・高御産巣日神《たかみむすび》以下、神武天皇がとくにまつったという神々）・天神地祇・歴代皇霊をまねいての天皇の親祭（同六月二八日）などがあいついでおこなわれた。そして、明治三年一月三日には、この八神・天神地祇・歴代皇霊を三座の神殿にまつり、同じ日、いわゆる大教宣布《たいきょうせんぷ》がなされたのである。

大教とは、当時神道ということばが一般的には習合《しゅうごう》神道（神・儒・仏の三教を習合した神道）をさしていたから、あえてそれと区別するために用いられた用語である。この大教宣布は神々と天皇とをむすびつけ、そこから天皇崇拝を核とした神道の国教化と体系化をねらったものだった。そして、神祇官管下の宣教使がその宣布の機関であった。

排仏毀釈運動

この神道の国教化と並行してなされたのは、一つは排仏毀釈《はいぶつきしゃく》であり、もう一つはキリシタン弾圧である。

排仏毀釈は、明治元年三月の神仏分離令以後、民衆をまきこむ運動として展開した。その意図するところは、神道の国教化を基本とし、幕藩体制下の仏教と民衆との関係にくさびを打ちこもうとするにあった。そのかぎりでは、運動のはげしい展開は、当時の政府の意図をこえたとされてはいるものの、神社側の主導によって旧来の仏教への攻撃が、破仏や廃仏という行動に結果したのは、けだし当然のなりゆきであったのである。

運動は、明治元年四月、近江坂本の日吉山王《ひえさんのう》社の祠官《しかん》樹下茂国らが、兵器をたずさえて山王権現《ごんげん》内の仏像・仏具・経巻などを破壊、焼却したのをはじめとして、明治二年から三年にかけて全国を風靡《ふうび》した。なかでも仏教の本山京都や奈良では徹底的になされた。

長州出身の権《ごん》大参事槇村《まきむら》正直（のち府知事）が主導権をふるった京都府では「王政復古」のひざもとでもあっただけに、神仏分離・排仏毀釈は積極的にすすめられた。二条城内に設けられた京都府庁の台座には、路傍の石地蔵をあつめた石垣が組まれ、また、府下の農村部では新築の小学校の柱石や、はなはだしい例では、学校の便所の踏石に付近の地蔵石が用いられた。そして、教師みずからがその石地蔵の上で用をたし、仏罰のあたらないことを児童にしめした、といわれているのである。寺院の廃合や整理もはげしかった。さすがに本寺・

本山級の名刹《めいさつ》は少なかったが、一般末寺や大寺の塔頭《たっちゅう》などが整理された。明治九年の京都府の上京《かみぎょう》・下京・伏見の廃寺は五九にたっした（『京都の歴史』七）。奈良の興福寺の五重塔が、二五円（一説では二五〇円）で売りにだされたという話は有名である。

また、すでにふれた隠岐《おき》では、いわゆる隠岐騒動の政治的、イデオロギー的対立が排仏毀釈とむすびついてはげしいものとなった。すなわち、正義党が島内の僧侶の行状を「醜態《しゅうたい》多端」として、彼らは日夜碁会と称しては博奕《ばくち》などの賭けごとをし、贋札《にせさつ》をひろめ、高値で寺院の売買をし、人妻と奸淫《かんいん》し、あるいは公然と妾をおいて子を生ませ、山中へ魚肉をはこび、生活が苦しくなるとかってに寺の財産を売りはらい、また、松江藩の暴挙に加担したなどと列挙したうえで、「其悪業人倫を頽《くず》し、良民を損《そこな》ひ、私欲淫佚《いんいつ》を逞《たくまし》くし、実に以て言語に絶し」と口をきわめて非難すれば、寺院側も正義党に対して、社家や百姓どもが同志連中と号して騒動をひきおこし、上《かみ》をないがしろにし、下《しも》万民を苦しめ、かってに寺院を破却し、辻地蔵や庚申塚《こうしんづか》を手あたりしだいうちたおし、「乱妨狼藉《らんぼうろうぜき》之振舞、言語同断《（ママ）》」と反論した。そのはげしい対立のもとに排仏毀釈運動は島内を風靡したのである（『隠岐島誌』）。

かくされた動機

だが、この排仏毀釈運動の動機がつぎのように語られていることは注目してよい。つまり、排仏毀釈の原因は隠岐騒動で京都やその他の同志との往復、あるいはその筋への嘆願などの出費で、借金がかさんだからだ、というのである。「そこで種々考慮の末、同志等は之《これ》を清算する財源を見出しました。それは村々の寺財産を何とかすることでした。色々と口実を作って廃仏を決行し、寺地を売って融通をしようと計画したのです。此の計画で廃仏をしましたけれど、それと同時に寺地所在反別《たんべつ》其他寺々什物《じゅうもつ》一々明細に書き出せと官から調べることになりましたので、それが同志の支配にならぬことになりました」——隠岐騒動参加の一農民小田耕一郎翁の「懐旧談筆記」の一節である。

おそらく各地の排仏毀釈運動にも、こうしたかくされた動機がいろいろとからまっていたにちがいない。そうでなければ、いかに政府や神社側が旗をふっても、それまでの信仰対象があれほどはげしいかたちで民衆をまきこんで打ちこわされるはずはない。

佐渡や薩摩・松本・土佐・苗木・富山などの諸藩の神仏分離・排仏毀釈運動については『明治維新神仏分離史料』（全五巻）にくわしいので、ここでははぶく。

この排仏毀釈運動で強調されているのは、これまでの仏教が「偽妄《ぎもう》の説」であり、国家にいかに害をなしたかということであった。その反面、敬神の道がいかに天恩や国恩にむくいる道であるかが力説された。

こうして、民衆をまきこむ運動によって仏教に痛打を浴びせかけるとともに、政府は明治四年（一八七一）一月、現在の境内《けいだい》を除いて全寺社領の上知《じょうち》を命じ、その経済的基盤をゆさぶったのである。七月には、氏子《うじこ》調べの令を発した。これはかつての寺請《てらうけ》制度にかえて、子供が生まれれば氏神から氏子札をうけさせ、この氏神・氏子の関係をとおして全国民を掌握しようとしたのである（明治六年五月中止）。

キリシタン弾圧

キリシタン弾圧もきびしかった。

維新政府の対キリスト教方針は、あの五榜《ぼう》の掲示第三札に端的にしめされていた。それはこれまでの徳川幕府のキリシタン弾圧策の継承であり、再確認だった。例を長崎裁判所にとってみよう。

ここでの浦上キリシタン政策は長崎裁判所総督沢宣嘉《のぶよし》や同参謀井上馨《かおる》（聞多）らの手によって推進された。諸外国公使からの抗議にもかかわらず、新政府は浦上キリシタンの処分を決定し、明治元年閏四月一七日には、信徒の配流《はいる》とその各藩配分案を布告した。この計画は当時の輸送能力もあって、かなりの変更をみたものの、宣教師側の記録によると次ページの表‐24のような数字がしめされている。

この浦上キリシタン処分問題は、翌二年五月、公議所でもさかんに議論され、また、明治三年七月には各藩預りのキリシタン取扱いの基準が外務省からしめされたりした。だが、これは実際には守られず、各藩の弾圧は苛酷なものがあった。そのことは表中の移送人員と死亡数とをくらべてみれば明らかだろう。土佐藩や和歌山藩では三割以上の死亡率をしめしているのである。それに近い死亡率をしめす津和野藩のばあいをつぎにみよう。ここは藩主亀井茲監《これみ》がみずから国学を奉じ、幕末から排仏・神道化をおしすすめていたところである。

「旅」の話

明治元年にはじまる浦上キリシタンの一村総配流を、キリシタンたちは「旅」と呼んだ。

表-24　明治初年の浦上キリシタン配流・帰村状況

配流先	移送人員	出産	死亡	帰村
鹿児島	375人	13人	58人	291人
土佐江ノ口	125	5	40	84
徳島	116	12	16	112
松山	86	1	8	79
高松	54	7	14	47
萩	311(内66)	11	43	102
津和野	153(内28)	12	41	68
松江	84	7	10	81
鳥取	163	2	45	24
広島	175	5	40	39
福山	96(内20)	3	7	88
岡山	117	4	18	48
姫路	40	不明	不明	4
大和郡山,古市	112	4	9	107
和歌山	280	11	96	52
伊勢二本木	75	7	6	76
伊賀(?)鉄砲町	59	4	11	49
尾張堀河	375	17	82	113
加賀折屋	566	44	109	483
富山	42	7	7	42
合計	3,404人	176人	660人	1,989人

(注) 姉崎正治著『切支丹禁制の終末』より作成。移送人員には慶応期のものもふくまれており，カッコ内はいずれも明治元年の数をしめす。また，死亡を差引いてなお帰村者数の少ないのは，「改心」して別扱いになった者や逃亡者がいたためである。これらの数はかならずしも正確なものではない，とされている。片岡弥吉著『浦上四番崩れ』によれば，配流総人員は，3,380人，帰村者は1,930人と計算されている。

この「旅」の話は、浦川和三郎《わさぶろう》著『浦上切支丹史』にくわしい。

浦上本原郷《もとはら》の百姓高木仙右衛門（ドミンゴ、当時四七歳）や中野郷の守山甚三郎（パウロ、二五歳）らは、明治元年津和野に流された指導的人物だったが、改宗をせまる彼らへの弾圧は陰惨をきわめた。山口藩にも食物をあたえないで改宗をせまる「勘弁小屋」というのがあったが、津和野藩では足をのばすこともできなければ立つこともできない、三尺（約九〇センチ）四方のいわゆる三尺牢がつくられた。これは一寸二分（約三・六センチ）の厚い松板でかこまれ、ただ一方のみに二寸（約六センチ）角の柱が一寸おきに打たれたものだ。屋根にあたる部分には小さな穴があった。そこから食物がわずかに差入れられるのである。それこの三尺牢は三つつくられた。取り調べに強情を張ればたちまちこれにおしこまれた。それは人間の箱詰めにひとしい。仙右衛門らの仲間、和三郎や安太郎はこの三尺牢で死んだ。

明治二年一一月二六日、大雪の日だった。風邪で臥《ふ》せていた仙右衛門らはよびだされた。役人は仙右衛門・甚三郎に着物をぬいで凍《い》てつくような池にはいれ、と命じた。応じない二人は、聖母の肩衣《スカプラリオ》をとりあげられ、「髪の紙撚《こより》も日本に出来たものだ。唐《から》（西洋の意）の宗旨を奉ずる奴等の頭に残してはならぬ。取れ」といって、文字どおり一糸もまとわぬ丸裸にされ、池へつっこまれた。池はふかい。頭まで没してしまう。かろうじてまん中の浅瀬に立つと、水が顎《あご》までくる。

役人は白洲《しらす》にズラリと居列《いなら》び、さも気味善ささうに見物して居る。時々長柄《ながえ》の柄杓《ひしやく》でザアザア水を掛ける。二人は天を仰ぎ両手を合せた。仙右衛門は「天ニ在《まし》ます」を、甚三郎は「身を献《ささ》ぐる祈禱《オラシヨ》」を称《とな》へる。役人等は座敷から「仙右衛門、甚三郎、デウスが見えるか」と嘲《あざ》ける。両人は何とも答へない。もう是《これ》が最後だと覚悟して一心に祈つて居る。彼等の落付払つた態度が、役人等の癪《しやく》に障つたと見え、「顔にもつと水を掛けい、水を掛けい」と叫び、散々毒舌を浴《あび》せる。時間は何《ど》の位であつたか、随分長かつた様に思はれた。寒さは骨髄に徹した。身体が顫《ふる》へ出してやまない。殊に仙右衛門は老体である。数日来熱を病み、疲れ果てて居たので、苦しさが一入《ひとしお》強く身に応《こた》へる。両手を緊く組み合せて天を仰ぎ、一心不乱に祈つて居るが、然し身体は次第に感覚を失つた。両手はだんだん下つて来た。心までが遠くなつた。役人は相変らず水をザアザアと浴せる。それが目に入り、耳に入り、錐《きり》で刺される様に覚える。今はもう顔色が蒼黒《あおぐろ》くなつて来た。甚三郎は気遣つて「仙右衛門さん」と声をかけて見た。早や舌の根が硬《こわ》ばつて居る。「甚三郎、もう世界がキリキリ廻《ま》はるよ。俺《わし》は此《この》まま行くが、お前は覚悟が出来たか」と言ふ。実際ここ数分間で生命は無いものと思はれた。役人はそれを見て、「甚三郎、仙右衛門上れッ」と大音を掛けた。

命をかけての抵抗の姿をえがく「旅」の話はなおつづくのだが、もはや割愛せざるをえない。

なしくずしの解禁

キリシタン弾圧のこの苛酷さは、キリシタン信仰と新政府の創出しようとしていた天皇制イデオロギーとの原理的な衝突のゆえであった。明治元年閏四月、長崎市中取締役二六人の浦上キリシタン厳刑建言書が、「彼らは天照皇大神や今上《きんじょう》皇帝の御恩はこの世限りで、キリストの恩沢が無窮なのにはくらべることができないなどと慢言を吐いている」という意味のことをいっているのは、その端的なあらわれである。それとともに、新政府は、排仏毀釈運動の結果、仏教衰退のあいまをぬってキリスト教がさかんとなり、それによって「共和政治ノ論」がおこることを危惧《きぐ》していたのである。

だが、現実にはキリシタン信者の頑強な抵抗、外国公使らの抗議、さらには対外関係に規定された開明化の推進など内外の要因に加えて、米欧巡遊中の岩倉使節団の信教の自由にかんするいやおうなしの理解とあいまって、キリシタン禁制の高札は、「一般熟知ノ事ニ付」これを撤去する、というかたちをとって解かれた。ここにもなしくずしのあの維新官僚の行動様式がみられる。

こうして浦上キリシタンたちは逐次釈放され、帰村した。彼らのながい、死を賭《と》しての「旅」は終わった。

国民教化と国家神道への道

教部省と三条の教則

このキリシタン弾圧の失敗は、同時に神道国教化政策の破綻《はたん》でもあった。神道内部の対立や仏教側の反撃があればなおさらである。氏子調べが、わずか一年一〇ヵ月で中止されざるをえなかったのは、長年生活のなかでつちかわれた民衆と寺院との関係が、いかにはげしい排仏毀釈運動を経たとはいえ、一片の法令で解消するものでないことをしめしている。ましてや時の流れは、一方で文明開化が声高くさけばれはじめていたときである。明治四年（一八七一）八月、神祇官は神祇省へと格下げされ、翌五年三月、これにかわって教部省が新設された。それは明らかに神道国教化政策の転換を意味した。重点は国民教化策におかれはじめたのだ。

この教部省の設置で、かつての祭祀《さいし》は式部寮の所管とされ、教部省は神社および仏教その他の宗教行政と国民教化の中心機関となった（次ページの図-11参照）。そして、従来の宣教使にかわって明治五年四月、その管下に教導職がおかれ、ついで三条の教則がさだめられた（四月二八日）。この教則は、教部省のめざす国民教化運動の基本綱領ともいうべきものであった。

図-11　明治維新期神事関係官庁の沿革表

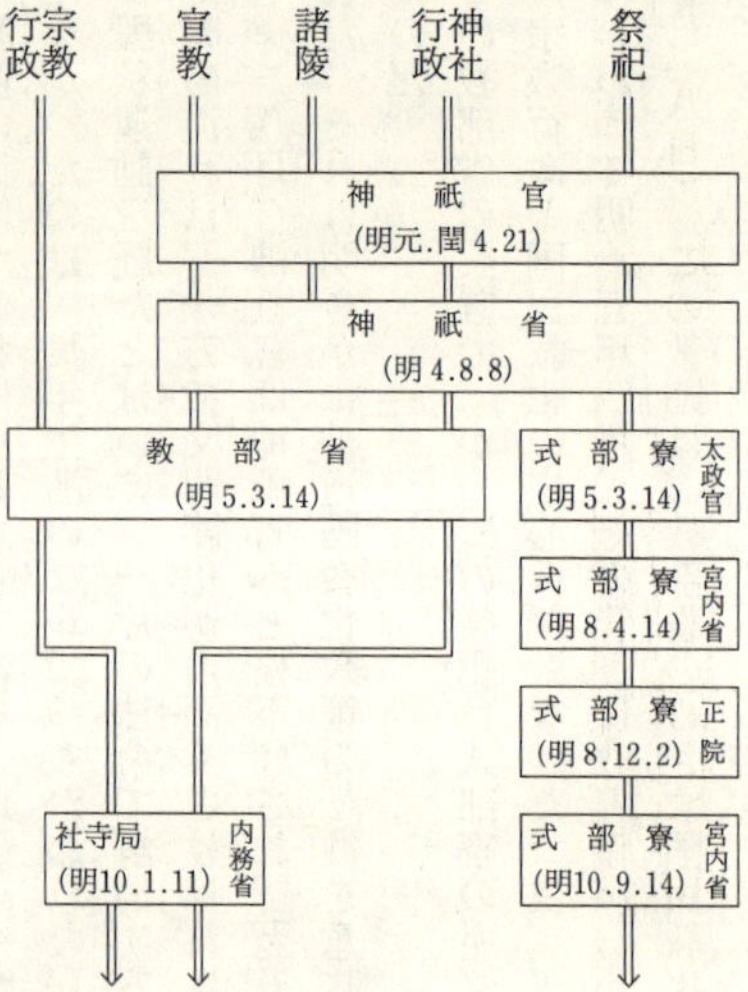

（注）宮地直一著『神祇史大系』付録「神事に関する諸表」14より作成。

第一条に「敬神愛国」を、第二条に「天理人道ヲ明《あきらか》ニスベキ事」を、第三条に「皇上ヲ奉戴シ、朝旨ヲ遵守《じゅんしゅ》セシムベキ事」をうたったこの三ヵ条には、人としての守るべき道とからめて「敬神愛国」と天皇とをむすびつけようという意図が明白にしめされている。そして、これは教導職に交付されたのである。

その教導職には、神官はもちろん僧侶や区長・戸長《こちょう》（三三六・三五二―三五三ページ参照）、あるいは役者・戯作《げさく》者・落語家なども任命された。それはいかにして天皇制をいろどる神道イデオロギーを民衆のなかに浸透させるか、その苦心のあらわれである。したがって三条の教則を肉づけするこれら教導職の説教の題目（一一兼題・一七兼題）には、たんに神道教義のみでなく、人として守るべき普遍的な徳目や啓蒙的な題目も多くとり入れられた。

そして、教則や兼題の解説・注釈書も多く刊行された。

こうした国民教化運動の総本山として、明治六年一月、東京に神仏合同の大教院が開院され（翌月、芝増上寺へ移転）、地方には中・小教院がつくられた。

もはやここにはかつての神仏分離の姿はない。教部省が国民教化に重点をおこうとするかぎり、民衆に対して依然実力をもつ仏教その他の勢力と妥協をはからざるをえなかったのである。

しかし、妥協の反面、その過程で政府は、幕末以来発展してきた民間宗教、つまり天理教や金光教《こんこう》、あるいは丸山教《まるやま》を弾圧した。それはこれらの民間宗教が民衆に強力な根をはりつつあり、しかもその教義がかならずしも明治政府のめざす神道国教化と一致していなかったからである。だから、これらの民間宗教は、この神道国教化の枠組《わくぐみ》のなかで体質の変革をせまられ、それをうけ入れるかぎりで、のちに教派神道として存在を公認される。

このようにして国民教化運動は、一定の成果をあげた。が、政府が権力によって上から新しい宗教をつくりだすということは、さほど容易なことではない。神道自体の実力の限界もあれば、仏教側からの反撃もある。とりわけ、真宗門徒を中心に明治四年から六年にかけては各地で一揆もひきおこされた。しかも、国際的にはキリスト教問題をきっかけに、信教の自由の問題が条約改正問題とからんで政治的圧力となり、政府指導層内部にも神道国教化・国民教化政策への疑問が出されたりした。当時欧米にいた二人の日本人、すなわち駐米少弁務使森有礼《ありのり》（一八四七―八九）と西本願寺の僧侶島地黙雷《しまじもくらい》（一八三八―一九一一）がきびしくこの政策を批判したことはよく知られている。明六社を中心とした啓蒙思想家も政教の分離を論じた。

かくて、明治八年五月、大教院は解散、同一〇年一月には教部省は廃止、宗教行政は内務省社寺局にうつされた（明治一七年八月、教導職廃止）。

神社制度の確立

こうして維新当初以来の祭政一致・神道国教化の政策は修正をよぎなくされた。だが、この期に確立された神社制度は、のちの国家神道の重要な構成要素をなした。

明治元年以来、全国の神社・神官は神祇官の管下におかれ、勅祭社・直支配社・准勅祭社の社格がさだめられていたが、明治四年にあらためて神社制度が確立された。すなわち、神社は神祇官の管轄下にある官社と地方官の管轄下にある諸社とに大別され、さらに別格官幣《かんぺい》社《しゃ》がおかれた（次ページの表-25参照）。

この神社制度の特質は、第一に「神社ノ儀ハ国家ノ宗祀《そうし》ニテ一人一家ノ私有ニスベキニ非《あら》ズ」という立場から、全国の神社を国家＝皇室を中心に再編したところにある。とくに別格官幣社はその観点から歴代の天皇に対して功績のあった朝臣や武将をまつったものである（たとえば、楠木正成を祭神とする湊川《みなとがわ》神社）。

また、これに指定された靖国《やすくに》神社は、幕末維新期に新政のためにつくして斃《たお》れた者を祭祀した招魂社に端を発し、明治一二年六月、東京招魂社を改称したものである。官軍に敵対した旧幕府側戦死者はその祭神から排除されていたのだ。そこにこの神社の性格が端的にしめされている。

第二は、世襲的な神官の私有から神社を切りはなし、全国神官を任命制にしたことである（ただし、明治七年九月、府県社以下は公費支出停止）。

表-25　官社と諸社

	社格＼年	明治4年(1871)	昭和12年(1937)
官社	官幣大社	28	58
	〃　中社	11	26
	〃　小社		5
	別格官幣社		27
	国幣大社		6
	〃　中社	42	46
	〃　小社	16	37
	計	97	205
諸社	府(藩)県社		1,079
	郷　社		3,613
	村　社		44,838
	無格社		60,703
	計		110,233

（注）藤谷俊雄「国家神道の成立」（『日本宗教史講座』第1巻所収）による。

第三は、多元的な源流とひろい民間信仰にささえられた、地方の村落共同体内の末端の神社まで、皇室との関係を基準とした社格で序列化したことである。伝統的な民衆の生活に根ざした神社信仰をこれによってたくみにピラミッド化し、そのピラミッドの頂点に伊勢神宮をおき、民衆をこの面から天皇へ収斂《しゅうれん》した。それはたんに本州のみにとどまらない。

明治二年、開拓使の設置とともに北海道には大国魂神《おおくにたまのかみ》以下の三神がその年九月にまつられ、同四年には札幌神社と改称された。これははじめ国幣小社だったが、翌明治五年官幣小社となり、同三二年には官幣大社に昇格した（昭和三九年＝一九六四、北海道神宮と改称）。この札幌神社はのちの台湾神社（明治三三年）・樺太《からふと》神社（同四三年）など植民地における神社設置の原型をなした。

祝祭日の制定

この神社制度とともに、国家神道の祭祀をもとに宮中の祭祀は再編され、新しい国家宗教の儀礼にふさわしく政治的にいろどられた。それは記紀神話による天皇の神権的粉飾以外のなにものでもなかった。明治六年（一八七三）一〇月、祭日祝日などの休日に指定された元《げん》始《し》祭《さい》（一月三日）・新年宴会（一月五日）・孝明天皇祭（一月三〇日）・紀元節（二月一一日）・神武天皇祭（四月三日）・神嘗《かんなめ》祭（九月一七日、のち一〇月一七日）・天長節（一一月三日）・新嘗《にいなめ》祭（一一月二三日）は、新年宴会以外すべて宮中祭祀による祝祭日であった。明治一一年に追加された春秋二季の皇霊《こうれい》祭（春分の日・秋分の日）は、民間に定着していた祖先崇拝の習俗を天皇のそれにむすびつけ、国家神道のなかにたくみに流しこむためであった。

反面、民衆生活に関係深い祝日は切りすてられた（明治六年一月、それまでの人日《じんじつ》・上《じよう》巳《し》・端午《たんご》・七夕《たなばた》・重陽《ちようよう》の五節句は廃止され、神武天皇即位日・天長節が祝日とさだめられた）。だから、この祝祭日の制定はきわめて政治的、イデオロギー的なものだったのである。

神奈川県の例では、明治三年一二月、横浜の伊勢山皇大神宮が県管轄内の宗社《そうしや》に指定されて、その新宮の造営が「上下の協力」によって急がれ、毎月一日、一五日（その他、月によりもう一、二日指定）が祭礼日とさだめられた。また、翌四年三月には神武天皇の祭典の強制施行を県は布達し、それをおこなわない村々に対しては、五月三日までの日限にかならず挙行すること、その日時・場所・人員を報告すること、もし挙行しなかったり、いつわりの報告をしたばあいには、厳重に処分することなどを布達している（圭室文雄「明治初期の宗教政策」『明治前期郷土史研究法』所収）。

まえにも引用した『読売新聞』第一号（明治七年一一月二日）は、その「説話《はなし》」欄に、「明三日は天長節《てんちやうせつ》といつて、日本皇帝《につぽんのてんし》睦仁《むつひと》　陛下《へいか》の御誕生日《ごたんじやうび》でございます」（ふりがなも原文のまま、以下同）といい、いまは将軍家が国中の政治をあずかっていたころと異なり、天皇自身が政治をとっているのだから、人々は「旧《もと》の五節句《ごせつく》などと違《ちが》ひ、大祝日《おゝいはひび》ゆゑどんなにもして　朝廷《おかみ》を御祝申上《おいはひまをしあげ》、また銘々《めいめい》も気《き》げんよく楽《たの》しまねばなりません」と述べて、はっきりと五節句とはちがうことを強調している。そして、「睦仁《むつひと》とは恐多《おそれおほ》くも　天子様《てんしさま》の御名《おな》まへで、陛下《へいか》といふのは天子様《てんしさま》を敬《うやまつ》ていふ言葉《ことば》、天子《てんし》さまの様《さま》の字《じ》にあたります」といい、その天皇の名前も知らぬ者がいくらもいるが、それは親の年を知らないようなものだから、おぼえておかねばならぬ、とくどくどと解説している。

このようにして、五節句と切りはなされた祝祭日には、全国の神社・官庁・学校などで祭典が施行され、毎年それがくりかえされることによって、しだいにそのイデオロギーを民衆のなかにしみこませていったのである。

「天皇」への定着

ちなみに、右の新聞からもわかるように、当時、一般の民衆に対しては、天皇は「天子様」ということばでよばれていた。これまでは私は便宜上天皇という表現を用いてきたけれども、じつはこの「天皇」という表現への定着過程は、近代天皇制の形成過程でもあった。つまり、明治初年には天皇をさししめすことばは、史料のうえでは皇上・聖上・聖主・聖躬《せいきゅう》・至尊・主上から天子・皇帝、あるいは立志社の「日本憲法見込案」やいわゆる「五日市草案」(「日本帝国憲法」)のように国帝という語さえ用いられていた。もちろん、天皇もしくは天皇陛下ということばが使用されていなかったわけではない。

しかし、元老院の憲法草案は第一次案から第三次案まで皇帝である。家永三郎・松永昌三・江村栄一編『明治前期の憲法構想』所収の憲法草案をみると、皇帝にかわってはじめて天皇という表現がでてくるのは、明治一三年(一八八〇)九月三〇日ごろの執筆とみられる元田永孚《えいふ》の「国憲大綱」である。以後、政府側の憲法草案には天皇の語が用いられ、対する民権派側のそれには多く皇帝が用いられている。明治一五年、宮内省一等出仕伊地《いじ》知正治

（元老院議長）の「口演筆記」の「尊号」の項には、「天皇又ハ天子ト尊称シ奉リ、又ハ各国対等ノ公文式ハ皇帝ト称謂《しょうい》ヲ定メ候ヘバ、其他ハ不用ナリ」とある（皇帝陛下という語はアジア太平洋戦争前まで宣戦布告や条約などの外交文書に用いられている）。そして、明治二二年の大日本帝国憲法では、天皇に定着しているのだ。

祭祀と宗教の分離

さて、さきにみた神社を中心とした国家神道を宗教政策として政府が強行するかぎり、とうぜん、当時の開明化政策や信教の自由とは矛盾せざるをえない。神道自身に宗教としての未熟さがあればなおさらである。そこで、国民へこの神社神道を強制することからおこる矛盾を切りぬけるために、政府の打った手は、神社は宗教ではないとして、神社神道を宗教一般から切りはなすことであった。切りはなすことによって神社は祭祀のみに限定された。だが、国家がそのようなことを公認することは、逆に神社神道に国家宗教としての、特権的な地位をあたえることとなった。

ここに「祭祀と宗教の分離によって、宗教ではないというたてまえの国家神道が、教派神道、仏教、キリスト教のいわゆる神仏基三教のうえに君臨する国家神道体制への道が開かれ、世界の資本主義国では類例のない、特異な国家宗教が誕生した」のである。「こうして神社神道は、天皇制の正統神話と天皇を現人神《あらひとがみ》として崇拝する古代的信仰に立って完全に固定化され、近代社会の宗教として自己展開する道をみずから閉ざすことによって、国家にとってもっとも効果的な政治的思想的機能を発揮することになったのである」（村上前掲書）。神社神道の非宗教化というたてまえによって、逆にそれが国民をすべてその宗教的な網のなかに強制的につつみこむ国家神道への道が切りひらかれたのである。この歴史事実は、あらためてここに十分確認しておく必要がある。

第七章　岩倉米欧使節団

岩倉使節団と留守政府

岩倉使節団の出発

明治四年（一八七一）一一月一二日（陽暦一八七一年一二月二三日）。この日は朝からすみきった上天気だった。午前一〇時、横浜の県庁を馬車ででた、岩倉具視《ともみ》を大使とする米欧遣外使節団は、一一時、ランチで太平洋会社の外輪船アメリカ号（排水量四五五四トン、長さ三六三フィート、幅五七フィート）上の人となった。

そのころ、横浜港には一九発、つづいて一五発、いんいんと祝砲の轟音がひびきわたっていた。それはこの使節団の出発とアメリカ公使デ＝ロングの帰国を祝ってのものだったのである。「海上ニ砲烟《ほうえん》ノ気、弾爆ノ響《ひびき》、シバシ動《うごき》テ静マラズ」（原文では原則として濁点なし）と随員久米邦武の編になる『特命全権大使米欧回覧実記』（明治一一年刊）は表現している。

午後、アメリカ号は錨《いかり》を上げた。湾内の外国軍艦の甲板には水兵が整列、脱帽し、また港

表-26　岩倉使節団のおもなメンバー

特命全権大使	右大臣	岩倉具視
副使	参議	木戸孝允
〃	大蔵卿	大久保利通
〃	工部大輔	伊藤博文
〃	外務少輔	山口尚芳
一等書記官	外務少丞	田辺太一
〃	外務六等出仕	何礼之
〃		福地源一郎
二等書記官	外務少記	渡辺洪基
〃	外務七等出仕	小松済治
〃	〃	林董三郎(董)
三等書記官		川路寛堂
四等書記官	文部大助教	池田政懋
〃	外務大録	安藤忠経
理事官	陸軍少将	山田顕義
〃	司法大輔	佐々木高行
〃	侍従長	東久世通禧
〃	会計兼務戸籍頭	田中光顕
〃	造船頭	肥田為良
〃	文部大丞	田中不二麿

（注）「久米邦武文書」他により作成。

内では見送りの小さな汽船が幾艘もあとを追った。針路は南東よりやや東、しだいに遠ざかるかなたには、箱根・足柄の連峰に白雪をいただいた富士山がそびえたち、おりからの夕日にひときわ美しく映えていた。

使節団の特徴

この岩倉使節団の横浜出航時のメンバーは四六人、おもな顔ぶれを右の表-26にかかげておこう。

この四六名（塩田三郎一等書記官は、この使節団とともに発令されていたが、アメリカからの現地参加だから出航時のメンバーにはいない）の使節団の特徴を三つだけ挙げておこう。

第一は、使節団首脳には、岩倉を大使とし、政府の薩長を代表する実力者中の実力者がおり、理事官には大使・副使の息のかかった者、そのもとに各省のテクノクラート（技術官僚）が選ばれていたことである。つまり、使節団は岩倉のもと薩長実力者を中心とする藩閥色の濃いメンバーからなり、それにテクノクラートが加わっていた、ということになる。

第二には、書記官は圧倒的に旧幕臣だった（理事官随行にも旧幕臣はいる）。彼らは外国の知識は豊富で、語学に堪能であり、外交経験者でもあった。首脳五名中、外国体験をしたのは伊藤だけだったから、書記官が国際的な経験や知識、あるいはコミュニケーションの主たる担い手だったのである。

第三は、一行の若さであり、四六名中（二名不詳）の平均年齢は、ほぼ三二歳だった。この若さには、異文化受容における弾力性や伝統社会からの離脱可能な柔軟性をもつ発想を内包し、それを実行しうる体力をもっていたのである。

ただ、こうした特徴が、使節団内部の微妙な摩擦と対立の諸要素ともなったことは否定できない。旧幕臣たちは、使節や理事官らに「維新の仇《あだ》かえし」めいたことをするし、メンバーのなかの日本での「豪傑」も、彼らに手も足も出ない有様だったのである。

さらに一行には大使・副使の随従者や、米欧留学をめざした華・士族（女子留学生五人を含む）も加わっているから、総勢は一〇七人に達する大集団だった。この華・士族のなかには、公家の清水谷公考《しみずだにきんなる》（旧箱館府知事）、旧藩主鍋島直大《なおひろ》（佐賀）・黒田長知《ながとも》（筑前）・前田利同《としあつ》（富山）らがおり、留学生には、金子堅太郎・団琢磨《だんたくま》・中江篤介《とくすけ》（兆民《ちょうみん》）などの名もみえる。

当時一一歳の牧野伸顕《のぶあき》(大久保利通の次男。大久保の随従者で使節団メンバーではない。のち文相・宮相・内大臣など歴任)は、赤地で碁盤縞《ごばんじま》のフランネルのシャツを着こみ、大人の服をそのまま小さくしたような洋服で参加していた。

女子留学生と華族

また、女子留学生五人とは、開拓使から派遣された津田梅《うめ》(当時数え年八歳、のち梅子と改名。後年、津田塾大学の前身である女子英学塾長。父津田仙は元佐倉藩士、のち徳川家士養子、東京府士族、慶応三年幕吏随員として渡米、開拓使農事吏員)・永井繁《しげ》(九歳、のち瓜生《うりゅう》外吉海軍大将妻。義父永井久太郎は元幕臣、静岡県士族)・山川捨松《すてまつ》(一二歳、のち大山巌元帥妻。父山川尚江は元会津藩士、青森県士族。山川健次郎の妹)・吉益亮《よしますりよう》(一五歳、眼病にかかり中途帰朝、早世。父吉益正雄は元幕臣、東京府士族、東京府出仕、外務大《だい》録《さかん》)・上田悌《てい》(一六歳、吉益とともに中途帰朝、医師桂川甫純妻。父上田畯《しゅん》は新潟県士族、のち東京府士族、外務中録)の少女たちである。

ところで、この彼女らが「孰《いず》れも当時の政争に於て敗者となった東北地方又は東京の士族の少女で、大抵外務省又は開拓使の下級吏員の娘から採」られている、という史家渡辺修二郎氏の指摘は、見落とすわけにはいかない(『新旧時代』二の二)。というのも、時代はまだ

「あんな小さい娘さんをアメリカ三界へやるなんて。父親はともかく、母親の心はまるで鬼でしょう」（津田仙の妹、須藤八重野談。吉川利一著『津田梅子』所引）とささやかれた維新期である。だから開拓使ないしは次官黒田清隆の開明性を、開拓使から政府に稟議《りんぎ》した書面（明治四年一〇月五日付）や、みずからの米欧巡遊で女子教育の必要を痛感したのだという黒田の体験からひきだす見解もないわけではない。

しかし、この見解だけでは、なぜ開拓使や外務省の幹部が、みずからの子女を送りこもうとすることなく、あえて右に指摘されたような女子留学生のえらびかたがなされていたのか、という疑問をぬぐいさることはできないからである（ちなみに、明治五年の開拓使や外務省の幹部や下級官員には、鹿児島や長崎＝肥前など藩閥関係者も多くいたのだ。三一八―三一九ページの表-31参照）。

開拓使の女子留学生の発想は、おそらくお雇外国人の影響もあったと思われるが、さきの人々のささやきからも推測できるように、当時幼い少女を外国に留学させることは、未知の世界への不安な実験台に立たせることにほかならなかった。それなればこそ、維新の敗者もしくはそれに近い立場にある下級官員の娘たちがえらばれた、とみなければなるまい（もちろん、実際に彼らのなかからえらぶときには、津田仙のようにすでに渡米体験をもつ者や、積極的な意向をもつ家庭からえらばれたのであろう）。

このえらばれた五人の少女たちに、皇后はみずから、帰国したら婦女の模範になれ、と沙汰書をくだし、いっしょに記念撮影をしたりした。

この皇后の沙汰書は、岩倉使節団同行の華族に対する、天皇の親諭《しんゆ》と対《つい》になっている、といえる。華族は「四民ノ上ニ立《たち》、衆人ノ標的」だから、知をひらき、才をみがき、眼を宇内《うだい》にむけて「有用ノ業」「実地ノ学」を外国で修めよ、というのがこの親諭の趣旨なのだ。つまり、一方では封建的伝統を背負う華族に新しい社会の師表をもとめ、他方、女子留学生へ開化の一斑《いっぱん》を託し、しかもそれを天皇・皇后をとおして表明させているところに、維新の性格がシンボリックに表出されているではないか。しかも、この伝統と開化の背中あわせの背後に、敗者をふみ台として勝者の進歩をかちとろうとする発想がかくされていたとすればなおさらである。

こうして、五人の少女たちは、振袖《ふりそで》に紫メリンスの袴《はかま》といういでたちで使節団に加わった。

使節団の目的

では、この岩倉使節団の目的は何であったのか。目的はつぎの三つだった、とされている（森谷秀亮「岩倉全権大使の米欧回覧」史学会編『東西交渉史論』下巻所収）。

(1) 当時条約をむすんでいた国々を歴訪して、元首に国書を捧呈し、聘問《へいもん》の礼を修める。

(2) 廃藩置県後の内政整備のため、米欧先進諸国の文物を親しく見聞して、その長所をとって日本の近代化をすすめる。

(3)　近く条約改定の期限（明治五年五月二六日。陽暦一八七二年七月一日）になるので、日本の希望するところを締盟各国と商議する。

この(3)の各国との商議の意図・内容についてはここでふれておく必要があろう。

明治四年九月、太政大臣の三条実美《さねとみ》は、外務卿岩倉具視に特命全権大使派遣にかんする二通の事由書を下付して意見をもとめた。

そこには、当面の国家の至上課題がつぎのようにうたわれていた。

分裂セシ国体ヲ一《いつ》ニシ、渙散《かんさん》セシ国権ヲ復シ、制度・法律駁雑《ばくざつ》ナル弊ヲ改メ、専《もっぱ》ラ専断拘束ノ余習ヲ除キ、寛縦簡易《かんしょう》ノ政治ニ帰セシメ、勉《つとめ》テ民権ヲ復スルコトニ従事シ、漸《ようや》ク政令一途ノ法律同轍《どうてつ》ニ至リ、正ニ列国ト並肩スルノ基礎ヲ立《たて》ントス。宜《よろし》ク従前ノ条約ヲ改正シ、独立不羈《ふき》ノ体裁ヲ定ムベシ。

ここには国権の統一と万国対峙《たいじ》とが、条約改正問題にからめて「独立不羈ノ体裁ヲ定ム」という語に集約されている。

だが、もし条約を改正しようとすれば、それは「列国公法」つまり、国際法によらなければならない。国際法によろうとすれば、とうぜんそれに抵触し、相反する従来の国内法はかえなければならない。この国内法の「変革改正」には時間が必要である。右の事由書はほぼそれを三年とみて、それゆえにこそ改定期限にさきだって、「我ヨリ先発シ、彼ヨリ求ムル所ヲ我ヨリ彼ニ求」めて、条約改正の暫時の延期を申しでようとしていたのだ。

つまり、国内体制の整備という「変革」の問題を、条約の「改正」よりも優先させ、そのことをとおして世界に対する国権確立をめざそうとしていたのである。

使節団派遣の力点

だから、さきの(2)にかんしては、(イ)制度・法律の理論と実際、(ロ)理財・会計（諸産業をふくむ）にかんする法規と方法、およびその現況、(ハ)各国教育の諸法規と実情の調査などに重点をおくことをさだめ、その視察対象をもあげ、それぞれ担当者に分担させている。それはこの使節団派遣の力点がどこにおかれていたかを明白に物語っている。廃藩置県後まもない、国家整備のもっとも重大な時期に、政府の首脳の大半が大挙して国外にでるという、一見暴挙とも思われる措置がとられたのは、その焦眉の急ゆえとみなければならない。

たしかに、明治四年のはじめ、財政経済制度調査のために滞米中の大蔵少輔《しょうゆう》伊藤博文が、条約改正問題で使節の派遣を本国政府あてに提示したことや、木戸や大久保が、以前から外国行きを希望していたことも事実である。そしてまた、いまこの時期に彼らがこぞって外国へでかけることへの反対論が強かったことも否定できない。しかし、あえて政府がこの挙にふみきったのは、「列国ト並肩スルノ基礎」を確立する国内変革と条約改正が不可分であり、その前提として、改定期限を機に攻勢にでるであろう列国に対して、先手をうつために、米欧回覧が緊急かつ当面の必要不可欠の課題であると考えたからにほかならない。

そしてまた、大使岩倉のもとに、当面政府中の最大の実力者であった木戸・大久保の二人を副使に加えているのは、「日本には、両人より以上に、外国の知識をもっているものは多いと思うが、使節は過去数年間の事件にすぐれた役割を演じた政府のメンバーをふくむことが重要である。このような人々は過去の事件にもっとも精通しており、いっそう大きな権威で語ることができる」という、使節団正式任命の数日まえ、イギリス代理公使アダムスを訪《おとの》うたさいの岩倉のことばが、この間の事情を端的にしめしている（石井孝「岩倉使節団の対英交渉」『文化』三六の一・二所引）。

もちろん、当初の予定では、米欧滞在日数は六ヵ月半、旅行日数を合わせても一〇ヵ月半という計画であったから（実際には約一年一〇ヵ月。ただし、木戸・大久保は途中で帰国）、この程度の期間ならば、政府部内は残留の参議西郷隆盛・板垣退助らで十分統御できるという見とおしをたてていたのであろう。

留守政府との約束

使節団出発後の、この残留の政府を、ふつう留守政府とよぶ。では、この留守政府の状態

表-27　12ヵ条の約束の署名・捺印者

官職名	氏名	官職名	氏名
太政大臣	三条実美	大蔵卿	※大久保利通
右大臣	※岩倉具視	大蔵大輔	井上馨
参議	西郷隆盛	兵部大輔	山県有朋
〃	※木戸孝允	文部卿	大木喬任
〃	大隈重信	工部大輔	※伊藤博文
〃	板垣正形(退助)	司法大輔	※佐々木高行
議長	後藤元燁(象二郎)	司法大輔	宍戸璣
神祇大輔	福羽美静	宮内卿	徳大寺実則
外務卿	副島種臣	開拓次官	黒田清隆

(注)『岩倉公実記』中巻より。※印は岩倉使節団参加者。なお，司法大輔は『校訂明治史料　顕要職務補任録』によると，佐々木高行は明治４年７月９日参議より任（６年４月17日罷），宍戸璣は明治４年11月４日，司法少輔より任（５年５月22日罷）となっている。

はどうだったのか。久米の『回顧録』には、つぎのように語られている。

　留守居の政府は、三条太政大臣を輔佐して西郷隆盛と大隈重信と板垣退助との三参議が正院を組織し、外務卿の椅子は大使の出発後は副島種臣に廻り、外交巧者の寺島宗則が外務大輔の職に就き、大久保のゐない大蔵省は大輔の井上馨が采配を振り、司法卿は大木喬任《たかとう》、工部卿は後藤象二郎であった筈《はず》である。陸海軍は分離せずに兵部《ひょうぶ》省であり、大輔の山県有朋が後事を託されてゐたと記憶する。

　だが、それでも時期が時期だけに、出発する使節団首脳と留守政府とのあいだには、「万一議論矛盾シ、目的差違ヲ生ズル時ハ、国事ヲ誤リ、国辱ヲ醸《かも》ス」という心配から、明治四年一一月九日、一二ヵ条にわたる約束がとりかわされた。

その署名・捺印者《なついん》は前ページの表-27のとおりである。そして、この約束一二ヵ条にはつぎのような内容がもりこまれていたのだ。

(1)　こんどの使節団派遣の趣旨を奉じて一致協力し、「議論・矛盾・目的・差違」を生じてはならない（第一款《かん》）。

(2)　「中外要用ノ事件」については、その時々にたがいに報告しあい、また、ひと月に二回の書信は欠かしてはならない（第二款）。

(3)　使節団が使命をとげて帰国したら、各国の商業および考察した条件を参酌、考定し、これを実地に施行する（第四款）。

(4)　「内地ノ事務」は大使帰国のうえでおおいに改正するつもりだから、その間はなるべく新規の改正をしない。もしやむをえず改正することがあれば、派出の大使に照会せよ（第六款）。

(5)　廃藩置県の処置は、「内地政務ノ純一ニ帰セシムベキ基《もとい》」であるから、条理をおって順次その実効をあげ、「改正ノ地歩」とすべきである（第七款）。

(6)　諸官省長官の欠員は参議が分担し、その「規模・目的ヲ変革」しない。また、諸官省の勅・奏・判任のいずれも官員をふやしてはならない。もしやむをえず増員するときは、その理由を述べて決裁をうけなければならない（第八、第九款）。

(7)　諸官省とも、現在雇い入れの外国人のほかに、さらに雇い入れてはならない。やむをえないときは理由を述べて決裁をうけよ(第一〇款)。

(8) 右の約束は遵守して違背してはならない。もし変更を要するときは、それぞれ照会のうえで決定しなければならない(第一二款)。

「鬼の留守に洗濯」

しかし、実際にはこの約束は守られてはいない。守られていないどころか、留守政府のもとで学制改革・徴兵令施行・地租改正、あるいは身分制改革・太陽暦の採用・国立銀行条例施行等々、枚挙にいとまのない改革の実施である。兵部省が廃止され、陸軍・海軍の二省が設置されたのは明治五年二月二八日であり、神祇省が廃されて教部省になったのも、同年三月一四日のことで、いずれも留守政府の手によってである。

これらは右の(5)の廃藩置県延長上の「改正ノ地歩」にあたるとも考えられるが、改革の内容からみると、明らかにその枠《わく》をはみだしている。とすればとうぜん(4)に該当するといわなければならない。にもかかわらず、これらは照会のいとまもなく、つぎつぎと施行された。

たとえば、旧暦明治五年一二月三日にあたる日から太陽暦に切りかえられたが(その日が明治六年＝一八七三年一月一日となる)、その通知は、改暦わずかに一〇日まえの一一月二二日、東京の太政官よりロンドン弁務使館あてに一片の電報で報じられたにすぎない。「寝耳に水を灌《そそ》がれた如く、委細の情実判らず、(中略)何の必要あつて改暦したかは、大使・

副使以下書記官連も理解出来ず、『文面上の繁《はん》を増したのみ』と、外務の常務主任田辺太一は呟《つぶや》いて居た」（久米『回顧録』）という状態だったのである。

約束違反までして留守政府がそうせざるをえなかった背景には、政府部内の暗闘と反目があった。この状況を留守政府の長としての太政大臣三条実美は、岩倉大使あてに、「使節団の帰朝まではなるべく改革はしないようにと昨秋以来いろいろ相談していたけれども、しだいに各省は対立状態になり、会計上にもさしつかえが生じ、このままではついに瓦解《がかい》してしまうのでやむなく評議の上改革をした」（大意）と、明治六年五月、書を送って了解をもとめているのである。

だから、後年、大隈重信のつぎのような説明も生まれてくる。

左《さ》れば成《な》るべく速《すみや》かに使節を派遣して諸外国に説《とき》て、条約改正に合意せしむるは当時の急務なるのみならず、何を為《な》しても成らざるなき内政すら、薩長の軋轢《あつれき》、官吏の衝突の為《た》め、其処理裁断の困難を極めて、諸般の改革・改新の阻格《そかく》せらるゝ弊患を芟除《がいじよ》するは、出来るだけ其人人を外国に派遣し、謂《いわ》ゆる「鬼の留守に洗濯」と云ふ調子にて、其間に十分なる改革・整理を断行するにありしを以て、兎《と》も角《かく》も、成《な》るべく速かに、且《かつ》出来るだけ多数の人を派遣すべしとて、扨《さて》は一百に近き多人数を派遣するに至りしなり（『大隈伯昔日譚』）。

派閥対立と官僚機構

たしかに三条が嘆き、大隈がいうように、政府内部での派閥の対立ははげしいものがあった。すでにそれは民蔵分離問題で表面化していた。すなわち、明治二年（一八六九）八月、民部・大蔵二省が合併され、この民蔵を参議木戸にバックアップされた大隈（大輔）・伊藤（少輔）・井上馨（大丞）らがにぎり、これに大納言岩倉とむすぶ参議大久保・副島・広沢・佐々木らが対立した。翌明治三年七月、民部・大蔵両省は分離、大隈の参議昇格で木戸派と大久保派は妥協をみたが、同年閏一〇月の工部省の設置は木戸・大隈派のまきかえしで、大久保管轄下の民部省の権限削減がはかられた。

この民蔵分離問題ははしなくも派閥の対立と官僚機構との結合をしめしていたから、その主導権争いとあいまって、機構の整備が急がれた。廃藩置県直後の明治四年七月二九日の太政官三院制（正院《せいいん》・左院・右院）はその第一歩だった。これによって、天皇のもとに正院を最高の輔弼《ほひつ》・執行の機関とする政治の一元化は制度のうえでは実現した。そして、公家出身の三条・岩倉がそれぞれ太政大臣・右大臣につき、参議には、薩の西郷、長の木戸、土の板垣、肥の大隈という薩長土肥出身者それぞれ一という均衡をとってかためられ、藩閥政府の骨格が形成された（二九八ページの表-29参照）。

ところで、この改革以降、大蔵省の行政権限は、各種の租税徴収と各省の予算決定の実権をはじめ、財行政および司法権の一部さえももつという包括的なものとなる。そして、卿《きょう》（長官）は大久保、大輔《たゆう》は井上馨、少輔《しょうゆう》に津田出《いずる》、谷鉄臣《てつおみ》・安場《やすば》保和《やすかず》・渋沢栄一が大丞《だいじょう》、権《ごん》大丞に松方正義という顔ぶれであった。その大久保が岩倉にあてて、大蔵省の権限のあまりの強大さに異論が多く、「不日必ラズ不測之弊ヲ生ジ、又々御変革トカ申事」になったのではたいへんだから、木戸とともに洋行させてほしいと申してでているのは（明治四年九月一二日付）、その辺の事情を語っているといえよう。それは同時に、大久保にしても木戸にしても、みずからを中心とする派閥の対立が、統一国家をめざす重大な時期に不測の事態をひきおこすことを、もっともおそれていたことをしめしている。彼らがともに岩倉使節団に加わっている一斑の理由である。

大久保が米欧に出むくや、大蔵省の実権は大輔井上にうつった。当初、大隈は、この井上をみずからの後任として大蔵大輔に推薦したのであるが、徐々に井上との対立を深めた。それは同時に大隈の木戸派からの離脱であり、大久保派への接近を意味した。明治六年五月、予算削減をめぐって大蔵省と各省との対立が生まれ、とくに司法・文部両省との対立ははげしかった。

これは木戸とむすぶ井上と、左院副議長から司法卿となった江藤新平および文部卿大木（いずれも肥前出身）との政治的対立でもあったが、「井上が経済の許さゞるを言ふや、江藤は声に応じて曰《い》ふ、足下《そっか》豈《あに》経済を知らんや、足下の言ふ所は勘定のみと。衝突愈々《いよいよ》劇《はげ》しく、遂に救ふべからざるに至る」(三宅雪嶺著『同時代史』第一巻)といわれているほどだったのである。

五月七日、井上は、当時大蔵少輔事務取扱であった渋沢とともに、国家財政をかえりみず事を急ごうとする政府の処置を非難する意見書を提出し、辞職した。参議大隈が大蔵省事務総裁を兼ね、財政上の疑念一掃のために、歳出入見込会計表を公布したのは、その翌六月のことである。

かつて民蔵分離問題の段階での岩倉・大久保派と木戸・大隈派との対立は、いまや大隈をふくむ大久保派と木戸・井上派という新しい対立様相をしめしていた。薩長土肥藩閥政府といっても、その枠《わく》のなかではきわめて流動的になってきていたのである。要するに、大久保と木戸に象徴される薩長閥(そしてその内部の対立)を核とし、肥前や土佐派などの対抗がその周辺にうずまいていた、といえよう。

使節団の国家的課題

そうした派閥のうずまく対立があったからこそ、自分が発議して派閥の実力者たちを海外に派遣して、その間に「鬼の留守に洗濯」をしたという大隈の表現には、大隈一流の自己顕示と誇大がふくまれてはいるものの、使節団派遣が派閥軋轢《あつれき》の弊害を克服する一つの方法と考えられていたことも事実である。と同時に、この使節団の目的と使命は、それらの派閥対立をこえた国家の至上課題として意識されていたのである。そして、また、一二ヵ条の約束に違反して、実際に「鬼の留守に洗濯」がなされたにもかかわらず、その責任があえて問われることなく、逆にその既定事実のうえに立って、帰国後の岩倉・木戸・大久保らが、征韓論に対して、ともに内治優先を主張しているのは（後述）、約束違反の諸改革・諸政策が、彼ら使節団が海外において現実に感得してきたものと、すくなくとも方向だけは異なっていなかったからにほかならない。

「ブリーフ・スケッチ」

もうひとつここでふれておきたいのは、前述のような政府内のいざこざのなかで、そもそも使節団の米欧派遣の背景に次のようなことがあったことである。

オランダ系アメリカ人（法規上は無国籍）の宣教師、御雇《おやとい》顧問フルベッキ（一八三〇—九八）が、大隈重信あてに、明治二年五月二日（陽暦一八六九年六月一一日）「ブリーフ・スケッチ」という使節団派遣の素案を出し、紆余曲折《うよきょくせつ》を経て岩倉使節団派遣計画となったことである。彼はまた、岩倉使節団のメンバーに「内々」で、報告書の作成のマニュアルも手渡していた。前記の『米欧回覧実記』は、そのままではないにしてもそれを参考にしていると思われる。

しかし、このことはあくまで「内々」のことだった。当面の国家課題を御雇外国人とはいえ、外国人のプランに拠りかかっていたと思われると、どのような反対がおこるかもしれないと、政府首脳は危惧していたからである。

さて、岩倉使節団とともに日本をあとにしよう。

アメリカでの使節団

初体験

明治四年(一八七一)一一月一二日(陽暦一八七一年一二月二三日、以下同)、横浜港を出航したアメリカ号は、一二月六日(一八七二年一月一五日)、サンフランシスコについた。そのときのようすはすでに本書の冒頭にふれたのではぶく。彼らのアメリカでの生活がはじまった。すべてがはじめての経験だった。久米邦武は『回顧録』にこうつづっている。

桑港《サンフランシスコ》市街の内外景は、始めて西洋の土地を踏んだ者には何から何まで驚異の種で、鍋島直大《なおひろ》公は岩倉大使を訪ねてホテルへ来られ、大戸口の階段に嵌《は》めた大鏡に映つた錯覚とサロンの華麗には驚かれたが、又三百人の就食が出来る食堂にも驚かれた後、余に「旅館に来い」と申された。余は翌朝早速《さつそく》出かけて行き、「ミストル、ナベシマ」といふと、給仕が導いて一小室に坐《すわ》ゐたが、其の室に他の西洋人男女二、三人ゐたが、アツと思ふ間にドキンと動き釣り上げられた。途中に止り、戸が明いた処、外人は出で行《マ》いた《こ》。二度目に止つた時「出ろ」といはれ、室を出で廊下を見廻した処、公の部屋番号が見つかつた。是《これ》がエレベーターの初体験である。

さらに、彼らは男女の風習に驚嘆した。すでに航海中、妻子同行のデ＝ロングの行動、とくに彼のその妻に対する一挙一動に、一行はどぎもをぬかれた。「我々は彼を生来妻に溺愛《できあい》者と評判した」と、さきの久米の『回顧録』には書かれているのだが、サンフランシスコについて、その同宿のいずれもりっぱな「ゼントルメン」が、ホテルの廊下をゆききするのに、かならず夫婦で手をにぎりあっているどころか、夫が妻に対して侍女か給仕のように振舞っているのをみて、彼はびっくりする。

此の頃の女の衣裳《いしよう》は裾《すそ》を長く曳《ひ》き、コーセツトとかいふ鉄線の提灯《ちようちん》へゴ（細き割竹をいふ―原注）の様に造つた箍《たが》で、腰の下を膨《ふく》ら（ま）せるを美観とする風《ふう》が流行して居た。其の異様な衣裳を着て婦人が階段など上下するに、其の裾を踏まぬ様に夫が裾を擎《ささ》げる役を勤める。又馬車に乗るにも妻の腰を抱《かか》へて上《の》せ、乗れば膝掛《ひざかけ》をかけ、手袋を着ける時は指を入れてやり、坐るには椅子を押して腰掛けさせるなど、始終東洋で侍女のする役を勤める習俗が嫌《いや》に目についた。其の後、処々の富豪から荘園に招かれ、饗宴《きようえん》の食卓につくと、何時《いつ》も主婦が正席に就いて賓客の接待に当り、当人は末席に坐して給仕頭の役を勤めるが作法となつてゐる。全く乾坤《けんこん》を反覆した嬶天下《かかあでんか》である。

しかし、こんなに女たちのでしゃばる「下劣な風俗」は、ここサンフランシスコが、金銀鉱めあてにあつまった「西洋人逋逃《ほとう》の巣窟《そうくつ》」だからなのであろう、まさか東部の「文明地方」ではこんなことはあるまい、あろうはずはない、と久米はみずからをなぐさめつつ、「西洋風俗の真相に対して判断を下す事を暫《しばら》く遠慮」したのである。

発展の原動力

さて、この地方の羊毛紡績場や諸製造場、会社・学校や諸施設などの視察と見学を終えて一行はアメリカ大陸を東へ横断、首都ワシントンにむかった。

途中、ロッキー山脈の大雪になやまされながら、ソルトレークに到着、ここでモルモン教の大寺院を見学した。この宗派の一夫多妻制は使節団をおどろかすに十分だった。

ミズーリ川を経てシカゴについた使節団にとって、この広大な大陸の大自然と、そこにつくりだされた人間世界のドラマは、鮮烈な印象だった。「米国ノ広土ヲ経過シ、既往ニ因《よっ》テ将来ヲ想像スレバ」として、『回覧実記』はつぎのようにいう。

図-12　岩倉使節団のコース　訪問の経路（年月日はすべて太陽暦）

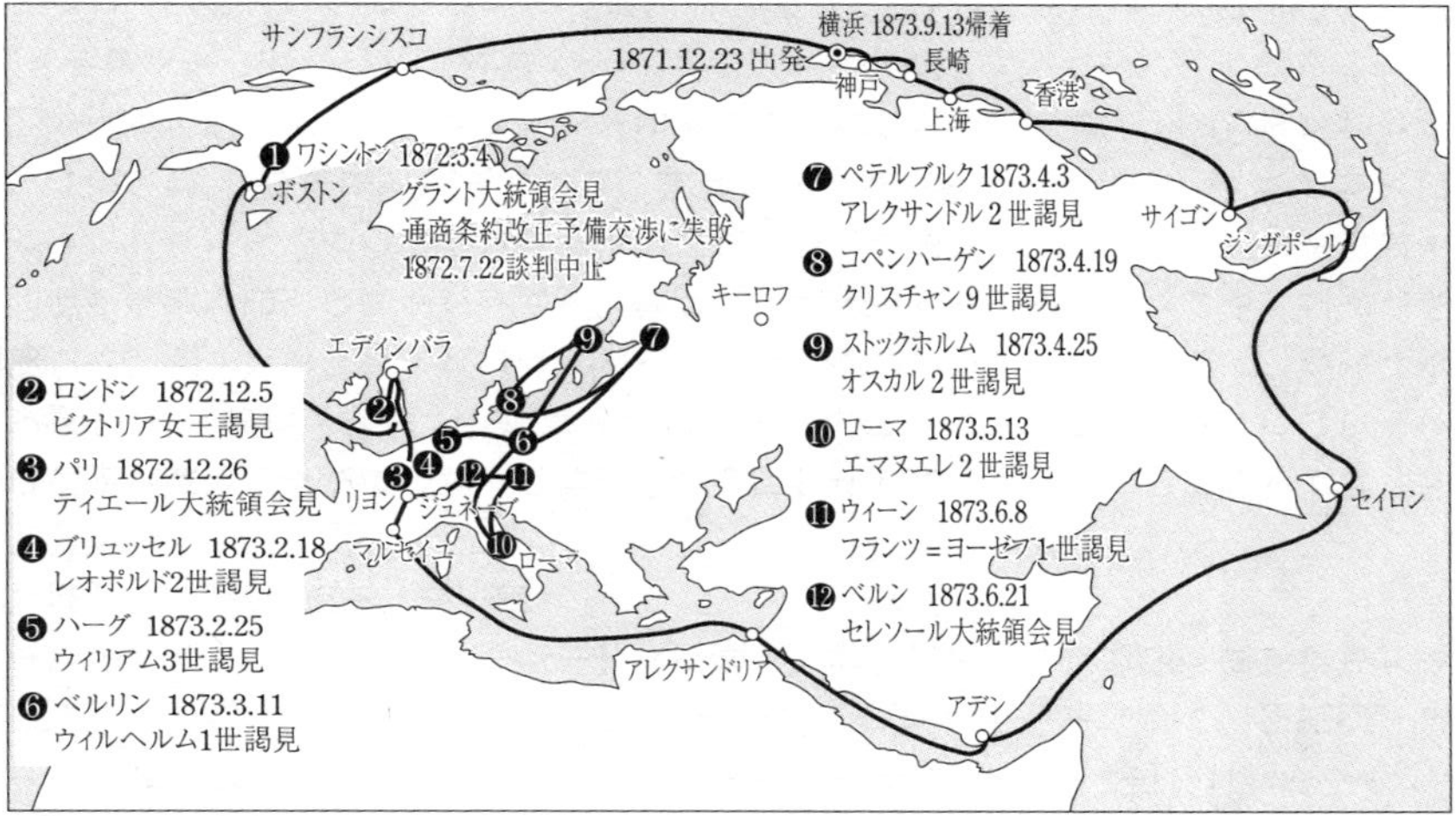
サンフランシスコ
1871.12.23 出発
横浜 1873.9.13帰着
神戸
長崎
上海
香港
サイゴン
シンガポール
セイロン
アデン
アレクサンドリア
キーロフ
エディンバラ
リヨン
ジュネーブ
マルセイユ
ローマ
ボストン
❶ワシントン 1872.3.4
グラント大統領会見
通商条約改正予備交渉に失敗
1872.7.22談判中止
❷ロンドン 1872.12.5
ビクトリア女王謁見
❸パリ 1872.12.26
ティエール大統領会見
❹ブリュッセル 1873.2.18
レオポルド2世謁見
❺ハーグ 1873.2.25
ウィリアム3世謁見
❻ベルリン 1873.3.11
ウィルヘルム1世謁見
❼ペテルブルク 1873.4.3
アレクサンドル2世謁見
❽コペンハーゲン 1873.4.19
クリスチャン9世謁見
❾ストックホルム 1873.4.25
オスカル2世謁見
❿ローマ 1873.5.13
エマヌエレ2世謁見
⓫ウィーン 1873.6.8
フランツ＝ヨーゼフ1世謁見
⓬ベルン 1873.6.21
セレソール大統領会見

（注）田中彰『岩倉使節団』より掲載。

四〇年前、大都市シカゴもあるかないかのころには、オマハ以東の諸州土はみなロッキーのような荒野だったのだろう。ところがいまやシカゴは「烟花《えんか》ノ都」となり、ミシシッピ河谷にも人が住み、オマハも都会となっている。「今ヨリ四十年ノ後ハ、哈馬哈《オマハ》ニモイカナル紅塵《こうじん》ヲ簇《ぞく》シ、更ニ『プレーリー』ノ原野ニ、林村鬱茂《うつも》シテ、移民ノ車ヲ転走スルニ至ラン歟《か》」(口語訳を混用、以下同)。

この急速な発展をもたらしたものはいったい何であったのか。一行の目にそれは「物力」として映った。「世界ノ大宝ハ、貨財ニ在《あら》ズシテ、物力ニ在《あり》」と断言しているのである。その証拠には、サンフランシスコにも、シカゴにも、そしてセントルイスにも、ひさしをつらねて巨商や豪農は百万の富をたくわえ、貨財はありあまっているではないか。にもかかわらず、カリフォルニアからこの州にいたるあいだの肥沃《ひよく》な土地が、草の生い茂るままにまかせられているのは、「貨幣足ラザルニ非《あら》ズ、物力ノ足ラザル故ナリ」とし、とりわけ人口不足が原因とみる。だから、アメリカは欧米各国からの移民に力を入れ、とくにアフリカからは「黒奴《こくど》ヲ猟獲《りようかく》シ来《きた》」ったのだ、と述べる。

ちなみに、このアメリカにおける「黒奴」問題については、その歴史的経過や南北戦争(一八六一―六五)、そして一八六五年(慶応元)の奴隷解放にもふれてはいる。そこでは「白黒ノ涇渭《けいい》(区別の明らかなこと)ハ判然ナリ」と、黒人に対する『回覧実記』の「愚民」

（この表現もある）観はおおうべくもない。だが、黒人のなかにも、「自主セル黒人」や「巨万ヲ累《かさ》ネタル豪性」のものがいて、皮膚の色は知識に関係ないことは明らかだ、ともいい、「顧《おも》フニ十余年ノ星霜《せいそう》ヲ経バ、黒人ニモ英才輩出シ、白人ノ不学ナルモノハ、役ヲ取ルニ至ラン」と述べている。それは教育による人材の輩出こそが先進国（白人）に追いつき、追いぬくことが可能な道であることを、後進国の有色人種の立場から考察している、といえるのである。

そして、『回覧実記』は、ここではるかなる故国の地に思いをはせる。

顧みてわが日本を回想すれば、至宝の人口はほとんど米国に同じだが、その建国は一〇〇倍も昔であり、土地は一〇〇分の三におよばない。だが、「野《や》ニ遺利アリ、山ニ遺宝アリ」、かつ上下貧弱をまぬがれないのはなぜか。けだし、「不教ノ民ハ使ヒ難ク、無能ノ民ハ用ヲナサズ。不規則ノ事業ハ効ヲミズ」。民力が多くても、その至宝としての価《あたい》を生ぜしめるには、ただ漫然として希望していたのではだめなのだ。

あのアメリカの「紳士」たちが、みな熱心に宗教を信じ、さかんに普通教育に力を入れているのは、「流《る》民傭奴《みんようど》ノ頑魯《がんろ》」の啓発や生活の安定のために、それが必要だからなのである。そして、彼らはこれに「規則」をあたえ、「功程」を課し、これを「厳督」し、信賞必罰、みずから率先して生産を興している。だから、「民心ミナ其方向ヲ一ニシテ、富殖ノ源ヲ培養スルニヨリ、国ノ興ル勃如《ぼつじょ》ナリ」ともいう。

アジア・日本とアメリカ

にもかかわらず「東洋ハ之《これ》ニ反ス」と『回覧実記』は断言する。つまり、アジアでは「上等ノ人」は、その学ぶところのものは「高尚ノ空理」か、さもなければ「浮華ノ文芸」のみで、「民生切実ノ業」は瑣末《さまつ》のこととしてかえりみない。「中等ノ人」は「守金奴《カネノバンニン》」(ふりがなは原文のまま。以下同)になるのでなければ、「賭博流《バクエキ》」となり、財産をおこし「不抜ノ業」をたてるという心はない。だから、「下流ノ賤民」は、かろうじて衣食にありつき、「一日ノ命ヲ偸《ぬす》ミ、呼吸スルノミ」である。これでは「人ニシテ人ノ価ナシ」というべきだ。したがって、たとえ人口が億に達しようとも、それはすこしも富強にプラスとならない。つまるところ、東洋の沃土《よくど》も人力を用いなければ、いつまでもその大自然は価値を生ずることとなく、国利をおこすことにならない、というのである。「今ヨリ国ノ為メニ謀《はか》ルモノ、夫《それ》コヽニ感発シテ、奮興スル所ヲ思ハザルベカラザルナリ」と。

日本の民衆を「不教ノ民」「無能ノ民」と表現し、アメリカと対比したアジアの社会にきびしすぎるほどの目をむけているのは、その民衆観もさることながら、広大な大自然にいどむアメリカの人力のたくましさに圧倒されたからであろう。「米国ノ人口、現今ノ全数ハ、我邦《わがくに》ト粗《ほぼ》相当ルノミ。然ルニ数十倍ノ地積ヲ兼テ、能《よく》開墾ノ功ヲ示スハ、実ニ驚クベキニ似タリ。該地ヲスギ、該境ヲ目撃スレバ、反《かえつ》テ我邦ノ偸惰コソ驚クベキヲ覚フナリ」と、痛烈な自己反省をこころみているのである。

支配者の視点

米欧回覧中、使節団はこうした東西の対比をいたるところでする。ややさきばしっていえば、この比較の基軸には、日本の支配者としての近代国家創出の視点がある。彼らがこの視点にたつ使命感と、つぎつぎに眼前に展開する米欧の近代国家としての富強の強烈な印象とをかさねあわせていったとき、一行がいかにその富強になぞらえて明治国家構築の構想に思いをめぐらせたかは、推測にかたくない。ただ、その場合、つぎのような読みこみかたをしたことも否定できないのだ。

それはまえにふれた、木戸らがアメリカ憲法の翻訳などをしていたときのことである（六四—六五ページ参照）。彼らは「独立宣言」を訳そうとしたが、意味不明のところがでてきた。そこで福沢諭吉の『西洋事情』（慶応二年刊）の翻訳と『聯邦志略』（中国版を日本に輸入、翻刻）のそれとを参考にした。ところが、福沢訳には、がまんのならない悪政府は転覆させてもいいという革命の側面に力点がおかれているのに対し、『志略』のほうはできるだけ従来の政治をしんぼうし、こらえきれなくなったとき、やむなく独立するという、どちらかといえば、革命を軽々しくしてはならぬというところに重点をおいて解釈されていた。これをみて木戸は、福沢訳は「読みかたが浅い」としきりに嘆息した、というのである。

この話を『日米文学交流史の研究』のなかで紹介した木村毅氏は、福沢訳のほうが原文にはむしろ近いのに、木戸が「浅い」と嘆いているのは、「一《ひと》たび維新の大業がなって、今まで主客が転倒して、自分らが台閣に立って政治をおこなう段になると、そうそう手がるく政府をたたきこわすような、荒っぽいことはしてもらいたくない。(中略)現在の木戸には『聯邦志略』の訳文が、反覆して、悪政も忍ぶことを強調しているように思えるのが、自分の立場を擁護するのに便宜に感じられただけの話である」と注釈を加えている。使節団の米欧先進文物受容のしかたが端的にしめされているではないか。事実、こうした判断が随所にはたらいていたからこそ、一行は彼らのめざす天皇制国家の枠組《わくぐみ》をはみだしたものは、惜しげもなく切りすてているのである。

共和政治の特色

使節団がワシントンについたのは、年も明けた明治五年一月二一日(一八七二年二月二九日)だった。でむかえの駐劄《ちゅうさつ》少弁務使森有礼《ありのり》(五年四月、中弁務使、一〇月、弁務使の廃官により代理公使に任命され、翌六年七月までアメリカに駐在)らとともに、一行は馬車でアーリントン＝ホテルにはいる。ホテルには、大統領夫人から花束が贈られてきていた。

一月二五日（三月四日）、岩倉大使や木戸ら四人の副使は、五人の書記官をしたがえて、ホワイトハウスをおとずれた。そして、国務長官フィッシュと森少弁務使に案内されて大統領グラントと会見し、全権委任の国書を提出した。このとき、岩倉と四副使は衣冠、書記官は直垂《ひたたれ》を着て、それぞれ帯剣していた。そこには洋風対和風の奇妙なコントラストがみられた。

ついで二七日、馬車で一行は理事官とともに議事堂を訪《と》い、上下両院の歓迎をうけたのである。ここで『回覧実記』はアメリカの政体にふれる。

「コングレス」（国会）ハ、米国最上ノ政府ニシテ、大統領ハ行政ノ権ヲ総《す》べ、副大統領ハ立法ノ長トナリ、大審官《チーフチヨッチ》ハ司法ノ権ヲトル。是《これ》当国聯邦政治《ユーナイテッドステート》ノ大綱ニテ、其立君国ト体面ヲ異ニスル基本ナリ。

イギリスから一三州が独立し、この「聯邦政治」が形成される過程で、各州は、「大統領ハ国王ノ変名ニスギズ。興軍・徴税等ミナ各州ノ自主ニ任スベシ」と主張した。その抗論は「沸《わく》ガ如ク」であったが、ワシントンの徳望によって協同するにいたった、という。そして、ワシントンが、後年語ったという、「国内ノ論戦ハ、英軍ト八年ノ苦戦ヨリ、幾層ノ猛烈ヲ覚へ、殆《ほとん》ド我耐忍力モ屈セントセリ」ということばを紹介する。『回覧実記』がこのことばにわざわざ圏点をふり、「寔《まこと》ニ守成《しゅせい》ノ撥乱《はつらん》ヨリ難キコト、是《これ》ニテ知ラレタリ」と述べているのは、幕末以来の動乱をくぐりぬけて、いまや支配の座についた使節団メンバーの共感するところだったからである。アメリカの政治の特色が、各州の自主独立にあることを十分知りつつも、あえて「守成」に力点をおくこのうけとめかたこそ、使節団の特質だったのだ。それは、「三尺ノ童子モ亦《また》君主ヲ奉ズルヲ耻《は》」じ、国会の力の絶大なこの共和国アメリカの政治に対するつぎのような批判とも相通ずる。

「官ヲ公選ニ挙ゲ、法ヲ公同ニ決ス」るのは、体面は実に公平を極めたようだけれども、上下院にえらばれた人をみな「最上ノ才俊」でみたすことはできない。「卓見遠識ハ、必ズ庸人《ようじん》ノ耳目ニ感ゼズ。故ニ異論沸起《ふつき》ノ後ニ、同意ノ多キニ決スレバ、上策ハ廃シテ下策ニ帰スルヲ常トス」。専任の者がひとたび起草したものは、いったん異議が出ても、十中の八、九は必ず原案通りに決してしまう。だから、専任の担当者に買収のための贈りものがなされるということもありうるし、行政官吏の私意が、陰で立法院の議を左右することがないとはいいがたい。「是ミナ共和政治ノ遺憾アル所ナリ」。

「卑猥の醜俗」

二月六日（三月一四日）、ホテルではこの地の高官・紳商千余名をまねいて大レセプションがひらかれた。使節団が主催したのである。大使をはじめとして一行は「ドレスコート」を着、ながい廊下に立ちならんで来賓をむかえた。来賓たちはみな夫婦が手をにぎりあい、あるいは子女とあいたずさえ、得々としてはいってきた。そのありさまはあのサンフランシスコと同じではないか。立食の饗宴《きようえん》がはじまるや、食べものやグラスを妻や娘にとってやり、彼女らは椅子にすわったまままで命令し、音楽が奏でられると、来賓の処女は男と相擁して踊る。「我々の眼には如何《いか》にも猥褻《わいせつ》を極め、女に鈍《のろ》い風俗と認められた」（久米『回顧録』）――久米の「西洋風俗の真相」に対するさきの留保は、たちまちみじんにうちくだかれたのである。「彼等は自制力の微弱な性分であつて、欲望や感情を露骨に表す如何にも見苦しい習俗である」と彼はいう。

そして、これは男が腕力によって女を虐使した「古代の蛮風」を、キリスト教の力でつくりあげた美風だと弁護する西洋通に反発して、この「卑猥《ひわい》の醜俗」へのにがにがしい思いを書きとめているのである。

どろなわの委任状

明治五年二月三日（一八七二年三月一一日）から条約改正にかんする交渉がはじまった。すでにふれたように、条約問題は使節団の目的の一つの柱ではあったが、条約を改正し、調印するというのではなかった。

じつはこのことがまず問題となった。国務長官フィッシュは、もし使節団に条約締結の権限がないとすれば、草案書への調印の権限はあるのか、とせまった。談判の結果を記した書面に調印する権限はあると岩倉大使側は答えたものの、フィッシュは取極書《とりきめしょ》の調印は必要かつ重要であるとし、「暗に我が全権の不用意を難ずるかの態度を示した」（森谷前掲論文）。

結局、その後の交渉で大久保と伊藤とが改正の委任状を請いに帰国することとなった。調印の全権をもつことの必要性を力説したのは伊藤と少弁務使森有礼だったが、そこには明らかに使節団内部に混乱が生じていることがわかる。

大久保と伊藤は二等書記官小松済治《せいじ》らをともなって三月二四日東京に帰着、翌日、正院にでむいて改正の要旨を述べ、全権委任状を請うた。

外務卿副島種臣や同大輔寺島宗則をはじめ、留守政府に反対論が強かったが、ようやく五月一四日、委任状は下付された。大久保・伊藤らは国書と委任状とをもって、ふたたびアメリカにむかった。

この国書と委任状下付をめぐっては諸説がある。

すなわち、(1)アメリカとの条約改正についての談判は続行しないという条件で下付した、(2)改正談判は各国別にしないで、各国合同の調印を条件に下付した、(3)監察つきで（外務大輔寺島宗則を駐英大弁務使に任じ、赴任の途次、アメリカで改正談判を監察させる）、委任状を下付した、(4)上記三つの説のように条件つきではなく、調印方法も使節団に一任して下付した、というのである。

この(4)の説をとる下村冨士男氏の著『明治初年条約改正史の研究』はつぎのように述べている。

大久保・伊藤らはアメリカの態度をあまくみて、関税自主権は回復できるし、法権については好意をみせるだろうと考え、全権委任状をもらいに帰国したのである。そして対米条約は彼らが再渡米するまでに妥結すると考え、まず欧州行きを考え、森少弁務使に全権を委任し対米条約に調印させようと考えたのである。しかし対米交渉は意外に永びくし、森に対しては木戸らの反感が強くて到底《とうてい》全権を委任することができなかったので、大久保・伊藤らが再渡米したのである。そしてその際かれらが持参した全権委任状には、（中略）条件づきのものでなく、単独・合同何《いず》れでもよく、何処《どこ》ででもかまわなかったのであり、交渉方法も、かれらに任せていたものだったのである。

水泡の対米交渉

右の記述にもあるように、大久保・伊藤らの帰国中、木戸らは対米交渉を六回にわたってかさねたが、交渉は難航した。日本側の希望する関税自主権や領事裁判権、あるいは居留地問題などのどれ一つをとってみても、壁は厚く、また、アメリカと個別にこの問題を交渉するのがよいかどうかにも問題がでてきた。事情がしだいに日本側に不利とわかるや、木戸は調印自重論へとかわった。そして彼は、改正調印をしきりにすすめた森や伊藤らのことばを早計に信用したことを後悔しはじめたのである。在ロンドン留学生の調印反対論がそれに拍車をかけた。

木戸の当時の日記や書簡をみると、彼は森に対する不快感をかくそうとはしていない。一方、森のほうも使節団に対する批判をさかんにやったらしい。当時、秩禄《ちつろく》処分計画の一環として、外債募集の交渉にアメリカにきていた大蔵少輔吉田清成は、本国の大蔵大輔井上馨あてに、森は「岩倉は無学ぢやと歟《か》、或は日本政府之《の》始終動揺するとか」などと外国人に話し、一国の弁務使の発言としては不穏当きわまる、と憤慨した手紙を送っている（明治五年四月一六日付）。外債募集に森がまっこうから反対したこともあって、対立感情が吉田にあったのも事実だが、森の態度にも相当な矯激《きょうげき》さがあったらしい。時に森はかぞえ年二六歳。

また、木戸は、森の尻馬にのった伊藤に対しては、帰国後「彼は軽薄で大臣の器《うつわ》ではない」と語り、さらにこの問題をきっかけに、木戸と大久保との関係も「気拙《きまず》くなつた」と周囲は見はじめたのである（久米『回顧録』）。

こうした木戸の態度を、逆にジャーナリスト・思想家の三宅雪嶺（一八六〇―一九四五）は「既に神経衰弱に罹《かか》れるに非《あら》ざるやを疑ふべし」（『同時代史』第一巻）とのちに評している。

大久保・伊藤は、寺島とともに六月一七日（一八七二年七月二二日）午前六時、ワシントンについた。午前中ただちに彼らは岩倉・木戸らと協議にはいった。たがいに得失を論じたけれども、もちろん事態打開に名案があるわけではない。結局、その日、午後三時からの第一一回会談で、対米交渉は打ちきられた。

木戸はこの日、『日記』にこう記している。

余等百余日苦心せしことも、二氏（大久保・伊藤）態々《わざわざ》帰朝、種々尽議論《ぎろんをつくし》、五千里の海上、三千里の山陸を往来せしことも、皆水泡《すいほう》に属せり。故《ゆえ》に為国《くにのため》に事を処する、其始《そのはじめ》謹慎沈黙、思慮を尽さずんばあるべからず。

それにしても、あれほど新政府の実力者たちで構成され、かつ幕末外交のベテラン旧幕臣らも加わったこの使節団が、ひとたび外交交渉にうつるや、たちまち混乱を生じ、あわてて主要メンバーを帰国させ、いざ委任状をととのえたときには交渉打ちきりというのでは、いかに国際法の知識が乏しく、外交経験が浅かったからとはいえ、あまりにもおそまつすぎる。「大使副使の名あるも観光団に異らず」（前掲『同時代史』）と皮肉られるゆえんである。

かくて、使節団はワシントンを出発、アメリカ北部一帯の視察を終えて、七月三日（八月六日）、イギリス船オリンパス号でボストンからヨーロッパへとむかった。

ヨーロッパ巡遊

イギリスへ

一〇日間の大西洋航海ののち、明治五年七月一四日（一八七二年八月一七日）、使節団はイギリスのリバプールについた。彼らはただちにロンドンにむかい、パレス＝ホテルに宿をとる。以後各地を歴遊し、イギリスをあとにするのはその年の一一月一六日。ちょうど四ヵ月間の滞留である。イギリス滞在がこうながびいたのは、例年どおりビクトリア女王がスコットランドへ避暑にでかけ、国書捧呈の謁見《えっけん》はその帰りをまたなければならなかったからである（謁見は一一月五日、陽暦一二月五日）。アメリカで予定が狂ったとはいえ、この辺にも使節団の日程の無計画ぶりがうかがわれる。

一行の接待役にはイギリス駐日公使パークスがあたった。幕末・維新期の在日列国外交団をリードしたこの実力者は、アジアに対するイギリスの優越感にみちみちていた。彼は、日本や中国は気候にもめぐまれ、物産もゆたかなため、それにあまえて貧弱となったが、これに反してイギリスは、僻偶《へきぐう》の瘦地《やせち》しかなかったから、鉄塊と石炭で錬鉄の業をおこし、アメリカの綿花を輸入し、発明した紡績機械と蒸気力で紡績業をおこし、世界第一の名声を博した、というのである。「是《これ》から実況を御覧に入れるが、日本も今から世界に交通して新事業を興隆せられるには最も有益な見物であると信ずる」（久米『回顧録』）——こう述べて彼は一行を案内した。その彼の態度には優者としての振舞いがしばしば顔をだし、使節団のメンバーを怒らせた。

赤ゲットぶり

ところで、使節団の赤ゲットぶりも相当なものだった。雪嶺は当時洋行していた島地黙雷から聞いたというつぎのようなエピソードを書きとめている。

それはロンドンから汽車がでようとしたときのことである。使節団と行をともにしていた一人がおくれて駅にかけこんだ。彼は動きだした列車につかまって走った。速度はます。前には電柱がある。あわやと思った瞬間、彼は客車の窓ガラスをぶちやぶって車内にとびこんだ。車内の女たちの悲鳴——。列車は急停車した。この急停車した列車に息せききって追いかけてきた一団の日本人がいた。山田顕義《あきよし》らである。よくよく聞いてみると、彼らは駅をとりちがえたのだ。他の駅からでる列車にのらなければならなかったのである。「此類の珍談絶えず、赤毛布《ゲット》の最も甚《はなはだ》しきものなり」と雪嶺は述べている（前掲『同時代史』）。

また、一行のなかには月給同額の手当を浪費する者と貯蓄する者とがいた。そこへロンドンの中央チャーリング・クロス街に堂々たる店舗をかまえていた「ナショナル＝エゼンセー」会社の重役南貞助《みなみていすけ》（旧長州藩士、のち香港領事・農商務省商務局次長）がやってきて高利の預金をすすめた。貯蓄組はさっそく預金したが、まもなくこの銀行は破産した。浪費組の田辺太一や福地源一郎らはさっそく狂歌をひねった。

条約は　結びそこなひ　金は捨て　世間へ対し（大使）何と岩倉（岩倉具視）
山口と　知らで預けた　臍栗《へそくり》を　外務にされて　何と少輔《しょうゆう》（山口尚芳）
爪《つめ》に火を　とぼして溜《ため》た　金を捨て　さすが塩田は　辛《から》き目に逢《あう》（塩田三郎）
白脛《しらすね》に　見とれもせぬに　百五十　ポンド墜《おと》した　久米の仙人（久米邦武）

預金総額は二万五〇〇〇ポンド（一ポンド＝五円）に達していたというから、その被害も大きかったわけだ。「旅費を貯蓄するの卑吝《ひりん》なるは言ふ迄もなく、白脛に見とれて浪費するも之《これ》に優《まさ》る所なし。太政大臣の送別辞に、『所率《ひきいるところ》の官員亦是《またこれ》一時の俊秀』とあれど、俊秀も旅の恥は掻捨《かきす》ての姿なり」と、雪嶺の批判は痛烈である。

貿易・工業国イギリス

ともかく、一行はロンドンではバッキンガム宮殿や「巴力門《パーレメント》」（議事堂）を、リバプールでは巨大なドックを、マンチェスターでは綿布紡績場を、グラスゴーでは商人の会議所等々を見学し、また、ニューカッスルやシェフィールドではアームストロング社やヴィッカース社の兵器産業を目《ま》のあたりにした。

その使節団の目にやきつけられたイギリス像は、なによりもこの国が貿易国であり、工業国であることだった。「国民ノ精神ハ、挙《あげ》テ之《これ》ヲ世界ノ貿易ニ鍾《あつ》ム」と『回覧実記』が記した背後には、地理的にも人口的にも日本とよく似たこの島国のイギリスが、貿易と工業という点では決定的にちがうという認識がある。「故ニ船舶ヲ五大洋ニ航通シ、各地ノ天産物ヲ買入レテ、自国ニ輸送シ、鉄炭力ヲ借リ、之ヲ工産物トナシテ、再ビ各国ニ輸出シ売与フ」――そこに彼らはイギリスの特質をみた。

「製作貿易ハ、全英国ノ富ヲ謀《はか》ル要領ニテ、即チ国民ノ注意、重《おも》ニ此《ここ》ニアルナリ」という右の報告書が、各地の工場や製造所の技術をたんねんに描写すれば、この資本主義国の大工場地帯に目をみはった大久保は、故国の西郷隆盛や大山巌などにあてて、「英国ノ富強ヲナス所以《ゆえん》ヲ知ルニ足ルナリ」とくりかえし述べている。そして、『回覧実記』は、アメリカの共和政治とも異なるイギリス立君政治の特色や上院・下院の実体、さらには政党政治の動向やそれをささえる社会層などについてくわしくふれ、使節団の関心をしめしている。

このイギリスへの関心度は、すでにみたアメリカへのそれとほぼ匹敵している、とみてよい。いま、これまでしばしば引用してきた全一〇〇巻・二一一〇ページにのぼる使節団の報告書『回覧実記』の構成をみると、米・英はそれぞれ二〇巻（ページ数はあわせて全体の四〇パーセント）、ついでドイツ一〇巻、フランス九巻、ロシア五巻（ちなみにイタリアは六巻）である。これは明治三一四年（一八七〇―七一）をピークとする明治初年の留学生がアメリカ、イギリスに集中し（明治元―七年、延人員五五〇人中二国で計三七七人、約七〇パーセント）、独・仏（計一四二人、約二五パーセント）がこれについでいるのとまさに相対応する（石附実著『近代日本の海外留学史』の数字による）。当時の日本の関心度は米・英、ついで独・仏という順序だったことは記憶にとどめておいてよい。

ブルジョア国家の基本

ところで、イギリスの政治形態では、立法権が公選の議員によってにぎられている。これはヨーロッパに一般的だが、ここが中国や日本ともっとも異なるところだ、とみる。中国や日本はもともと「農耕自治ノ風儀」で、「修身ヲ政治ノ主義」とし、「財産」を重んじないところから、法律上もその点を欠き、「民権イカン、物権イカン」という問題についてはほとんど馬耳東風であるのみならず、かえってその権を抑圧することこそ「変風移俗ノ良模《りょうも》」としている。だから、国家の政治においては財産について注意がはらわれず、「君子・小人」が「判然トシテ別界ヲナ」し、そこからしだいに弱体化していった、というのである。この東西政治の対比からみちびきだされた『回覧実記』のつぎの一節は、十分注目に値する。

方今世界、舟楫《しゅうしゅう》相通ジ、貿易交際ノ世トナリテハ、国権ヲ全クシ、国益ヲ保ツニハ、国民上下一和シテ、第一ニ財産ヲ重ンジ、富強ヲ致スニ、注意ヲ厚クセザルベカラズ。立法ノ権ハ此ヨリ生ズルナリ（傍点は原文）。

国権や国益、つまり国家の富強をめざすためには、国民が一致して、なによりも財産を重んずることだ。つまり、立法権の根源には富強の基本としての国民の財産権の尊重をおかなければならない、と一行は自覚せしめられたのである。ここにはブルジョア国家の基本への認識がある。

フランスとイギリスと

さて、明治五年一一月一六日（一二月一六日）午前七時一五分、まだ明けやらぬロンドンの街《まち》を一行はバッキンガム＝パレス＝ホテルからビクトリア駅へとむかう。

「此頃《このごろ》ハ暁八時ニ黎明《れいめい》ヲナス。猶《なお》暁雲ノ蒼茫《そうぼう》タル際ニ、残月ヲ漏《もら》シ、街路ノ瓦斯《ガス》灯モホノグラクニ明リテ、人ノ往来モ絶ヘ、モノサビシキ市街ヲ、倫敦《ロンドン》ノ名残《なごり》ト走リ行キテ、蒸気車ニ上リヌ」（『回覧実記』）。

ドーバー海峡からカレー港についた使節団は、午後一時の汽車で一路パリへ。車窓にひろがる広大な平野は、小石まじりの黄色っぽい土地でイギリスよりもやせ地にみえた。眺望もそれほどではない。が、パリにつくや、さすがそこには巧緻《こうち》をこらした「文明ノ中枢」の面影があった。

一行は、すでにイギリスから一衣帯水のこのフランスにはいったとたん、そこに大きな懸隔を感じたようだ。駅に群がる人々のことばが異様にかわってきたからである。「エースがウイになり、卵のエッグがウッフになり、濁音が消えて聞かれた」と久米の『回顧録』は記し、「英の重濁なるに比し、仏は軽清である」ともいっている。

この懸隔感はパリをみてますます深まる。たとえば、信教のふうは米より英へ、英より仏へとしだいに薄くなる、と彼らは感じているし、イギリスの工芸が「麁大《そだい》ノ物ヲ製シテ、世ノ需用ニ供スル」ことを目的としているのに対し、フランスのそれは「華麗繊細ナル手技ニ於テ独歩ナリ」とみる。ロンドンが世界の原料を輸入、加工し、再輸出する「世界天産物ノ市場」であれば、パリはヨーロッパ工芸流行のもとで、「世界工産物ノ市場」というべきだ、ともいう。そこから「英人は器械に使われ、仏人は器械を使う」という対比を使節団は実感しているのである。それはそれぞれの国の国民性の理解とも関係するが、彼らはむしろそこに「他国ノ余唾《よだ》ヲナメル」ことを恥とするこれらの国々の気概を見いだしていたのだ。「欧洲自主ノ民、独立ノ気象ヲ養フ。宜《よろし》ク此気概ナカルベカラズ」(『回覧実記』傍点は原文)と共感をこめて書いている。

賊徒、パリ＝コンミュン

一行のホテルのすぐそばの有名な「凱旋門《アルチツリヨム》」は、一年まえのコンミュンの蜂起《ほうき》のさいの砲弾のあとがなまなましくのこり、ちょうど修覆中だった。このいわゆるパリ＝コンミュンについては『回覧実記』は随所でふれている。そして、フランス政府に反乱をくわだてたこの「賊徒」「賊軍」の「禍《わざわい》」の深さは、普《ふ》仏《ふつ》戦争（一八七〇—七一年）よりもはなはだしいことを強調し、つぎのようにいうのである。

前年（一八七一）仏国ノ乱ハ、普軍ノ禍ヨリ「コンミュン」ノ禍ヒ尤《もっと》モ猛ナリ。文明ノ国モ、中等以下ノ人民ニ至リテハ、猶冥頑《なおめいがん》ニシテ鷙悍《しかん》（あらあらしくて強い）ナルヲ免ガレズ。西洋各国、上下ニ通シ風俗美ナリト謂《いう》ハ、亦《また》大ナル誤リナリ。

これは岩倉使節団の階級的立場の端的な表出とみることもできる。そういえばこの報告書は、ナポレオン三世（一八〇八—七三）の評判やその時代相にふれたところで、「労動《ママ》権利ノ説」、つまり、政府は「職工」を「勧奨恵恤《けいじゅつ》」する義務があるのだから、政府たるものはよろしく人民に労働のための仕事をあたえ、「各人ニ生活ヲ済《なさ》セシムル方法」をはかるべきだ、という主張がおこったことを紹介したうえで、大意つぎのように批判しているのである。

労働権利の説では、全国の人民が労働する仕事につきえないのは、政府の責任だというのだが、これは事情にうといこともはなはだしい。経済の何たるかも知らない富貴な「君子」は、いたずらに「性理ノ学旨」ばかり述べたて、「仁徳《じんとく》恩恵ノ美」にのみ拘泥《こうでい》するものだ。だから、こんな論をまきおこして、社会を攪乱《こうらん》し、「小民」に怠けることを教えて「無望ノ福」をねがうにいたらしめる。これは「西洋文明ノ国」のまぬがれることのできないところで、こういう論がはげしくなると、全国の騒乱をもひきおこすようになる。フランスの内訌《ないこう》の原因は、多くこうした「弊習」によるのである。

もちろん、岩倉らは、一八四八年（嘉永元）、フランスの二月革命直前に発表された「共産党宣言」や一八六七年（慶応三）第一巻刊行の『資本論』の内容など知るよしもなかっただろう。彼らはパリのいたるところでみたパリ＝コンミュンの傷痕のなまなましさをとおして、労働問題をブルジョア国家の直面する問題とし、このようなかたちで意識していたのである。

「賊徒」パリ＝コンミュンに対する評価は、とうぜんそれを徹底的に弾圧した大統領アドルフ＝ティエール（一七九七―一八七七）への高い評価とつらなる。大久保はまだイギリスについたばかりのとき、西郷隆盛らへ「大統領チェールなる者はさすがに豪傑之由」（明治五年七月一九日付）と手紙を送っていたが、マルセーユの微賤の家に生まれ、いまや大統領の地位にまでついた当年七五歳のこの老政治家に、『回覧実記』は「老練熟達ノ政治家ナリ」という賛辞を呈し、さらに、「賊徒ヲ勦絶《そうぜつ》（ほろぼしつくす）シタルハ、チェル君ノ本謀ナリ」と述べているのである。

使節団のパリ滞在は陰暦明治五年一一月一六日から陽暦明治六年二月一六日までということになる。つまり、この間に太陽暦が採用されているから（二五四ページ参照）、実際の滞在期間は満二ヵ月である。ここでも一行は大統領への謁見をはじめ、宮殿や政府諸機関、あるいは軍事・経済・諸産業等々の施設めぐりに日を送っている。

旧幕臣との出会い

ちょうどそのころ、パリには東本願寺の法主《ほっす》現如上人《げんにょしょうにん》（大谷光瑩《こうえい》）に随行してきていた成島柳北《なるしまりゅうほく》（一八三七―八四）がいた。徳川幕府末期の慶喜政権下で騎兵頭から外国奉行へ、さらには会計副総裁という要職についた彼は、維新後は新政府からの出仕要請をかたくなにこばんでいた。その柳北が、日本をはるかにしたこの異国の地の「プレスボルク街」（リュー＝ドウ＝プレスブール）の旅館《オテル》で新政府の首脳岩倉とはじめて顔をあわせたのだ。岩倉は四九歳、柳北は三七歳である。

使節団の一行には、旧幕臣田辺や福地などもいたわけだが、岩倉に柳北をひきあわせたのは、ひょっとしたら木戸孝允ではないかと『柳北談叢《だんそう》』の著者で柳北の令孫、大島隆一《りゅういち》氏は推測する。が、それはともかく、以後彼はこの地でしばしば岩倉の旅宿をおとずれ、「其許《そこもと》は幕府の役柄をも勤めたこともあるのだから、朝野《ちょうや》のことで気づいたことがあれば包まず語りきかせよ」という岩倉の懇請に、おおいに意見を開陳しているのである（『柳北遺稿』下）。

帰国後、野《や》にあって新聞人として明治政府をななめから痛烈に批判する柳北。『柳橋《りゅうきょう》新誌』の著者として「一世の奇才」と永井荷風《かふう》をしていわしめたこの文人と、昨日の敵である岩倉使節団とのパリでの一時のであいは、あるいは歴史の奇縁ともいうべきかもしれない。

だが、このとき、使節団と柳北とでは、そのパリでの関心と視座はまったく対蹠《たいしょ》的だった、という指摘がある。

『幕末・維新期の文学』の著者前田愛氏は、柳北が岩倉・木戸・大久保らに同行して、天文台や高等法院、あるいは監獄などを見学した明治六年一月二二日の『回覧実記』と、柳北の日記『航西日乗《こうさいにちじょう》』とをつきあわせ、前者が高等法院の組織にくわしい客観的叙述をしているのに対し、後者は監獄の描写に力点をおき、かつ柳北自身の感動をかくそうとしていないのをみて、つぎのようにいう。「いわば支配する側の論理と支配される側に立つものの論理のくいちがいが、微妙な形で露《あら》わにされている」と。そしてまた、コンミュンやナポレオン三世没落に対する、この二つの記録の叙述のしかたのなかに、戊辰《ぼしん》戦争での「勝者の論理と敗

表-28　使節団および成島柳北のパリ見学

	『回覧実記』(使節団)	『航西日乗』(成島柳北)
明治6年1月15日	陸軍士官学校，ヴェルサイユ宮殿見学	終日読書
〃 16日	地下水道見学	ルーヴル美術館見学，ゲイティ座観劇
〃 17日	モンヴァレヤン砲台見学	セーヌ河畔の「鉱物舗」探訪
〃 18日	ヴァンセンヌ兵営見学	ゲイティ座観劇
〃 19日	フォンテーヌブローの森見学	シャノアン(旧幕軍のお雇士官)訪問
〃 20日	建築学校，鉱山学校見学	サン＝シュルピス寺院見学
〃 21日	国立銀行，ゴブラン織工場，チョコレート工場見学	ナポレオン3世の写真を入手

(注) 前田愛著『幕末・維新期の文学』より作成。

者の心情」を氏はかぎとっているのである。

上の表-28は、右の一月一二日にいたる一週間の前記両書にみられる見学対象の対比である。そして「回覧使節の側には要塞《ようさい》と工場のパリがあり、柳北の側には劇場と美術館のパリがある」という前田氏のことばはするどい。もちろん、使節団が劇場や美術館に行かなかったわけではない。しかし、このことばのなかに使節団の性格の一側面は浮き彫りにされている。

ビスマルクと木戸・大久保

どうやら私は岩倉使節団とともに、パリに長居しすぎたようだ。さきを急ごう。

ベルギーでは国王レオポルド二世に、オランダでは国王ウイリアム三世に謁見した一行は、明治六年三月九日、ドイツのベルリンについた。一一日、ウイルヘルム一世と謁見し、彼らはビスマルク（一八一五―九八）やモルトケ（一八〇〇―九一）に会った。そして、一五日、ビスマルクの招宴をうけた。

このビスマルクは、三三歳で国会議員として政界へ登場、やがてウイルヘルム一世のもとデンマークをやぶり、オーストリアを攻め、フランスに勝ってドイツ帝国を完成、その名をとどろかせた。ドイツの統一に必要なのは〝鉄と血〟あるのみと議会でさけんだこの「鉄血宰相」は、招宴後、使節団を前にしてみずからの経歴を話し、ヨーロッパの弱肉強食のあいだにあって、いかにして弱小国プロシアを今日たらしめたか、と熱弁をふるった。欧州各国の交《まじ》わりにはまだ信をおくことができない、という彼は、使節団にむかってつぎのようにいいはなった。

予があれこれの批判を顧《かえり》みないで国権を完《まっと》うした本心は、実にここにあるのだ。だから、いま日本が親睦を通じ、相交わる国は多々あるであろうが、「国権自主ヲ重ンズル日耳曼《ゼルマン》（プロシア＝ドイツ）ノ如キハ、其親睦中ノ最モ親睦ナル国ナルベシ」。

ビスマルクのこのひとことは、一行にぐっとこたえた。「交際ノ使臣、相宴会スル際ニ、此語ハ甚《はなは》ダ意味アルモノニテ、此侯ノ辞令ニ嫺《なら》ヘルト、政略ニ長ゼルトヲヨク認識シテ、玩味スベキ言ト謂《いい》ツベシ」とは、『回覧実記』の感のこもった注記である。

食事のとき、ビスマルクのすすめで、彼の右側の座席についた木戸ではあったが、いま、日本との親睦のために、必要なら有能な人材をえらんで送ろうというビスマルクに対して、彼は答えていった。

我日本の人民も元より独逸《ドイツ》の人民も毫《ごう》も異なるものなし。恨むるところは、只数百年国を鎖《とざ》し、自ら宇内《うだい》の形勢に暗く、また四方の学問を研窮《(ママ)》するの暇《いとま》なし。依《よっ》て交通の際遺憾とするものまた不少《すくなからず》。希望するところ駑力《どりょく》して速《すみやか》に地位の進むを祈る而已《のみ》（『木戸孝允日記』明治六年三月一五日条）。

「鉄血宰相」に圧倒されまいと力む木戸の姿が目にみえるようではないか。

大久保も現地でこのビスマルクやモルトケと会い、実情を目撃してみると、種々の風説とはちがっているところも少なくないし、ことにビスマルクはますます信任されて「何《いず》モ此人之方寸ニ出《いで》ザルナシト被察候《さっせられ》」（明治六年三月二一日付）と西郷らに書き送っている。この大久保はフランス滞在中、英・米・仏は「開化」がすすんでいてとてもおよびそうもないが、プロシアやロシアはきっと「標準タルベキコト」が多いだろうから両国に注目したい、と述べていた。だから、あの雪嶺の『同時代史』も、「容貌魁偉《ようぼうかいい》」な「英傑」ビスマルクに一行中のみんなが感服するなかで、「大久保が特に暗示を得たり」と述べ、「新たに国家を経営するは彼の如くならざるべからずと頷《うなず》く」と記したのである。

たしかに『回覧実記』も「日耳曼《ゼルマン》国人ハ、帝王ヲ尊敬シ、政府ヲ推奉スルコト、甚《はなは》ダ篤《あつ》シ」といい、「此国（プロシア）ノ政治・風俗ヲ講究スルハ、英仏ノ事情ヨリ、益ヲウルコト多カルベシ」と記している。しかし、だからといって、この時点でビスマルクと大久保、ドイツと日本をあまりにもかさねあわせすぎるのはつつしむべきであろう。すでにみた当時の使節団の関心度の比重を想起してほしい。

右の『回覧実記』の叙述もけっしてドイツ一辺倒ではない。あいつぐ戦乱で「人気激昂《げっこう》シ、操業粗暴」なベルリンの人心の荒廃ぶりを「兵隊」と「学生」の跋扈《ばっこ》の状況としてえがいており、また、「欧洲ノ各都ニテ、春画ヲ公然ト人ニ販《ひさ》グニアヒシハ、只此府アルノミ」と「淫風ノ年々ニ盛《さかん》ナル」実情をかいまみて、この国への批判も忘れてはいないのである。

一行が、ベルリンとその周辺の見学をひととおり終えようとした三月二八日、大久保は帰国の途につく。本国における大蔵省と各省の紛糾をはじめ、樺太・台湾・朝鮮に対する重要案件がつぎつぎにおこって、内治・外交ともに急迫をつげ、留守政府が木戸・大久保両副使に勅旨を発して帰国を命じたからである。だが、木戸は帰国をのばす。先般来、数度にわたって大久保との意見の衝突をきたしていたのがその原因だった。前年、木戸は例のアメリカでの条約委任状問題で大久保・伊藤らが帰国したさい、「君命に背《そむ》いて勝手に帰国するのは不都合なり」（久米『回顧録』）と批判した。が、こんどは彼自身帰国の命にもかかわらず、かってにそれをのばしたのである。その木戸は、一行がロシア視察を経てふたたび「北日耳《ゼル》曼《マン》」にはいった四月一六日、帰国の途についた。

男女風俗への安堵感

さて、一行中の久米邦武が、アメリカの男女の風俗ににがにがしい思いをしたことはまえにふれた。その彼はイギリスでは「女尊の習俗」はアメリカと同じではあるものの、そこでは「新《あらた》に開けた民本《みんぽん》主義の米国」とはややおもむきを異にし、「女子の矜持《きょうじ》する所ある中に、沈着と柔順の態度とがある」ことを感じとっていた（同上）。

そして、一行はドイツにきてはじめて米・英のそれとちがった風俗を発見する。「婦人ヲ尊ブ儀甚ダ箇ナリ」と『回覧実記』は記している。ベルリンでは「婦人ト雖《いえど》モ、亦《また》米英ノ人ガ婦人ニ卑屈スルヲ笑ヒテ、奇俗トスルニ至ル」とも述べているのである。伝統的儒教道徳と米英的男女観との衝突が、この地ではじめて接点を見いだしたというべきか。そして、この感覚的なドイツ観は、案外、のちの近代天皇制国家とドイツとの関係を規定する、目にみえぬ下地になっているかもしれない。

「小国」から帰路へ

使節団は三月二九日、ドイツからロシアにはいり、「聖彼得堡府《セントペートルボルク》」（サンクトペテルブルク。旧レニングラード）についた。皇帝アレキサンダー二世との謁見は、四月三日のことである。

ロシアのこの地で使節団のみたものは、貴族専制と富の偏在と人民の「貧窶《ひんる》」だった。そこには人民の「自由」や「自主」はないに等しかった。だから、日本における世界最大・最強のロシアという先入観と実態とのちがいを痛感したのである。ロシアが五大洲を併呑《へいどん》するというこれまでの畏怖心は、「井蛙《せいあ》ノ妄想」だったといい、「迷夢已《すで》ニ醒《さ》メタル澄神ヲ以テ」歴史はみなければならないと自戒しているのだ。

使節団は、これまで挙げた米・英・独・仏などの「大国」のほかに、「小国」のベルギーとオランダを回覧していた。さらに大久保・木戸が使節団から離れた後を急いで追えば、デンマーク（四月一九日、国王クリスチャン九世と謁見）、スウェーデン（四月二五日、国王チャールス一五世に謁見）、そしてふたたびドイツを経てイタリアへ（五月一三日、皇帝エマヌエル二世に謁見）、さらにオーストリア（六月八日、皇帝フランシス＝ジョセフ一世と謁見）、スイス（六月二一日、大統領フレデリックに謁見）へと足を運んでいる。スペインとポルトガルの二国は、両国内の争乱で中止した。使節団はフランスのマルセーユから七月二〇日、日本に向って発ったのである。

地中海、紅海、アラビア海からセイロン島（スリランカ）を経、マラッカ海峡、シンガポール、サイゴン、香港、上海などを経由して長崎、神戸に立ち寄った使節団が横浜に帰港したのは、明治六年（一八七三）九月一三日のことである。その日の『回覧実記』は、「晴、朝、横浜ニ着船ス」とのみ述べて、その膨大な報告書の筆を擱《お》いている。

この間、ヨーロッパでの条約改正問題は、アメリカでのいきさつにかんがみ、具体的な進展はもちろんない。しかし、法権・税権をはじめ彼我《ひが》の希望をそれぞれ開陳してはいる。そのなかで、キリスト教をめぐるいわゆる信教の自由の問題は、各国政府がそれをせまり、一行もまたいやおうなしに信教の自由の何たるかを、一定の枠《わく》のなかで感得させられはじめているのである。

「小国」への強い関心

この過程で『回覧実記』にみられる特色を二つだけ挙げておこう。

第一は、ベルギー、オランダ、デンマーク、スイス（スウェーデンを加えてもよい）という「小国」への関心に大きな比重をかけていることである。

前にもふれたが、『回覧実記』全一〇〇巻の構成をあらためて示すと、米・英各二〇巻、独一〇巻、仏九巻、伊六巻、露五巻で、ベルギー、オランダ、スイスは各三巻、スウェーデン二巻、デンマーク一巻（スペイン、ポルトガルは二国で一巻）となっている。このうち当時の一般的に「小国」といわれていたベルギー、オランダ、スイス、デンマークで一〇巻を数え、スウェーデンを加えると一二巻となる。とすれば、当時の「大国」としての米・英の二国は別格とし、これに次いで「小国」（計一〇巻ないし一二巻）があり、以下に独・仏・

露があるということになる。「小国」への関心度は、ドイツやフランスに匹敵するか、それ以上ということになる。このことは、これまであまりにも無視されすぎた事実である。

もちろん、使節団が「大国」か「小国」かのいずれの選択肢を日本のモデルに選んだかは(分野別の選択肢もある)、たやすくは断定できない。

ただ、『回覧実記』を全体的にみると、「小国」への関心度は相対的に強く、「大国」一辺倒でなかったことだけは指摘できるだろう。この事実は看過してはならないと思う。

文明観とアジア観と

もうひとつは、アフリカやアジアを通過しての帰路コースの見聞によるアジア観についてである。

『回覧実記』によると、帰路のアフリカやアジア(東南アジア)で目のあたりにしたものは、ヨーロッパからアジアの植民地へ向かう「白皙赤髯《はくせきせきぜん》ノ航客」(とりわけオランダ人)たちの振舞いだった。彼らは挙動粗忽《そこつ》であり、ことばは侮蔑《ぶべつ》的であり、高笑いをし、婦人になれなれしく、ささいなことで怒って暴言を投げかけていたのだ。それは本国ではとうてい考えられない行動や言葉遣いだった。

そこで『回覧実記』はいう。「白皙ニテ紅毛ナルヲ以テ、之《これ》ヲ文明ノ民ト思ヘバ、時アリテ差謬《さびゅう》スル甚ダシ」と。ここにみる紅毛の白人たちは、ヨーロッパ文明国から「棄テラレタル民」というのである。文明の本国からはじき出されたアウト・ロウの彼らを文明人とみてはならないというのである。ところが、使節団一行と同じ帰国コースを九ヵ月遅れでフランスから日本へ帰った中江兆民は、同じような光景をみて、これこそが文明のもうひとつの顔だと読みとったのである。

そこには、『回覧実記』が米欧をひたすら文明としてみ、めざすべき近代国家像の指標としているのに対し、兆民は文明の表と裏を同時に見ていた、といえるだろう。こうした使節団の虚偽意識としての〝文明信仰〟と、衣食住にこと足りて労力に欠ける東南アジアをもっとも文明の遅れたところ、つまり、文明の対極にある野蛮とみる見方とは結びついている。それは近代日本がやがて「脱亜入欧」という姿勢をとる伏線といえるが、しかし、この時点での「入欧」状況に対して、『回覧実記』は、むしろ舶来品の原料は南アジアや東南アジアに豊富にあり、その資源にこそ着目すべきことを提示しているのである。「脱亜」ではなく、「欠亜」認識を克服せよ、といっているのである。

しかしながら、東南アジアを通してみた『回覧実記』と兆民のとらえ方は明らかにちがう。前者は虚偽意識としての〝文明信仰〟にとらわれており、後者は文明の表裏の矛盾をみすえていた。前者は、やがて明治一〇年代後半、「大国」への道（アジアにおけるプロシアの道）を選んだ明治政府の首脳の発想を秘めたものであり、後者は、それに対抗する自由民権（「小国」への道）の理論的指導者の発想へと連なっていくのである。

このことは、岩倉使節団の報告書を読みとるとき、近代日本の将来をみすえる視点として重い意味を物語っている。

使節団の評価

このような岩倉使節団が、雪嶺のいうように「観光団」（そういえば『回覧実記』に岩倉は「観光」という題字をよせている。この「観光」は、国の文物・礼制ないし政治や風俗を視察する意で、遊覧の意味ではない）という批判を甘受しなければならないのかどうか。他方、牧野伸顕《のぶあき》がその『回顧録』でいうように、それは「廃藩置県とともに、明治以後の我が国の基礎を作った最も重要な出来事として挙げられなければならない」といわれている。一行はたしかに条約問題には失敗したが、岩倉や木戸や大久保、そして伊藤というその後の明治政府のトップ＝リーダーたちが、現実に米欧先進諸国の地をふんで、それらの国々の政治・経済をはじめ社会・文化のあらゆる面にふれ、その実態と雰囲気を肌で感じた経験をもったという事実と、その報告書『米欧回覧実記』からこれまでに述べてきたようなことが読みとれることは、明治維新ないしは近代天皇制国家の形成をみる場合、もう一度検討してみる必要があるといわなければなるまい（拙著『岩倉使節団の歴史的研究』参照）。

では、使節団帰国後の状況はどうだったのか。

第八章　内務卿大久保利通

明治六年一〇月の政変

「蜘蛛之捲キ合」

留守政府（三条実美）からの召還で、大久保は明治六年（一八七三）五月二六日、木戸は七月二三日に帰国したものの、使節団との約束を無視してつぎつぎに新政策を実施にうつしていた留守政府の雰囲気は、彼らになじめるものではなかったらしい。「公（木戸）等の帰朝するに及び、為《ため》に不快の感なきこと能《あた》はず」と『松菊木戸公伝』は述べている。

おまけに廟堂《びょうどう》内に征韓論がわきたっていたとすればなおさらである。帰国当初は大久保邸に西郷隆盛も足しげくかよっていたが、しだいに遠ざかった。西郷は大久保がとても征韓論に賛成してくれそうにないことをさとって、「早晩政見の衝突あるべきを予知し、心中豁然《かつぜん》たる能《あた》はざるものありしに由《よ》るならむ」と勝田孫弥著『大久保利通伝』は推測している。

事実、木戸は日記に「留守中の形情紛紜《ふんうん》、細縷《さいる》筆頭に尽す能《あた》はず、天下後世のためただ長

表-29　明治６年10月政変前の政府首脳その他

発令年月	官職名	氏　名	出身	年齢	征韓 非征韓	閣議 10月14日	15日	17日
明治4. 7	太政大臣	三条実美	公	37	(征)	○	○	○
4.10	右大臣	岩倉具視	公	49	非	○	○	×
4. 6	参議	西郷隆盛	薩	47	征	○	×	○
〃	〃	木戸孝允	長	41	非	×	×	×
4. 7	〃	板垣退助	土	37	征	○	○	○
〃	〃	大隈重信	肥	36	非	○	○	×
6. 4	〃	後藤象二郎	土	36	征	○	○	○
〃	〃	大木喬任	肥	42	非	○	○	×
〃	〃	江藤新平	肥	40	征	○	○	○
6.10	〃	大久保利通	薩	44	非	○	○	×
〃	〃	副島種臣	肥	46	征	○	○	○

（注）年齢は数え年。閣議欄の○印は出席，×印は欠席。

歎に堪《た》へず」（明治六年七月二八日条。一部読み下し）と書き、大久保もまた在パリの村田新八・大山巌あての手紙に、「帰朝はしたものの、微力でとても重任には堪えがたく、なすすべもない」（原文には「所謂《いわゆる》蚊背負山之類ニテ」とある）といい、「たとえ有為の志があっても、この状態では『蜘蛛《くも》之捲《ま》キ合《あい》ヲヤツタトテ寸益モナシ』」（明治六年八月一五日付）と述べている。

当時の閣議のメンバーは、太政大臣三条実美をキャップに上の表（ただし、明治六年一〇月発令の大久保・副島は除く）のとおりだ。だから、木戸・大久保らの外遊中の参議は、薩一・土二・肥三ということになる。当初の薩長土肥各一という均衡は明らかにやぶれている。おまけに、明治六年五月の留守政府のおこなった官制改革では、従来よりも参議の職権・地位がいちじるしく拡大、強化されていた。

つまり、明治四年七月二九日の「太政官職制」では、参議は「大政ニ参与シ、官事ヲ議判」すると規定されていたが、明治六年五月二日の「太政官職制」では、参議は「内閣ノ議官ニシテ、諸機務議判ノ事ヲ掌《つかさど》ル」とかわっている。ここでは第一に、「内閣」が設けられ、それが「凡百《ぼんぴゃく》施設ノ機軸《きじく》タル所」と規定されており、第二に、その内閣を構成する議官としての参議が、諸立法や行政事務の当否を論議、判断し、その実質をになう、とされていたのである。

三条が明治六年五月の手紙で、留守政府内の対立のいかんともなしがたいことをヨーロッパ巡遊中の岩倉に訴えているのは（二五五ページ参照）、一つには権限の強化された参議の不均衡という実情があったからにほかならない。それは端的にいえば、薩長閥に対する土肥側からのまきかえしであった。あの「鬼の留守に洗濯」という大隈の表現の背後には、そうした意味もふくまれていたとみてよい。

とすれば、右の木戸や大久保の嘆きは、政府のリーダーシップが、一年有余の不在のあいだにいまや二人だけの力ではどうにもならなくなっていることへの憤懣《ふんまん》の表明でもあったのである。帰国後の大久保がさきの村田・大山あての手紙で、「一同手ノ揃《そろう》ヲ待居《まちおり》候」とか、「追々役者モ揃ヒ、秋風白雲ノ節ニ至リ候ハヽ、元気モ復シ可見《みるべき》ノ開場モ可有之《これあるべく》候」と述べたのは、岩倉・伊藤らの帰国を待ってことを処する以外に方法はない、とみたからであろう。征韓論がそれに拍車をかけていたことはいうまでもない。

大久保と木戸

大久保は右の手紙を書いた翌八月一六日、東京をたち、箱根から関西方面へと旅に出た。当時大久保は参議ではなかったから閣議にはもちろん出席はしない（木戸も日記でみるかぎり、帰国後出席した形跡はない。のちには病気で欠席）。大久保のこの旅行は、その年からはじまった官吏の夏期休暇を利用してのそれだったとされているが、理由はたんにそれだけではあるまい。村田・大山あてにも「其憂ヲ憂トセザルコト不能《あたわず》、折角配意中ニ御座候」といっている。岩倉ら帰国後の構想をねっていたのではないだろうか。

この辺が、局面がいきづまるとノイローゼぎみになる木戸とのちがいだろう。大久保と木戸との性格のちがいを、たとえば大隈重信はこう述べる。

木戸は正直真面目な人であって、雄弁とうとう奇才縦横であるが、しかしなかなか誠実な人であった。大久保は辛抱強い人で、喜怒哀楽を顔色に現わさない。言葉少なく沈黙、常に他人の説を聴いている。「宜《よ》かろう」といったら最後、必ず断行する。決して変更しない。百難を排しても、遂行するというのが特色であった。もともと英雄は辛抱強いものである。その代りに世間からは、陰険だと批評されることもある。大久保なども、往々その批評をこうむったものである。木戸は洒々落々《しゃしゃらくらく》、思うことは、何でもしゃべるというふうであるから、大久保の沈黙とは正反対である。木戸は詩も作れば歌も詠む。ことに風流韻《いん》事《じ》に長じていて、遊ぶことも、騒ぐことも好きで、陽気であったが、大久保は、これに反して陰気なふう、それに武骨無粋《ぶすい》であった。この点も両人正反対である（大隈重信叢書第一巻『大隈重信は語る』）。

この文章に、木戸が病気がちだったこと、そのせいもあってか意志が大久保より弱かった、などとつけ加えれば、二人の対蹠《たいしょ》的な性格は語りつくされている。

こうした二人の性格のちがいが、米欧回覧後、まったく相反した結果をもたらせた、というつぎのような大隈の評も、また一理ある。

彼等の欧米歴遊は彼等に向《むかっ》て非常の変化を与へたり。大久保は元来保守的の人にして木戸は改進的の人なりしが、欧米より帰り来《きた》るや、遽《にわか》に豹変《ひょうへん》して大久保は改進的の人と為《な》り、木戸は却《かえっ》て保守的の人と為れり。蓋《けだ》し大久保は英米等隆盛国の有様を見て感奮せし者なるべく、木戸は愛蘭《アイルランド》の惨状、和蘭《オランダ》亡国の様等を見て、世事の頼みなきを知り、文明是《ぜ》か非かの嘆を発せしに由るなるべし（矢部新作「大久保利通」『史海』第一七巻所引、明治二五年一〇月）。

が、それはともかく、二人がいずれも変革期を生きぬく個性の持主であり、有能なリーダーであったことは否定できない。アメリカの日本近代史家A＝M＝クレイグ氏は、この二人を「心理学的歴史分析の試み」の対象とし、「歴史を構成するひとつの次元としてのパーソナリティ」の役割に照明をあてようとした論文のなかで、もしこの大久保と木戸が慶応三年（一八六七）に暗殺されていたら――という興味ある設定をこころみている。

氏は、そのばあい、第一に大久保以外にだれが西郷をあつかいえただろうか、第二に、木戸と大久保がいなくても、薩長の協力は維持されただろうか、第三に、この二人がいなかったら、征韓派は敗れただろうか、とつぎつぎに疑問を投げかける。もちろん、「事実に反する仮定的質問は誤解を招きやすい」ことを承知のうえである（クレイグ、シャイヴリ編『日本の歴史と個性』下巻、本山幸彦他監訳）。おそらくこの仮定のうえに維新や明治国家の形成を考えると、実際とは少なからざる変貌があったであろうことは容易に推測しうる。それだけ木戸・大久保の役割は大きかったのである。

征韓即制韓

さて、大久保離京の翌日、つまり明治六年（一八七三）八月一七日、閣議は西郷の遣韓大使派遣をきめた。もっとも正式には岩倉ら使節団帰朝後に決定するということになっていたが——。

この日、西郷は「内乱を冀《こいねが》ふ心を外に移して国を興すの遠略」という有名なことばを、参議板垣退助あてに書き送っている。西郷は自分が遣韓大使として現地に派遣されれば、おそらく「暴殺」されるだろうから、そうなれば征韓の大義名分ができるではないか、と、まず遣韓大使の派遣、それから征韓という二段がまえで考えていたのだ。名分こそがだいじだという西郷らしい考えかたである。

この征韓論はすでに幕末から尾をひいていた。江戸時代の日本人の朝鮮観はかならずしも朝鮮蔑視ばかりではなく、当時の知識層、とくに儒者のあいだには朝鮮の文化や学問、とりわけ李《り》退渓《たいけい》（イトェギュ。名は滉。一五〇一—七〇）の朝鮮朱子学に対する畏敬《いけい》の念があった、といわれている。だが、反面、日本の建国神話や伝説に根ざす古い伝統的な優越意識もあったことは否定できない。幕末期に近づくと、国学者によって後者が強調された。そこに外圧が加わるや、反動的に朝鮮に対する侵略意識が強まった。そして、この征韓論は幕府側あるいは反幕側を問わず、外圧への対応、統一国家の形成の一環としてくりかえし説かれたのである（旗田巍著『日本人の朝鮮観』）。

維新官僚の発想もその延長上にあり、とくに維新早々の木戸の征韓論は周知のことだ。そして、彼らは日本と朝鮮とはいわゆる「唇歯《しんし》相保《そうほ》」の関係にあり、朝鮮こそは「皇国保全之基礎にして、後来万国経略進取之基本」（明治三年、外務大丞柳原前光《やなぎわらさきみつ》の「朝鮮論」）だとみていた。だから、朝鮮制覇《せいは》は日本の国家統一にとって自明にして必然だと彼らは考えていたのである。私はこれを「征韓即制韓」とよぶ。したがって、明治五、六年の征韓論が、維新直後の対馬《つしま》藩主宗《そう》氏を介しての朝鮮との交渉、その後における外務省の対朝鮮政策展開後に、朝鮮側の態度を直接の契機としておこったとしても、それは契機ではあってもけっして原因ではない。右の征韓即制韓論が朝鮮側の対日態度を口実に、この時点で表面化したにすぎないのである。

征韓反対の発想と理由

さて、九月一三日、大久保は帰京した。が、この間の政府内は、この征韓論をめぐって緊迫しはじめていた。九月一三日に帰朝した岩倉らがすぐ直面したのは、さきに内定した遣韓大使問題だったのである。

木戸・大久保、そして岩倉は、これに反対した。彼らのこの征韓論反対の背後には、つぎの三つの問題があったとみてよい。

その第一は、米欧先進諸国の実態を目《ま》のあたりにしてきたことである。そのなまなましい記憶のなかで彼らは、なによりもまず米欧列強と日本との落差を埋めなければならない、と考えていた。

第二は、いまの国内情勢、とりわけ人民の状態だった。「今万民困苦、新令屢《しばしば》伝《つたわっ》て、民益《ますます》迷《まよう》。去年来蜂起《ほうき》する数次」とは、木戸の日記（明治六年九月三日条）のことばだが、ここには二つの問題がふくまれている。一つは、留守政府のやりかたへの批判。「新令屢伝て、民益迷」という一句には、木戸の気持がこめられている。

もう一つは、そこにひきおこされたあいつぐ一揆である。事実、明治五、六年には、五年に三一件、六年にはそれに倍する六一件の一揆・村方騒動が全国的におこっていた。そのなかには、すでにふれた新潟県蒲原《かんばら》郡の三万人に達する「脱籍浮浪の徒」とむすびつく農民一揆（明治五年四月）、大小切旧租法《だいしょうぎり》の存続を要求して山梨県一帯を圧したいわゆる大小切騒動（同年八月）、処刑約二万八〇〇〇人におよぶ大分県下の一揆《いっき》（同年一二月）、徴兵・地券《ちけん》など新政反対をかかげ、死刑一五人をはじめ処罰人員じつに二万六千九百余人にのぼった美作《みまさか》一揆（当時、北条県＝現岡山県、明治六年五月）、蜂起人員三〇万人、毀焼《きしょう》家屋四千五百余、農民の死傷七〇人（うち死亡二八）にも達した福岡県下の一揆（同年六月）などもふくまれていたのである。この現実を前にして彼らの内治主義もでてくる。木戸は右の日記のすぐあとに、「内政を治むるを以て第一着とす」（一部読み下し）と述べているのだ。

さらに第三には、留守政府にうばわれた主導権回復の意図である。征韓論の本質が征韓即制韓であれば、木戸や大久保とても基本的に反対であろうはずはない。事実、かつての木戸もとなえたし、その後の大久保の発想をみればそれはわかる（「第一一章　東アジアのなかの日本」参照)。にもかかわらず、いま彼らが西郷以下留守政府の中心メンバーによってとなえられている征韓論に頑強に反対しているのは、このままおしきられてしまえば、政府の主導権はふたたび彼らの手中にもどってこない、とみたからである。岩倉らの帰国まで「役者」のそろうのを待とうといった、さきの大久保の手紙を想起してほしい。

このころ大久保が三条・岩倉に提出したと思われる「征韓論に関する意見書」は、右の発想を根底において書いたものとみられる。それには征韓論反対の直接の根拠が、以下の七ヵ条にわたってあげられていた。

(1) 人心がいまだ安定していない。人民の騒擾《そうじょう》があいつぎ、「鮮血を地上に注げる既《すで》に幾回ぞや」。
(2) 政府費用がばくだいで、財政は不足ぎみである。
(3) 政府の富強策はまだ緒《ちょ》についたばかりだ。
(4) 輸出入がアンバランスで、入超となっている。
(5) 対外関係からいえば、南下するロシアおよびイギリスに対することが第一である。
(6) アジアではイギリスの植民地化の政策こそ警戒しなければならない。
(7) 欧米との条約問題を解決し、「独立国の体裁を全《まっと》ふするの方略を立《たて》ざる可《べけ》んや」。

一進一退の征韓論

岩倉がまず打とうとした手は、木戸が病気で閣議に出席しない以上、大久保を参議にすることだった。外遊中、木戸と大久保とのあいだにはすきま風が流れていたが、留守政府とその征韓論を前にしては、二人の意見は一致していた。木戸の了解を得て、岩倉は大久保に参議就任を懇請した。しかし、大久保は固辞の姿勢をとる。

一方、西郷からは閣議開催をやんやとせまってくる。伊藤博文・黒田清隆が三条・岩倉・木戸・大久保のあいだをかけめぐる。三条・岩倉が遣韓大使派遣を一時延期する旨両人署名して大久保に送るにいたって、一〇月一〇日、大久保はようやく参議就任を承諾した（就任一〇月一二日）。それは三条・岩倉の弱腰への牽制だった。さきの「征韓論に関する意見書」の提出は、このときだとみられている。三条・岩倉は同時に外務卿副島種臣の参議推薦を江藤新平にはかり、副島の就任も決定した（就任一三日）。派閥対立の一端がここにもしめされている。他派にも配慮しなければ大久保参議の実現はむつかしいとみられたからだ。

一〇月一四日、岩倉帰朝後、はじめての閣議がひらかれた。病欠の木戸を除いて全員出席である（二九八ページの表-29参照）。だが、大久保の強硬な反対で、遣韓大使問題の処置をめぐる結論は翌日にもちこされた。この会議中、大隈は外国人との約束があるといって中座しようとしたが、「大眼一睨《いちげい》、斯《かか》ル国家ノ大事ヲ議スルニ方《あた》リ、区々タル一外国人トノ会宴ノ約アル位ヒノ事ヲ以テ席ヲ辞スルハ何ゾ哉《や》」と西郷に一喝され、ふたたび席についた、という（渡辺修二郎著『東邦関係』明治二七年刊）。

翌一五日の閣議には、こんどは西郷が欠席した。彼は三条あてに進退を決する意をふくむ意見書をだしていたのだ。西郷・木戸を除いて会議は午前一〇時にひらかれた。この日も大久保は断固反対した。このまま推移せんか、西郷の辞職は明らかだった。困惑した三条・岩倉はやむなく西郷の遣韓大使をあらためて認めた。数日来背後で画策していた大久保は、前夜三条・岩倉に最終的には裁定は一任するといったてまえ、みずからの参議辞任を決意した。彼の辞表は一七日、三条あてに提出された。就任わずか五日目である。木戸も辞表を出した。

大久保の秘策

この一七日の閣議には征韓派の西郷以下は全員出席、非征韓派は全員欠席した。佐々木高行の日記によると、大木喬任《たかとう》ははじめ江藤に同意していたのだが、途中で説をかえたから、江藤は彼を「大腰抜」とくやしがり、中島信行（当時、租税権頭《ごんのかみ》。土佐出身）は大隈の態度を「実ニ狼狽《ろうばい》、児女子ノ容態、憐ムベク笑フベキ次第」（一部読み下し）と語り、山田顕義《あきよし》は「大木・大隈ハ敵味方相分ラズ」（同上）と談じた、という。結局、大木・大隈は非征韓派に与《くみ》し、欠席したのである。岩倉は病いと称し、三条に辞意をもらした。

もはや勝負あった、とみて、西郷は上奏裁可を三条にもとめた。進退きわまった三条は、一日の猶予を望んだ。もし明日も岩倉らがでてこないならばいっさいの手続きをとろう、というのである。一日くらいならばと西郷もゆずった。だが、この一日こそが西郷の運命を決定づけていったのだ。その夜、三条は岩倉らの説得にあたったが、彼らも一歩もひかない。一八日明けがた、ついに三条はたおれた。それを聞いた大久保はただちに黒田あてに、三条は「精神御錯乱」と書き送った。三条は辞表をだし、岩倉にその上奏をたのんだ。一方、病床の木戸は、この日、大久保に決起をうながす手紙を送る。伊藤や大隈も動く。だが、大久保はなお動こうとしない。

翌一九日、ようやく大久保は黒田にもらした。「只一ノ秘策アリ」と。黒田はそれを宮内少輔吉井友実と宮内卿徳大寺実則にはかる。その秘策とは何だったのか。内容はわからない。が、結果から判断すれば、勅命で岩倉に三条の代行をさせることだったにちがいない。二〇日、その勅命が岩倉にくだった。いまや鍵《かぎ》は岩倉がにぎった。大久保が強硬に岩倉をテコ入れすれば、西郷以下の征韓派も、代行者たるものは原任者の意見をそのままおこなえばよいのだ、と二二日、岩倉にせまる。テコ入れされた岩倉は、こんどは強腰だった。一歩もひかない。いわく、「予ガ眼睛《がんせい》ノ黒キ間ハ、卿等ノ欲スル所ヲ行ハント欲スルモ得ンヤ」と。『明治天皇紀』の編修に二〇年間たずさわった渡辺幾治郎氏によると、このとき、岩倉は傲《ごう》然《ぜん》として「縦令《たとえ》陛下が如何に仰せらるゝとも、この岩倉が断じて御させ申さぬ」といいはなった、という（『明治史研究』）。ここにも、幕末以来、絶対のシンボルとしてかかげつづけ、いまや統一国家の核にすえられた天皇（「玉」）と、彼らとの関係が端的にしめされている（四七―四九ページ参照）。

明治六年一〇月の政変

翌二三日、岩倉は参内《さんだい》して天皇に上奏した。その意見書の文脈が征韓不可でつらぬかれていたことはいうまでもない。しかも、そこには、全権大使として米欧各国をこの目でみてきたうえでの判断であることが、最大限に強調されていた。

この日、西郷は参議・陸軍大将・近衛都督の辞表を提出した。西郷はついに征韓論で敗れた。

翌日、岩倉の意見を認める勅許がくだった。他の征韓派もいっせいに辞表を出した。いわゆる明治六年一〇月の政変である。

政変後の政府の陣容は、次節冒頭（三二四ページの表-30）にしめすとおりだ。もののみごとに、大久保ら薩長派が主導権を手中にした。

西郷は参議と近衛都督は免じられたが、陸軍大将はそのままだった。しかし、この辞任によって近衛兵（御親兵の改称。将校は主として薩長土出身者）の動揺ははげしく、とくに鹿児島出身の将校であとを追うもの百余人におよび、また、司法省警保寮も動揺し、警保助坂元純熙《すみひろ》らは西郷に同調して部下の邏卒《らそつ》三百余人とともに帰国した。

征韓論対立の基本

西郷の征韓論提唱の目的は、じつは士族軍事独裁制の樹立にあったという従来の説を批判した原口清氏は、「征韓実行論の重要な根拠が士族反乱の防止にあったとすれば、非征韓派の重要な根拠は、激増する農民一揆の防止にあった」といい、「非征韓派は、士族反乱よりも、農民一揆を重視したのである」とする（『日本近代国家の形成』）。

たしかに、旧薩摩藩に帰った西郷やのちの西南戦争から、逆に西郷の目的をみちびきだすことはつつしむべきであろう。しかし、西郷が鹿児島を中心とした士族の去就を一身に背負った存在であったことも否定すべくもない。また、非征韓派（内治派）が一揆に敏感であったことも事実である。

私は西郷の「内乱を冀《こいねが》ふ心を外に移して国を興す」というねらいを認めたうえで、この両派の対立はすでにみた三つの発想があくまで基本にあったと思う。米欧回覧の体験からする内治派と征韓派の国際情勢の判断の相違と、それぞれの国内矛盾の認識のちがい、および留守政府にうばわれていた主導権の、大久保・木戸ら内治派への回復である。

もう一つここでつけ加えるならば、同じ征韓派といっても、のちの士族反乱へつらなる派と、自由民権へと運動を展開していく民権派とが混在していたことだ。この士族派と民権派とでは、征韓派内部でも右の国内矛盾の認識の力点のおきどころはニュアンスを異にしていたのである。

もしあの西郷が米欧回覧にでかけていたら、事態はまったくちがった彩《いろどり》になったであろうことはまちがいない。

ついでに、その米欧回覧と西郷をめぐるエピソードにふれておこう。蘇峰《そほう》・徳富猪一郎《いいちろう》著『近世日本国民史』第八四巻には、岩倉使節団を横浜で見送った帰途、もしもこの船が海中に沈没したら、「却《かえっ》て日本に取りては仕合《しあわせ》かも知れない」と残留の政府のメンバーの一人が謔説《ぎゃくせつ》を吐いたということだ、と記し、「確かでない」とことわりつつ、それが西郷の口から出たという者がある、と述べている。が、おそらくこの話は征韓論に敗れた西郷の立場から、あとでつくりだされたものであろう。

もしそれほど西郷と使節団とのあいだに対立があったとしたら、使節団の留守中に陸軍少将鳥尾小弥太《こやた》が、一挙に武政を断行すべきだと西郷にすすめたさい、西郷は使節団との約束をたてにその提言を拒否するはずはない。米欧回覧中の大久保とやりとりした手紙の内容をみても、あるいは大久保帰国の直後、彼が足しげく大久保邸にかよったということをみても、その時点ではまだ二人の対立が表面化していなかったことをしめしている。だが、征韓論の分裂が、竹馬《ちくば》の友だったこの二人のあいだを、もはやどうにもならないほど遠くにひきはなしていったのである。そこに歴史の非情がある。

大久保体制と内務省

政変後の政府

明治六年（一八七三）一〇月の政変直後の政府の陣容を次ページの表-30にしめそう。参議は薩長肥各二、幕臣一で、土は一人もいない。各省の卿（長官）および次官クラスまでふくめると（島津久光は除く）、薩長各五、肥二、幕臣一である。薩長のバランスのうえに立った新たな大久保体制の出発といえよう。大久保の意見によって参議と各省の卿は兼任となった。

大久保は、この新たな体制のねらいを、(1)天皇の輔導、(2)大臣に人材を得ること、(3)内閣の協力、の三項目に要約しているが、大久保の主張した兼任制はこの(2)と(3)の実現にあった。これまでの正院と諸省との軋轢《あつれき》を避け、やがて山県・伊地知《いじち》・黒田が参議を兼ねるにいたっては、政府の実権はこの参議兼任の卿に集中し、右院は不必要となり、左院もやがて元老院の設置によって廃止され、三院制は事実上変容していくのである（正院の称廃止は明治一〇年一月）。

(1)の天皇輔導問題は、大久保自身が勅命という異常な手だてで征韓論の廟議《びょうぎ》をくつがえした経緯にかんがみ、今後逆にそれが利用されることのないよう慮《おもんぱか》ってのことであろうか。

表-30 明治6年10月政変直後の政府首脳

官職名	氏名	備考
太政大臣	三条実美(公)	
右大臣	岩倉具視(公)	
内閣顧問	島津久光(薩)	明6.12.発令 明7.4.〜明8.10.左大臣
参議兼文部卿	木戸孝允(長)	文部卿は明7.1.〜5. 一時，内務卿兼任(明7.2.〜4.)
参議兼内務卿	大久保利通(薩)	内務卿は明6.11.より (一時，木戸・伊藤が兼任)
参議兼外務卿	寺島宗則(薩)	明治6.10.28.発令
参議兼大蔵卿	大隈重信(肥)	
参議兼司法卿	大木喬任(肥)	
参議兼工部卿	伊藤博文(長)	一時,内務卿兼任(明7.8.〜11.)
参議兼海軍卿	勝　安房(幕臣)	
陸軍卿	山県有朋(長)	明7.8.より参議兼任
左院議長	伊地知正治(薩)	明7.8.より参議兼任
開拓次官	黒田清隆(薩)	明7.8.より開拓長官兼参議
陸軍大輔	西郷従道(薩)	
工部大輔	山尾庸三(長)	
教部大輔	宍戸　璣(長)	

(注)『校訂明治史料　顕要職務補任録』その他より作成。
参議兼任発令はことわらないかぎり，いずれも明6.10.25.

内務省の設置

そして大久保は、この体制を官制としてかためるために、明治六年一一月一〇日、太政官布告第三七五号で内務省を設置し、二九日、みずから内務卿に就任した。内務省の系譜および機構は次ページの図-13のとおりである。

だが、その設立過程にはいくつかの問題がからんでいる。

第一は、民蔵分離問題以来表面化した、政府部内の官僚機構とむすびつく派閥対立である。廃藩置県後、民部省をもあわせて内政・財政の両権をにぎって強大化した大蔵省をめぐる大久保・大隈派と木戸・井上派との対立はまえにふれたが（二五六―二五八ページ参照）、いまやそれは大久保体制確立の中軸としての内務省設置へと発展したのである。

第二には、この内務省設置を推進した大久保の大蔵省改革案の背後には、左院の議官宮島誠一郎（旧米沢藩士）が重要な役割を果たしていることである。それは左院内に反大蔵省の空気が強かったことを物語っている。大久保はすでに明治二年七、八月ごろ、三条あてにだした覚書の政府官制改革案で、内務省の設置を考えていたが、米欧視察の体験からあらためて、それを表面化させたのである。

図-13　内務省系譜・機構図

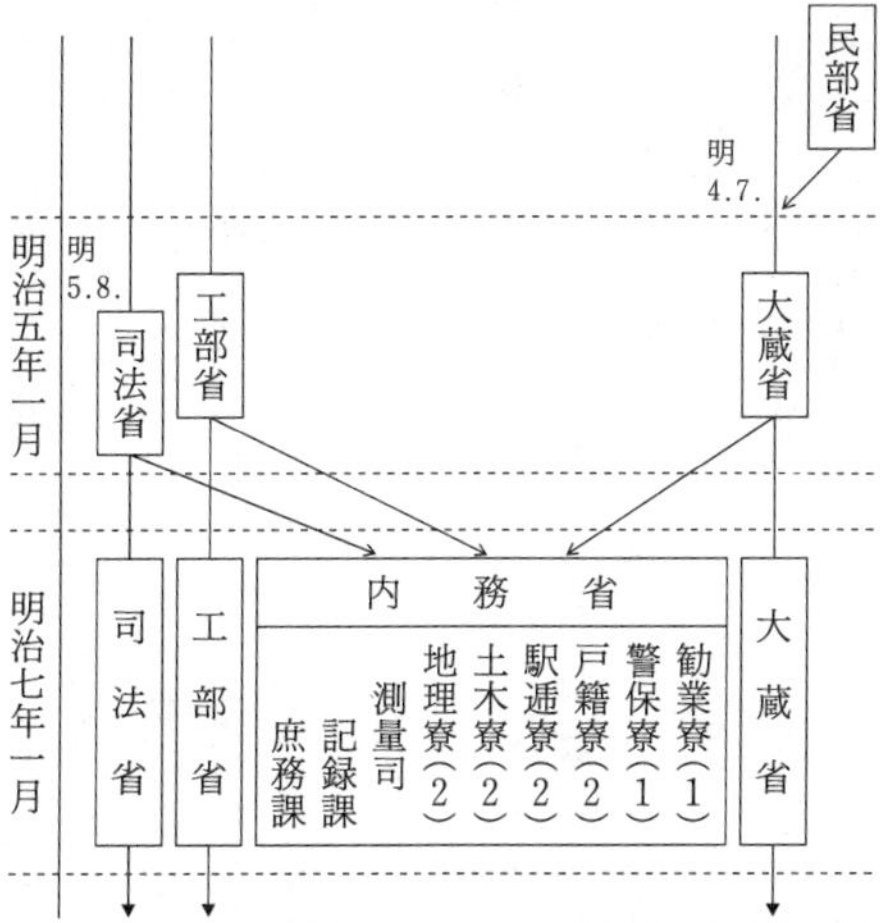

（注）『内務省史』第1巻および石塚裕道著『日本資本主義成立史研究』参照。内務省機構内のカッコの数字は1等寮・2等寮をしめす。本書333ページ参照。

第三には、内務省の設置および職制には、右の宮島をはじめ江藤新平（司法卿・参議）の官制案（「内部省」という表現を用いていた）や、ジュ＝ブスケの「仏国国内省之事」が参考にされ、また、伊地知正治（正院の制度取調御用掛兼務）の「内務省職制私考草案」などが、正院における官制決定の資料とされていることである。

第四には、この内務省が、征韓論分裂による内治優先主義の勝利のうえに設置されたことを指摘しないわけにはいかない（『内務省史』第三巻参照）。

つまり、内務省は、いちおう権力を統一した明治政府が、その中央集権体制を実質化する過程における、内外の矛盾の接点で、中央行政機構の決着点として設置された、といえよう。

三省体制

かくて、この設置された内務省の卿（長官）として大久保が位置し、その両翼に大蔵省と工部省があった。前者を木戸派から大久保派へうつった大隈が、後者をこれまた木戸からはなれて大久保へ接近した伊藤が、それぞれ卿として管掌した。いわば大久保体制は内務省を軸に大蔵・工部の三省体制として確立していったのである。さきの伊地知の草案は、「内務省は国の国たる所以《ゆえん》の根元」と述べていたが、まさにそれにふさわしい位置に内務省はあった。

この大久保体制の実体をみるために、『日本資本主義成立史研究』の著者石塚裕道氏作成にかかる明治五年・同一〇年の太政官・各省官僚の出身地別内訳の表をかかげよう（三一八—三一九ページの表-31参照）。

これをみると、第一に、右の三省の比重がいかに大きかったかがわかる。明治一〇年（一八七七）では判任官以上の官僚数は、じつに全体の五三パーセント余を占めている。また、明治九年度の三省の歳出合計額（一千九万余円）でみると、それは総歳出額の四二パーセントにも達し、陸・海軍省の歳出合計額（一千三十二万余円）にも匹敵していたのである（石塚前掲書）。

流動的藩閥体制

第二に、この表を鹿児島（薩）・山口（長）・高知（土）・長崎（肥）の欄にかぎってみよう（東京・静岡は後述）。薩長土肥中の最高数を丸印でしめしたが、それをみるとだいたい省ごとに出身県の色わけがうかびあがる。「長の陸軍、薩の海軍」はのちのちまでも有名だが、大久保（薩）の内務省が鹿児島、大隈（肥）の大蔵省が長崎（肥）、伊藤（長）の工部省が山口、大木（肥）の司法省が長崎、宍戸《ししど》（長）の教部省が山口、黒田（薩）の開拓使が鹿児島、といったぐあいである。

右のことは、長官の出身地によってある程度その出身県の官僚が、相対的多数を占めていることをしめしている。もちろん、外務（寺島＝薩）・文部（木戸＝長、文部大輔田中不二麿＝名古屋）あるいは宮内（徳大寺実則＝公家）の各省のように、長官と丸印県とがずれているところもある。しかしそれとても、長崎や山口などの藩閥特定県に集中しているので

官庁	年次	階層	出身府県名						総計	
			鹿児島	山口	高知	長崎	東京	静岡	官等別小計	年次別合計
司法省	明治5年	A	4	3	⑨	2	5	1	40	210
		B	7	3	7	⑩	49	12	170	
	明治10年	A	0	2	0	⑤	2	0	11	143
		B	2	8	6	⑱	33	9	132	
宮内省	明治5年	A	⑤	3	0	0	4	1	23	244
		B	10	⑫	4	4	75	6	221	
	明治10年	A	2	③	1	0	15	3	38	228
		B	10	⑪	5	3	73	18	190	
開拓使	明治5年	A	⑤	1	1	2	2	5	23	440
		B	㊻	7	0	10	62	37	417	
	明治10年	A	①	0	0	0	0	0	1	521
		B	(72)	9	2	17	70	46	520	
総計	明治5年	A	53	61	32	51	55	47	486	4,213
		B	218	198	120	192	814	424	3,727	
	明治10年	A	59	57	22	48	88	45	461	5,215
		B	396	233	100	154	1,082	535	4,754	

（注）Aは勅・奏任官，Bは判任官をしめす。勅・奏任官，判任官については322ページの表-33の注を参照。石塚裕道著『日本資本主義成立史研究』所収の表より作成。

ある。

大久保体制はやはり薩長土肥の藩閥的色彩の濃いことがわかる。だが、ここでいう藩閥とは、維新当初のようなたんなる出身藩による郷党的な派閥のことではない。すでにまえにも指摘したが、もはや個々の藩の郷党的結合は、薩長土肥という枠《わく》のなかでは流動的になっている。いやある面ではその枠さえものりこえる側面もあったのだ。

しかし、基本的性格はやはり薩長土肥の流動化した藩閥にあった、とみてよい。つまり、当初は自派の権力維持のために、郷党的意識のもとに排他的、朋党的な結合がもとめられたが、官僚機構がしだいに整備さ

表-31　太政官・各省官員の出身府県別内訳（明治５・10年）

官庁	年次	階層	出身府県名 鹿児島	山口	高知	長崎	東京	静岡	総計 官等別小計	年次別合計
太政官	明治５年	A	5	3	⑥	4	11	1	49	326
		B	5	4	⑪	9	118	5	277	
	明治10年	A	7	⑩	6	8	16	4	74	353
		B	5	⑨	7	2	96	26	279	
元老院	明治５年	A	—	—	—	—	—	—	—	—
		B	—	—	—	—	—	—	—	
	明治10年	A	4	3	⑥	3	6	2	29	62
		B	2	0	③	0	9	2	33	
外務省	明治５年	A	4	1	0	⑥	3	5	30	122
		B	2	1	0	⑯	15	22	92	
	明治10年	A	6	3	0	⑥	6	6	38	101
		B	5	0	0	⑩	23	8	63	
内務省	明治５年	A	—	—	—	—	—	—	—	—
		B	—	—	—	—	—	—	—	
	明治10年	A	⑮	3	1	2	7	7	66	1,489
		B	201⃝	61	19	15	337	120	1,423	
大蔵省	明治５年	A	8	9	4	⑪	13	8	85	910
		B	34	㊼	12	37	225	127	825	
	明治10年	A	13	12	0	⑯	17	4	84	927
		B	25	26	8	㉝	225	141	843	
陸軍省	明治５年	A	3	⑩	1	1	2	8	44	608
		B	41	65⃝	55	10	59	46	564	
	明治10年	A	3	③	1	0	1	6	22	539
		B	30	59⃝	29	13	80	52	517	
海軍省	明治５年	A	⑪	9	4	9	6	10	81	416
		B	㊼	0	6	6	51	62	335	
	明治10年	A	⑤	1	2	3	2	5	24	337
		B	㊸	3	12	14	55	62	313	
文部省	明治５年	A	4	4	⑤	2	5	3	48	335
		B	6	4	6	⑲	68	23	287	
	明治10年	A	0	3	2	③	10	4	36	145
		B	0	3	2	⑤	25	7	109	
教部省	明治５年	A	2	③	0	1	1	1	11	105
		B	4	④	2	2	18	6	94	
	明治10年	A	—	—	—	—	—	—	—	—
		B	—	—	—	—	—	—	—	
工部省	明治５年	A	2	⑮	2	13	3	4	52	497
		B	6	51	17	69⃝	74	78	445	
	明治10年	A	3	⑭	3	2	6	4	38	370
		B	1	㊹	7	24	56	44	332	

れてくると、薩長土肥の範囲内では郷党的色彩よりも、むしろ機構とむすびついた少数の実力者中心の派閥形成が優先していったのである。しかも、それが内務・大蔵・工部の三省に権力が集中すれば、この集権的な官僚機構による支配は、とうぜん藩閥的有司専制体制の実体をそなえてくる。

旧和歌山藩出身の陸奥宗光《むつむねみつ》（大蔵少輔心得）は、木戸孝允に呈した一篇「日本人」（明治七年一月）のなかで、それをいみじくもつぎのようなことばで述べているのだ。

今夫《そ》れ政府の体裁を見るに、参議以上に任ずるは、必ず此党（薩長土肥藩閥をさす）の人なり。海陸軍及其他枢要なる職務に居《お》るは、必ず此党の人なり。故に満朝の大官は、過半此党の人に非《あ》らざるはなし。又欧米各国に派出する書生は此党の郷土より出《いず》る者多く、其他大小の政務皆此党の身勝手に引付けざるはなく、決して此国の人民総体にて、此国に在る幸福を頒受《はんじゅ》し、其安危を分任するの本義あることなし。（中略）今や薩長の人に非らざれば、殆《ほと》ど人間に非らざる者の如し。豈《あに》歎息すべきの事に非らずや（『陸奥宗光伯』所収）。

もちろん、この藩閥内部に立入れば、薩長を軸に、ときに比重の変動はある。表-31で、明治五年と明治一〇年を対比してみると、明治五年段階ではトップクラスで一定の比重をもっていた高知が、一〇年段階では比重が小さくなっていることがわかる。その間に征韓論分裂があった。鹿児島と肥前（長崎）は分裂してトップクラスが政府派と下野派にわかれ、高知は下野派に比重がうつり、その高知の主流は民権運動に流れこんでいくからである（なお三三〇ページの表-36参照）。

旧幕臣層の問題

第三は、東京・静岡の数が勅・奏任官に比し、判任官に圧倒的なことである。

東京府というのは、旧公卿・旧大名・旧幕臣、その他本籍をここにうつした者の出身はさまざまだから、性格は規定しがたいが、静岡は旧幕臣である（ちなみに、前掲原口『明治前期地方政治史研究』上によると、徳川氏の静岡藩七〇万石移封にともなって、朝臣化した者は四九二九人、駿河・遠江・三河への移住者は在職者・非在職者合計一万二〇〇〇人〔戸主〕前後とされている。なお、旧幕臣は静岡・東京以外の各府県にも在住した）。

これら旧幕臣層は、幕末期以来洋学などを通じて諸科学・技術を身につけ、実務に長じていたし、また、旧幕府の陸・海軍の軍事官僚もこのなかにふくまれている。とすると、技術・実務官僚、軍事官僚としての旧幕臣層が、大久保体制を幅ひろくささえていた、ということになる。大久保体制は、藩閥色を濃厚にもちながらも、機構そのものをささえる中・下層官僚は、意外に旧幕臣層に依拠するところ大きく、それゆえにまた列強の先進的な技術を受容、継受する能力をもっていたのである。つまり、幕藩体制内部に形成され、蓄積された技術的、実務的ひいては文化的能力をうけつぐことによって、はじめて明治国家はその創出の基礎をつくりえたのである。その意味では、幕藩体制と明治国家は明らかに連続面をもっていたといえる。

表-32　大久保体制前後の地方長官の出身県

府　県	明 4.11.(A)	府　県	明 6.11.—11. 5.(B)
鹿児島	9	山　口	14
高　知	6	高　知	10
京　都	6	鹿児島	9
福　井	5	熊　本	7
静　岡	5	長崎 }	5 } 10
佐　賀	3	佐賀 }	5 }
兵　庫	3	静　岡	4
鳥　取	3	東　京	3
4　県	(各2) 8	岡　山	3
11　県	(各1) 11	2　県	(各2) 4
不　明	14	10　県	(各1) 10
計	73	計	74

(注) (A)欄は升味準之輔著『日本政党史論』第1巻所収の「府県最高官職者の出身地別」の表より，出身地不明欄10名を補って作成。(B)欄は勝田孫弥著『大久保利通伝』下巻より作成。ただし，出身藩名は県に統一した。

表-33　明治10年官等・月給表

	官等	職　名	月　給
勅任	1等	太政大臣	800円
		左・右大臣	600円
	2等	大輔・中将など	400円
	3等	少輔・少将など	300円
奏任	4等	大書記官・大丞・令など	200円
	5等	権大書記官・権大丞・権令など	150円
	6等	少書記官など	100円
	7等	権少書記官など	80円
判任	8等	1等属・大属など	60円
	9等	2等属・権大属など	50円
	10等	3等属・中属など	45円
	⋮	⋮	⋮
	17等	10等属・警部補など	12円

(注)『官員録』(明治10年4月改正) より作成。勅任官は勅命で任免，奏任官は各省大臣・地方長官の奏薦により勅裁を経ておこなわれ，のちこの勅・奏任官を高等官と称した。判任官は各行政官庁の長が任免した。

もう一つ、官僚の階層性の性格をしめすものとして、明治七年ないし九年における勅・奏・判任官の官等と、その月給の一覧表を右下にかかげておこう（前ページの表-33）。トップクラスと下級官僚との差がいかにはなはだしかったかがわかる。いまふうにいえば、内閣総理大臣ないしは閣僚クラスは、地方県庁の末端にいる役人の月給の五〇倍から七〇倍くらいの給料をもらっていたことになる。しかも、兼任のばあいは、すべて加算されたから、実際には、それのさらに二倍とか三倍とかの膨大な給与なのである。この給料表にみられる鋭角的な逆ピラミッドこそは、形成期の天皇制官僚の一特質をしめしている（この時点の米価は一石あたりだいたい五円から七円だから、現在の金に換算してみるのも一興であろう）。

地方官僚

第四には地方官僚の問題がある。前ページの表-32は、明治四年一一月（A）と明治六年一一月—一一年五月（B）の各地方官の最高官職者（府知事・県令・権《ごん》令・参事・権参事）の出身府県別数を対比したものである。（A）は大久保体制成立前、（B）は大久保体制期のものだ。特徴は以下のように要約できる。

(1)（A）段階では、鹿児島をトップに高知・京都がこれにつぐが、ここでは薩長土肥の藩閥的色彩は相対的に薄い。不明があるので断定はできないが、この表でみるかぎり山口（長）出身者は一人もいない。そして、この時点では地元出身の長官が一四もかぞえられ

表-34　明治10年地方官（長官・次官）出身県別数

県名	長官	比率	県名	次官	比率
山口	8	71.1%	山口	11	46.2%
鹿児島	7		鹿児島	7	
長崎	7		東京	3	
高知	5		静岡・広島・石川	(各2) 6	
熊本	2				
他 9 県	(各1)9		他 12 県	(各1)12	
計	38		計	39	

（注）『官員録』（明治10年４月改正）より作成。次ページの表参照。計39は38県と開拓使。長官は府知事・県令・権令（長官は１県欠），および開拓長官，次官は参事・権参事・大書記官・少書記官（開拓使は３等出仕）のいずれかである。ただし，長官が任地の籍にかえているもので，旧出身籍のわかるものは旧籍とした。

る（参事が多い）。廃藩置県後まもないこの（A）段階では、まだ藩閥支配は地方までおよんでいなかったことがわかる。

(2)（B）段階となると、明らかに変化がある。薩長土肥（肥は長崎・佐賀）の藩閥支配が形成されてきているのである。静岡はもちろん旧幕臣だが、神田孝平・関口隆吉・中野梧《ご》一《いち》など政府や長州閥と密接な関係の人々である。しかも、（A）の七三名中二〇名がそのまま（B）のメンバーにはいっているから、地方官としてはベテランが多かった、ということになろう。

そのうえ、東京・楠本正隆（旧大村藩士＝長崎）、京都・槇村正直（長）、大阪・渡辺昇（大村）の三府や、神奈川・野村靖（長）、兵庫・森岡昌純（薩）、長崎・内海忠勝（長）、新潟・永山盛輝（薩）など重要四港県の長官はほとんど藩閥関係者で占められている。そして、（B）のばあい、（A）段階とちがって地元出身長官は鹿児島と高知のみである。

表-35　明治10年府県の長官・次官出身籍と官員数・地元属籍者率

順位	府県	長官	出身籍	次官	出身籍	官員数	地元属籍者数	%
1	㊴鹿児島	令	高知	参事	鹿児島	143人	138人	96.5
2	㉜山口	〃	静岡	大書記官	山口	101	92	91.1
3	㉞高知	権令	長野	〃	鹿児島	124	109	87.9
4	㊲大分	〃	岡山	少書記官	大分	67	52	77.6
5	㉘石川	〃	岐阜	大書記官	山口	135	101	74.8
6	㉟愛媛	〃	東京（高知）	少書記官	〃	91	64	70.3
7	㉛広島	令	山口	〃	広島	101	70	69.3
8	⑲滋賀	権令	長崎	大書記官	愛知	113	76	67.3
9	⑰静岡	令	鹿児島	〃	滋賀	104	67	64.4
10	㉙島根	〃	山口	参事	山口	91	50	54.9
11	⑳岐阜	権令	三重	大書記官	石川	75	41	54.7
12	㉝和歌山	令	高知	〃	山口	64	35	54.7
13	②京都	知事	京都（山口）	〃	〃	244	133	54.5
14	㊳熊本	権令	長崎	参事	福岡	92	49	53.3
15	⑦長崎	令	東京	少書記官	山口	113	58	51.3
16	⑮三重	〃	長崎	大書記官	〃	85	43	50.6
17	⑬栃木	〃	〃	〃	長崎	98	47	48.0
18	⑭堺	〃	鹿児島	〃	岡山	76	36	47.4
19	㉖秋田	権令	東京（高知）	少書記官	山口	77	36	46.8
20	⑧新潟	令	鹿児島	大書記官	石川	107	50	46.7
21	㉑長野	権令	山口	少書記官	静岡	105	47	44.8
22	㉚岡山	令	鹿児島	大書記官	兵庫	114	49	43.0
23	㉓宮城	権令	山口	〃	千葉	84	36	42.9
24	㊱福岡	令	長崎	少書記官	広島	130	53	40.8
25	⑱山梨	〃	山梨	大書記官	高知	69	28	40.6
26	㉒福島			〃	山形	116	47	40.5
27	⑫茨城	権令	高知	〃	鹿児島	119	47	39.5
28	㉕青森	令	熊本	少書記官	〃	88	34	38.6
29	①東京	知事	長崎	大書記官	鹿児島	204	78	38.2
30	⑪千葉	令	千葉（兵庫）	少書記官	東京	123	47	38.2
31	⑥兵庫※	権令	鹿児島	権参事	三重	78	29	37.2
32	㉗山形	令	〃	大書記官	東京	89	32	36.0
33	③大阪	知事	長崎	〃	山口	138	48	34.8
34	⑤神奈川	権令	山口	少書記官	東京	213	70	32.9
35	㉔岩手	令	大分	大書記官	福島	85	27	31.8
36	⑯愛知	〃	熊本	〃	山口	128	40	31.3
37	⑨埼玉	〃	山口	少書記官	鹿児島	111	29	26.1
38	⑩群馬	〃	〃	大書記官	〃	98	25	25.5
39	開拓使	開拓長官	開拓（鹿児島）	3等出仕	静岡	513	134	26.1
	④琉球藩	藩王	琉球	摂政官	琉球	14	14	100.0

(注)『官員録』(明10．4．改正)による。出身籍カッコ内はもとの出身地。
※兵庫の数字は明9．8，の『官員録』による(明10．4．の『官員録』は出身籍の記入のないのが多い)。なお，この表では飾磨・兵庫を合して兵庫とした(明9．8．21．飾磨県は兵庫と合併)。府県の○印数字は『官員録』所載の府県序列。地元属籍者率(琉球藩を除く)の平均は50.0％である。

いま、明治一〇年四月改正の『官員録』で、この地方長官および次官の出身県別の表-34をしめそう（三二四ページ）。長官では薩長土肥出身者が七一パーセントを占め、次官でも約半数に近い者が薩長出身者なのである。さきの陸奥の嘆きは、地方官首脳部にもそのままあてはまるのだ。

(3) さらに、(B) 段階での地方府県官員の内部に目をむけてみよう。ややこまかな表になるが、実体を知るために前ページの表-35をみてほしい（長官・次官の氏名は省略）。

地元属籍者率

長官や次官の藩閥的特徴についてはさきに述べた。ここでは、各府県官員における地元属籍者率、つまり各府県官員のなかに地元出身がどの程度の比率を占めているかという問題に視点をおいて、その特徴を指摘しておこう。

(イ) まず第一にめだつのは、薩長土の地元属籍者率が圧倒的に高いことである。鹿児島のごときは官員一四三人中、地元以外の者はわずか五人、山口も一〇一人中九人にすぎない。中央政府の核をなしていたこの両県では、地元出身者が九割以上を占め、高知も八八パーセントをしめしている（肥の長崎は後述）。藩閥支配の体質が、その出身県においてもっとも牢乎《ろうこ》として存在した、といえようか。

その意味では静岡県も比較的高い。さきに指摘した大久保体制下の旧幕臣層の厚さは、藩閥に準じた役割を果たしていた、といってよい。

(ロ)三府および神奈川・兵庫・長崎・新潟の四港県はどうか。

一般的にいえば、これらの重要府県の地元属籍者率はきわめて低い。(イ)とはまさに対照的である。東京・大阪および神奈川・兵庫はいずれも三〇パーセント台である（新潟は四七パーセントだが、これとても平均五〇パーセントよりは低い）。つまり、これらの重要府県は、その重要性と貿易港という特殊性のゆえに、藩閥関係者（出身者とはかぎらない）や実務・技術官僚が多くはいりこんでいるからである。

京都と長崎は五〇パーセント台でいずれも平均率をこえているが、これは京都の官員数は全府県中第一位の二四四人という特殊性があり（しかし、ここでも府知事以下山口出身者が多い）、長崎は藩閥県という(イ)に指摘した性格とかさなっているから、比較的高いのも当然であろう。

(ハ)右のことからいえば、地元属籍者率の低い府県は中央支配の強い地方ということになる。反面、薩長藩閥政府に反発して官員希望者の少ない地方もまたとうぜんこの率は低くならざるをえない。もっとも率の低い二〇パーセント台の埼玉・群馬や、ほぼ三八―四〇パーセントの山梨・千葉などの関東地方は、前者の側面が強く、三〇パーセントから四〇パーセント前後の宮城・福島・青森・山形・岩手などの東北地方の県は、後者の側面が強かったためと解釈できる。

和歌山を別にして、徳川御三家のあった茨城・愛知はともに三〇パーセント台をしめすが、ここは両者の側面があったとも考えられる。そういえば、和歌山をふくめて、あの宮武氏が忠勤藩として藩名がのこされたとした鹿児島・山口・高知・佐賀（この時点では長崎）・福岡・鳥取（島根）・広島・岡山・秋田の各県は、福岡・岡山・秋田が四〇パーセント台のほかは、すべて五〇パーセント台以上である。これはたんなる偶然ではあるまい。

もちろん、忠勤藩とか朝敵藩とか区別する意識は、表面にはあらわれていなかったかもしれない。しかし、藩閥政府というのは、意識するとしないとにかかわらず、薩長土肥というわゆる忠勤藩を核としたピラミッド型支配にほかならない。とすれば、そうした色わけの支配の構造が、右のような地元属籍者率にあらわれているのはありうることだ。

ついでながら、もっとも率の低い開拓使のばあいは、『官員録』に地元属籍名として「開拓」と記してあるものの率なのだが、これは長官黒田と同じように鹿児島など他から移籍したものであろう。この「開拓」籍についで東京七一、鹿児島六三、静岡四五、長崎一七をかぞえることができる。薩摩王国といわれた開拓使は、北の藩閥・準藩閥の拠点だったのである。

右に指摘した以外で率の高いランクにある県はもちろん例外はあるが、一般的には士族戸数が多かった県である（三三〇ページの表-36参照）。

大久保体制の特質

このようにみてくると、大久保体制は、中央・地方を問わず、まさに藩閥的だったのである。升味準之輔氏は、明治一〇年代はじめの中央・地方官僚制を概括して、「中央部の頂点の一にぎりは藩閥出身者、地方官庁の下半層は地元士族、その中間部分（中央官庁の中層以下と地方官庁の上層）は諸府県の出身者の入りまじった、ほとんど乱数表的出身府県分布をしめしている」といい、さらに「これは一八七〇年代のはじめと同じ傾向である」（『日本政党史論』第二巻）と述べている。つまり、明治初年から一〇年代にかけて、ほぼ「乱数表」的な傾向がつづいているとみているのである。そこでの氏の力点は、中央政府首脳部は藩閥的だが、以下の部分はかならずしもそうではない、というところにおかれている。

しかし、これまでみてきたところからわかるように、「乱数表」的傾向——官僚機構の整備とあいまって、非藩閥出身者は藩閥とむすびつき、この傾向はのちにはいっそう強くなる——はあるにせよ、地元属籍者率の動向をふくめて、大久保体制といわれるものは、やはり中央・地方とも基本的に藩閥色でぬりかためられていた、といえよう。そして、明治一四年の政変は藩閥体制の一つのエポックをしめしながらも、なおこうした傾向は尾をひいていた、とみてよいのである。

いま、明治一六年（一八八三）の士族奉職人員の府県別順位を、一位から七位までとって次の表-36にしめそう。

表-36　士族奉職人員府県別順位（明治16年）

順位	勅任官 (A)		奏任官 (B)		判任官 (C)		等外以下雇 (D)		奉職人計 (E)		戸数 (F)		$\frac{E}{F}\times100$ (G)	
		人		人		人		人		人		戸		%
1	鹿児島	29	山口	491	東京	3,001	東京	3,342	東京	6,691	鹿児島	46,600	山梨	50.0
2	東京	25	鹿児島	388	静岡	1,262	鹿児島	2,018	鹿児島	3,663	佐賀・長崎	32,801	山口	49.1
3	山口	23	東京	323	山口	1,241	静岡	1,416	山口	3,007	東京	25,471	千葉	40.3
4	高知	11	静岡	265	鹿児島	1,228	愛媛	1,413	静岡	2,950	沖縄	20,342	静岡	37.6
5	佐賀・長崎	10	佐賀・長崎	205	佐賀・長崎	828	熊本	1,266	佐賀・長崎	2,638	福岡	17,602	岩手	32.1
6	静岡	7	高知	201	熊本	639	山口	1,252	熊本	2,038	石川	14,848	東京	26.3
7	熊本・福岡・京都	各3	石川	187	石川	582	石川	1,246	愛媛	2,019	熊本	14,781	京都	23.0
	47府県　計	134		3,999		20,002		34,569		58,704		424,915	平均	13.8
	官員総数	158		4,786		28,493		56,880		90,317				

（注）後藤靖「家禄の整理と士族の動向」（『明治前期郷土史研究法』所収）表7より作成。数字は府県別の本籍者で，原典は『日本帝国形勢総覧』『帝国第四統計年鑑』。ただし，%の誤りは訂正した。佐賀県は明16. 5，長崎県より分置，ここでは両県の合計数をしめした。全県数は47府県でその内訳は，北海道3県（函館・札幌・根室）と44府県である。

勅任官（A）の一―六位までを、薩長土肥および東京・静岡が占めているのは、特徴的である。ついで、奏・判任官（B・C）、等外以下雇（D）というふうに下級官員になるにしたがって、東京・静岡がしだいに上位を占めるにいたる。高知はC欄から圏外に消え、佐賀・長崎もD欄では圏外である。そして、奉職人計（E）では、A欄の高知が姿を消しているかわりにそこに静岡がはいり、薩長肥と東京・静岡が五位までを占めることになる（東京と鹿児島の順位が入れかわる）。戸数（F）に対するパーセントからいえば、山口以外薩土肥いずれも順位の圏外で問題にならないが、体制の性格をみるうえからいえば、この比率よりもやはり絶対数が一つの指標であろう。

とすれば、A―E各欄の順位とその変化の傾向から概括すると、この時点の体制は、なお大久保体制の特質の延長上にあり、薩長土肥（とりわけ薩長）の藩閥とそれに準ずる役割をになう東京・静岡出身の官僚が体制の中軸をなしていた、といえる。そして、藩閥がトップ層で占めていた比重は、下層になるにしたがって東京・静岡にうつっていく。また、すでに指摘した土肥の動向は、この表が明治一六年のものである以上、そこに自由民権運動や明治一四年の政変の影響が反映しているであろうことは、十分考えられる。

いささかこまかな数字を中心とした説明になりすぎたが、大久保体制といわれるものが、通説以上に中央・地方ともいかに色濃く藩閥色でぬりかためられていたか、と同時に、その大久保体制の裾野をいかに旧幕臣層が広範にささえていたかを明らかにしたかったのである。その意味では、維新の変革を経て生まれた統一国家の、その実質をなすこの「有司専制」体制は、まさに幕藩体制のひろい裾野の遺産の上に聳立《しょうりつ》していた、といえるのだ。

では、こうした大久保体制の中軸内務省は、どんな機能をもっていたのか。

内務省の機能

内務省の機構と権限は、明治七年（一八七四）一月一〇日の「内務省職制及事務章程」でさだめられた。それによれば、国内の「安寧・保護ノ事務」を管理するところであり、さきの三一五ページの図-13のように六寮一司二課よりなっている。その中心は一等寮としての勧業寮と警保寮であった。そして、権限は殖産興業政策の推進、つまり日本資本主義の育成と保護、行政警察権、府県の指導、さらには新聞・雑誌の発禁にまでおよんだのである。

殖産興業についてはあとでまたふれるが、勧業寮を中心にそれを推進する大久保の意図は、米欧先進資本主義国と対峙《たいじ》するための、上からのブルジョア化（富国）政策遂行以外の何ものでもなかったのである。かつて大久保は、維新当初の大阪遷都論を提起したとき、いちはやく国際関係を意識し、「富国強兵ノ術」を念頭においていたが（六〇ページ参照）、いまや彼は米欧回覧の体験を経て三省体制のトップに立ち、その政策を具体的におしすすめた。

内務省は事実上正院にかわる役割をにない、多元的な官僚支配の調整者、ひいては内政の諸機能を富国と強兵へと方向づける役割を果たしたのである。ここに内務省の第一の機能があった。

警察権の掌握

第二の機能は、内務省が警察権を掌握したところから生じた。内務省設置以前の警察は、司法省警保寮（明治五年八月設置）の管轄下にあった。明治五年一〇月の「警保寮職制」（太政官布告第一七号）は、その目的について、「国中ヲ安静ナラシメ、人民ノ健康ヲ保護スル為ニシテ、安静健康ヲ妨グル者ヲ予防スルニアリ」と述べていた。

だが、警察制度研究のために渡欧した司法省警保助《すけ》（助は頭《かみ》・権頭《ごんのかみ》につぐ）兼大警視《だいけいし》川路《かわじ》利良《としよし》（一八三四―七九。薩）が、明治六年九月帰国するや、「夫《そ》レ警察ハ国家平常ノ治療ナリ」にはじまる有名な文章で、警察国家の宣揚を一〇ヵ条にわたって建議した。

この建議書には、警察が国家興隆の必須条件であることがまず強調されている。そして、警察は内務省が統轄すべきこと、首都には内務省直轄の警視庁をおくこと、行政警察と司法警察を区別して前者を内務省、後者を司法省で分掌すること、非常にそなえて警察に銃器を準備し、みだりに兵は動かさないこと、消防は警察の所管にすること、などが主張されていたのである。

大久保がこれに共感し、明治七年一月、司法省警保寮（二等寮）を一等寮として内務省に移管したのである。同時に、東京警視庁も設置され、首都東京の警察権を大警視川路がにぎった。

「東京警視庁職制章程並《ならびに》諸規則」(明治七年二月)の第二章は、行政警察の概念および司法警察との区分をしめしている。すなわち、行政警察は「人民ノ凶害ヲ予防シ、世ノ安寧ヲ保全スル」のであり、職務は大別して人民の権利の保護、健康生命の安全、風俗の規制、国事犯の探索・警防という四つを規定した。そして、この行政警察の予防の力およばずして法律にそむく者がでたとき、その犯人を探索、逮捕するのが司法警察の職務だ、としたのである。

設置当時、東京警視庁は大警視以下の幹部と約五三〇〇人の邏卒《らそつ》(明治八年一〇月、巡査と改名)・番人で組織されていたが、ほとんどが士族であったこともあって、この行政警察の雰囲気は、つぎの小川為治著『開化問答』(明治七—八年刊)のなかの固陋《ころう》な庶民、旧平の発言のようなものだったのである。当時、民衆は邏卒を一般にポリスと呼んでいた。

ポリスがこれ等の法を犯したものをとり扱ふ様子をいへば、頭に帽子を戴き、羅紗《ラシャ》の羽織に仙台平《ひら》の袴《はかま》、官員様めきたる人物には、随分丁寧に応接すれど、僕等の如く身に荒布《あらめ》の如き衣服を着し、中風病《ちゅうふうやみ》が泥濘《ぬかるみ》に呻吟《うめく》やうなる言葉使ひのものに対する時は、むやみに力《りき》身《み》返り、ヒヨツト此方で立《たつ》て挨拶でもすれば、それこそ大騒動、忽《たちま》ち眼をむき出し、口《くち》吻を尖らし、鑼のやうなる声を発して呵り附け、事によれば携ふる棒を以て、足腰の立ぬほど打居《うちお》る事もござる。

ここには、〝官〟に弱く、〝民〟に強い警察像がすでにある。

今のポリスは、政府の威光を笠に着て、御主人同様なる人民を塵芥《ちりあくた》の如くに看做《みな》し、人民の権利を保護すべき道具でありながら、反《かえつ》てこれを害《そこな》ふ仕業に及べるは、実に胆のつぶるゝ話しにて、あきれて口を閉《ふさ》ぐことが出来ません。

近代的な法の規定と実体とは、当初からかくも乖離《かいり》していたのである。

明治一〇年一月、東京警視庁は廃止、かわって内務省警視局が設置され、一四年一月、警視庁再設置という経過をたどって、内務省を求心点とする警察制度は整備されていく。この間、農民一揆・士族反乱、さらに西南戦争などがあいつぐことは、あとでもみるとおりである。

右の整備過程はそれへの対応であり、それは内務省がいちだんと反政府運動抑圧機関としての性格を強めていくことを意味したのである。

図-14　内務省行政系統図

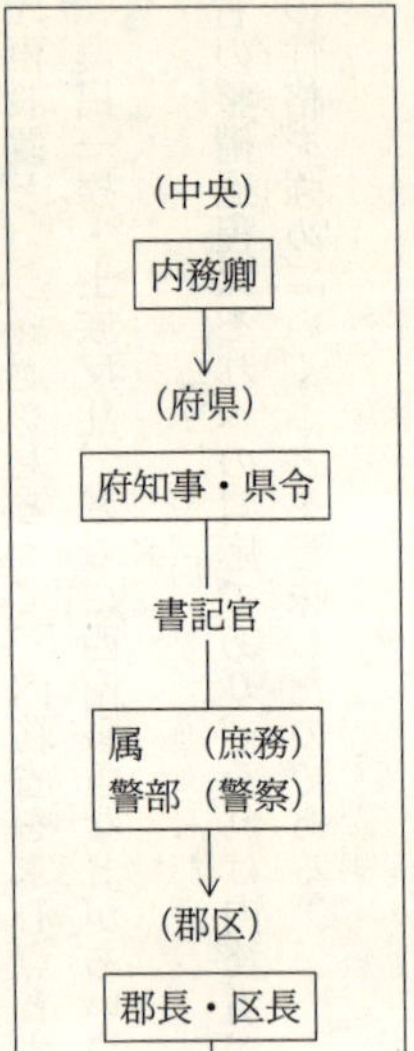

地方行政支配

第三の機能は、内務省がさきにもみた地方官僚をとおして、地方行政支配の中核的存在だったことである。

大久保は太政大臣三条あての建議書（明治九年五月一日）で、「凡《およ》ソ内治ノ本ハ専《もっぱ》ラ地方ニ在リ、地方ノ治挙《あが》ラザレバ、国ノ隆盛ヲ期ス可《べか》ラズ」と述べた。この「地方ノ治」の中核としての内務省の指揮・監督権が強化、拡大され、また明確になったのは、明治一一年七月二五日の「府県官職制」（太政官達第三二号）だが、その行政系統図は右の図-14のとおりである（山中永之佑著『日本近代国家の形成と官僚制』）。あとでみる戸長《こちょう》・戸主へと内務卿の支配はつらぬき、「家」とこの行政系統がむすびつくことによって、全国民は内務省に掌握されたのである。

殖産興業と北海道

二段階の殖産興業政策

「大凡《おおよそ》国ノ強弱ハ人民ノ貧富ニ由《よ》リ、人民ノ貧富ハ物産ノ多寡《たか》ニ係ル」ということばからはじまる大久保の「殖産《しょくさん》興業に関する建議書」は、さらにつづけて、その物産の多寡は人民が工業にいかにはげむかにかかわっており、そのためにこそ政府は上からの誘導・奨励を強力にすすめなければならない、と強調している。

この建議書は明治七年（一八七四）五、六月ころのものとされているから、内務省設置後半年余、内外問題に追われた大久保が、いよいよ本格的に殖産興業にとりくもうとした意図の表明とみてよい。そこには岩倉使節団の副使の一員として肌で感じとった米欧先進資本主義国家像が念頭におかれていたことはいうまでもない。それゆえにこそ、そこにはこれまでの殖産興業政策からの転換があった。後年、渡辺国武（明治七年大蔵省租税寮出仕、のち大蔵・逓信《ていしん》大臣）は、大久保の公的な生涯を二つにわけ、そのわかれ目を米欧巡遊においた。つまり、それ以前の第一段階は「全国の政権、兵権、利権を統一して、純然たる一君政治の古《いにしえ》に復する」ことが目標であり、以後の第二段階は「世界上に独立して国を建つるには、富国強兵の必要」はいうまでもなく、それを実行するには「是非とも殖産興業（を）上から手を下して、着実に其進歩発達を図《はか》らねばならぬ」と考えていた、と述べているのである（前掲『大久保利通伝』下巻）。

これをもうすこし具体的にみよう。

工部省の政策

すでに、幕末の幕・藩営軍事工業の基礎のうえに開始された官営工業の、その運営の中心機関には工部省が設置されていた（明治三年閏一〇月設置。明治一八年一二月廃止）。この工部省は当初は「百工勧奨ノコト」を掌《つかさど》るとされたが、明治五年一月の「工部省事務章程」では「工業ニ関スル一切ノ事務ヲ総管」し、工学の開明、工産の繁昌、諸鉱山の管轄、鉄道・電信・灯台・礁標の建築修繕、船艦の製造修理、銅・鉄・鉛類の精錬鋳造、各種の器械の製作、海陸の測量などを主として担当する、とした。工部省の設置から廃止にいたる一五ヵ年間の総支出高は四六〇〇万円にのぼるが、そのうち官営事業の創設・拡大に支出された費用は二九〇〇万円余を占めている。なかでもその事業の中心は鉄道（一四〇〇万円）と鉱山（八八九万円）だった。

鉄道はすでに外国資本がその利権の触手をのばしていたが、維新官僚はそれに対処するとともに、国内の政治的統一および軍事的、経済的、文化的開発のために鉄道敷設を主体的におこなおうとし、明治二年一一月以降その方針を明らかにして着手した。翌三年には東京・

表-37　太政官・各省お雇外国人一覧（明治7年）

各省＼国別	アメリカ	イギリス	フランス	ドイツ	その他	計
太政官	1人	1人	1人	1人	1人	5人
外務省	6	2	1	1	4	14
内務省	4	9	7	—	7	27
大蔵省	7	16	—	—	4	27
陸軍省	—	—	36	—	2	38
海軍省	—	29	36	—	1	66
文部省	14	25	10	24	4	77
工部省	7	185	13	6	17	228
司法省	1	1	4	—	2	8
宮内省	—	—	—	2	—	2
開拓使	7	1	—	3	—	11
計	47人	269人	108人	37人	42人	503人

（注）梅渓昇著『お雇い外国人①概説』による。この明治7年がお雇外国人のピークで，工部省のばあい130人以上をかぞえる期間は明治4—12年である。このピーク時をすぎたころから，東京大学や工部大学校の卒業生がしだいにお雇外国人にとってかわるのである。

横浜間、神戸・大阪間の鉄道起工がなされ、それぞれ明治五年および七年に開業した。明治四年着工の大阪・京都間も一〇年には開業した。その建設にあたってはイギリスから技術移植がおこなわれ、とくに狭軌《きょうき》（三フィート六インチ）鉄道が採用された。経済的、地理的条件からとされているが、イギリスの植民地がすべて狭軌であったことは注目しなければならない。

三宅雪嶺は広軌《こうき》（四フィート八インチ）は不経済だったという当事者（井上勝）の言に、「後より顧みて頗《すこぶ》る誤りしを悟らざるや」（『同時代史』第一巻）と述べているのである。

電信線の架設も重視され、明治二年にはじまり、鉄道同様イギリス人技師の指導のもとに東京を中心につぎつぎに開通した。

鉱山経営は明治六年度から積極化し、明治八―九年度をピークとした。その過程で「鉱山心得書」(明治五年三月)および「日本坑法」(明治六年七月)が出された。これらは鉱山の官収・官営の方向を強めたものだが、それは外国資本の介入を排除するとともに、鋳貨素材の確保あるいは輸出品としての金・銀・銅などの鉱物資源の国家的独占を企図したものであった。

こうして工部省中心の初期殖産興業は、国内の政治的、軍事的、経済的統一というさきの大久保の第一段階に照応したかたちで遂行された。しかもその過程では列強資本主義国家をモデルとし、その技術導入をせざるをえなかったから、外国人技師・外国使臣の示唆《しさ》が強く作用し、三三九ページの表-37のような多数のお雇外国人が大きな影響をあたえた。イギリス人が半数以上を占め、しかもそれは工部省に集中しているのである。このお雇外国人依存の移植政策と在来産業との距離はいちじるしかった。それだけに、当初の意図どおりには内容はかならずしもともなっていなかった。その反省と対外体験のうえに大久保の内務省中心の政策は立案される。さきのいわゆる第二段階である。

内務省の政策

そこでの殖産興業政策は、紡績・海運・開墾・牧畜・農業指導・博覧会など、広範な分野におよんだ。工部省事業がどちらかといえば、外圧に対応した「強兵」的要素を強調していたとすれば、内務省の事業は軽工業部門の保護・育成、勧農政策の推進など、より「富国」的側面に比重がかかっていたといえる。米欧にくらべて日本の商工業の未発達を痛感した大久保の、勧業寮中心の、上からのブルジョア化政策の企図の反映であり、大久保のもと、大蔵省をにぎった大隈の農商工並進政策、つまり、商工の二者を振興しないと日本の長所である農業も発展しない、という認識のゆえである。

具体的にそれは、農業・加工部門に重点をおいた官営模範工場の設置であり、直輸出事業であり、さらには府県勧業および補助金・貸付金におよんでいる。当時輸出の中心であった生糸の品質改良・生産増加・技術習得などを目的とした明治五年（一八七二）の富岡製糸場以下新町屑糸《くずいと》紡績所、愛知および広島紡績所に代表される官営模範工場は有名であり、農業・牧畜の保護・育成のための内藤新宿試験場や三田育種場、あるいは取香《とっこう》種畜場、下総《しもうさ》牧場などもよく知られている。

さらに直輸出との関連でいえば、当時の関税自主権のない居留地貿易下にあっては、綿・糖を中心とする輸入防遏《ぼうあつ》と、生糸を主とした輸出の振興は、一方では、そのための農産加工業の移植と改良を必然化させ、他方では、経費節減ともからんで、従来の西欧技術の模倣、外国人依存主義からしだいに自力主義への傾向をしめすにいたる（四四四―四四六ページ参照）。また、それと表裏して貿易における保護主義も提起されるのである。海運業において政府が岩崎弥太郎＝三菱を積極的に助成し、日本沿岸ないし大陸への航路の外国船の独占を排除しようとしたのもその一環であった。それはまた、銀行資本としての三井の保護・育成とも相応じたものである。こうして上からの「富国」策＝ブルジョア化は着々とすすめられていく。

北海道の開拓政策

ここで目を転じて北海道をみよう。この北海道の開拓政策には、ある意味で殖産興業政策の特徴と性格がきわだって浮き彫りにされているからである。

明治二年七月設置の開拓使（当初東京、ついで五稜郭《ごりようかく》内の旧箱館奉行所に出張所が設けられ、明治四年春、庁舎竣工とともに札幌にうつる。明治一五年廃止）は、じつは〝北海道の工部省〟であり、〝内務省〟だった。政府は明治四年に、翌五年から一〇年間に一〇〇〇万円の費用を北海道に投入することを決定した（従来の年間投入額の五倍）。その経営は薩藩出身で大久保の配下、開拓次官黒田清隆（のち長官）がにぎり、ここに薩閥の北の牙城《がじよう》がきずかれた。

すでに黒田はアメリカの開拓を北海道のモデルとし、みずからも渡米して開拓に必要な器財とともに指導者の雇用もきめてきていた。アメリカの農務局長官ケプロン（一八〇四—一八八五。大統領グラントの推薦、開拓使教師頭取兼顧問、明治四年七月赴任、明治八年帰国。在任四年余のうち、渡道三回）以下のお雇外国人である。測量、地質・鉱物調査、農業、工業、石炭採掘、交通、運輸、土木その他、北海道開拓の基本的諸事業は、すべてこれらお雇外国人の息がかかり、開拓使つまり〝官〟主導のもとにおこなわれた。

この〝官〟主導の北海道における殖産興業は、在来産業と切れたこの地で、近代産業移植の実験場として、はたまた南下しようとするロシアへの軍事拠点を意識しつつ、内国植民地としてすすめられた。

図-15　明治初年北海道開拓の変遷

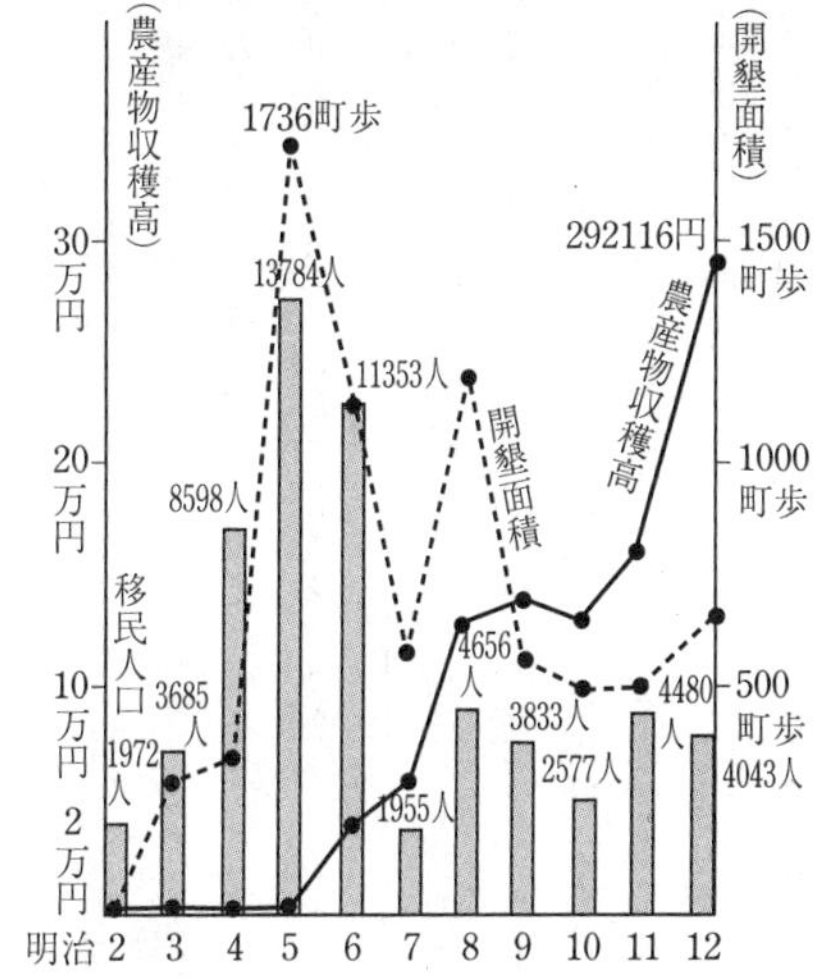

（注）土屋喬雄著『維新経済史』所収の諸表より作成。
原典は『開拓使事業報告』第２編,『開拓殖民要録』。

だからここでは機械・造船・漁網などの生産手段から味噌・醤油・ビール・ブドウ酒・缶詰など消費財生産にいたる広範な官営工場が、札幌を中心に函館・根室方面へとつぎつぎに設立された。

生産手段の製造工場一五、消費財工場二四、計三九工場を開拓使は経営したのである（榎本守恵・君尹彦著『北海道の歴史』、『新北海道史』第三巻など)。

このうち、札幌の麦酒《ビール》醸造所のごときは、青木周蔵(一八四四—一九一四。のち外相・貴族院議員)が黒田あてに、「麦酒は日本酒より滋養《じよう》に富むを以て、国民の健康上有益の事業たるのみならず、或は麦酒を以て彼《か》の多量の『アルコホール』分を含有せる狂水、即ち日本酒を退治するも亦《また》一の好方便たるやも知るべからず」と手紙を書き、黒田がこれに賛成して設立したのだ、という(『青木周蔵自伝』)。

これと並行した北海道移民は、三四三ページの図-15で明白なように明治七年から大きくかわる。七年七月、移民扶助規則が全廃され、かわって屯田兵《とんでんへい》制度が実施されたのである。黒田のことばを借りれば、「ツマラン貧民幾千人移住サセテモ、迚《と》テモ自立ノ産ヲ営ムコト万々六《むつ》ケ敷《しく》」(明治六年七月、松本十郎らあて)というのだ。移民にも〝官〟主導がいちだんと強まるのである。

こうして北海道の開拓は、屯田兵制をはじめ士族移住、あるいはクラーク博士(在任、明治九年八月—一〇年三月)や札幌農学校(明治九年八月開設。北海道大学の前身)、はては囚人労働という〝官〟主導型の定型化とイメージアップがなされる。

再検討の開拓イメージ

だが、このパターンとイメージは再検討されなければなるまい。囚人労働といっても、その背後に何があったのかが問題なのであり、事実、民権運動の糸をたぐるなかでそれはとらえなおされはじめている。

　屯田兵や移住士族が、それほど特権をもっていたというのではない。いやむしろ、戊辰《ぼしん》戦争で敗れた側の者が多いのだから、それは敗残の身を生きぬく唯一の活路でしかなかった。開拓使が薩閥の牙城であってみれば、いうところの官の保護といってもしれたものだ。その屯田兵や士族移住よりさらに薄い保護のもとで、一般開拓農民がいかにこのさいはての大自然とたたかい、いかにこの開拓に命をかけたかがいまや問われているのである。

　彼らは勤勉・倹約・質素・粗食などの伝統的な生活倫理をいっそうきびしくみずからに課した。いや課さねば酷寒と大自然との死闘の生活はなりたたなかった。そして郷里から神社の分霊をうけた氏神をまつり、寺を建て、キリスト教を信仰し、あるいは馬頭観音《ばとうかんのん》や地神《じがみ》などの民間信仰に精神的なよりどころをもとめて格闘した。

『東本願寺北海道開教史』をみると、明治初年、門徒の移住奨励策のひとつとしての「酔《すい》歌《か》」一二がかかげられている。

　第一、トトサンカカサン、ユカシヤンセ、ウマイ肴《さかな》モ胆斗《たんと》アル、オイシイ酒モ胆斗アル。
　エゾ〱〱〱エジヤナイカ（繰返し、以下同）。第二、兄サン姉サン往カシヤンセ、
　ミカドノ御恩ノ報ジ時、ホトケノ御恩ノ報ジ時。

「エゾ」が「ええじゃないか」にひっかけてはやし歌となっていることは意味深い。そこにはあの「世直り」＝「ええじゃないか」への期待が、この新天地とダブらされているのである。

第九、高キ所ハ薩摩芋、低キ所ハ麦ヤ米、心ノ儘《まま》ノ御開拓。

この歌詞のなかに、高い所は薩摩芋（＝薩閥）だが、低い所には米や麦をつくるのだという、開拓使への皮肉と農民の生産意欲とプライドが歌いこまれているとみるのは、あるいはうがちすぎかもしれない。しかし、ここには北の大自然を克服する開拓農民の不屈さが歌われている。

第十、女ノ始メ男ノ始メ、我日ノ本ノ神々ノ、古例ニマカセイロハジメ。第一一、御前ヨケレバ我レモヨイ、何ノ遠慮ガアルモノカ、ヤ、ガ出来タラ尚《なお》ヨカロ。第一二、お前百迄ワシヤ九十九迄、沢山ヤ、ガ出来タナラ、沢山家ヲ造リマシヨ。

もはや説明はいるまい。ここには男と女の生活のたくましさがある。それはボーイズ＝ビー＝アンビシャスでもなければ、フロンティア＝スピリットでもない。いや、それすらものみこむ生活力が秘められている。この民衆の生活力と不屈なたくましさこそが、北海道の開拓＝殖産興業を根底でささえたのである。

アイヌにとっての維新

もう一つ、この地に古くから住んでいたアイヌの人々にとって維新とは何であったのか。

「北海道開拓の使命をもった開拓使は、従来の乙名《おとな》・小使・土産取《みやげとり》等の役名を廃すると共に、部落の取締りは和人の通辞を任命した土人の取締りに一任し、やがて戸長《こちよう》役場に引継いで酋長の行政的役割、特別待遇を廃止し、アイヌには和人同様の私有権を認めると共に、その部落に有する漁猟権を廃止し、和人の移住を歓迎し、かつアイヌに対して職業及び住居移転の自由を認めた。同化政策が積極的にとられ始めた」――この道の大家、高倉新一郎著『アイヌ研究』はこういう。

土地所有の観念のなかったとされるアイヌの人々に私有権を認めるということがいったい何を意味するか、部落の漁猟権を廃止して和人の移住を歓迎し、職業・住居の自由を認めることが結果的に何をもたらしたかは、同じ著者の戦時中の著作『アイヌ政策史』（昭和一七年刊）を、アイヌの人々の側から読みかえをすれば明らかである。いや、植民政策論の立場で書かれたこの本でさえ、随所にその政策がアイヌの人々の実態を無視していること、いうところの自由が〝失う自由〟であり、〝滅びる自由〟であることを屈折した表現で述べているのである。

明治一一年（一八七八）一一月四日の布達が、アイヌは戸籍上平民同様としながら、以後、区別するときは「旧土人」の名称を使え、といっているのは、まさに象徴的である。この差別的名称の背後に明治政府の深い支配の意図がひそみ、その政治構造の底辺を沖縄とともにささえていたことは、後述の「琉球処分」における処分官松田道之の発言に端的である（四七九―四八一ページ参照）。

第九章　徴兵令と地租改正

徴兵令と民衆

壬申戸籍と「家」

幕末・維新史の宝庫ともいうべき山口県文書館《もんじょかん》には、毛利家文庫をはじめ戦後地元であつめられた史料をふくめて一九七六年現在、約二三万点（二〇〇二年では約三五万点）が保存されている。その膨大な史料のなかに、柿渋びきの合せ紙を台紙とし、一丁の片面ごとに和紙をはりつけた、村の字《あざ》単位の冊子《さつし》がある。

これは文政八年（一八二五）一一月の仕法改正以来、明治四年（一八七一）まで利用された戸籍帳で、長州藩では「とじゃく（戸籍）」と呼んでいた。この戸籍帳は五人組帳（この藩では十人組帳）であり、宗門《しゅうもん》人別帳《にんべつちょう》でもあった。和紙一面が一軒分で、上から四分の一のところに墨で横に線をひき、その上の部分に田畑や山林の面積・石高《こくだか》、船や牛馬の所有を記し、下の部分に家族の宗門・人名・生年月日やその移動などが逐一記入され、一軒分の状態が一目でわかるようになっているのである。

ところが、この長州藩の戸籍の形式をサンプルとしたものが、明治元年一〇月、京都府からだされ、明治二年六月、民部官から当時維新政府直轄の府県に達せられた。歴史学者新見《しんみ》吉治博士は、その起案者はそのころ京都府へ出仕していた槇村《まきむら》正直（のち府知事）ではないか、と推測された（『壬申戸籍成立に関する研究』）。槇村は長州出身で民政に長じていたから、彼が長州藩内での経験をもとに、維新後の京都府で「永世の御記録、庶民の系譜」（文政八年の長州藩戸籍仕法書のことば。右のサンプルも同様）たる戸籍作成をおこない、さらにこれを新政府管下におよぼし、しだいに全国統一的な戸籍をつくろうと企図していたことはありうることだ。それは民政確立のためにも、蠢動《しゅんどう》しつつあった「脱籍浮浪の徒」を取締るためにも、不可欠の要請だったのである。

こうして、明治四年四月四日、新政府は府県と藩をふくむはじめての「全国惣体《そうたい》ノ戸籍法」を公布した。これにもとづき、翌五年から六年春にかけて編成されたのが壬申《じんしん》戸籍である。明治五年の干支《えと》（壬申《みずのえさる》）をとってこの名がある（この戸籍法は明治一九年の改正までつづく。拙著『長州藩と明治維新』参照）。

壬申戸籍では、華族・士族・平民の身分にかかわらず、屋敷・家屋を単位にして「家」に戸主《こしゅ》をさだめ、その戸主が「家」を代表し、「家」にかんするいっさいの責任と権限をもたされた。だから戸主は、自分を筆頭に、戸（家）内の総人員・姓名・年齢・戸主との続柄・

職業あるいは寺・氏神などを申告し、また、「家」の構成員の婚姻や養子縁組、分家など、家族員のすべての変動をとどけでなければならなかった。それらはすべて戸主をとおしての届出によって、はじめて法的な効果をもったのである。その意味では、政府にとって戸主は、「家」という基礎的な血縁共同体をとおして、民衆の一人一人をとらえうるもっとも重要な機関だったのである。

宗門人別帳との相違

では、この新しい戸籍は、幕藩体制下の宗門人別帳とどこがちがうのか。

第一に、宗門人別帳が身分を基本につくられていたのに対し、戸籍法では「臣民一般（華族・士族・卒・祠官・平民迄ヲ云《いう》、以下準之《これにじゅんず》――原注）其住居ノ地ニ就テ之《これ》ヲ収メ、専《もっぱ》ラ遺《のこ》スナキヲ旨トス」というように、国民をまず「臣民一般」としてとらえ、しかも住居地主義をとっていることである。これは新政府の旗印としての「四民平等」と対応した措置《そち》でもあったが、同時にそれが天皇に対する「臣民一般」であったことを見のがしてはならない。だから、華族・士族あるいは平民の族称は新しいこの戸籍にも記載され、社会的にはのちのちまでも通用した。

第二は、「家」の原理に儒教的な考えかたが強まったことである。

これは戸籍の記載順序にあらわれている。そこでは尊属・直系・男系を上位とする書式であった。つまり、戸主につづいて祖父母や父母、それから妻子・孫・兄弟・姉妹等々の順序で、卑属・傍系・女系を下位にする書きかたなのである。さきにふれた京都府のサンプルが、父母を妻子のつぎにしているのといちじるしく異なっている。江戸時代の宗門人別帳は地域によって記載のしかたはちがうものの、隠居の父母を妻子のつぎに記したものが多いから、明治の壬申戸籍のほうが、儒教的な色彩は逆に強まっていることになる。

第三は、宗門人別帳ではその事務を村役人や寺がうけもっていたが、こんどは政府が直接これをにぎったことである。それを地方の末端で担当したのが戸長《こちょう》だった。つまり、「家」は戸主―戸長の手を経て地方官―中央政府へと掌握されるしくみになったのだ（三三六ページの図-14参照）。のち明治一五年（一八八二）七月三日の元老院会議で副議長佐野常民（のち議長）は、そのことを「夫《そ》レ戸籍ノ事タル、一家ニ起リ、一町村ニ成リ、郡区ヲ経由シテ又府県ニ致シ、終《つい》ニ政府ノ総提スル所トナルベキモノナリ」と表明している。

区長・戸長と大区・小区制

ところで、佐野は右の発言のすぐまえにつぎのように述べていた。

> 凡《およそ》戸籍ハ一家ヲ基トシ、其《その》上ニ戸長アツテ之《これ》ヲ統《す》ブ。戸長ノ設ケタル当時ハ戸籍調成ノ為ナルモ、爾来《じらい》陸海軍・文部・警察ノ事務ニ関スルヲ以テ、今ハ行政上必須ノ職分タリ。

戸長の役割がいかに重視されていたかがわかるであろう。つまり、内務卿から府知事・県令、郡長・区長を経て戸長にいたる地方支配は、この戸長―戸主で完結する（前掲図－14、「内務省行政系統図」参照）。戸長―戸主こそが、政府の国民全体をにぎる鍵《かぎ》であった。「明治政府の国民統治における底辺工作装置」といわれるゆえんである（福島正夫編『「家」制度の研究』資料篇一）。

ところで、右の戸長は、さきの戸籍法によって生まれた、各府県内の新しい区割りによる大区・小区制の長の一つなのである。大区・小区制は地方によって区割りのひろさも長のよびかたもまちまちなのだが、一般には小区の長を戸長といった。小区はそれまでのいくつかの組や町・村を合したもので、小区をまたいくつか合わせたのが大区であり、大区の長を区長といったりしたのである（小区はだいたいのちの新町村、大区はほぼ郡に相当する）。

この大区・小区制は、これまでの生活共同体としての町村にかかわりなく、机の上で線びきしたものであったから、かりに旧村の村役人が区長・戸長となっても、彼らと住民とのつながりは薄弱だった。いや、それを弱め、幕藩体制下の旧習をたち切って、新政府の支配を統治の末端に浸透させるためにこそ、人為的に大区・小区制はつくられたのである。そして、区長は官選、戸長は官選・民選いずれかというように、地方によって事情は異なったが、官選の区長や戸長は権力をかさにきて住民に対するものも少なくなかったから、いざ一揆となると、たちまち襲撃され、戸籍簿までが一揆の攻撃目標になったりした。このことは逆に、地域住民になじみの深い戸長は、かってに戸籍の年齢をごまかしたりして、徴兵忌避に一役買うこともあったのである（三六三ページ参照）。

ところでいま、明治五年一〇月、区長制を実施した岩手県の例で区長の出身別をみると、二一区中、士族が一三、農民五、祠官一、不明二となっている。大半以上が士族なのである。また、八年一月、これは一七区制にあらためられるが、そのさいの戸長の月給は六円ないし五円五〇銭（九年二月、一〇円ないし八円と増額）といったぐあいである（『岩手県史』第八巻）。

だが、この大区・小区制は、それまでの町や村の歴史や地域的な伝統をもつ生活共同体の実体、あるいは旧名主《なぬし》・庄屋としての地方名望家層の勢力を無視ないしは軽視したものであったから、実情にそぐわず、かえって大区・小区制のほうが一定の修正をよぎなくされる。明治一一年（一八七八）の郡区町村編制法・府県会規則・地方税規則のいわゆる三新法の公布がそれである。

徴兵令と血税一揆

さて、明治五年一一月二八日、全国徴兵の詔と太政官の告諭がでる。その一五日後（この間、陰暦から陽暦に切りかえられ、旧暦一二月二日の翌日が明治六年一月一日になった）の六年一月一〇日には徴兵令が発布された。徴兵制による日本軍隊成立の第一歩である。

右の太政官の告諭は、旧来の武士を痛烈に批判したうえで、四民はいまや「均《ひと》シク皇国一般ノ民」として国に報じなければならない、と述べたが、そこに「血税」という文字があったことから、「血を絞られる」とあらぬ噂《うわさ》をよびおこし、いわゆる血税一揆がおこった。

いま、青木虹二著『百姓一揆総合年表』でみると、この血税一揆は明治六年に一七件、翌七年に二件で計一九件、うち七年の一件が秋田県内で、あとはすべて関西以西である。『明治軍制史論』の著者松下芳男氏は、その理由を、(1)伝播《でんぱ》性、(2)中部以北と関西以西との民衆の徴兵観念の相違、(3)西南地方の政治騒動（士族反乱）との関連をあげるのだが、これはかならずしも当を得てはいない。なぜなら、(1)の伝播性はもちろんある程度考えられるが、その伝播性の要因にはふれられていない。

また、(2)の観念の相違を、西南地方の対外戦争（元寇や幕末の外圧）の戦禍に起因するとしたのでは、戊辰戦争の問題がすっぽりぬけてしまう。東北地方の民衆にとっては、戊辰戦争の傷痕と記憶はまだなまなましかったはずだ。(3)については、血税一揆が明治六年に集中している以上、以後の士族反乱とそれほど関連があるとは思えない。

とすれば、血税一揆が西日本にかたよっていることは、別の角度からみなければならない。

第一に、それは明治六年の農民一揆全体が、西日本に多かったこととの相関関係でとらえる必要がある。同年六一件（村方騒動をふくむ）の一揆中、尾張以北の一揆は一八件（うち開拓使管下の松前地方三件）、以西は四三件である。この西日本へのかたよりは、この地方一帯に旱魃《かんばつ》があり、それが一揆の一般的要因となっていることを見のがしてはならない。米価も肥後米が前年一〇月、二円八〇銭だったものが、明治六年五月には四円五銭、一〇月には五円七五銭と高騰しているのだ（南部助之丞編『米相場考』明治一三年刊）。つまり、血税一揆の本質は、それが「血税」と特殊化されたところにあるのではなく、当時の一揆の一つのきっかけにすぎない、ということなのである。

明治六年七月の京都府何鹿《いかるが》郡の例では、学校入用金や「地券税金」の免除、牛馬持主の売買の自由や裸体の免許、あるいは「新平民」の呼称反対などの諸項目のなかに徴兵反対のスローガンがかかげられているし、大分県玖珠《くす》郡下の一揆の場合（明治六年五月）、その主謀者として捕えられた農民日野禎助以下六名の口述書をみると、「徴兵は強壮の者をアメリカにやって膏《あぶら》や胆《きも》を取り、また、各鎮台へ遣わされた場合でも、六、七年は放免されないから難渋は必至だ」などといっている。

ここには「誤解」も混在してはいるが、徴兵反対は実情を無視した新政府の、上からの政策への抵抗の一環であり、また、徴兵が農民にとっては一種の夫役《ぶやく》的な性格をもって生活をおびやかすものであることを、彼らは直感的に見ぬいていた、といえよう。明治六年六月、名東《みょうとう》県下讃岐《さぬき》西部の、五九九ヵ所が攻撃された血税一揆の場合には、掲示場、事務所、小学校、邏卒《らそつ》出張所、戸長・村吏宅、船改所、制札場などがつぎつぎに破壊され、〝官〟に対する〝民〟の反発の様相をはっきり呈していたのである。

「血税」と外国人

第二は、外国人との関係である。

右の例にもみられるように、徴兵反対一揆は、「血税」という告諭の文字が「誤解」されて一揆となったとされているわけだが、「血を絞られる」という民衆のうけとめかたは、なにも「血税」の文字からだけではない。

すでに徴兵の告諭のでるまえの明治四年（一八七一）一二月、高知県高岡・吾川《あがわ》・土佐三郡の一揆の原因は、兵務司による一八歳から二〇歳までの男子の調査が、「異人子供の膏を取る」と「誤解」されたことからおこったとされており、また、明治五年五月の大蔵省勧業寮の各県あての「諭告書」にも、外国人指導による洋式の模範工場＝富岡製糸場へ女工としていくことが、「女ハ外国人ニ生血ヲ取ラルル」と噂されていたのである。

欧米をモデルとした政府の新政策が、一般に未知なものへの不安をかきたてていたのだ。そこへ告諭が「血税」を西洋とむすびつけて説明したから、それに拍車をかけたのである。血税一揆にからむ噂に、「血を絞って外国人に売る」とか、「女の膏を取り、外国に遣わす」など、外国（人）とむすびつけたものが多いのはそのためである。この背後にはすでにみた

図-16　血税一揆の分布

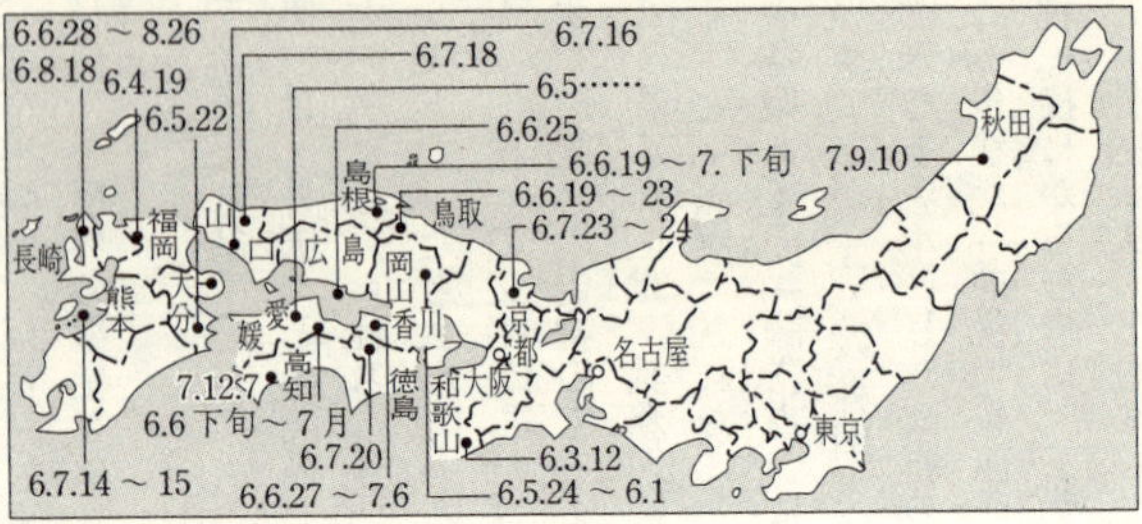

明治二年以降の新政府に対する不信がある。この不信と不安とがむすびついていた。

したがって、「血税」にからむ流言は、現実に外国人に接する地域ではなく、むしろ接するには一定の距離があり、しかもある程度外国人にかんする情報が流れてくる地域にこそ、その不安・不信感は高まったとみなければならない。その意味では、西日本は長崎・兵庫・大阪という、外国人が住み、または往来する開港（居留地）・開市場が線としてつらなっており、この線から一定の距離をおいた周辺地域こそが右の条件にもっとも適合していた、ということになる。

ちなみに、西日本の血税一揆の発生地域の府県名をあげれば、度会《わたらい》（のち三重県）・福岡・大分・北条（岡山県）・愛媛・鳥取・広島・名東（徳島県）・長崎（松浦郡）・白川（熊本県）・山口・京都・高知の各府県で、右の線からややはずれた地域である。

だから、それは徴兵の実施により、噂の実体が民衆にわかってくるとたちまち消える。明治六年に集中的な血税一揆が翌年にはわずか二件というように急速に影をひそめていくのは、そのためである。

第三は、明治七年二月七日の『東京日日新聞』が、「黒江処士」の署名による「血税暴動は県吏側の詭弁《きべん》」と題する論説で指摘した事実である（松下芳男著『徴兵令制定史』所引）。つまり、この論説は、昨年中の西日本の暴動が血税の文字の誤解からおこったという説は、むしろ「県吏の藉《か》りて口実とする者なるべし」という。「彼《か》の頑民の暴動は、蓋《けだ》し又別に因《よ》る処あらん」と述べているのである。この論説も、「血税」の字がまだ用いられないうちに「血を取るの説」がおこっていることを指摘し、民心の疑惑は「血税」という文字とは別のところにあった、と主張している。県吏がこれを口実にした、というところには、民意を愚民観ですりかえ、一揆の根ざす真因をぼかそうとする地方政治担当者の政治的作為が看取されるのである。

徴兵忌避

さて、徴兵令にかんする民衆の反応は、この血税一揆よりもむしろ徴兵忌避のほうに、より広くより深くみられる。一揆のほうが積極的で、忌避のほうが消極的だという通念や評価は再考しなければならない。徴兵忌避こそが、徴兵制に対する民衆の抵抗としては、持続的かつもっとも有効な打撃をあたえているからである。

この徴兵忌避は、民衆が徴兵令の免役条項（「徴兵編制並概則」第三章の「常備兵免役概則」を中心に規定）をいかに活用するか、にあった。いま、一二ヵ条にわたるその条項と関連項目をおおまかにわけると、だいたいつぎのようになる。

(1)身長が五尺一寸（約一五五センチ、明治八年より五尺）に足りない者。病弱・身体障害者。(2)官吏、所定学校の生徒、洋行修業者、陸海軍生徒など。(3)戸主、その相続者や養子ならびに家族中特殊の関係にある者。(4)犯罪者。(5)代人料二七〇円を納めた者。

(1)や(4)も問題がないわけではないが、ここではぶく。(2)は、当時の役人またはその候補者たち（多くは士族出身）に、いかに特権があたえられていたかがわかる。

では、(5)はどうか。これは二七〇円納めれば徴兵にいかなくてよい、というのだ。明治六年（一八七三）の東京深川の正米《しょうまい》平均相場は、一石が四円八〇銭とされているから、二七〇円では五六石余買えることになる。いまの米価で換算すると、昭和五〇年度生産者米価は一五〇キロ（一石）あたり三万八九二五円だから、五六石では、だいたい二一八万円ということになる。二一八万円以上の金をだせば徴兵免除になるわけだが、これは庶民には縁遠い。

事実、全国で代人料による免役者は、明治九年度（明治九年七月一日～一〇年六月三〇日）で三九人、翌一〇年度（明治一〇年七月一日～一一年六月三〇日）で二三人にすぎないのである（『陸軍省第二年報』同『第三年報』による）。

とすると、のこされたのは(3)である。実際、民衆はこの(3)の項目をフルに活用した。

ものである。

「家」と徴兵

そこで、この(3)の項目をもうすこしくわしくみよう。これに該当するのはつぎのようなものである。

(イ)一家の主人たる者。(ロ)嗣子ならびに承祖の孫。(ハ)独子・独孫。(ニ)父兄が病気または事故のため、父兄にかわり家を治める者。(ホ)養子（約束のみでまだ実家にいる者は該当しない）。(ヘ)徴兵在役中の者の兄弟。

これらの項目をみると、「家」の存在がうかびあがってくる。(ヘ)をみれば、徴兵が個人というより、むしろ「家」を単位に課せられていることがわかる。そして、徴兵は「家」を単位に、「家」の責任者（戸主）もしくはそのあとつぎは徴兵に応じなくてよい、というのが原則なのである。

なぜか。それはさきにふれたように、この「家」が当時の国民支配の基礎だったからにほかならない。そして、戸主はそのかなめであったから、戸主とその継承者には徴兵免除の特権をあたえ、「家」の存続を保持しようとしていたのである。

そうすると、徴兵は次男・三男以下ということになる。そこでこれらの該当者は、検査前に分家したり、他家に入籍したりし、また、絶家や廃家を再興して戸主となった。戸主にならなくても養子にいけば、(ホ)にあてはまる。これはおおいにはやって「徴兵養子」とか「兵隊養子」とかいうことばが当時生まれた。

日露戦争で鉄橋爆破の任務をおび、捕えられて明治三七年（一九〇四）四月、中国東北ハルビンで銃殺された横川省三《よこかわしょうぞう》（一八六五—一九〇四。はじめ三田村勇治。慶応元年、南部藩に生まれ、加波山《かばさん》事件に連座、のち新聞記者として郡司《ぐんじ》大尉らの千島探検に参加、日清戦争従軍記者を経て渡米、帰国後北京公使内田康哉の片腕となる。クリスチャンでもあった）も、徴兵養子の一人であったが（明治一七年ごろ）、「俺は養子に行ったぞ、今日から山田勇治じゃ、徴兵にゃいかんぞ」と、肩をはって吹聴《ふいちょう》してまわった、という（利岡中和著『真人横川省三伝』）。当時の徴兵養子の雰囲気がわかる。

詐偽・転籍・失踪

また、長男が(ロ)の該当者として免役になってしまうと、さっそく廃嫡にするか、あるいは分家や絶家の再興などで他家にだし、次男以下をつぎつぎに(ロ)の該当者にしたてあげる方法もとられた。さらに(ニ)を適用するために、にせの診断書をつくって父兄を病気とし、また廃疾とか失踪の証明書をいつわって提出したりする手も使われた。つまり、民衆は政府の意図を逆手《さかて》にとって、「家」を防壁にしてさかんに徴兵忌避をおこなったのである。『陸軍省第三年報』も、免役者の名簿のなかに、戸主・嗣子・承祖の孫、あるいは父兄にかわって家を治めるなどというのが増加しているのは、「所謂《いわゆる》法ヲ仮リ、官ヲ欺《あざむ》キ、以テ兵役ヲ逃レント欲」

する者や、他人に依頼して「一時養子」となって嗣子の名義を冒《おか》し、あるいは分家をしながら、じつは実家に同居する者などがだんだんふえているせいだろう、と述べている。

また、当時の戸籍の杜撰《ずさん》さとともに、戸長が適当に書類をごまかすばあいも多かった。明治一四年九月の陸軍卿山県有朋の意見書には、そのことを、公選の戸長が人望を博するのに汲々《きゅうきゅう》として徴兵忌避をたすけ、送入籍の書類の作為をはじめとして、年齢の数字の一を二とあらため、三を四としたりしている、と嘆いているのである。

それのみではない。徴兵適用地域外である北海道（函館周辺を除く）や沖縄に転籍する者もあったし、検査前に逃亡、失踪する者も多かった。当時の法令をみると、それを規制したものが、府県庁から各区の戸長や町村、あるいは警察署にしばしば出されている。また、自分の体を損傷して徴兵忌避をはかる者もあとを絶たなかった。明治一〇年一月、陸軍卿山県は、「或ハ服役ヲ厭悪《えんお》シ、自ラ其肢体ヲ毀傷《きしょう》シ、若《も》クハ逃亡シ、其他種々ノ詐偽《さぎ》ヲ以テ徴募ヲ免レントスル者亦《また》少カラズ」と、これらの事実をにがにがしく述べているのである。

徴兵忌避の実数

以上の実情を、陸軍省の年報によって確認してみよう。

次ページのグラフ（図-17）は、明治九年度（明治九年七月一日―一〇年六月三〇日）の全国（第一―第六軍管および函館）の徴兵状況である。二〇歳の壮丁の総人員は三〇万一二

図-17　明治９年度徴兵状況

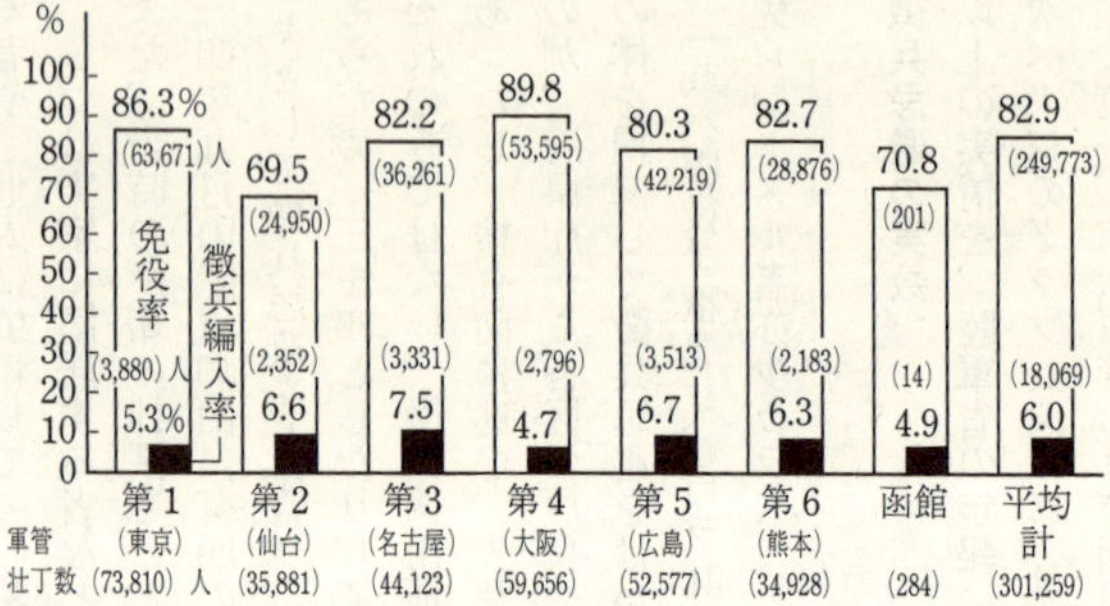

（注）『陸軍省第三年報』より作成。徴兵編入人員は常備軍と補充兵の合計である。ちなみに編入人員18,069人の内訳は常備軍10,688人，補充兵7,381人である。

五九人、うち徴兵免役該当者として名簿に記載された者は二四万九七七三人、免役率は全国平均八二・九パーセントである。この免役率は第四軍管（大阪、八九・八パーセント）がもっとも高く、第二軍管（仙台、六九・五パーセント）がもっとも低い。

免役率が比較的平均に近い第一軍管（東京、八六・三パーセント）内の各府県の徴兵状況を三六六ページの表-38にしめそう。他の軍管も、また次年度をみても、ほぼ同様である。随所に逃亡・欺詐《ぎさ》・虚病《きょびょう》・作為・詐偽《さぎ》・人心狡黠《こうかつ》等々の語が見うけられる。

さらに、免役該当者として名簿に記載された二四万九七七三人の該当理由の内訳を次ページの円グラフ（図-18）でみてみよう。このうち「家」関係の免役者は、総数のじつに九三・八パーセント（二三万四二五六人）に達する。名目的にも実質的にも、いかに「家」が徴兵忌避の防壁になっていたかがわかろう。

徴兵検査は、これらの免役該当者を除いて実施された。前ページの棒グラフ（図-17）の徴兵編入率というのは、その検査による不合格者や事故・死亡・翌年まわし・その他を除いて、実際に常備軍と補充兵に編入された者と二〇歳の壮丁総人員との比率である。編入者総数は一万八〇六九人（うち補充兵は七三八一人）で、編入率の全国平均は六・〇パーセントである。

図-18　明治9年度免役名簿内訳

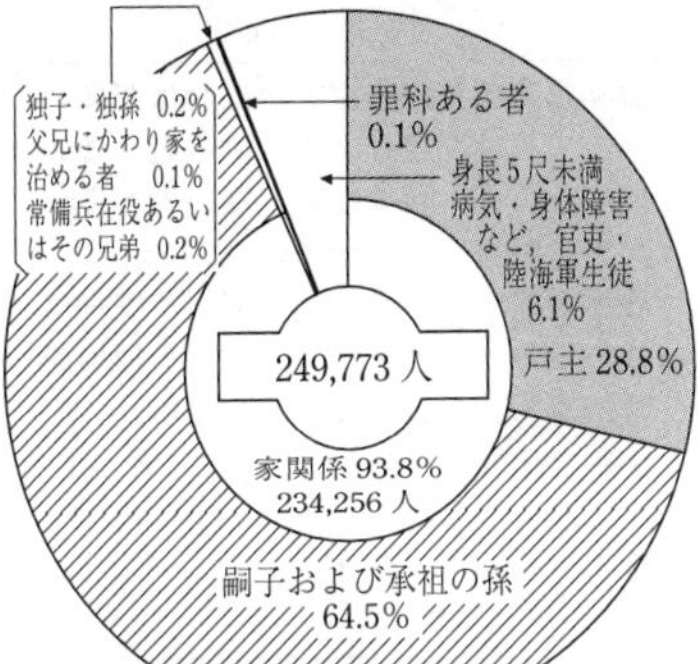

（注）『陸軍省第二年報』より作成。

つまり、明治九年度では二〇歳の壮丁一〇〇人中、現実に検査で徴兵された者はわずか六人しかいなかった、ということになる。これでは「国民皆兵」とはいえまい。

もちろん、次ページの表-38の(B)でもわかるように、各府県には何人かの兵役志願者がいる（『陸軍省第二年報』の数字でわかる者の合計は二七七人。次年度『第三年報』では、兵役志願者六一人、常備志願者七八人、計一三九人）。

だから、徴兵忌避一色でぬりつぶすわけに

表-38　第Ｉ軍管徴兵状況（明治９年度）

府県	(A)	(B)	(C)	状況
東京	中		3	徴兵忌避のため逃亡者がはなはだ多い。
栃木	中	稀	1	詐偽で兵役を避けようとする者が多い。
茨城	中	少		事故を訴え，召集に応じない者が多い。
千葉	中			兵役を厭苦する者が多い。
神奈川	中		1	兵役忌避をする者があるが，多摩郡は苦情を訴える者がもっとも少ない。
静岡（駿河・伊豆２国）	中	少		詐偽を訴える者１〜２名で，苦情は多くない。
山梨	中	稀		苦情を訴える者少なしとしない。
埼玉	中	少	1	虚病で兵役忌避をしようとする者がある。
群馬	上		1	
長野（信濃国６郡）	中			梅毒にかかる者が多い。
新潟	中			

（注）『陸軍省第二年報』より作成。
(A)　体格の等級で，上は100名中60名以上，中は40〜59名，下は39名以下の合格をしめす。
(B)　兵役志願者の状況。　(C)　徴兵代人料を納めた者の人数。

はいかないが、志願者は微々たるものである。一般的には徴兵忌避の風潮が圧倒的だったといってよい。後年の作とされているが、「徴兵懲役一字の違い　腰にサーベル　鉄鎖」という歌は、そうした実情を反映したものである。

徴兵令改正と民衆の抵抗

『陸軍省第二年報』は、こうした実情を見すえて、つぎのように述べている。

そもそも徴兵のことは、ようやく各地方の慣習となりつつあるが、官吏は、あるいは「徴兵ノ苦情」をたすけ、あるいはこれを「厳制」せず、「唯甘言以テ一時ノ責ヲ逃ル、ガ如キ、姑息《こそく》ヲ脱セズ」。人民は逐年「詐偽」に長じ、強者は採用されるだろうと察して「遁逃《とんとう》」し、弱者は落第を期して「揚々《ようよう》トシテ」検査場にのぼる。強弱ともその性質にしたがって、たくみに「狡獪《こうかい》ヲ弄《ろう》シ」、もって「規避《（ママ）》ノ術」を逞《たくましゅ》うしている。だから、本年のごときは三〇万余の壮丁中よりわずかに一万五〇〇〇に足らない徴員なのに、なお「百方勉力シテ」ようやく其の数を充足するような状態だ。（中略）このような実情からすると、「兵役ヲ規避《（ママ）》スルノ弊風」は日一日とはなはだしくなり、おそらくは数年をまたないでかならず「徴員ノ欠乏」を訴えるにいたるであろう。

若干注釈をつけておこう。右の『第二年報』の明治九年度の徴兵による「定額徴員」は一万四五三七人である。さきのグラフにみるかぎり、徴兵編入人員は一万八〇六九人（ただし、常備軍は一万六八八人、補充兵七三八一人）だから、いちおうこの「定額徴員」をうわまわっていることになる。しかし、『第二年報』は軍管ごとにアンバランスのあることを告げ、「第一第二第三及ビ第五軍管ノ如キハ、補充兵若干ノ剰余アルモ、第四及ビ第六軍管ニ在《あり》テハ補充兵若干ノ欠員アリテ、定額徴員ノ充足セザルヲ患《うれ》フ」と述べている。徴兵する側からみれば、民衆の徴兵忌避の弊風はなんとしても排除していきたかったのであろう。

そのために打たれた手が、あいつぐ徴兵令改正であった。

すでに明治六年一二月、翌七年六月、八年一一月、九年四月と、西南戦争までの四年間は毎年のように免役条項の制限がなされ、徴兵忌避の防止がこころみられているし、さらに陸軍卿山県は、明治七年一二月、『徴兵令参考』を各地方官に配布し、翌年一〇月にもその改訂版をくばっている。また、明治一〇年一月には陸軍卿山県の代理として陸軍少輔《しょうゆう》大山巌《いわお》は、この『徴兵令参考』の追加と改正をしめしたが、そのおもなものは徴兵免役にかんするものだったのである。こうした努力にもかかわらず、これまでみてきたような数字がその実態だったのだ。民衆の徴兵に対する抵抗の根強さと知恵がわかるだろう。

そして、これは明治一〇年代もつづく。近代文学史家西田勝氏の調査では、徴兵忌避の手びき、ないし解説書は明治一二年ごろから公刊され、一六―一七年が最盛期だった、という。この種の本は当時の大ベストセラーで、『改正徴兵心配なし』(明治一七年刊)の序文をもとにした氏の計算では「かりに一種平均一〇万部売れたとしても、二、三百万の売れ行きである」とされている(『近代文学の潜勢力』)。

結局、徴兵制度は西南戦争をくぐりぬけ、明治一二年、一六年、二二年の抜本的改正を経てはじめて確立していくのである。

ちなみに、発足当時の日本軍隊の定員は三万五三二〇人(平時定員三万一四四〇人、近衛兵三八八〇人)、当時の国民の全人口(三三〇〇万八四三〇人)に対する比率(パーセント)は〇・一一である。これを諸外国と対比すれば、イギリス〇・五九、フランス一・二七、ドイツ一・〇七、ロシア〇・八八、イタリア〇・八二だとされているから、いかにも低い。しかし、それでも明治初年の歳出中に占める軍費の割合は最低一五パーセントから最高二六パーセントで、だいたいほぼ二〇パーセント弱と計算されている（鹿野政直「日本軍隊の成立」『歴史評論』四六）。すでにみたように、陸海軍省費は内務・工部・大蔵三省の支出に匹敵しているのである（三一七ページ参照）。

国際的にはともかく、日本軍隊は、民衆の抵抗と当時の財政状態のなかで、そのぎりぎりの限界点で成立し、やがて朝鮮問題をテコに、急速に「国民皆兵」制を確立していくのである。

地租改正と農民生活

地租改正の目的

すでにみた京都府何鹿郡《いかるが》の血税一揆のスローガンのなかに、「地券税金《ちけん》」の免除というのがみえる。この一揆は明治六年（一八七三）七月におこったものだから、ここにいう地券とは、いわゆる壬申《じんしん》地券をさしたものとみてよい。

壬申地券は明治五年七月から発行された。壬申戸籍と同じように、同年の干支《えと》をとってこうよぶ。この地券発行には一地一主の原則がつらぬかれた。つまり、各筆の土地にそれぞれ単一の所有者が確定されたのである。土地領有制の解体は大前提であったから、いうところの単一の所有者とは、おおまかにいってその土地の直接耕作者というよりも所有者、つまり地主をさす。すなわち、地主に地券があたえられた。そして、この地券発行によって全国の土地はあらためて点検され、落地や隠田《おんでん》がないように留意された。

ところで、この地券には、土地の所在地・地番・面積・持主名のほかに地価が記入されている。この地価は持主に、売買を前提にして申告させたものだ。だから、思惑《おもわく》によって低くつけられたところもあれば、逆に高価に申告されたところもある。明治五年七月の大蔵省達《たつし》がいうように「方今適当之代価」が付されたのである。貢租はそのままだから、これでは疑問百出は当然といえよう。だが、この過渡的な壬申地券の発行が、「地方官に従来の貢租制度における不合理性と根本的改革の必要を深く認識させること」になり、「彼らの租税イデオロギーを根本的に転換させ」る結果になった、と福島正夫著『地租改正』はいう。ここに地方官会同を経て急速に地租改正がすすめられることになる。

その最大の目的は、明治政府の財政的基礎の確立にあった。それだけにこの地租改正のもつ意味は、封建的土地所有の解体を意味したのか、地租や小作料の性格はどうとらえるべきなのかなど、明治維新の性格と関連して、日本資本主義論争の一つの争点となったのである。

廃藩置県によって、明治政府はそれまでの幕藩領主の領有権を集中して、統一的な土地領有権者となった。貢租=租税改革については、すでに版籍奉還前後から論議されていたが、かたや幕末以来、重租に不満を表明する農民一揆、かたや増大する歳出という内部矛盾を克服するためには、そしてまた、万国に対峙《たいじ》する強力な統一国家を構築するためには、根本的な財政改革が不可避かつ重要な課題だった。

だから、旧租法にかわる新たな租税改革の構想は、廃藩置県前後から高まるが（神田孝平「田租改革建議」は明治三年六月、陸奥宗光の「田租改正建議」は同五年五月など）、それらは内国税改革と海関税（保護税）改革の二つを基本としていた。後者は、いまや世界資本主義の一環に組みこまれたなかで、輸出入の「保護税則」確立をめざしたものだが、当時の状況からみて、海関税自体にそれほどの期待はかけられない。いきおい税制改革の中心は内国税改革にならざるをえない。しかし、それとても現実には地租以外によるべき収入はなかったのだから、とうぜん地租改正が中心にすえられてくる（次ページの表-39参照）。

矛盾を背負う改正

ところで、廃藩置県はこれまでのまちまちな租法の内容の複雑さを農民のあいだにさらけだす役割を果たした。県がおかれて、これまでのいくつかの藩地が合併されたり、逆に分割されたりして、租法の異同や軽重の比較が農民自身に可能となったからである。

さらに、農民的商品経済の発展は、従来の租法を破綻《はたん》に追いこんだ。この期の政府の旧租法による年貢増徴の努力にもかかわらず、農民側の抵抗とあいまって、貢租収入はむしろ減少する傾向をしめしたのである。

表-39　国税総額と地租・海関税・その他の割合

項目＼年	国税総額	地租総額の割合	海関税総額の割合	各種税総額の割合	備考
明治8年	千円	%	%	%	
(1875)	57,025	88.2	3.2	9.8	地租改正事務局活動開始
〃 10 (1877)	47,041	84.6	5.0	11.1	減租の詔および布告
〃 13 (1880)	53,839	78.7	4.9	16.5	地価5年間据置き布告
〃 15 (1882)	66,125	65.5	4.0	30.4	デフレの影響顕著
〃 17 (1884)	65,055	66.8	4.2	29.0	地租条例公布
〃 20 (1887)	66,255	63.6	6.2	30.1	所得税法公布
〃 23 (1890)	65,730	60.4	6.7	32.9	最初の資本主義的恐慌

(注) 丹羽邦男「地租改正と農業構造の変化」(『日本経済史大系』5，近代上)所収の表より作成。備考は新たに加えた。地租・海関税・各種税総額の割合(%)はすべて国税総額に対してである。

したがって、この過程でおこなわれる明治四年(一八七一)九月の田畑勝手作、翌五年二月の土地永代《えいたい》売買の解禁や、さきの壬申地券の発行など一連の土地制度の改革令は、当初からブルジョア的発展の方向を是認したものというよりも、直面する税法改革の前提としてだされたものとみてよい。だから、当時の政府部内には、保革さまざまな志向をもった地租改正方式が競合していたのである。

明治政府が、近代的統一国家として万国に対峙《たいじ》するためには、先進資本主義国に見合う近代的租税体系をとる以外にはない。だが、問題は、その税目創設の前提となる国内の商品経済の発展度や、岩倉使節団によっても打開できなかった不平等条約下にある輸出入の現状が、はたしてその前提条件を十分みたすものであるかどうか。

また、旧大名や家臣団に家禄の支給をつづけ、そのうえ、殖産興業の推進や軍隊や警察の創設、あるいは学制その他の開明策の実施によって財政支出の増大が避けられないとすれば、そのめざすところと税制改革の矛盾はいかんともしがたい。この矛盾を一身に背負ったかたちで、地租改正は内国税の中心として登場したのである。

地租改正法

この地租改正法は、明治六年四月から五月にかけての地方官会同（大蔵省主催。府知事・県令・権令・参事などの地方官議員六六名と、大蔵省関係議員合わせて七七名が参集）を経て、その年七月二八日に公布された。いうところの地租改正法とは、「上諭」「太政官布告」「地租改正条例」「地租改正施行規則」と、改正の直接実行者である地方官にだされた「地方官心得」をワンセットにしてよんだものだ。

よく知られているように、その要点は、(1)これまでの貢租が土地の石高《こくだか》を基準にして課せられていたのに対し、地租は地価を課税の標準とする。(2)税率はとくべつのばあいを除き、豊凶にかかわらず、一〇〇分の三とする。(3)これまでの物（米）納に対し、金（現金）納とする。(4)地租は地券を交付された土地所有者が納める——教科書ふうにいえばこうなる。

そこでの意図と理念は、旧貢租の総額をへらさないように維持しながら、定額の金納地租の収入を確保し、統一的な制度で租税負担の厚薄をならし、地券所有者の権利を保障しつつ、改租を実現しようとしたものであった。したがって、すでに事実上形成されていた地主・小作関係には手をふれない。むしろ、その事実のうえにたって、地券所有者＝地主を基礎として地租改正は実施されたのである。

こういえば、簡単なようだが、じつは歴史家服部之総氏が「実際的技術学をもって貫かれたおそるべき苦心の作品」といい、また、「地租改正条令《ママ》は名人出題の詰将棋《つめしょうぎ》に似て、一見やさしいようでむつかしく、むつかしいようでそのじつ簡単な鍵《かぎ》がかくされている。『近代性』の紛《まぎ》れ手《て》筋ではけっして解けないが、秘められている封建的徴租学の本手筋を読んでゆくと、紛れのいみまでよくわかる。最大の紛れ手である第六章は、物品税が二百万円を超えるたびごとに同額の地租を減じてついには地租百分の一にいたらせるという約束を与えているのであるが、これにたいして第八章は、五年目ごとにその五カ年の平均米価をもって地価を改訂することを規定している。この両章の規定はただの一度も実行されずに廃棄されてしまったが、ただの一度でもそれが実行されていたとすれば、後世の学者先生が立法者としての陸奥宗光にだまされることはめったになかったとおもわれる」（「陸奥宗光」『服部之総全集』一七）と評したしろもの《ヽヽヽ》である。

この地租改正事業は、公式には明治一四年（一八八一）六月の地租改正事務局（明治八年三月、大蔵・内務両省のあいだに設置。総裁は参議兼内務卿大久保利通、御用掛には参議兼大蔵卿大隈重信、三等出仕には大蔵大輔兼勧業頭松方正義）の閉鎖で終わりをつげる。市街地も並行しておこなわれ、おくれてはじまった林野改租は明治一五―一六年までかかった、とされている。

では、この地租改正が実際に農民生活にどのように影響したのか。東北地方の加藤家と関東地方の野口家とを手がかりにみてみよう。

加藤家と地租改正

加藤家は山形市の南方約一七キロ、山形県南村山郡西郷《にしごう》村大字高松部落（上山《かみのやま》市）の一農家である。西郷村は北および南西部のほぼ三分の二が山間部、東北部が耕地という地形だが、この加藤家には『万《よろず》日記控帳』をはじめ数多くの史料がのこされており、これを最大限に利用してたんねんに分析したのが大場正巳著『農家経営の史的分析』なのである。いま、この書によって明治初年の加藤家の生活を復元してみよう。

図-19　明治10年加藤家家族構成

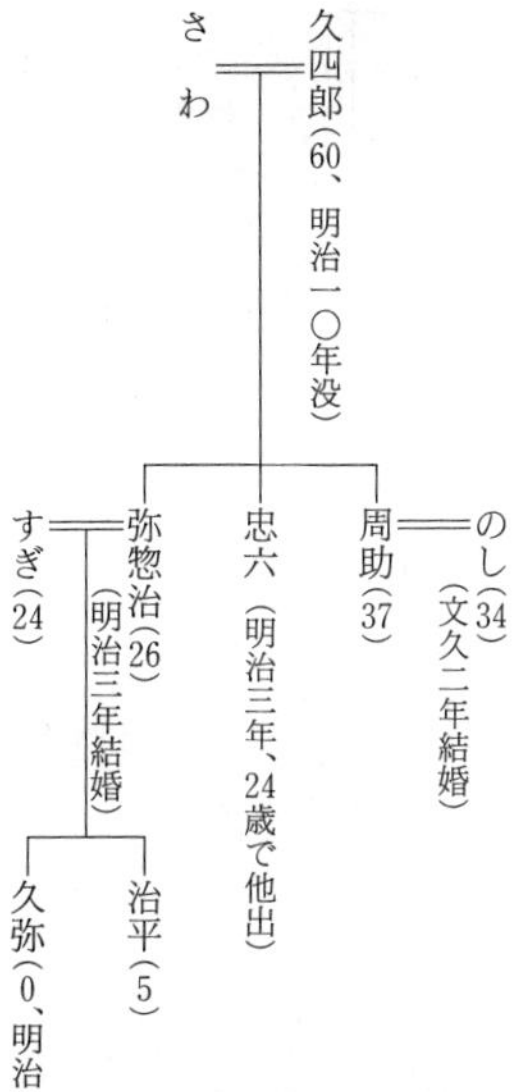

（注）大場正巳著『農家経営の史的分析』（90ページ）より作成。カッコ内の数字は明治10年の満年齢。

明治一〇年（一八七七）の家族構成は上図-19のようだ。当時の加藤家の耕作面積は田一町二反八畝《せ》余、畑三反余、計一町五反九畝余（内訳は自己所有田畑九反六畝余、小作地九畝、質地田畑五反四畝）となっている。大場氏は、明治一八年の村山地方の一戸あたり耕作規模は約八・四反だから、耕地の四割を他人所有のものに依存しているとはいえ、この加藤家の経営は「中農ないし中農上層」とみることができよう、としている。

しかし、これは経営耕地にかぎってみてのことであって、じつは加藤家の農業経営は副業の養蚕・製紙に大きく比重をかけていた。いま、明治五年と明治一一年の全収支を、比率で

図-20　加藤家の収支率（明治5・11年）

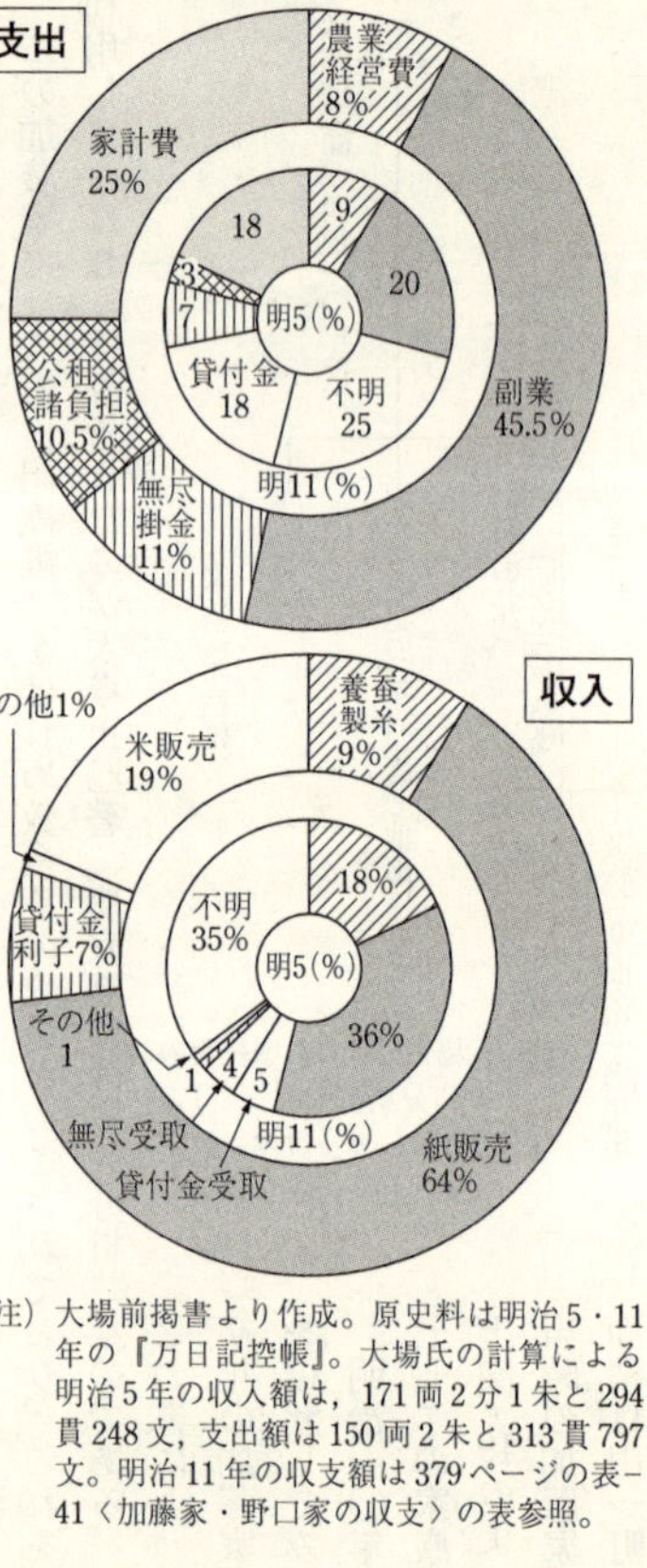

（注）大場前掲書より作成。原史料は明治5・11年の『万日記控帳』。大場氏の計算による明治5年の収入額は，171両2分1朱と294貫248文，支出額は150両2朱と313貫797文。明治11年の収支額は379ページの表-41〈加藤家・野口家の収支〉の表参照。

しめそう（前ページの円グラフ図-20参照）。

収支ともども副業への比重が徐々に大きくなっていることがわかる。耕作のための農業経営の比率は相対的に小さく、また、さほど変化してはいない。副業を通じていちだんと商品経済の波に洗われていたのである。

この加藤家は、高松部落でこのころ消防組頭をつとめているから（明治一四年拝命。三〇年代には高松村総代、西郷村農会評議員など）、部落での地位もおよそ見当がつく。

以上のことを念頭において、ここでは公租の比率をみよう。

明治初年の耕作面積は一・三—一・五町と推測され、その自・小作の内訳もほとんどかわっていないから、耕作経営自体はさほど変化はなかったとみていい。にもかかわらず、さきのグラフの明治五年と一一年の公租の比率は、後者が三・五倍にふえている。この明治一一年の公租諸負担の内容をみると次ページの表-40のとおりである。その三分の二は地租であるから、この急速な比率の増大は、このあいだにおこなわれた地租改正（山形県は明治九年夏に完了）の結果とみなければならない。しかも、その一二円四九銭という地租額は、明治一〇年の所有地の地価が三二三円四〇銭だから、同年からの減租による税率二・五パーセントどころか、旧税率をもはるかにうわまわる三・九パーセントをしめしているのである（その理由は不明）。

山形県全体は、旧貢租一一八万五九七八円に対して、改租による新地租は一〇〇万五六七

表-40　加藤家の地価・公租諸負担(明治11年)

地価・公租諸負担	金額	地価に対する割合
明治10年地価	323円40銭	—
地租	12.49	3.9%
村入費	46	0.1%
区費	2.30	
大区割	14	
その他	3.14	
計	18円53銭	

(注)　大場前掲書68ページより作成。その他は地籍表調費・国道整備費・郷社祭典・祠官給料など。なお，明治5年の公租諸負担は4両と11貫100文である。

六円で一五・二パーセントの減になっているが、村山地方は旧貢租四一万五〇四七円に対して、新地租は四二万四四〇一円で、二・三パーセントの増をしめしている（永井秀夫「地租改正と寄生地主制」宇野弘蔵編『地租改正の研究』上巻）。加藤家にはその増の一端があらわれているといえる。

野口家の場合

もう一つ、野口家の場合を簡単にみよう。同家の経済生活は戸谷《とや》敏之著『近世農業経営史論』のなかでくわしく分析されている。東京の郊外八王子の西北約四キロ、武蔵野がやがてつき、多摩丘陵がはじまろうとするところに位置している野口家（当時、東京府南多摩郡川口村字犬目）は、「旧藩時代から役筋の家柄に属し、明治年間も村会議員」をつとめていた。

明治前期の家族構成は、戸主由蔵、妻つた、長男正造（明治九年生まれ）、次男哲次（明治一一年生まれ）、戸主の母たけの五人よりなり、約一町八反五畝の畑と約八畝の田を所有し、このうち約七反の畑を大麦・小麦の耕作にあてていた。「やゝ上層の自作農」と戸谷氏

表-41　加藤家・野口家の収支

	項目	加藤家(明治11年)	比率	野口家(明治9年)	比率	備考
		円　銭厘毛	%	円　銭厘毛	%	
収入	穀物販売	46.33 (1)	19.4	9.0405	7.2	(1)米販売収入
	養蚕	20.769	8.7	35.058	27.8	
	製紙販売	152.885	63.9	—		
	植茶・織賃	—		18.2965	14.5	
	貸付金利子	16.06	6.7	.28 (2)	0.2	(2)「貸金受取」で利子かどうか不明。
	雑収入	—		26.5762 (3)	21.1	(3)地租改正の調査日当その他の公務収入，富士代参料など。
	借入	—		22.5	17.9	
	その他	3.215	1.3	13.7495	10.9	
	不詳	—		.5145	0.4	
	計	239.259 (245.980)	100	126.0152 (126.0197)	100	
支出	農業経営費	14.767	8.3	9.485	7.3	
	副業費	80.906 (4)	45.4	—		(4)楮購入費
	家計費	45.036	25.3	52.038	40.0	
	公租諸負担	18.538	10.4	13.4983	10.4	
	無尽掛金	18.871	10.6	2.915	2.2	
	雑支出	—		9.2879	7.2	
	負債支払	—		42.1335	32.5	
	不詳	—		.478	0.4	
	計	178.118 (179.477)	100	129.8357 (　〃　)	100	

(注) 大場前掲書63ページおよび戸谷敏之著『近世農業経営史論』484～486ページより作成。原史料は加藤家『万日記控帳』(明治11年)，野口家『万出入記帳』(明治9年)。計のカッコ内の数字は原史料のまま。

はいい、上の表-41にかかげる家計の収支からもわかるように、同家も加藤家と同じように商品経済の渦中にあった（加藤家の養蚕・製紙販売が収入の約七三パーセントに対し、野口家の養蚕・植茶・織賃は収入の四二パーセント余）。

とりわけ、野口家の負債の支払いは大きい。

表-42　地租改正による野口家の地租の変化

年＼田畑	田	畑	計
	円 銭 厘	円 銭 厘 毛	円 銭 厘 毛
明治10年	1.678	1.7135	3.3915
〃　11年	.97	5.866	6.836
増　減	(−).708 (−42.2%)	(+)4.1525 (+242.3%)	(+)3.4445 (+101.6%)

(注)　戸谷前掲書 484ページより作成。増減欄カッコ内は明治10年の地租に対する比率をしめす。

戸谷氏によると、この野口家の明治九年の公租諸負担は、明治四—六年の二倍になっており、本租四円八七銭二厘《りん》はほとんど変化ないが、会所村入費割高戸数割（二円二九銭九厘八毛《もう》）、小区村費割（三円二九銭五厘）、学校資本金利子（五四銭一厘五毛）などが新たに加わっている。

やがて、この村でもおくれて地租改正が実施され、明治一一年から新地租が課せられた。上の表-42にみるように、田租はへったものの、畑租の増加がいちじるしく、改正後はほぼ倍の地租を支払わなければならなくなっている。

加藤家にしても、野口家にしても、商品経済のなかで農耕よりも他の副業収入の比重が大きかったから（両家とも開港以後の生糸の輸出増大が影響している）、地租をはじめとする公租は、それほど家計や経営費の圧迫になってはいないが、その絶対額の負担増はいちじるしいものがある。

すくなくともこの二家でみるかぎり、地租改正は公租の負担が軽減されるどころか、むしろ増大していることがはっきりとわかる。

地租改正の機能と結果

しかし、一般的にいえば、地租改正は改租による平準化の機能を果たしながら、増減の総和としては、地租はほぼ旧貢租を継承していたのである（加藤・野口両家はその増の例になるわけだが、両家とも地租のほかに公租諸負担が多く加わっていることに留意。こうした諸負担増が各地の一揆の一因となっている）。地租改正を綿密に分析した福島正夫著『地租改正の研究』は、その点について、明治八―九年（一八七五―七六）の時点においては、だいたいにおいて「維新政権がその改租の構想をほぼ予定どおりに実現して旧租額の維持に成功したとみられる」と述べている。

右の書によれば、改租による平準化は、地域的には、富山・石川・滋賀・三重をつらねる線で東西日本をわければ、この線をふくむ西部は減租地方、東部は増租地方となり、また、地種からいえば、耕地と郡村宅地はやや減租、市街宅地と山林原野は無税地から有税地へとかわって、総体としてはバランスをたもっている、という。

こうして、土地負担の平準化は、「曲りなりにも貫徹された」けれども、階層的にみた場合には、個々のケースはともかく、全体的にはこれまでの偏差は縮小されず、金納制などとあいまって地主や富農に有利な条件がつくりだされた。「幕藩体制の下《もと》では、偏軽偏重を前提として、ゆがめられて発展した地主制が、改租を通じて全面的に発展してゆく展望があらわれた。権力はこれを看取して、この傾向を推進した」と結論づけられている。

地租改正事務局七等出仕として、改租の衝にあたった有尾敬重の後年の談を筆録した『本邦地租の沿革』（大正三年刊）はきわめて興味深い小冊子だが、これによって、別の観点からこの地租改正をながめるとどうなるか。

有尾によると、旧幕領地は旧税が概して安かったから改租で重くなり、これに反して、大藩のうち、山口・金沢・福岡・熊本・高知・和歌山・鳥取の七藩は、「改正の為《た》めに負担の減り方が余程多い」という。有尾は、大藩中これらの藩は旧租が酷だったからだというのであるが、そうとばかりはいえまい。小藩は大藩よりももっと旧租が酷であったというそれにつづく叙述からいえば、小藩こそがもっとも軽くなっていなければならないのだが、実際ははたしてそうなっているかどうか。

「最初にやつた所は幾分手心があつて安くなつて居り、中頃やつたのは、種々な調べも緻《ち》密《みつ》になり、又見《み》据《すえ》も付いて、相当に出来たが、後の県は、世間の人心も幾らか改正のことを嫌ふやうになりまして、従つて少しは後下りに安くなつた様である。即ち、初め安くて中は高く、其の後は安いといふ工《ぐ》合《あい》」だった、というのである。

このことと、いささか特殊な条件があったとはいえ、山口県がもっともはやく、鹿児島県がもっともおそかったという象徴的な事実とかさねあわせてみるとき、そこに一定の政治的配慮がはたらいていないとは断言できない（山口県と同じく早期の宮城県は、「さう安くはない」と有尾はいう）。地租改正もまた、きわめて政治的色あいの濃い藩閥政治の一環であったことを認めざるをえないのである。

収穫・米価・利率

もう一度個々の農家の負担に目をむけよう。

この地租改正のキー＝ポイントは、じつは地価の算定にあった。この地価の算出には、収穫・米価・利率の「三つの要素がある」と、さきの有尾は語る。

いうところの収穫とは、「実収穫とは違い、仮定収穫、即ち地位等級に応ずる収穫で有りまして、村方から申立てたのを相当と思はれる程度に訂正させて、是《こ》れなれば宜《よろ》しいと云ふ事を認めたもの」なのである。「地方官心得」第一二章の検査例によれば、田地一反の収穫米（あるいは小作地のばあいは小作米）に米価を乗じ、そこから種籾《たねもみ》・肥料代（上記小作米のばあいはこれはない）および地租・村入費（地方費）をさしひいて年間収益をだし、この年間収益を利子率六パーセント（上記小作米の場合は四パーセント）で資本還元したものが地価ということになる（次ページの図-21参照）。つまり、一反の土地からの純益にひとしい収入を得るには、どれだけの資本をもっていたらよいのか、その資本額を地価とみなす、というのだ。

ところで、右の粗《あら》収益からさしひかれたものは、農業経営費として種籾代と肥料代だけである。検査例ではこれは粗収益の一五パーセントとされている。さきの加藤家と野口家の例

図-21　検査例による数式

収穫代金を x，地価をPとする。

検査例第1則（自作地）

$$P = \left(x - \frac{15}{100}x - \frac{3}{100}P - \frac{1}{100}P \right) \div \frac{6}{100}$$

（地価 850%）（収穫代金 100%）（種肥代 15%）（地租　地方費 34%）（利子率）

自作農取分……100－（15＋34）＝51%

検査例第2則（小作地）

$$P = \left(x - \frac{32}{100}x - \frac{3}{100}P - \frac{1}{100}P \right) \div \frac{4}{100}$$

（地価 850%）（収穫代金 100%）（小作農取分 32%）（地租　地方費 34%）（利子率）

地主取分……100－（32＋34）＝34%

（注）有元正雄著「地価算定方式」（『日本歴史の視点』）より作成。

でみてみよう。

加藤家の農業経営費は穀物販売収入の約三二パーセント、野口家の場合は穀物販売収入の約五七パーセント（もし小糠《こぬか》代を経営費にふくめなければ三三パーセント）ということになる。いずれにしても、農業経営の必要経費が検査例のように一五パーセントということはありえない。また、検査例では加藤・野口両家にみられるような農具料も労賃もゼロなのである。農具の購入費も修理代も必要経費に入れず、徒手の農民のただばたらきのうえに、検査例では計算されているのである（次ページの表-43参照）。

米価にも問題がある。米の相場には変動があるからである。したがって、どの時点で改租事業に着手するかによって算定基準は異なってくる。一般的には明治三年から七年までの五ヵ年間の平均額ということになるのだが、これも地域差がはなはだしい。さきの『本邦地租の沿革』によれば、米価の県平均の最高は群馬県で、五円四四銭、最低は若松県（のちの福島県若松地方）の二円五〇銭というように大差があった。だから、一県で基準米価が一つのところがあるかと思うと、土地の便・不便によっては二つとか四つとかもあるところがでてくる。はなはだしいところでは郡別でちがったところもあった、とされている。右の最高の群馬県と最低の若松県のあいだにあった栃木県のばあいがもっとも困難な例として有尾はひきあいにだしている。地租改正反対一揆の一因は、この米価の基準いかんにもあったのである。

表-43　加藤家・野口家の農業経営費と比率

費目＼家(金額)	加藤家(明治11年)	野口家(明治9年)
	円銭厘毛	円銭厘毛
農具料	3.337	.555
種苗費	.45	.06
肥料代	1.18	1.40
諸材料費	2.601	(2.1775)
労賃	7.199	1.0025
計	14.767	5.195 (3.0175)
穀物販売収入	46.33	9.0405
収入に対する経営費比率	31.9%	57.5% (33.4%)

（注）大場前掲書63ページおよび戸谷前掲書486ページより作成。野口家の農業経営費は379ページの表-41の9円48銭5厘から副業費と思われるものを除いた額。諸材料費は小糠代，計および比率のカッコ内の数字はそれを除いたもの（小糠代は農業経営あるいは副業に使用したか不明）。

つくられた地価

検査例の六パーセント（あるいは四パーセント）という利子率もまた実際より低かったのである。

とすれば、地価がつくられたものであることがわかろう。まさにそれは、明治六年一二月、大蔵省が地価一〇〇分の三という税率をきめたとき、「旧来ノ歳入ヲ減ゼザルヲ目的」とするという以上、必然的に生じてきた操作なのである。かたちのうえでは、農民による申告と地方官当局との合意方式という手続きが当初とられようとするが、実施過程ではこの申告=合意方式は放棄され、当局側の見こみ数を、現地の生産力や条件の差違に応じて、地位等級・村位・郡位をさだめ、それにもとづいて組織的に割りふっていく方式が基本となったのも、けだし当然といえよう（これによって村平均の反当り収量がしめされ、「御示反米」とよばれたが、農民側はこれを「押付反米」といった）。

もう一度有尾のことばをひこう。

右の三要素を以て段々調《しらべ》が出来上つた土地に付きまして、官では一村の地価の合計を算出しまして、是《これ》に承諾の印を捺《お》さしたもので有《あ》ります。其《そ》の時は世人に解り安い（ママ）為《た》めに、旧地租額と新地租額とを参照に添へて、彼是《かれこれ》苦情を云つても、改正前と改正後との税額は斯《こ》う云ふ比較であるから承知をしろと云ふ風に調印を急がせたので有りますが、其れでも猶《な》ほ私の村には斯う云ふ多額の収穫は出来ませんから一割五分位引いて下さらねば不法である等と色々の苦情が出まして、容易に承諾をしなかつたもので有ります。改正事業の中で最も困難な時と云ふのは、此の承諾の印を取る時でありまして、其処《そこ》へなつてからは如何《ど》に苦情を申出ましても、夫《そ》れなればお前の所は斟酌《しんしゃく》して、減らしてやらうと云ふ事は何うあつても出来ない。夫《それ》を直すとすれば、今迄折角《せっかく》苦心して極《き》めたものが崩れて仕舞ふので、従つて此の期《ご》に及んでは少しは圧制でも押付けなければならなかつたので有ります。夫れで其時に承諾させる方便として、五ケ年据置と云ふ事を盛んに振り廻しまして、今は少し苦しからうけれども、是は永世の地価になるのではない。上《かみ》では之《これ》を相当と見て実施するのであるが、夫は五ケ年間である。若《も》し此の地価が事実に当らんものであると云ふ事なれば、五ケ年過ぎた時に何うでも始末をする事が出来る。辛棒《(ママ)》するのは五ケ年である……。

改正事務当局側の一人で、土をなめればその土地の地価がわかったという大ベテラン有尾が、実際にその衝にあたってのことばだけに真実味がある。

辛抱の五ヵ年後

だが、この辛抱の五ヵ年後、政府はどうしたか。

明治一三年（一八八〇）五月の第二五号布告はもう五年間、つまり一八年まで地価を据え置くとした。それは西南戦争後のインフレによる米価騰貴で、修正による地租額の増大が予測されたが、それに抵抗する自由民権運動が大きな圧力になっていることは見のがせない。布告はそのただしがきで、府知事・県令の具申したところだけ、一町村または一郡区かぎりで特別修正するといったのである。そして、明治一七年三月に「地租条例」（太政官布告第七号）が公布された。その前文に、これまでの地租改正法で、この条例に抵触するものはすべてこれを廃止すると、なにげなくうたったのである。

地租率一〇〇分の一への減額の公約も、据え置き条項も消えた。地価の改正を要するときには、「前以テ其旨ヲ布告スベシ」（第八条）という一語のみをのこして——。この公約破棄は、「余り問題がやかましく成らぬ前に始末しなければならぬ」と意識した政府が、「余り目立たぬやうに前の改正法を消滅に帰」すという方法をとったのである（有尾前掲書）。明治一五年以降のあいつぐ激化諸事件を政府が念頭においていたであろうことは推測にかたくない。

林野改正では、それまでの農民共同の入会《いりあい》地や個人所有の立証できない山林・原野などはすべて官有地とされた。また、改租費用はすべて農民自身が負っていたのである（三七八ページの表1-40参照）。地主・小作関係には全然手をふれていないから、小作農の生活は、地主からの負担の転嫁はあっても、それが軽くなることはない。

地租の金納は、実際には中・下層農民を、米どころか土地まで売って納めなければならないはめに追いこんだ。西南戦争前後の米価の高騰による利益は、結局、余裕ある地主や富農、あるいは換金のための米を一手に買い占めた政商に帰し、以後のデフレによって農民分解はいちだんとすすみ、日本資本主義の原始的蓄積が進行した。

こうして、農地の私有権の法認と、旧貢租から金納地租への転換を全国統一的に強行したこの「おそるべき苦心の作品」＝地租改正は、その結果として日本の寄生地主制形成への道をひらき、日本資本主義の特質形成の一翼をになったのである。

第一〇章　「文明開化」の内実

未解放の解放令

娼妓解放令

明治五年（一八七二）一〇月二日、明治政府は太政官布告第二九五号で、いわゆる娼妓《しょうぎ》解放令を発した。これは娼妓、つまり公認された売春婦などの年季奉公人の人身売買を禁じ、その借金を破棄させ、彼女たちを「解放」したものである。

そのきっかけはペルー船マリア゠ルス号事件だった。この船には買いとられた清《しん》国の苦力《クーリー》がのせられていた。修理のため同船が横浜に入港したとき、逃亡した苦力が救助をイギリス軍艦にもとめ、これが日本で裁判となった。日本側は苦力の釈放、本国送還を裁定した。ペルー政府はこれに抗議し、日本でも人身売買がおこなわれているではないか、と反論した。吉原《よしわら》や各地の遊郭の存在をさしたのである。あわてて明治政府は右の娼妓解放令をだした。彼女たちはいっせいに荷物を車につんで帰郷したから、吉原などは一時火が消えたようになった、という。

だから、この娼妓解放令はすくなくとも自発的なものではない。ましてや彼女たちの基本的人権を認めて発したものではさらさらない。娼妓などの抱え主が彼女たちに借金の返済をもとめてはならない、と政府がいう場合、娼妓などは「人身ノ権利ヲ失フ者ニテ、牛馬ニ異ナラズ。人ヨリ牛馬ニ物ノ返弁ヲ求ムルノ理ナシ」というのだから、その人権感覚たるやはじめから底はみえていた、というべきだろう。したがって抜け道もちゃんと準備されていた。当人の希望によるものはこれをゆるす、と。

維新の吹きだまり北海道ともなると、それはさらにあやしくなる。いま北海道庁の赤レンガ庁舎には、開拓使時代の多くの貴重な公文書が収められているが、その一つによると、開拓使はこの娼妓解放令には相当な抵抗をしめしたらしい。はじめは道内はとくべつだから例外にしてほしいといったのだが、そうもいかないとわかると、こんどは四ヵ条の規則を布達した。それには、解放されてもたよって帰るところのない者は、旧主や借金主のところにいてもよいとか、これまでの借金は金主と相談のうえ、年季返済などの方法によって、「情宜ニ悖《もと》ラザル様穏便《おんびん》ニ」とか、いっている。

道庁総務部行政資料課の鈴江英一氏（二〇〇二年、現国立国文学研究資料館史料館長）は、「いったい娼妓たちが借金をやすやす返せるだろうか。司法省の布達は借金棒引きのはずである。情宜にもとらず穏便に取引して、買った娼妓を自由にするほど抱主《かかえぬし》もアマくはあるまい。さすがに函館支庁からこの矛盾を指摘され、これを取消すようにとの指令を東京出張所（開拓使の実質上の本庁）が出さないわけにいかなくなったのが、この起案文」（『赤れんが』第一一号）と述べて、右の文書《もんじょ》を紹介している。結局、これは運用面で黙許、北海道の「情実」を役人たちはふくんでおけ、という黒田清隆開拓次官（のち長官）の意向が朱書でつけ加えられているのである。たてまえと現実との乖離《かいり》は明らかである。

だから、明治初年の布告や条例などの文言は、こうした事実を十分わきまえて読みとらないと、その字面《じづら》の開明性に気をとられて、本質を見誤ることになりかねない（そうした開明的な法文を出すことをよぎなくされ、しかも現実と乖離しているところに、じつは日本近代化の特質の一つがある）。

解放令の内実

たてまえと現実といえば、明治四年（一八七一）八月にでた「えた」・非人の解放令（太政官布告第六一号）もそうである。これは江戸時代の身分外の身分としての「えた」・非人などの称をやめ、以後は平民同様にする、というものだった。

これが出されるまでには、背後には差別された部落の人々の、ながいたたかいの歴史があった。すでに幕末期にはさまざまのかたちの解放論もあり、大坂の渡辺村の人々のように、幕府への御用金とひきかえに「えた」の名を除くことをねがい出るということもあった。まえにふれた第二次征長時における長州藩での一新組や維新団の存在（九六―九七ページ参照）もその一つだ。明治三年には、山城国蓮台野《れんだいの》村の年寄元右衛門ら部落の人々は、身分取立嘆願書という解放への請願をだしている。

この請願の前年、つまり明治二年四月二日の午後、公議所では里《り》数《すう》改定の議案をめぐって議論が沸騰していた。地方によって里数が一定していないから、一里は三六町にさだめよ、というものだが、その議案のなかに、つぎのような問題がふくまれていた。すなわち、これまで「えた」部落は里数に算入されていなかったから、現実にそこに部落があっても、図面上はないものとして里数計算がなされていた。当時の差別の実体をまざまざとしめしているではないか。

これでは不合理だというのは当然だが、それと関連して「穢多《えた》モ同ジク人類ナリ」（飫肥《おび》藩議員稲津済）、「穢多モ平人同様ニ取扱フベシ」（高崎藩議員長坂鉄之助）という意見や、もし彼らが農商になりたいときには申し出させればよい（前橋藩議員四天王兵亮）などという見解も表明されていたのである。議案は五日後に採択された。賛成一七二、反対七、中立六、意見なし一三という表決結果である。

そのころ、会計官権《ごん》判事加藤弘之（当時、弘蔵）は、「非人穢多御廃止之議」を公議所の議案として提出した。非人や「えた」を人間あつかいにしないのは、「天理ニ背《そむ》キ」、また、外国に対しても恥ずかしい、と主張したのである。

この加藤は『真政大意』(明治三年刊)や『国体新論』(明治八年刊)で、ヨーロッパ直輸入の天賦《てんぷ》人権論にもとづいて国学者流の国体論を徹底的に批判し、人民の自由権を明快に述べたが、右の議案もそうした発想にたったものだった。ところが、彼はその反面、明治七年の民選議院設立建白書に対しては尚早論=愚民論でもって反対した。そして、明治一四年には上記の二著を絶版に付し、ダーウィンの進化論に立脚して人権は天賦ではなく、生存競争による「優勝劣敗」こそ真理だ、と主張しはじめる。彼のこの軌跡は、たてまえ論に現実を近づけようと努力するのではなく、現実の前にたてまえ論すらも放棄するか、あるいはたてまえ論を現実によって換骨奪胎《かんこつだったい》してしまう明治政府の志向と、軌《き》を一《いっ》にしていたといえよう。

「一君万民」としての「平等」

しかも、このたてまえ論としての「四民平等」がつぎのような内容をふくんでいたことは看過してはならない。

横河秋濤《しゅうとう》著『開化の入口』(初編明治六年、二編七年刊)には、「文明開化」を代表する開化文明(もとの名は文太郎)やその友人西海英吉、この若者たちの「文明開化」かぶれをこころよく思っていない文明の父遅川愚太夫や安楽院鈍念らが登場する。そのなかで英吉は、江戸時代のような「天子、将軍、大名、旗本、直々臣《じきじきしん》、陪々臣《ばいばいしん》と同じ人間を段梯子《だんばしご》のやうに位をたて、下々《しもじも》の土民の下にまた〳〵非人、乞食、穢多《えた》、番多《ばんた》等と、幾層も直打《ねうち》を別《わ》けた」体制が、「王道復古の御政治」によってうちやぶられ、「上《かみ》は御一人《ごいちにん》、下《しも》万民は皆其御子と同様で、穢多じやとて尻尾が生《はえ》てもなし、御年貢を上納すりや矢張《やはり》天子の民で、御子も同様」の時代になった、とうたいあげている。

維新による「四民平等」とは、じつは「一君万民」、つまり「上《かみ》御一人」＝天皇と「万民」＝「平等」がセットになっているのである。それはあの天皇と公議とをむすびつけた支配の思想の別の表現でもあったのだ。

とすれば、「平等」を旗じるしとしたいわゆる解放令も、そのゆくえはほぼ推測がつく。事実、滋賀県のある部落の場合は、翌年六月までわざと布達はひきのばされ、部落の人々が県に訴えてはじめて達せられた。また、奈良県などではいったんは部落に布達はされたものの、「あれは五万日延期された」と伝えられた（五万日は一三七年間にあたる）。一般民の側も差別された部落の人々と「平等」にされることに反対し、一揆のスローガンの一つにそれをかかげている。

解放令は、一方では幕藩体制解消、天皇制創出の旗じるしにされ、他方では実質的に骨ぬきにされたのである。部落の人々にはあらためて「新平民」の名が付され、戸籍には「旧えた」「新平民」などと注記され、一般民とひそかに差別された。それは隠微にながい尾をひきつつ、その後も人々を呪縛《じゅばく》しつづけた。

学制と文明開化

学制実施過程

明治四年（一八七一）七月、文部省が設置され、翌五年八月、「学制」（太政官布告第二一四号、「学事奨励に関する被仰出書《おおせいだされしょ》」ともいう）が頒布《はんぷ》された。そこでは、欧米にならった大中小の学区と学校制度（全国を八大学区、各大学区を三二中学区、各中学区を二一〇小学区にわけ、それぞれ大学区に大学校、中学区に中学校、小学区に小学校を一校ずつ設ける）が構想された。そして、華士族・農工商・婦女の別なく「必ず邑《いふ》《むら》に不学の戸なく、家に不学の人なからしめん」（ふりがな原文のまま）というのである。儒教的な学問観のかわりに、学問は「身を立《たつ》るの財本《ざいほん》《もとで》」（同上）という個人中心の実学主義がうたわれた。そのことをとおして国家の「富強安康」の基礎をかためよう（明治五年月日欠、文部省より太政官あて伺書《うかがいしょ》）、というのである。

だが、一見してわかるようにこれは机上プランである。現実に直面すればたちまち壁につきあたる。実際の学制実施過程では、それまでの寺子屋や私塾、あるいは郷学校《ごう》（地方の有志で設立、維持された学校）などを基礎とせざるをえなかったし、就学率も明治六年で男女平均約二八パーセント（男子四〇パーセント、女子一五パーセント）、明治一一年でも四一パーセント（男子五八パーセント、女子二四パーセント）にすぎなかった。明治七年に開校された青森県弘前《ひろさき》の和徳小学校の場合、生徒はすべて男子で女子は一人もおらず、「入学生徒の家庭を見ると、士族と商人が圧倒的に多く、百姓、職人の子弟はほとんど見当たらない」（千葉寿夫著『明治の小学校』）といわれている。

右の就学率にしても、在籍者がすべて登校していたわけではないから（実際の出席率はその約七〇パーセントという）、現実の就学率はさらに低率で、明治一一年で学齢児童の三〇パーセントにすぎなかった、とされている。学校の設置・維持費も住民の負担だったし（文部省の補助金は明治六年で約一三パーセント、以後は一〇パーセント以下）、授業料も学制では月額五〇銭または二五銭と高額な規定であったから、とうぜん民衆は反発した。このころの一揆が学校を攻撃対象としているのもそのためである。実際に徴収しえた授業料は地方や学校により差があるが、だいたい一銭から二銭くらいまでだった、という（仲新監修『日本近代教育史』）。

明治七年二月の『民間雑誌』で、福沢諭吉門下の中上川《なかみがわ》彦次郎は、「人ノ空腹ニハ頓着セズシテ、徒《いたず》ラニ学校ヲ設ケ、読書ヲ勧メタリトテ、将《は》タ何ノ功能アランヤ」といい、「今ノ急務ハ、人民一般ノ衣食ヲ足シ、以テ教育ヲ起スニ在リ」と強調した。

これらの学校での教科書は、従来の往来物などが使われる反面、翻訳教科書時代といわれているように、先進諸国の書物の翻訳・翻案ないしは紹介がひろく用いられた。福沢の『西

図-22　明治初年の教科書の出版傾向

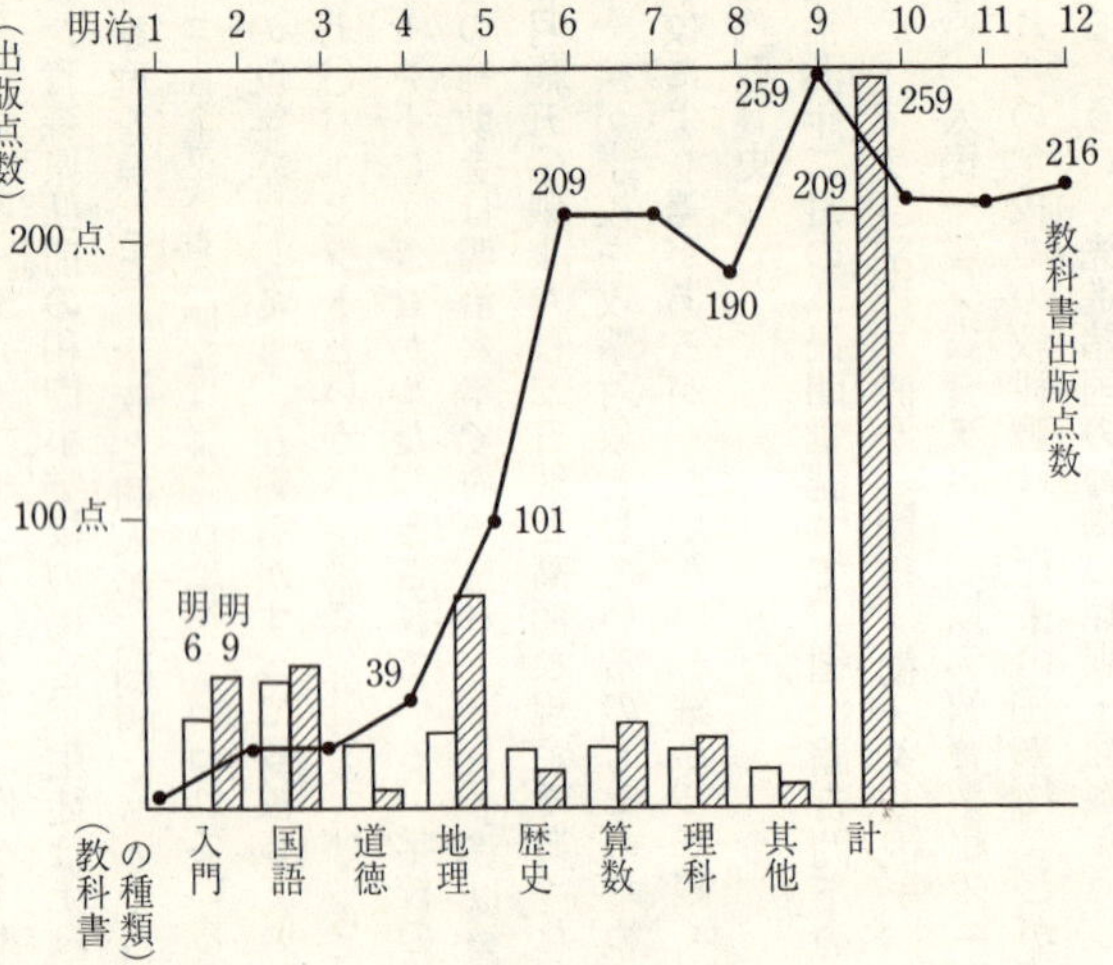

(注) 仲新著『近代教科書の成立』(167ページ) より作成。

洋事情』や『学問ノス丶メ』などもその一つである。

教科書と地方文化

ところで、これら教科書の出版傾向は興味ある事実をしめしてくれる。仲新著『近代教科書の成立』(大日本雄辯會講談社)には明治前期の教科書約二八〇〇種の調査結果が報告されているが、それによると出版点数は明治六年(一八七三)には二〇九点と倍増し(前年一〇一点)、明治九年の二五九点でピークに達している(上の図-22参照)。

国語(入門書中大半以上は国語関係である)と地理の教科書

が多く、歴史は比較的に少ない。国語のなかでは作文・習字の教科書が多く、地理は地方誌が多い、といわれている。歴史が少ないのは、明治九年、明治政府から東京医学校の内科医学正教授として招聘《しょうへい》された二八歳のベルツが、その年一〇月二五日の日記に、「現代の日本人は自分自身の過去については、もう何も知りたくはないのです。それどころか、教養ある人たちはそれを恥じています」（菅沼竜太郎訳）と書いたことと無関係ではあるまい。当時、

表-44　小学教則にあげられた歴史教科書の種類

級	種別＼年次	明治 8	明治 9	明治10	計
下等小学	日本史関係	8	21	12	41
	万国史関係	9	21	12	42
	両方をふくむもの	7	2	—	9
上等小学	日本史関係	5	19	13	37
	万国史関係	3	12	10	25

（注）仲前掲書より作成。「学制」では下等小学・上等小学ともそれぞれ 4 年間。下等小学を終えて上等小学へ進級する。

図-23　明治初年の教科書の地方別出版傾向

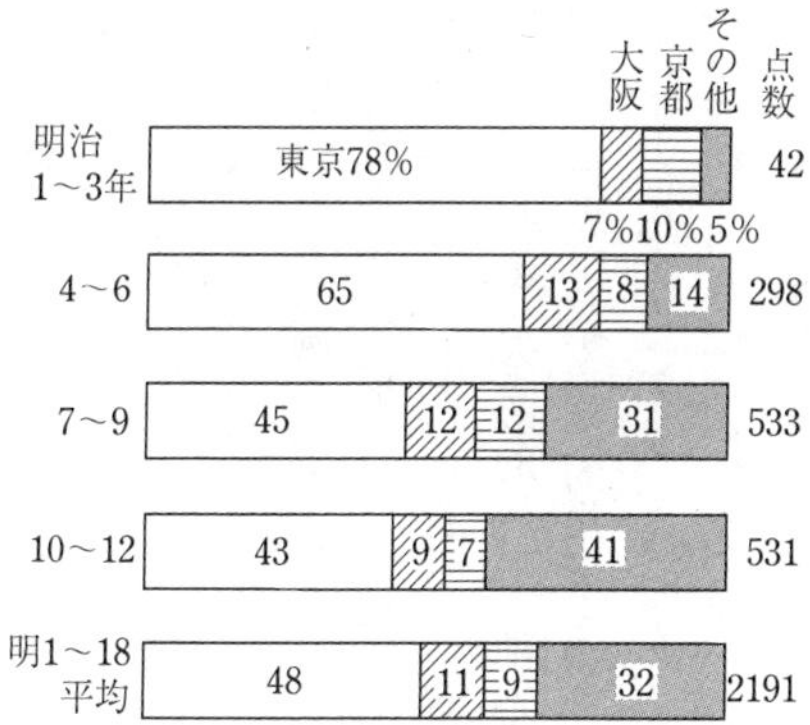

（注）仲前掲書（168ページ）より作成。
図-22の出版点数と異なるのは，調査未了および出版地・出版年不明のものが除かれているからである。

府県の小学教則にしめされた歴史教科書には相対的に万国史（日本以外の外国史）が多くあげられているのも、そのためであろう（前ページの上の表-44参照）。

出版地は当初は東京が大多数を占めてはいるが、しだいに大阪・京都・その他の地方の版によるものがふえ、明治七年以降には過半数に達している（前ページの下の図-23参照）。ここでいうその他の地方とは名古屋・金沢・甲府・静岡・栃木・福岡・新潟などである。とすると、それらの地方は旧幕時代の文化遺産の高度に蓄積された地域といえようか。

もちろん、東京で編纂されたものを模して地方で出版したものも多かったであろうから、いちがいにはいいきれまいが、「明治前期の教科書は全般的に見て地方性が極めて濃厚である」と前記の書が指摘する背後には、いかに新政府が政治的集中をめざしても、文化の面ではながい伝統をもつ地方色までも一挙に集権化することはできなかったことをしめしている。いや、地方では独自の文化形成がなされていた、といえるのだ。

キリスト教の受容もその一つである。切支丹《キリシタン》解禁に新政府がなしくずしのパターンをとったことは前述した。このキリスト教は士族・青年層、とりわけ佐幕派ないし維新にたちおくれた藩の子弟にまずうけ入れられた。それは山路《やまじ》愛山《あいざん》（一八六四―一九一七）がその著『現代日本教会史論』（明治三九年刊）でいうように、「逆境」や「失意の境遇」のなかにあって、「浮世の栄華」や「俗界」の「好位置」を望まない人々の信仰となった。主としてプロテスタントが受容され、そこでピューリタニズムが士族の精神とむすびついた。

横浜・札幌・熊本の三つのバンドは有名だが、その一つ熊本バンドは、明治九年一月、三五人（四〇人説もある）の青年たちによって熊本郊外花岡山上で奉教の決意がかためられた。彼らは「人材を養成して第二の維新に備へ、以て他日中央に勢力を張らんものと企図した」（小崎弘道著「日本基督教史」『小崎弘道全集』第二巻所収）と後年評されているのである。明らかにそこには第一の維新の克服と「中央」に対する対抗の姿勢があった。それだけにその布教の拡大には白眼視と弾圧がともなった。

明六社の特徴と性格

明治政府のひざもと東京で「文明開化」を鼓吹《こすい》したのは明六《めいろく》社だった（発起は明治六年、明六社の名はそこにゆえんする。機関誌『明六雑誌』は明治七年三月創刊号、同八年一一月、四三号で廃刊）。明治七年二月、正式に発足した当時のメンバー一〇名は次ページの表-45のとおりである。この明六社メンバーの「社会学的特徴」を日本近代思想史家植手通有氏はつぎのように指摘する（氏は表中の森有礼は学者としてよりもむしろ政治家とみて考察から除外）。

(1)　箕作麟祥《みつくりりんしょう》以外はほぼ一八二〇年代から三〇年代のなかばに生まれ、嘉永六年（一八五三）のペリー来航時に青年期をむかえ、明治元年（一八六八）に三〇代から四〇代はじめのはたらきざかりの年齢である。

表-45　明六社発足当時（明治7年）のメンバー

氏　名	父（養父・養祖父をふくむ）の身分	生　年	A	B
箕作秋坪	津山藩医（養父）。50石のち30人扶持・50両	文政8年（1825）	29	44
西村茂樹	佐野（佐倉藩支藩）藩士。150石のち200石	文政11年（1828）	26	41
杉　亨二	長崎庶民（町医者）	文政11年（1828）	26	41
西　　周	津和野藩医。100石	文政12年（1829）	25	40
津田真道	津山藩士（御料理人）	文政12年（1829）	25	40
中村正直	幕府御家人。30俵2人扶持	天保3年（1832）	22	37
福沢諭吉	中津藩士。13石2人扶持	天保5年（1834）	20	35
加藤弘之	出石藩士。220石のち半減	天保7年（1836）	18	33
箕作麟祥	津山藩医（父の養父）	弘化3年（1846）	8	23
森　有礼	鹿児島藩士	弘化4年（1847）	7	22

（注）植手通有著『日本近代思想の形成』より作成。A，Bはそれぞれペリー来航時，明治元年の数え年。

(2)　ほぼ下級士族の出身で、封建的身分制に批判的であるとともに、立身出世の強い野心がある。

(3)　儒学を修め、のちに洋学にすすんだ（東洋の伝統思想と西洋の近代思想とのあいだの緊張意識）。

(4)　彼らの多くは兵学から蘭学へはいり、蘭学より洋学への転換の道を切りひらいた。

(5)　幕末の最終段階に幕臣として、幕府の洋学機関または翻訳方につとめていた者が多い。

(6)　幕末までに西洋を見聞した者が過半に達する。

——以上の六点である（『日本近代思想の形成』）。

植手氏はそこで維新の政治指導者たちとの異同を念頭においているのだが、これら明六社のメンバーによってえがかれた構想を、薩長を中心とした政治指導者は現実化したのだから、「明治維新によって打倒された幕府が、維新後の日本の進路を決定する上では、倒幕派の諸藩以上に重要な貢献をしたという逆説が成立する」と述べる。さきの「第八章　内務卿大久保利通」で指摘した旧幕臣層の役割を思いおこしてほしい。

ところで、こうした特徴をもつ明六社の性格は、つぎのエピソードが端的にしめしている。すなわち、箕作麟祥は「国政転変ノ論」という革命肯定論を『万国叢話』第二号（明治八年一〇月）に発表した。民権派は官府の大先生がこのような意見に加担したというので、これを『評論新聞』第四〇号（明治八年一一月）で大々的に紹介し、おおいに太鼓をたたいた。そこで政府部内で物議をかもし、一時は箕作の進退にもおよぼうとした。しかし、「箕作の意図は革命を是認したり急進的民権論を支持したのではなく、こういう意見もあるぞ、という啓蒙の精神からであった」――こう説明する大久保利謙氏は、明六社の性格を「官僚リベラリズム」と名づける（『明治啓蒙思想集』「解題」）。

「官僚」と「リベラリズム」は一般的には相反する概念といえようが、それがむすびついているところに明六社の性格がある。だから、明治七年の民選議院設立建白書がだされたとき、加藤や森や西が反対論をとなえれば、津田は賛意を表し、西村は賛意を表しつつその「施設の方法」いかんを問うた。しかも、賛成論者といえどもその後の民権運動に与《くみ》しているわけではない。まさに「官僚リベラリズム」である。

明六社は明治八年、政府が讒謗律《ざんぼうりつ》と新聞紙条例を発して言論統制をきびしくするや、「節ヲ屈スル」か、「政府ノ罪人ト為ル」かの二者択一を提起し、結局、前者に近い第三の道をえらんでその機関誌『明六雑誌』の刊行を中止し、解散した。その性格ゆえの当然の道であった。

「文明開化」と「富国強兵」

明治六年三月二九日、ベルリン東南約一五〇キロのザガン市にいた井上省三は、郷里（山口県）の養父あての手紙につぎのように書いた。

我朝ニ在《あり》テ三尺之童子モ口ニ文明開化ヲ唱へ、富国強兵之術ヲ語ルト雖《いえど》モ、欧洲ニ在テ文明開化ハ孰《いず》レ樹ニ実《みの》ルヲ探ル人少ナカル可《べ》シ（『井上省三伝』）。

井上はのちに東京千住製絨《せんじゅせいじゅう》所長となり、日本の毛織物製造の先駆者となった人物だが、この一文は興味深い。日本では三尺の童子すらも「文明開化」と「富国強兵」を一体として語っているが、ヨーロッパでは、日本のように「文明開化」をどこかの木になった実のように探し歩くという人は少ないだろうと指摘しているからである。

それは第一に、あのペリー来航時、汽車の模型や機械類をならべて文明を誇示したアメリカ側に対し、力士に重い俵をかつがせ、あるいは相撲をとらせてその力の強いことを見せびらかすことによって、これに対抗しようとした幕府に象徴される、欧米と日本との異質の文化のあまりにも大きな落差であり、第二に、それを一挙に埋めようとして、「文明開化」の成育過程をぬきにした文明の木の実の直輸入を求めた明治政府の意図から発した特質にほかならない。そして、それが「富国」や「強兵」に直結していたからこそ、政府が率先して旗をふったのである。

大久保利通は米欧回覧で、この文明の落差を眼前にしたとき、もはや自分たちではとてもリードできないと選手交替の必要をもらし、木戸孝允は欧米の「文明開化」と日本の皮相なそれとのあまりの懸隔に、くりかえし慨嘆した。しかし、帰国して権力の座のヘゲモニーをにぎるや、その「文明開化」でみずからをよそおい、そこに政府の進歩と権威を誇示しようとした。天皇の神権的権威が、反面で断髪や洋服でいろどられたのも、お雇外国人を独占したのも、あるいは洋装・レンガづくりの建築・鉄道・電信・電話・ガス灯等々が、東京を中心にいちはやくとり入れられたのも、そのためであった。「日本橋近辺の文明開化」とよばれた背後には、深い意味がこめられていたのである。

この「文明開化」は、対外的な体面を強く意識したものでもあったから、民衆の生活をこまかに規制する面もでてきた。明治五年一一月、司法省がさだめて、東京府で施行した「違式《しき》詿違《かいい》条例」がそうである。これは翌六年七月の太政官布告（第二五六号）で地方にもおよび、「地方違式詿違条例」(各県で適宜内容を増減し、地方長官の名で布達)となった。「違式」とは掟《おきて》にそむくことであり、「詿違」とは他人をさまたげ、あるいはあざむく行為をいうのだが、春画類の販売や男女混浴の浴場を禁止し、いれずみや裸体、あるいは婦人の断髪も罪目にはいれば、軒《のき》の外へ木石・薪炭類をつみおく者もひっかかる。自分の家の前の掃除や、下水ざらいをおこたった者も罪に問われる。立小便や店先・往来にむかって子供に大小便をさせることはもちろん、「猥《みだ》リニ他人ノ争論ニ荷担《かたん》スル者」などという項目もあるのだから、うっかり他人の争いに口だしもできない。こういうことになれば、「文明開化」とは民衆にとってやっかいなものだった、ともいえる。だから、裸体に糸を一本まきつけて、丸裸ではないと街なかを歩いたという話もある。

しかし、右の条例の一つ一つを、当時絵入りで解説したさまざまな出版物でみれば、逆に当時の民衆生活をほうふつさせるものがある。

「文明開化」と民衆

一方、〝舶来《はくらい》かぶれ〟もでてくる。「豚を喰ふたといふては文明じや、あいつは此頃蝙蝠傘《こうもりがさ》さして歩行《あるき》をる、えらひ文明じや、沓《くつ》はいたまゝで座敷へ上りをつた、こりやちと迷惑な文明じや、おまけにつれて来た犬も上りをつた、御札《おふだ》で鼻かみをつた、仏壇を毀《こぼ》ちをつた、えらい文明じやと、西洋人の真似するか、耳に新しい事、目に新しい事、人に異なつた事さへすれば、なんでもかでも文明開化にしてしまふ」（加藤祐一講釈『文明開化』明治六―七年刊）というふうにもなる。

あとでみる明治一二年（一八七九）八月、福沢が愛知県春日井郡《かすがいぐん》四二ヵ村の農民に倹約のプランをしめしたとき、かずかずの舶来品をあげて、それらを使わなければ倹約が可能だといっていることからは（四五四―四五五ページ参照）、当時舶来品がどっと村々にはいり、流行しはじめていたことがわかる。

だが、この「文明開化」のシンボルの舶来品が、〝もの〟にとどまらず人権思想や参政権の要求として人々のあいだに浸透していったとき、そこに〝官〟に対する〝民〟としての自覚がよびさまされ、上からの「文明開化」政策は破綻《はたん》をよぎなくされる。それを一地方新聞はシニカルにつぎのように表現した。

サア大変ダ大変ダ。大日本ハ大変ダ。野蛮ノ国ガ文明ト変ジ、頑愚《がんぐ》ノ民ガ開化ト変ジ、天動ノ説ハ地動ト変ジ、三十日暗《みそかやみ》ハ月夜ト変ジ、攘夷《じょうい》ノ論ガ和親ト変ジ、鎖国ノ説ガ開港ト変ジ、江華《こうか》ノ暴動ハ条約ト変ジ、犬朝鮮ガ帝国ト変ジ、武蔵野原ハ都ト変ジ、腰ノ刀ハ樫《かし》棒ト変ジ、××（ママ）乞食《こじき》ハ平民ト変ジ、大名武士ハ居候ト変ジ、知徳ノ漢儒ハ固陋《ころう》ト変ジ、自由論者は禁獄ト変ジ、勤王ノ大義ハ民権ト変ジ、圧制政体ハ立憲ト変ズ。豈《あに》日本ハ大変ト謂《い》ハザル可《べ》ケンヤ（『熊本新聞』明治九年六月一八日、熊本女子大学郷土文化研究所編

『明治の熊本』所収)。

それは政府や明六社啓蒙主義者たちの主観をはるかにこえたものであった。まさにそれは「文明開化」がひきおこした「大変ダ」ったのである。

第一一章　東アジアのなかの日本

東アジアへの発想

万国対峙と国権回復

維新政権が公議というキー＝ワードを操作軸として、天皇という統一国家の絶対的シンボルと国家独立というナショナルなシンボルをかさね合わせつつ支配の思想を形成したことはまえに述べた。当時の対外的スローガン「万国対峙《たいじ》」は、そうした支配の思想と一体のものだったのである。

ところで、この万国対峙は、開国以来日本が包摂された資本主義世界の国際関係を念頭においたものであり、この国際関係は「宇内《うだい》ノ条理」と表現された。それは世界の大勢にしたがい、国際法（万国公法）にもとづくことを意味していたから、これに則《のっと》って国家の独立を確立することは至上の方針たりえた。当時、先進列強の日本への侵食は、幕末以来進行していたので、この万国対峙のための国権の回復は、直面する国家的課題だったのである。

図-24　樺太・千島交換条約

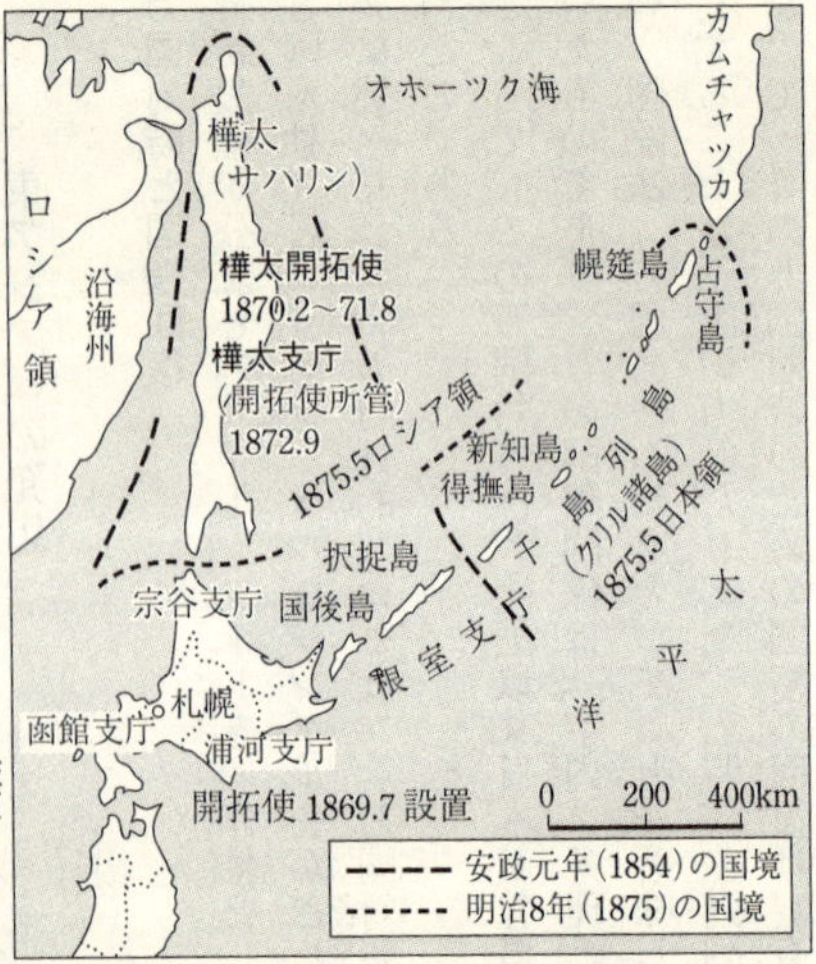

（注）児玉幸多編『標準日本史地図』を参照。

戊《ぼ》辰《しん》戦争前後、三七にのぼる諸藩が、列強から武器や軍艦購入、あるいは藩経費補充のために借款した外債四〇〇万円余の処理もその一つであったし、「王政復古」後に旧幕府老中小笠原長行《ながみち》（壱岐守）とアメリカ公使書記官ポートマンとのあいだにかわされた、江戸・横浜間の鉄道敷設とその独占営業権付与の約束の再確認を維新政府が拒否したのもその一つだった。

また、プロシア人ゲルトネルの北海道七重《ななえ》村の租借地の回収、あるいは鉱山の開発権・経営をめぐる国権の回復もその例である。この鉱山の開発権・経営に対する、外国資本の排除にかんしては、明治五年（一八七二）三月の「鉱山心得書」、翌六年七月の「日本坑法」がさだめられたことはよく知られている。

欧米への屈従と東アジアへの発想

たしかにそこには、万国対峙のための国権の回復がみられる。しかし、その対処のしかたをみると、維新政府は多くをイギリス公使パークスに依存し、イギリス資本に依拠するところが大きかった。明治初年にも幕末以後の通商条約の延長上にヨーロッパ各国との条約はむすばれたが、なかでも明治二年九月のオーストリア＝ハンガリーとの修好通商条約のごときは、パークスの圧力に左右されて、幕末の安政条約よりもさらに不利な規定に調印せざるをえなかったのである。最恵国条款《じょうかん》によってそれがイギリスをはじめ欧米関係諸国におよぼされたことはいうまでもない。

外務卿副島種臣《そえじまたねおみ》の国権外交の代表例とされているマリア＝ルス号事件（三九〇ページ参照）といえども、その背後にはイギリス資本の強い要求があった。清国の苦力《クーリー》売買による中国労働力の破壊が、中国市場に進出していたイギリス産業資本の要求を阻害する危惧《きぐ》があったからである。

また、明治八年五月のロシアとの樺太・千島交換条約の締結にしても例外ではない。日露国境の確定問題は幕末以来の懸案であったが、明治にはいってからのロシアの積極的な進出に対して日本はなんらの手もうたず、明治三年二月に樺太開拓使（翌年八月廃止）を設置したものの、その前年七月に開拓使を設けて積極的経営にのりだした北海道とは異なった態度をとった。それは開拓次官黒田清隆の樺太放棄論に端的にしめされている。

もちろん、ロシアの南下に対して政府部内に強硬論がなかったわけではない。しかし、結局、日本が樺太（サハリン）を放棄して全千島列島との交換（樺太・千島交換条約、明治八年、前ページの図-24参照）にふみきった背景には、はやくからパークスやアメリカ公使デ=ロングのすすめが大きく影響したのである。明治八年から翌年にかけて小笠原帰属問題が解決したのは、当時のアメリカ政府の同島放棄宣言によるところが大きい。

「海外万国ハ皆皇国ノ公敵ナリ」とは、明治二年二月の岩倉具視《ともみ》の意見書の表現である。ここには江戸時代の華夷思想とはまったく異質な、維新政府の国際関係への認識がある。万国対峙はこの発想を基本としているが、現実においては後進国日本の国権回復の対処のしかたは、それ自体が先進列強との力関係に規制され、欧米諸国への屈従を内包していたのである。

万国対峙を標榜《ひょうぼう》するこの国権回復のありかたが、一転東アジアに対したとき、こんどはみずからを欧米なみの先進国に位置づけ、それに似せて対アジア政策を遂行しようとしているところに、近代日本を規定した深刻な問題があるのだ。

岩倉は右の意見書で、中国や朝鮮は古くから日本とよしみを通じた近隣の国であり、いまの清国は「国勢萎靡《いび》シテ振ハズ」、朝鮮は「羸弱《るいじゃく》 且《かつ》小」ではあるが、アジアにおいては日本と「同文ノ国」であるから、「旧好ヲ修メ、以テ鼎立《ていりつ》ノ勢ヲ立ツベシ」と述べた。だが、実際に日本が維新当初からとった姿勢は、すでに私が征韓即制韓と表現した（三〇二—三〇四ページ参照)、朝鮮を日本の統一国家形成と不可分に考え、朝鮮こそが「万国経略」へのスプリング=ボードだとする発想であった。この征韓即制韓を実行にうつすことは、欧米資本主義の洗礼をうけた日本が、中華思想にもとづく中国中心の東アジア世界（冊封《さくほう》体制）にクサビを打ちこみ、中国の宗属的支配の体制打破をめざすことでもあったから、そのかぎりでは欧米諸国から直接・間接の支持をあたえられたのである。日清修好条規はその手はじめだった。

日清修好条規

この日清修好条規は、修好条規一八条、通商章程三三款および海関税則よりなり、明治四年（一八七一）七月二九日に調印された。

この条約は、(1)日清両国がそのときまで欧米列強とむすんでいた条約と異なり、強制されたものでなく自主的な条約であること、(2)両国が列強から領事裁判権、協定関税を強制されていたという従属的な状態において、日清が相互に領事裁判権と協定関税を承認しあうという条件のもとで対等であったこと、(3)両国の領土保全・相互援助を条約中に明記していること――以上の三点の特色をもっていた。

日本がこの条約締結のため、対清交渉の準備にとりかかるや、パークスはこれに介入しようとした。しかし、このばあいは政府はそれを拒否した。そして、まず外務卿沢宣嘉《さわのぶよし》、外務大輔寺島宗則《むねのり》は、外務権大丞《ごん》兼文書正柳原前光《さきみつ》らを委員に、明治三年八月から一〇月にかけて予備折衝にあたらせた。ついで翌四年四月、大蔵卿伊達宗城《むねなり》を欽差《きんさ》全権大使に任じた。伊達全権は翌月東京を発し、清国にむかった。

これに対する清国側の全権は直隷《ちょくれい》総督李鴻章《りこうしょう》（リーホンチャン）だった。李は曾国藩《そうこくはん》（ツァンクォハン）とともに清朝洋務派官僚の代表的人物である。当時の清国内部には、日本との交渉にはあくまで従来の東アジアの宗属的支配の体制維持を基本とする意見と、それを転換して日本と新たな国際原理の上に立った関係を樹立しようとする見解とがあった。李・曾らはこの後者の立場に立ち、そのことを通じて欧米諸国と対峙しようと考えていたのである。さきの日清修好条規の内容の特色には、それが反映している。

ところで、これまで清国は欧米諸国との条約締結のさいには、相手国の提示する原案にもとづいて審議していた。そこで日本もこれにならって不平等な内容の日本側の原案を基礎に交渉をすすめようとした。だが、清国側はこれを拒否した。清国側の原案にそって審議は継続されたのである。

こうして、清国側のペースで交渉はすすめられ、条約は調印されたが、その直前日本では廃藩置県が断行され、岩倉が外務卿となった。その岩倉は明治四年一一月、米欧回覧に出発する。米欧回覧は、条約改正問題を一つの課題としていたが、この改正を前提に日清修好条規の改正案も検討された。

これを推進しようとしたのは岩倉外務卿の後任、前参議副島種臣だった。彼の改正案は、修好条規第二条の欧米から日清同盟だと非難された条項の削除、第八条の双務的な領事裁判権のうち、清国側が日本に有する法権の放棄、第一一条の開港場における帯刀禁止条項の削除、最恵国条項の新たな挿入などであった。

この改正案をもってふたたび柳原が翌明治五年、清国側との交渉にあたるが、調印を終えたばかりの修好条規の改正に清国側が応ずるはずはなかった。ましてや、この改正案の前提に岩倉使節団の米欧との条約改正問題があり、それが事実上不可能であればなおさらである。結局、明治六年四月、副島が大使として渡清し、日清修好条規は批准書が交換された。

条規をめぐる特徴

このプロセスで注目されるのは、第一に、日本は欧米列強から不平等条約を押しつけられながら、清国に対してはみずからを欧米列強なみに位置づけて不平等条約を清国に押しつけようとしていることである。後年、大隈重信ですら『開国大勢史』のなかで、最恵国条款の対清要求は「無理なる注文」で「俗に謂《い》ふ虫の善き話」だと述懐しているのだ。明治一〇年代ですら日本は中国の一部かとヨーロッパなどでは一般に思われていたくらいだから、こうした日本の態度を清国側が一蹴したのも当然であろう。

第二には、条約は清国側の原案によって一種の日清同盟的内容をもふくんでいたが、欧米諸国はこれに反対し、しきりに日清間の離間をはかっていることである。その意図は、アメリカ国務長官フィッシュから駐日公使デ＝ロングあての訓令（一八七二年一二月三〇日付）にみられるように、日本を清国の排外政策から遠ざけて、列国との自由な通商を保持するにあった。まさに資本主義列強は東アジアの連携を妨害することによって、東アジアの国々を個別的に従属的な市場の位置におこうとしていたのだ。

第三には、右の欧米諸国の政策に対して、日本は清国との提携を強めるかわりに、逆にその圧力に屈し、日清修好条規第二条は攻守同盟ではなく、たんなる「善隣の意」（伊達全権の説明）にすぎないという解釈をとって欧米に迎合したことである。日本は東アジアのなかにみずからを位置づけて列強に対抗するよりも、欧米世界に身をすりよせてしまったのだ。

第四は、この条約の対朝鮮への意図である。朝鮮に宗属的支配権をもった清国との「対等」な条約をむすぶことによって、日本が朝鮮に対し一段高い国際的地位を得ようとしたことは明らかである。明治三年四月、外務省が太政官弁官に提出した「対鮮政策三箇条伺」の第三条には、「皇国支那と比肩同等の格に相定り候上は、朝鮮は無論に一等を下し候礼典を用」いても朝鮮は異存あるまい、という表現さえみられるのである。

日本は欧米列強への屈従の姿勢を東アジアに対しては逆転させ、征韓即制韓の発想を基本におきつつ、朝鮮に対しては清国よりも「無論に一等を下」す格差をもった外交姿勢をとっていたのである。

台湾出兵と江華島事件

台湾事件

明治四年（一八七一）一一月、琉球島民が難破して台湾《たいわん》東南海岸の八瑶湾《はちようわん》（パーヤオワン）に漂流し、六六人中五四人までが原住民に殺害されるという事件がおこった。この情報は、翌年四月、当時日清修好条規の改正交渉で在清中の公使柳原前光《さきみつ》から外務省に報告され、これを機に「琉球国」に対する処置がクローズアップされていくことは次章でくわしくふれる。日本はこの琉球漂流民殺害事件をフルに活用して、琉球に対する皇権拡張策を推進しようとしたのである。明治六年三月の備中《びっちゅう》小田県の漂流民が台湾の原住民に略奪された事件も、それにいっそう拍車をかけた。

明治六年三月、外務卿副島種臣は特命全権大使として清国にむけて出発した。彼の渡清は清国皇帝（同治帝）の親政祝賀と日清修好条規の批准書交換のためと称されたが、じつは台湾事件の交渉がおもな目的であった。副島は米人ルジャンドル（李仙得）をともなっていた。このルジャンドルは厦門《アモイ》（シイアメン）駐在領事在勤中の慶応三年（一八六七）、米船ローヴァー号乗組員が台湾南部で坐礁し、多数殺害された事件の経験をもっており、こんどの事件にも対台湾強硬策を主張していた。

すなわち、彼は現在の国際間の情勢では列強はアジアに進出し干渉することはないだろうから、日本は台湾事件を利用して出兵し、台湾を占領せよ、と日本政府をそそのかしていたのである。この彼を、駐日米国公使デ＝ロングの紹介により副島は外務省の二等出仕（年俸一万二〇〇〇円）で雇い、北京《ペキン》（ペイチン）交渉の使節の相談役にともなっていたのだから、副島のねらいがどこにあったかは明らかだろう。そして、アメリカが日本の台湾出兵に積極的だったのは、それによって日清間に亀裂の生ずることを期待していたのである。

副島は四月、天津《てんしん》（ティエンチン）につき、日清修好条規の批准書を交換し、五月、北京にはいり、翌月、帰国直前に台湾問題の交渉をはじめた。そして、清国側から台湾が化外《かがい》の地であり、こんどの事件は政教のおよばない化外の民のいたすところであるという言質《げんち》をえるや、清国側に弁明の機会もあたえず、七月、帰国した。

台湾と朝鮮と

時あたかも明治政府内は、征韓問題で大ゆれにゆれていた。副島が台湾にかんする右の言質とともに、清国は朝鮮の内政・外交に不干渉の意向であることをキャッチしたことが、征韓問題に油をそそぎ、明治六年一〇月の政変で政府は分裂した（三一〇ページ参照）。

これによって一時延期された台湾問題は、翌七年一月、内務卿大久保・大蔵卿大隈が蕃地《ばんち》問題の調査委員となり、二月六日、両者の連名で「台湾蕃地処分要略」が提出されることによって、その日の閣議で征台の軍を発することが決定された。

右の「要略」は九ヵ条よりなるが、つまるところ、⑴「台湾土蕃の部落」は清国政府の「政権逮《およ》ばざる地」であり、「無主の地」であるから、「討蕃撫民の役」をとげ、「報復」するのは、「日本帝国政府の義務」であること、⑵清国側から「琉球の属否」についていろいろいってくるであろうが、琉球は「古来我が帝国の所属」であることをいいたてて、清国側の説に応じないこと、⑶台湾出兵準備のために現地を調査し、その日にそなえること――以上につきる。

しかも注目すべきは、この「要略」決定と前後してやはり大久保・大隈連名による「朝鮮遣使に関する取調書」が提出されていることである。征韓論分裂四ヵ月後にして、台湾への軍事発動、朝鮮への遣使（ただし、「使節ノ名ヲ用ヒズ」とある）を決定していることは、非征韓派もまた征韓派と本質をひとしくしていることをあますところなくしめしている。

台湾出兵

時は、佐賀の乱が勃発《ぼつぱつ》し、鎮圧出兵の発令直後である。そして、大久保はその鎮圧にみずからのりだそうとしていた。『大久保利通文書』の編者は、こうした大久保の姿勢を、「当時内務卿トシテ責任ノ地位ニアリシ利通ハ、近時失墜シツ、アル政府ノ威令ヲ回復スベキ絶好ノ機会ナリトシ、一大決心ヲ以テ出張ヲ切望シタ」のだ、と解説する。だが、それはたんに国内問題にとどまるものではない。士族反乱の噴出があり、その由《よ》ってくるゆえんを知悉《ちしつ》していればこそ、大久保らは前年の征韓論反対とはうってかわって台湾・朝鮮問題へ強硬な態度をとったのだ。

明治七年四月四日、陸軍中将西郷従道《つぐみち》（一八四三―一九〇二。隆盛の弟）は台湾蕃地事務都督《ととく》となり、事務局は正院内におかれた。翌日、参議兼大蔵卿大隈がその長官となった。ルジャンドルは外務省からこの事務局へ転任、九日、西郷は東京を出発した。長崎についた彼は、日進《にっしん》・孟春《もうしゅん》以下の諸艦をひきい、兵約三六〇〇とともに、発進しようとした。米国太平洋郵船会社からは汽船が雇い入れられ、ルジャンドルのあっせんで新たにアメリカ海軍軍人二人が雇用され、オリエンタル＝バンク香港支店からのメキシコ銀五万ドル以内の借用方が同銀行横浜支店と契約されていたのである。

だが、この台湾出兵には内外からの反対があった。参議兼文部卿で長派の巨頭木戸孝允は、いま九州に変のおこっているとき、外征の挙にでることは根本を誤るものだと反対し、四月一八日、辞表を提出した（翌月、免官）。山県陸軍卿も反対、伊藤も消極的だったが、彼らは木戸のように下野はしなかった。

一方、イギリス駐日公使パークスは、この台湾出兵に異議を表明した。台湾に多くの商社をもつイギリス貿易への影響を懸念したのである。他の在日外交団も中止を要望した。なかでも、日本政府がもっともショックをうけたのは、アメリカの態度だった。駐日アメリカ公使ビンガム（デ＝ロングの後任）は、四月一八日、局外中立をとなえて汽船の供与と、ルジャンドルほか二名の雇用とを拒否した。このアメリカの態度急変は、イギリスの反対と清国側の米国非難が大きく作用したとされている。

四月二八日、佐賀の乱を鎮定して帰京した大久保は、この事態の一変をみて出兵中止をきめ、その旨を長崎の大隈事務長官に伝え、みずからも西下した。五月四日、彼は大隈・西郷従道と会ったが、すでに西郷は諸艦を出航させており、大久保も既成事実を認めざるをえなかった。この三者協議で、ルジャンドルの帰京、柳原公使の清国派遣、西郷の渡台が決定され、問題がおこれば大久保が全責任を負うとした。国際勢力と西郷従道の実力行使のはざまで、さすがの大久保も苦境に立たされていたことがわかる。

五月二二日、現地に到着した西郷は六月一日から三軍にわけて征台をすすめ、牡丹《ぼたん》社をはじめ各地の原住民を月余にして敗退させた。村落はいたるところ西郷軍に焼きはらわれた、という（図-25参照）。西郷軍をなやましたのは、原住民の抵抗ととも

図-25　台湾出兵関係図

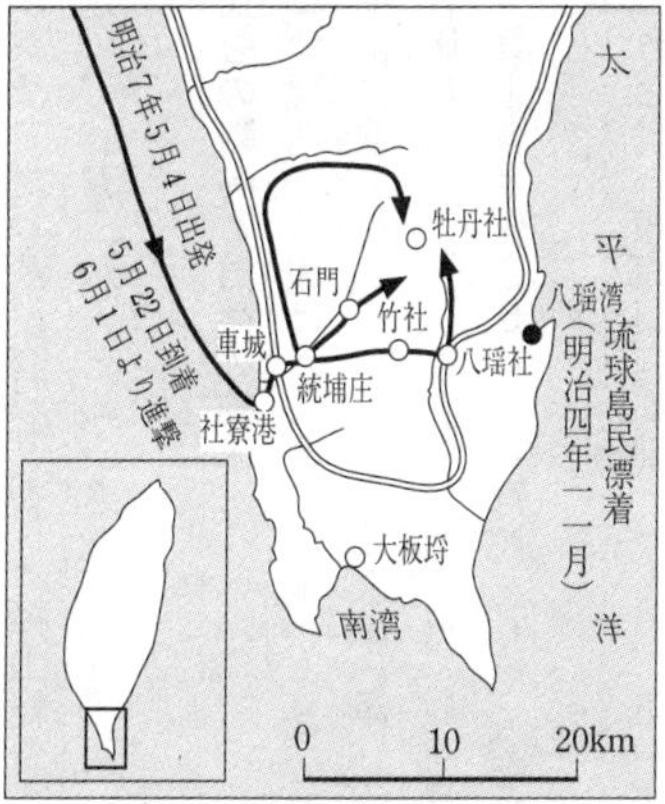

（注）児玉幸多編『標準日本史地図』を参照。

にマラリアだった。『西郷都督と樺山総督』所収の資料によると、戦死一二、病死五二五、水死一、計五三八人と報告されている。

民心の動向と出兵の結末

この現地の情報はさまざまな風説となって日本に伝えられた。いわく「我が兵丁等多く牡丹生蕃《せいばん》に欺《あざむ》き殺さる」、「蕃人草木中に伏し隠れ居て、毒箭《どくや》を発す。之《こ》レに当る者一ツも生きる者無し」、あるいはまた「瘴癘《しょうれい》（気候や風土のためにおこる伝染性の熱病）の気に侵されて、兵士過半死亡せり」、「毒蛇ありて人を喰ひ殺す。我が軍人多く之れが為に命を殞《おと》せり」等々と。

これらは『東京日日新聞』（七月二五日）所載の岸田吟香《ぎんこう》の通信「台湾信報」第二五号に報告されているものだが、そうした情報のゆえか、岸田が帰国したさい、たずねてきた友人たちはみな台湾でのようすはどうかと聞き、「東京にては評判甚《はなは》だ悪《あ》しかりし故に、君が為に大いに心配せしなり。能《よ》く無難にて帰り玉ひしよ」といった、という。彼はこうした浮説を信ずる東京市中の人民の「斯《か》く苦々《にがにが》しき不良の心」と慨嘆しているのだが、ここには台湾出兵に対する民心の一端がうかがえる。人々はこの出兵にけっして賛成してはいなかったのだ。のちに東京三多摩《さんたま》の民権家千葉卓三郎（一八五二―八三。「五日市憲法草案」の起草者）は、その演説草稿で樺太・千島交換条約もこの台湾出兵も、「一モ之ヲ斯民《しみん》ニ問ハザルノミナラズ、且《かつ》之ヲ告ゲズ」と述べ、この事件は「外ハ支那ヲ紿《あざむ》キ、内ハ斯民ヲ欺《あざむ》キ、且《か》ツ国財ノ所損モ亦《また》甚シキ者ニアラズヤ」と政府の「圧制専擅《せんせん》」を攻撃しているのである。

ところで、この日本の出兵に対し清国は沈葆楨《しんぽてい》を欽差弁理台湾海防兼事務大臣に任じ、台湾問題処理にあたらせた。明治七年五月末渡清した柳原との交渉はつづくが、琉球および台湾の主権の存在をめぐって日清の主張は平行線をたどった。この間、台湾出兵成功の情報が現地からもたらされると、日本政府部内には対清強硬論が台頭《たいとう》した。

だが、情勢がながびけば列強の干渉が強くなるおそれがあった。この事態に大久保はみずから全権となって、九月、北京にいたり、翌月にかけて交渉をかさねた。交渉は難航したが、結局、イギリス公使ウェードの調停によって一〇月末結着がついた。清国は日本の征台が義挙であることを認め、償金計五〇万両《テール》（約七五万円。被害者遺族の撫恤《ぶじゅつ》銀一〇万両、日本軍の建設した道路および建物などの補償銀四〇万両）を支払い、日本軍は撤退する、という内容においてである。

『台湾国際政治史研究』の著者戴天昭《テエテイエンチユア》氏はこの書のなかで、日本はこの台湾への出兵で国際的孤立に追いこまれ、かろうじて「面子《メンツ》」をたもつ程度の条件で問題を解決したが、この事件から間接的に得た利益は少なくないといい、他方、清国は右の償金支払いによって琉球を暗にすて去ったが、同時にこの支払いで台湾東南部の領域をその主権下におくことができ、列強もそれを認めたから、「結局、台湾事件は、日清両国ともに損得なかばするが、損害を受けたのはいつも台湾住民であった」と述べているのである。

江華島事件

さて、朝鮮においては、明治六年（一八七三）末ころから朝鮮国王李熙《りき》（イキ）の妃閔《びん》（ミン）氏（大院君の戚族）一派が、大院君の排外政策および内政の失敗を機に、その排斥をはかっていた。この朝鮮内部の矛盾の激化と政争による大院君一派の後退の間隙《かんげき》をぬって、明治政府は軍艦を朝鮮へ派遣し、その開国をせまった。

日清修好条規や台湾問題で清国との関係が一段落をとげ、また、大阪会議でいちおう国内体制がととのい（大阪会議は明治八年一月から二月にかけて、大久保利通が伊藤博文・井上馨らの周旋で、木戸孝允や板垣退助と大阪で再三会談し、今後の政治改革案を協議したもの。それに基づく漸次立憲制の詔書公布は同年四月）、さらに、ロシアとの樺太・千島交換条約調印がなるや（同年五月七日）、五月二五日、突如、雲揚《うんよう》艦は朝鮮の釜山《プサン》に入港し、翌月、第二丁卯《ていぼう》艦も停泊した。

やがて雲揚艦は漢城（ソウル。一九一〇年より京城）の入口にあたる江華島《こうかとう》（ガンファドー）付近を測量、ついに朝鮮側と交戦した。江華島砲台は破壊され、日本軍は永宗城《ヨンジョンソン》を占領して民家を焼きはらい、大砲などを捕獲して長崎に帰港したのである（図-26参照）。

この江華島事件は日本側の計画的な挑発によるものであった。この軍艦派遣にかんしては、外務卿寺島宗則が三条太政大臣・岩倉右大臣の承認をえて、海軍大輔川村純義（のち海軍大将、薩摩出身。当時海軍卿欠員）と協議して極秘に発令し、また、雲揚艦長井上良馨《よしか》（海軍少佐、のち元帥・海軍大将。薩摩出身）と川村海軍大輔とのあいだには「黙契」があったとされているのだ。征韓即制韓路線の朝鮮に対する直接の口火である。

この事件の結果、政府は、陸軍中将兼参議・開拓長官黒田清隆（薩）を全権とし、元老院議官井上馨（長）を副全権とし、明治九年（一八七六）二月、艦船八隻、兵員二六二を江華府に派遣して日朝修好条規（江華条約）一二ヵ条を締結、調印した（翌月、批准書交換）。陸軍卿山県は交渉決裂にそなえて熊本・広島鎮台の出兵準備をととのえていた。

図-26　江華島事件関係要図
（1875年）

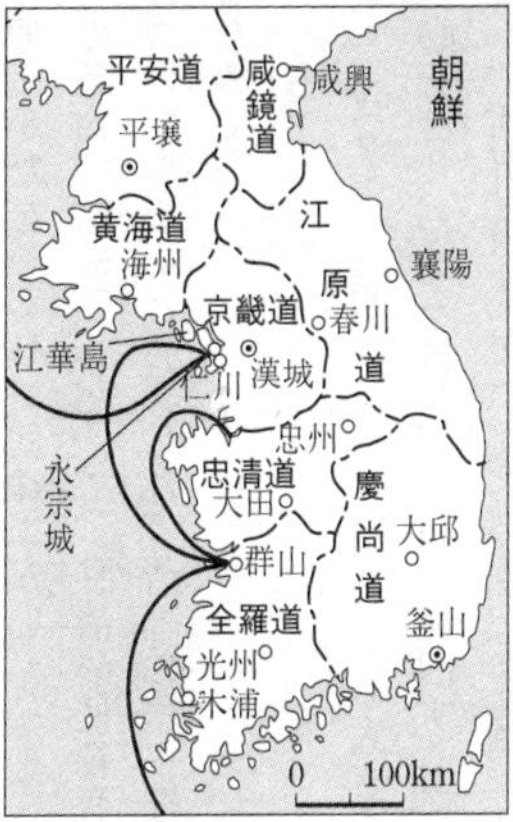

日朝修好条規の論理

この条約の第一款には、「朝鮮国ハ自主ノ邦《くに》ニシテ、日本国ト平等ノ権ヲ保有セリ」とうたわれていた。いうところの「自主ノ邦」とは、その後も日本が一貫して強調するところだったが、それは朝鮮に対する清国の宗主《そうしゅ》権の否定を意味し、朝鮮の主権を尊重したものではなかった。つぎの森の発言は当時の政府の考えかたをしめして興味ぶかい。

右の条約締結にさきだって、駐清公使森有礼は明治九年一月、朝鮮の清国に対する宗属問題について李鴻章と会談した。清国の宗主権を否定して朝鮮問題への清国の干渉を事前に封ずるためである。

李「我々東方諸国の中《うち》、清国が最も大きく、日本之《これ》に次《つぎ》ますが、其余の各小国も均《ひと》しく、心を合せ、睦《むつ》み合ひ、局面を挽回《ばんかい》するに於ては、欧州に対抗する事が出来ませう」

森「私思ひまするに、修好条約などは、何の役にも立ちません」

李「両国間の和好は皆条約に拠《よ》るものですのに、何故《なぜ》役に立たぬと云《い》はれるのですか」

森「通商と云ふが如き事は条約に照して之を行ふ様な事もありませうが、国家の大事と云ふ事になりますと、只誰が、いづれが強いかと云ふ事によつて決するもので、必《かならず》しも条約等に依拠する必要はないのです」

李「それは謬論《びゅうろん》だ。強きを恃《たの》んで約に背《そむ》くと云ふ事は万国公法も之を許さゞる所です」

森「万国公法又無用なりです」（王芸生著、長野勲・波多野乾一編訳『日支外交六十年史』第一巻）

この会談ではまた、李鴻章は森に対し、「貴国ハ台湾事件ノ例ニ倣《なら》ヒ、動《やや》モスレバ其隣邦ヲ攪乱シ、機ニ乗ジテ之ヲ奪領セント欲スルモノノ如シ」ともいっているのだ（前掲『東邦関係』）。

　維新後の欧米諸国との対応の基礎に万国公法をおき、その国際条理にもとづいて万国対峙のための不平等条約の改正をめざしていた日本の、東アジア諸国に対するこの豹変ぶりをみよ。すでに森はアメリカで条約改正の壁がいかに厚いかを身をもって知っていた。知っていたがゆえに、李鴻章の東アジア諸国の連帯によって欧米にあたろうという提言に対し、力の論理をもちだした、といえるかもしれない。

　あるいは李が危惧《きぐ》したように、台湾問題の勢いに乗じて一挙に朝鮮問題も解決してしまおうとした、ともいえるかもしれない。

　だが、そのいずれにせよ、それはまさに日本が東アジアに対して第二のペリーたろうとしたことを意味してい

図-27　19世紀後半の日本・朝鮮・中国

（注）亀井高孝編『標準世界地図』を参照。

る。事実、黒田が全権に任命されたその日、外務卿副島はアメリカ公使ビンガムに、ペリー来航に倣《なら》うと述べ、アメリカ公使館からペリーの復命書を借りだして参考にした、といわれている。そして、条約には、当時明治政府が欧米諸国との条約改正の眼目としていた、領事裁判権や協定関税問題などの不平等な内容がそのままもりこまれていたのである。

すでに、明治七年（一八七四）三月、フランスと安南《アンナン》（ベトナム）とのあいだに条約がむすばれていた。このとき、フランスは清国の安南に対する宗主権を無視した。これをめぐって清仏間には論争がおこり（やがて一八八四―八五年、清仏戦争となる）、日朝修好条規の締結は、そのはげしい紛糾の時期であった。明らかに日本はこの清仏抗争の間隙をぬい、フランスの清国宗主権無視にならって、それを朝鮮に適用した、といえる。

さらに、日本の朝鮮開国の強要は、アジア貿易の発展にともなうアメリカやフランス、あるいはイギリスやロシアの朝鮮開国要求の露はらいの役割を果たしていたから、これら列強の直接・間接の支持をえて遂行されたのである。当時の日本の実情での征韓即制韓論の遂行は、こうした国際的条件にささえられてのみ現実的たりえたのである。

政治的背景

ここで、この江華島事件の政治的背景にふれておこう。

明治八年二月のいわゆる大阪会議は、明治七年以降の自由民権運動や東アジアの国際情勢のなかで、藩閥の巨頭大久保がその体制強化のため、征台に反対して帰郷していた木戸との妥協をはかったものであり、征韓論分裂で下野した板垣退助をひきこんだものであった。板垣は参議就任後八ヵ月足らずでふたたび野《や》にくだるが、木戸は朝鮮問題には積極的だった。台湾問題は琉球と密接な関係にあった薩派の関心事であり、どちらかといえば薩派の主導で征台の役は遂行された。そこに木戸の征台反対の一斑の理由があった。しかし、朝鮮問題こそは、江戸時代以来長州藩との関係が深く、長派の巨頭木戸にとってはこの問題のヘゲモニーをみずからにぎり、それに対処したかったのである。

木戸は自分が使節となって朝鮮との交渉にあたろうとした。そのころの彼の日記や手紙には、朝鮮問題への宿志と持病によってそれが果たせないあせりがにじみでている。木戸の主張するところは、朝鮮は台湾とは事情が異なるのだから、十分形勢をみて先後順序を立ててこれに対処せよ、というにあった。一一月一三日、とつぜん左足麻痺《まひ》におそわれて歩行困難となった木戸は、みずからの遣韓使節はあきらめざるをえなかった。

翌月の使節決定には、大久保の支持をうけて黒田が全権となった。木戸は推して井上を副全権とした。薩長の暗闘がからまって、この人事はその妥協の産物であった。「蓋《けだ》シ国家ノ大事ニ任ズル者ハ必ズ薩長二藩人ニ限ルノ例ニ依ル」と前掲『東邦関係』には説明が加えられている。そして、『明治初期日韓清関係の研究』の著者彭沢周《ほうたくしゅう》氏は、そのなかで、江華島事件をめぐる明治政府の政策は、朝鮮を挑発し、一戦をまじえることを辞さない薩派の強硬路線と、外交ルートで朝鮮に条約締結を強要しようとする長派の路線との、つまり「薩長両閥の対立の下《もと》に生まれた『和』『戦』の両面性をもつ外交であった」と分析している。いうところの「和」も「戦」も、一方が他方を否定するというようなものではなく、相互補完の関係にあった。その基本的性格はあくまで欧米によって体験させられた力の論理であり、一転それを東アジアでふりかざそうとしたときの楯の両面にほかならなかった。それが明治政府の藩閥体制の体質にかかわっていたところに、対東アジア政策の根の深さがあった、といえよう。

第一二章　維新の終幕

民選議会の論理と士族反乱

「犬狩」と回状

明治六年（一八七三）三月一〇日、長崎県下壱岐の島民は、国片主神社の馬場に集合した。ついで一二日、島中の五人組から一人ずつが同所へ印形《いんぎょう》（印鑑）をもってあつまり、一五日も同じように印形をもって「惣代《そうだい》」があつまった。集会の警備は厳重をきわめたらしい。各区から情報を得ようとしても立入ることができず、「厳密ニ談決」していた、と報告されている。この集会では「専《もっぱら》租税ノ儀ニ付、彼是《かれこれ》ト論評」がなされた。

かくて、団結した島民は、三月一八日、島中一人ものこらず武生水《むしょうず》村の国津意加美《くにつおかみ》神社馬場《ば》にせいぞろいし、うちそろって郷野浦《ごうのうら》をはじめとし、それより八ケ浦へと各港へおしよせることをきめたのである。結集した島民約二〇〇〇（次ページの図-28参照）。

彼らはこれを「犬狩」と名づけた。「犬狩ト申候へバ、自然人家等へ押入、乱暴仕《つかまつり》候儀

図-28　壱岐関係図

難計《はかりがたく》」というのである。このとき、「国中心掛万一ニ可仕候《つかまつるべく》」という、つぎのような回状がつくられている。この回状をみれば、「犬狩」の意味もはっきりわかる。

回状は、まず「天朝ノ御趣意」は諸民がいっさい安穏《あんのん》に暮らし、「国家太平」をめざしているのに、役人たちは自己の私欲をさしはさんで「上《かみ》ヲ惑《まどわ》シ、下《しも》ヲ苦シメ」、「御一新」をいいことに自分かってなことをしている、と述べ、以下の六ヵ条をあげる。

(1) この壱岐国は、古来平戸よりかってに物成《ものなり》(租税)などをとられてきた。この国のものは「馬鹿」だったから、他所とちがって難儀をし、苦しみ、「ロクノナリフリ」もできなかった。

(2) だが、もうみんなが目をひらいたのだ。「孝弟仁義ノ道」も考え、もはや役人どもにはだまされない。「異人様ノ仰《おおせ》ノ儘《まま》ニモ」ならない。いまは「御一新」だから旧弊を除けといって、あれこれかえようとしているが、そんなことばかりで治められるわけはない。東照宮（徳川家康）の教えにも、五〇年来のしきたりであれば、たとえひがごとでもあらためておこなわなければ乱のもとだ、と仰せられているではないか。

(3) 他国は「三つ物成」（三割の貢租）という。ここも三年まえからそうきまっているのだから、中途の役人どもに思い知らせてやらなければならない。

(4) ここの戸長《こちょう》や書記・小頭《こがしら》などのあいだでも、ずいぶんとつくりごとをしては諸人をまどわせ、平戸の役人にいたってはまったく自分のことしか考えていない。われわれが心得ておくべきことは、金さえみれば彼らが「右へモ左へモ」どうにでもなり、すこしもあてにならないということだ。だから、道理を考え、理にかなわないことであれば、だれがいってもひきうけないようにしよう。

(5) もし変事があったら、合図していつでも国中が寄合いできるよう申し合わせておきたい。あまり役人どもにかかってにされ、そのいうことのみにしたがっていては束縛ばかりうけることになる。

(6) 「天朝ノ御趣意」を守って、いまの「盗様ナル役人」のいうことは真正直にはきかないで、各人が理を明らかにして知るようにしたい。今日は「穀物御相談」の席であるが、国中心得の万一をここに記しておく。

文意・文脈かならずしもすっきりしないところもあるが、大略このようなものである（土屋喬雄・小野道雄編著『明治初年農民騒擾録』）。

政治の主体への自覚

島民は三月一八日から行動をおこした。島民の動向は戸長から区長へ、区長から県庁へ、さらに大蔵省へと急報された。あわてた県は、県官に邏卒《らそつ》五人をひきいて渡島させたが、もはやそんなことでどうなるものではなかった。つぎつぎに鎮圧の役人が派遣された。

ほぼ一〇日にしてこの騒擾《そうじょう》はおさまった。三月二九日付の長崎県から大蔵省あての届には、「此節ノ暴挙ハ貫属《かんぞく》ノ者煽動《せんどう》致シ、端緒ヲ発《はっし》候模様ニテ、貫属卒本多三右衛門外三人、此一件巨魁《きょかい》ノ様見込候旨ヲ以、護送致シ候」とあるから、ここでも不平の下級士族と島民の不満とがむすびついていたことがわかる（『太政類典』二の一四九、明治六年四月四日の項）。

すでにみた重層的な危機は（一三五―一三六ページ参照）、九州の離島にまでひろがっていたのである。

だが、この時点になると、不平士族の扇動《せんどう》はあったにせよ、島民はもはやたんなる政治の客体ではない。人々は団結によってこれまでの支配の理を見きわめ、みずからを政治の主体へと自覚しはじめているのだ。そこには「天朝ノ御趣意」をふりかざすことによって、それを役人批判の武器とし、これまでの支配の論理を逆に自己の側に組みなおそうとする民衆の英知と不屈さがみられる。それはかの「世直し」の潮流の新たな展開にほかならない。

こうした潮流の上に、この支配の論理の組みなおしを欧米からの最新の知識を借りながら、もっとも自覚的かつ体系的に主張し、運動をひろげていこうとしたのが、明治七年一月一七日の民選議院設立建白書に端を発する自由民権運動だった。

民選議会の論理

この民権運動については、ここでは行論に必要なかぎりで、民選議会設立の論理をみるにとどめよう。

民権運動の発端は、周知のように征韓論の分裂を機とした明治政府内部の分裂、そして下野した参議板垣退助・後藤象二郎・副島種臣・江藤新平らによってひきおこされた。しかし、右にみてきたような潮流が背後になければ、たとえそれがいかに民選議院の設立を提起し、「人民の通議権利（ママ）を立て」、「士族及び豪家の農商等」に参政権をあたえよ、とさけんだところで、それはいわゆる「上流の民権」論、つまり「国権全《まっと》うすれば民権全し」という国権論に従属した民権論の枠《わく》にとどまったにちがいない。ときの政府がもっとも危惧《きぐ》したのは、この民権論が、しだいに高まりつつあった反政府行動や民衆の抵抗とむすびつき、これまでの支配の思想が実質的に骨ぬきにされ、逆にそれが被治者層の武器に転化するかもしれないということであった。民選議院設立建白書をめぐる賛否両論のなかに、それを端的にみることができる。

建白書は、「僅々有司の専裁と、人民の輿《よ》論《ろん》公議を張ると、其賢愚不肖果して如何ぞや」と、「有司」＝「専裁」と「人民」＝「輿論公議」とを対置し、後者の制度的保障を民選議院にもとめた。維新政権当初、支配の思想のキー＝ワードとしてうちだされ、支配の基礎がかたまりはじめるとともに影をひそめたこの公議というキー＝ワードが、こんどは民権運動の側からもちだされ、運動の理論的武器に使われはじめたのである。

換言すれば、天皇—公議の論理を、民選議院によって被治者側で実体化し、政治の主体を人民の側へうばいとろうとしたのだ。公議は、支配の操作の軸から、一転民衆の戦いの矛《ほこ》になる可能性をもってきた。だからこそ、尚早論をもって民選議院に反対した明六社の一員加藤弘之はつぎのようにいったのである。

彼はまず、民選議院設立により決定する公議は、「愚論取るに足らざる者のみならん」という。そして以下のように主張する。すなわち、ひとえに「非的利《フレデリック》の公心」、つまりプロシアの啓蒙専制君主フリードリヒ二世（在位一七四〇—八六）がしたように、その支配者の「公心」をもって「自ら政権を限制し、務めて民の私権を伸張せしめ、言路を洞開《どうかい》し、教育を勧励し、以て吾邦《わがくに》をして速《すみやか》に開明国とならしむるを要す」と。政治の主体をあくまで支配の側におき、その「公心」にすべてを依《よ》らしめて開明化をはかれ、というのである。

周知の大井憲太郎と加藤との論争も、じつはこの公議の主体を、「人民自主の権」におくか（大井）、「人民自主の権」は「民の私権」であって、あくまでフリードリヒ二世の「公明正大の心」におくか（加藤）、の対立にほかならなかった。加藤は愚民論＝尚早論によって、これまでの支配の思想の維持にこれつとめようとしたのである。

たしかに、この加藤の発想と論理は、当時の明治政府の政策の発想と論理でもあった。そして、これに対する民衆が、この発想と論理にいかに抵抗し、この論理に人民の私見・私議の公議化の論理を対置することによって、いかに運動と闘争をすすめていったかは、次節で具体的にみる。ここでは目を転じてこうした民衆闘争に並行していた、もう一つの反政府行動＝士族反乱に筆をすすめよう。

士族の動向

明治初年の士族の反政府行動については、すでに「第三章　民心のゆくえ」でふれた。それは「草莽《そうもう》」とか「脱籍浮浪の徒」とかいうことばに端的にみられるように、統一国家形成過程で、切りすてられ、はみだした部分での抵抗であり反乱であった。行動は主として藩庁攻撃や大官暗殺というかたちをとったが、きわだった特徴は危機が重層的であっただけに、それが「世直し」の最底流とむすびつく要因を秘めていたことである。長州の諸隊反乱のように、民衆をまきこんだ内乱への転化の可能性さえもっていたのである。

だが、征韓論分裂以後の士族の反乱は、明らかに性格を異にしている。次ページの表-46はその士族反乱をふくむ士族の動向の一覧だが、そこにみられるものは征韓断行であり、士族の特権擁護の主張である。佐賀の乱しかり、熊本神風連《じんぷうれん》（敬神党）の乱またしかりである。地租改正や徴兵令、あるいは樺太・千島交換条約など内政・外交への批判をもった前原一誠《いっせい》（一八三四―七六）の萩の乱にしても、底流にあるのは、士族を困窮においやりつつ、政府首脳は権力の座で私利私欲にふけっているではないかという、没落士族層の立場からの憤懣《ふんまん》であった。

たしかに政府は明治五年（一八七二）一一月の徴兵告諭で、「双刀《そうとう》ヲ帯ビ、武士ト称シ、抗顔坐食シ、甚シキニ至テハ人ヲ殺シ、官其罪ヲ問ハザル者」と、士族にあたかも遊民無頼《ぶらい》の徒であるかのような非難をあびせかけ、つぎつぎにその特権を廃止していった。そして明治九年三月の廃刀令についで八月には、領主制の最終的解体をしめす金禄《きんろく》公債証書発行条例を公布したのである。しかも、それは上厚下薄だった。最上層の金禄高一〇〇〇円以上（ほぼ二〇〇石以上）の層は、総人員三一万三〇〇〇人余のわずか〇・二パーセントの人数にもかかわらず、金額は交付総額一億七四〇〇万円余の一八パーセントを占めていた。一人あたりの平均金額でいえば彼らが六万円余であったのに対し、一〇〇円未満層（人員八三・七パーセント）の平均金額は四一五円にしかすぎなかったのである。

したがって、一般士族層の多くは、進行するインフレといわゆる士族の商法で公債を手ばなさざるをえなかった。ひとにぎりの旧特権領主層のみが、その公債を資本にして、大地主・ブルジョアへの道を歩んでいったのである。この状況を湖東小史（旧彦根藩士石黒務。

表-46　征韓論分裂後の士族の動向

明治6年10月 (1873)　12月	征韓論分裂 熊本鎮台内の暴動。佐賀，征韓党結成
明治7年1月 (1874) 2月	佐賀，憂国党結成。同，中立党結成 喰違事件（岩倉具視襲撃） 佐賀の乱
明治8年1月 (1875)　3月 6月 8月	中津士族動揺。福岡，秋月士族動揺 萩士族動揺 鹿児島，私学校設立 福岡，矯志社・強忍社・堅志社設立
明治9年3月 (1876)　10月	警視庁不穏 神風連（敬神党）の乱，秋月の乱，萩の乱，思案橋事件
明治10年2月 (1877)　2月 3月 4月 5月 8月	西南戦争 熊本隊・熊本協同隊・佐土原隊・延岡隊・福島隊，西郷軍に呼応 竜口隊・人吉隊・飫肥隊・高鍋隊・都城隊・福岡隊，西郷軍に呼応 中津隊，西郷軍に呼応 報国隊，西郷軍に呼応。長州町田党の蠢動 土佐勤王党・愛媛飯淵武田党の蠢動
明治11年5月 (1878)	紀尾井坂の変（大久保利通暗殺）

(注) 後藤靖著『士族反乱の研究』所収の表を補訂。前掲『明治維新と九州』参照。

維新後、福井県令）の著『世帯論』（明治二〇年ごろ刊）は、「近比《ちかごろ》家禄奉還ノ士族ガ其金ヲ蓄へ、之ヲ資本トシテ自立ノ産ヲ起セシモノハ真ニ僅々ノミ」と述べた。没落への道をつきすすんでいく多くの士族が、政府の措置に鬱積《うっせき》した不満をいだいたのも当然であった。彼らの目は、いまや西南日本の一隅、鹿児島県の西郷隆盛のうえにそそがれていた。

この「士族の軍事国家」（一七五ページ参照）は、下野し帰郷した西郷をむかえ、私学校《しがっこう》（篠原国幹《くにもと》主宰の銃隊学校と村田新八主宰の砲隊学校を中心に、県内各地に分校をもち、明治八年ごろには本校・分校合わせて生徒約三万人に達したという。そのほかに賞典学校・教導団学校があった）の組織を基礎に「西郷王国」を現出していた。県令大山綱良《つなよし》（明治一〇年二月罷免、三月岩村通俊を発令）も西郷とむすびついていたのである。地租改正も秩禄処分も県政の刷新も、ここでは中央政府の手出しができず、例外措置がとられていた。政府部内で長州派の筆頭木戸などは鹿児島県政ひいては西郷に対し、きびしい批判と非難を加えていた。それは同時に内務卿大久保へのきびしい目でもあったから、西郷起《た》つの報に、かつての盟友大久保が断固たる態度にでたのも、けだし当然であった。

西郷のもと、鹿児島に集結した兵力は私学校党をはじめ約一万二〇〇〇人。やがて熊本にむかったときには九州各地からの士族が合流して総勢四万余人におよんだ、という。この「南海之近況愈《いよいよ》狂濤《きょうとう》を発し候」という状況をみて、明治一〇年二月七日、大久保は京都出張中の伊藤博文へつぎのような意味の手紙を書いている。

こんどのことから戦争になれば、それは名もなく義もなく、天下後世中外に対してひとことも言訳はなりたたないから、じつに曲直は分明である。だから、政府が正々堂々とその罪をならし、鼓をうってこれを討てば、だれがこれを非難することができようか。その意味で今回のことは、朝廷にとりまことに不幸中の幸いで、ひそかに心中には笑いを生ずるくらいだ（口語訳）。

もちろん、大久保は桐野利秋らの暴発に、西郷は不同意であっただろうと推測している。しかし、西郷がどう考えようと、彼が鹿児島にいる以上、「全国其影響ヲ及ボシ、一時天下ハ瓦解《がかい》ト見ルヨリ外ナシ。宛然戊辰《えんぜんぼしん》東北戦争之《の》時分ニ異ナラザル可《べ》シ」といい、ここで判断を誤れば「皇国之安危存亡」にかかわるとして、ただちに追討の令を発したのである。

二月二六日、元老院議官柳原前光《さきみつ》が勅使として鹿児島へ派遣された。征討の布告、西郷や桐野・篠原らの官位剝奪《はくだつ》の伝達、県庁への指令など臨機の処置をとるためである。その柳原は三月一八日付の右大臣岩倉具視への復命書のなかで、決起した西郷の胸中をつぎのように書きとどめた。「此時に当り、反するも誅《ちゅう》せらる、反せざるも誅せらる。如《し》かず、大挙して先発せん。遂に決意東上す」と。

心中ひそかに笑いを生ずるという大久保とこの西郷の立場とは、歴史の勝者と敗者をすでにこのとき決定づけていた、といえよう。

熊本をはじめ九州各地での激戦半歳余、九月二四日、征討軍の総攻撃をうけて西郷らは鹿児島の城山に斃《たお》れた。ときに西郷は五一歳。

圭室諦成著《たまむろたいじょう》『西南戦争』によれば、政府軍は五万八五五八人、使用艦船一九隻(一万四一一二トン)、軍費四一五六万円余とされている。『陸軍省第三年報』の報告では、政府軍の死傷者は合計一万六一九五人(うち戦死・戦傷死六五二七人)、これに対する西郷軍約四万余人中の死傷者は約一万五〇〇〇人で、彼らは「死ヲ以テ自カラ期スルノ勢アリ」というから、いかに激戦であったかがわかる。

かくて、西郷軍から「土百姓《どびゃくしょう》」の鎮台兵とあなどられた徴兵制軍隊が勝利した。陸軍大将西郷隆盛・陸軍少将桐野利秋・同篠原国幹《しのはらくにもと》の連名で、率兵上京の届が県庁あてにだされた明治一〇年二月一二日のその日、京都にあった陸軍卿山県有朋は、この南隅の反乱は「天下の大乱と予図せざる可からず」と上奏文に書いた。だが、結果はそうはならなかった。各地の不平士族の呼応がなかったわけではない。

しかし、そこには反乱規模の大きさにもかかわらず、明治初年の諸隊反乱のときとはまったくちがった様相があった。おりから高まっていた農民一揆とこの反乱とはむすびつくことがなかった。いや、それを分断するためにこそ、西南戦争勃発《ぼっぱつ》直前の地租減租の詔勅(四四六ページ参照)はだされた、といってよい。内務卿大久保は明らかに情勢をさきどりしていたのだ。が、より決定的な原因は、この反乱の性格そのものにあった。勃発直後の明治一〇年三月にいちはやく東京で刊行された、西野古海の編集になる『鹿児島追討記』（巻の一）はつぎのように述べていた。

今日ノ学校党変動スル所以《ゆえん》ノ者ハ、良民ヲシテ其自由ヲ伸《のば》シメンガ為メニモ非ズ。公衆ヲシテ其民権ヲ保護セシメン為ニモアラズ。政府ヲシテ国憲ヲ定メシメンガ為ニモ非ズ。我自由ヲ興起センガ為メニモ非ズ。必竟《ひっきょう》スル処ハ各自ノ私権私威ヲ養存センガ為メナリ。各自ノ私利私栄ヲ享有センガ為メナリ。各自ノ私憤ヲ排《おしひら》キ、私怨ヲ報ゼンガ為ナルノミ。

わずか二〇ページのこの小冊子は、「暴徒」がいかに口実を設けようと、それは士族の特権擁護にすぎず、「其党与ノ外ハ天下ノ華士族平民ヲシテ悉《ことごと》ク其奴頳《どれい（ママ）》タラシメント冀《こいねが》」っているのだから、反乱の本質は「営私ノ二字」にある、と断言していたのである。次節「私議の公議化」闘争にみる農民のめざすところと、それが相まじわることのなかったのは当然であろう。

この西南戦争の終焉《しゅうえん》で士族反乱には終止符がうたれた。木戸はこの戦争中病死した（五月。四五歳）。大久保も翌明治一一年五月、凶刃に斃《たお》れる（四九歳）。維新の三傑の死は、維新の終幕の予告でもあった。

「私議の公議化」闘争

維新の「美事」と「難事」

いま、明治六年（一八七三）以降、いわゆる地租改正期の農民一揆（都市騒擾・村方騒動をふくむ）の件数をかかげると、次ページの表-47のとおりである。表中三百余件におよぶこの一揆のうち約半数は、土地や租税関係のものといってよい。徴兵令や学制、あるいはこの時期の他の諸政策に対する抵抗ももちろんふくまれてはいるが、やはり直接・間接的には地租改正にからむものが基本だったのである。

その地租改正は、すでにみた地価ひとつをとってみても、算定要素が複雑をきわめていたから（三八〇ページ以下参照）、一揆の要因もいきおい多様にならざるをえない。これらの一揆は、一般的には明治九年をピークとしているといわれているのだが、表-47の件数からみても、また、後述する農民闘争の内容からみても、明治一〇年の減租令以後も根強く運動は展開しているのである。地租改正に発する農民側の抵抗の裾野はひろかったのだ。

まえにもひいた有尾敬重の『本邦地租の沿革』をみると、岡山県や徳島県では県庁までをふくめた抵抗運動によって、県参事以下あるいは県令が罷免・更迭されたりしているし、長野県や三潴《みずま》県（のち福岡県に編入）でも、地租改正事務局と地もとの対立がおこっている。

この中央と地もとの対立には、地方官ですら農民側の抵抗を無視できないところがあったのである。

『明治初年地租改正基礎資料』（地租改正資料刊行会編、補巻とも四冊）に収められた各県から地租改正事務局あての「伺《うかがい》」や、県へ派遣された事務局員の「出張復命書」などをみれば、農民側がいかに根強く異議をとなえ、苦情をいい、疑惑をもち、承服しないで、抵抗をこころみているかが、はっきりわかる。

地租改正の進行にともなって、明治八年ごろからひろがりはじめたこの改正への反対一揆は、翌九年ともなると、毎月全国のどこかでおこっている。なかでも五―六月の和歌山県と一一―一二月の茨城と三重《みえ》（伊勢暴動）両県のそれは有名である。

地租改正事務局総裁・内務卿大久保利通は、「地租改正は維新の美事《びじ》なり。然れども難事なり」と腹心の内務少輔《しょうゆう》前島密《ひそか》に述べたが、あいつぐ農民の抵抗をまえにして、ついに地租率の引下げを決意した。大久保は三条あての建言書で、「貧民は益《ますます》衰へ、富民は益頑《かたくな》、只政府を是恨《これうら》み、愁訴を是事《これこと》とす。最近日に至ては所々聚群蜂起、人心の乱るゝ殆《ほと》んど麻を紊《みだ》

表-47　明治6―14年農民一揆件数

年	件数
明治6年(1873)	61
〃　7年(1874)	25
〃　8年(1875)	29
〃　9年(1876)	28
〃　10年(1877)	49
〃　11年(1878)	16
〃　12年(1879)	43
〃　13年(1880)	26
〃　14年(1881)	28

（注）明治10年までは青木虹二著『百姓一揆総合年表』，11―14年は同『明治農民騒擾の年次的研究』による。一揆件数は農民一揆・都市騒擾・村方騒動をふくめたもの。

すが如し」（明治九年一二月二七日付）といわざるをえなかった。時まさに、かたや熊本神風連、秋月、そして萩の乱があいつぎ、かたや茨城と三重を中心とした農民一揆が高まり、三重の伊勢暴動は愛知・岐阜県など各地へも波及し、処刑者じつに五万余という大闘争へとひろがった時点である。

減租令と行政改革

明治一〇年（一八七七）一月四日、詔書がくだり、同年の太政官布告第一号が出された。この年より地租率を一〇〇分の三から二・五へ引き下げる、というのである。「竹槍でドンと突き出す二分五厘」と歌われたこの明治政府の譲歩は、民心操作のくさびであった。士族反乱は力でおさえ得ても、農民一揆の底の深さのおそるべきことを感じとっていたからである。西南戦争の勃発《ぼっぱつ》直後にさえ、木戸孝允《たかよし》は「竹槍連ほどおそろしきものは無御坐候《ござなく》」といっていた。

だが、大久保が同時に、「禍ヲ転ジテ福ト成」す「千載《せんざい》ノ好機会」としてこの機をとらえていたことは看過できない。彼はすでに明治九年三月、「国勢の形状実力の如何」および「各省事務の張弛《ちょうし》如何」について建議するところがあったが、同年一二月にはあらためて「行政改革建言書」を草し、内務・工部両省の合併をはじめとする一四ヵ条の「大綱」をまとめていた。上記二省の合併は実現しなかったものの、翌一〇年一月一一日（減租詔書の一週間後）から政府の行政改革は着手され、教部省および警視庁は廃止され、内務省がその事務を担当したのをはじめ、「政体ノ組立ヲ簡ニ」し、「外国人ヲ払フ」など、大久保がさきの「大綱」にあげた大部分は実施されたのである。財政や機構の改革によって維新以来一〇年間の弊をのぞき、「欧亜ノ皮相ヲ移シタルモノ」から「日本国ノ適度」のそれへ脱皮することを彼は企図していたのである（引用は、上記「行政改革建言書」）。

「公議」と「私議」

しかし、大久保の企図や政府改革いかんにかかわらず、農民側の抵抗はさらにつづく。有尾前掲書も、減租令はでたものの、「猶《な》ほ承知をせずして頑張つたのは、愛知県の春日井《かすがい》郡、三重県の朝明《あさけ》郡、山形県の北村山郡・最上《もがみ》郡、越後の北蒲原《きたかんばら》郡、鳥取の久米郡・八橋《やばせ》郡、和歌山県の牟婁《むろ》郡、兵庫県の印南《いんなみ》郡、福井県の敦賀《つるが》・若狭《わかさ》を除きたる福井県拠《よ》りの地方全体等でありました」という。とりわけ「是等《これら》の内最も甚《はなは》だしかつたのは愛知県の春日井郡及《および》山形の北村山・最上の二者」だった、と回顧している。このほかに、一揆でこたえた熊本県阿蘇一帯も加えるべきかもしれない。

右の愛知県についてはあとでくわしく述べる。山形県の代表は北村山郡若木新田《おきなぎしんでん》の板垣董《とう》五郎《ごろう》が、明治一一年三月、東根町ほか七九ヵ村の委任をうけて減租を請願、費用自弁で二年間訴えつづけたものである（誉田慶恩・横山昭男著『山形県の歴史』）。石川県下越前七郡

（旧敦賀県。のち福井県に編入）の反対運動の先頭には、「越前第一の大富豪」といわれた杉田定一（鶉山《じゅんざん》）がいた。これもあとでふれる。

ところで、この地租改正反対運動に対する政府・県庁側の論理をみると、政府の改正の手続きは、すべて「公議」（公議輿論）にもとづいて「公平」を期したのであるから、これに反対するのは「偏見私議」であり、「私論」「私見」の主張である、と断じている。これはさきの各県からの「伺」や地租改正事務局員の「出張復命書」の随所にみられる。つまり、政府側は、当局のいっさいの行為はすべて公議として正当化し、他はすべて私議・私見として排除しようとしたのである。〝官〟による公議の独占といってよい。

愛知県春日井郡の闘争

この公議（官）と私議（民）との対立が、どのような過程をたどって展開しているのか、その具体的な事実を近藤哲生著『地租改正の研究』によりながら、愛知県春日井郡四三ヵ村についてみることにしよう（とくにことわらないかぎり、以下の史料引用は上掲書による）。

ここでの地租改正反対運動は、明治一〇年六月二二日からはじまる。時の県令は安場保和《やすばやすかず》（熊本県出身。岩倉使節団の一員、のち元老院議官）、そのもとに大書記官国貞廉平《くにさだれんぺい》（山口県。安場の後任県令）、ともに政府に忠実な官僚である。春日井郡担当の改正係官は荒木利定（九等出仕。熊本県出身。旧堺県の地券掛で県令の近親者）、対抗する農民側のリーダーは郡議員・議長で、第三大区（春日井郡）の区長（ただし、地租改正の過程で辞職）、約一四町歩の土地をもつ大地主林金兵衛である。

問題は、県の作成した収穫分賦《ぶんぷ》書を各村に配布を命じたことに端を発する。この収穫分賦書はかたちのうえでは農民側の協議に付する形式をとりながら、最終的には県全体の予定地租に見合うかたちで修正されたものである（表-48参照）。最初の郡議員提出の収穫予定（A）からみると、県の確定収穫（C）は、田ではじつに二割強ないし三割弱、畑にいたっては一割から二七割という増加修正だった。（A）から（B）への農民側の譲歩に対する

表-48　春日井郡村位各等級の反当り収穫(単位石)

	村位	1	5	10	13
田	A	1.800	1.405	0.910	0.614
	B	1.886	1.462	0.932	0.614
	C	2.230	1.750	1.150	0.790
	C/A (%)	124	125	126	129
	C/B (%)	118	120	123	129
	村位	1	5	10	15
畑	A	0.990	0.746	0.443	0.139
	B	0.990	0.758	0.468	0.178
	C	1.100	0.893	0.635	0.377
	C/A (%)	111	120	143	271
	C/B (%)	111	118	136	212

(注) 近藤哲生著『地租改正の研究』(100ページ) より作成。原史料は無題(林家文書)。

A　明治10年4月14日，郡議員提出収穫予定。

B　〃　5月3日，郡議員提出修正収穫予定。

C　〃　6月16日，県確定収穫。

田の村位は1から13，畑は1から15までの等位があるが，摘記した。畑の収穫は米換算，%は小数点1位を四捨五入。

(C)の決定は、あまりにも農民側の要求を無視したものだったのである。すでにここに公議の何たるか、その実体の片鱗《へんりん》がみえる。

林の居村、和爾良《かにら》村（旧上条《じょうじょう》村。明治九年隣接の新田を合わせてこの村名になる）では、郡議員林を中心に村議員・村中地主一同が協議してこの分賦書の拒否を決定、やがて運動は翌一一年四月にかけて四三ヵ村へと拡大していく。

この間、県の「説諭」に拒否をつづける和爾良村などへ県は、拒否することは「一村ノ私見」だからとしてこれを無視し、収穫分賦表による新租を割付けた。これに対し、和爾良村は一一年一月七日、「伺」を提出した。いわく――「『私見』とはどういうことか。一郡の議員が『平当』（平等）とみていない収穫分賦に、村民が具状するのを『私見ト御確定』なさったのか」と。県側も反駁《はんばく》した。「『一郡ノ公議』によってきまった村位に拠《よ》り、県官・郡議員の所見が『同一ニ帰シタル収穫地価ノ分賦』に服しないのは『私見』だ」と。再度村側はこの「私見」をめぐって反論、県側も同じような反駁の回答をくりかえした。

公議の実体

農民側の代表は明治一一年二月に上京した。ここで林金兵衛らと福沢諭吉らとの接触がはじまる。

四月、四三ヵ村の運動はさらに他の三〇ヵ村にも影響し、春日井郡一帯は改租の不満でゆらいだ。六月、代表は中央の改正事務局に出頭した。そこで彼らは東海地方担当の係官松平正直（内務権大書記官。石川県出身）・小山正武（八等出仕、三重県）から説諭をうけた。松平はつぎのように断言したのである。

改租ニ付、地位銓評《せんぴょう》等ノ順序ヲ設ケルハ各府県ノ適宜ニ従フモノナレバ、仮令《たとえ》其順序ヲ設ケズ、或ハ順序ヲ履《ふ》マザルモ、敢《あえ》テ妨ゲニハ不相成《あいならず》。或ル県ニ於テハ、全ク此《かく》ノ如キ法ヲ設ケズ。唯一二官吏ノ議定ニヨリテ成ルモノアレバ、斯《か》ル些末《さまつ》ノ事ヲ喋《ちょうちょう》々スルハ到底無益ノ事ナリ。

いみじくも、官側のふりかざす公議のかくされた実体がはっきりと顔を出している。これまで「一村ノ私見」に対置されてきた公議とは、まさに「各府県ノ適宜」なのであり、手順をふもうとふむまいと問題ではないのである。つまるところ、たった一人や二人の官吏によってきめたものでも、官の決定するところであればすべて公議だ、というのである。これでは農民側が納得するはずはない。

七月一八日、農民の幅ひろい、長期の抵抗に直面した地租改正事務局は、一歩ゆずるかたちをとった。郡各村地主一同の協議による再調査を認め、それによる分賦案ができたところで、当初案と比較してきめようと回答したのである。帰郷した代表は二万余にのぼる農民にむかえられた。

七月二七日、四三ヵ村の人民総代の集会で、右の回答の説明がなされ、二九日、代表は県庁におもむく。だが、県と農民側とでは、回答の解釈がちがっていた。農民側が再調査ははじめからやりなおすことだと理解したのに対し、県は収穫高だけをなおすことだと主張した。依然、平行線である。

地域的分裂と階層的分裂

八月、地租改正事務局から三ヵ条の指令が通達された。それは、第一に分賦更訂の可否は郡会で決すること、第二は、もしそこで否ときまり、なおも私見で郡会の決議に抗するときは、警察に告発する、第三は、それでもなお納税しない場合は公売法に付す、というものだった。

第一は、県の理解とは反していたのだが、同時に事務局は、その郡会の協議が成功しないのを見こして、第二・第三の弾圧処分を考えていたのだ、と近藤氏はいう。

それかあらぬか、郡会は流会に流会をかさねた。すでに減租のきまっていた春日井郡西部の郡議員が欠席戦術にでたからである。近藤氏は、その背後に「県のあとおし」を推測している。農民の地域的分裂である。

九月、改正事務局はふたたび県に対し指令を発した。そこでは分賦再調査の意味は、県側の解釈に近い回答をあたえたのである。そして、郡の協議期限は一一月二五日までとし、以後は「一切採用セザルベシ」といい、さらに協議不調のばあいは、すでにきまっている分賦書で地価帳を調整し、一二月二五日までに納入せよ、と命じた。いうまでもなく、この官命にそむく者は処分するということを付してのうえである。

だが、郡内各村の収穫分賦の更訂である以上、さきの地域的分裂が解消するはずはない。減租をすれば、その分がこれまでの減租地区西部にかぶさっていくことは目にみえていたからである。一〇月にはいり、分裂は深まり、協議は成立しない。期限は刻々とせまる。四三ヵ村の村議員は一一月一七日、代表を改正事務局に送った。同時に、村議員以下の農民は、しだいに郡議員の指導をこえて、きたる二五日、名古屋へ行幸する天皇への直訴《じきそ》を決定した。

他方、郡議員林らは京都へむかった。巡幸中の天皇に随行していた地租改正事務局総裁大隈重信（大久保の後任）へ内願書を提出するためである。そのなかには、農民に天皇直訴の動きのあることをつげて、「愚昧《ぐまい》ノ村民」が「本願之主意」を害するかもしれないことを憂慮している、と記されていた。

近藤氏は、ここに寄生地主としての郡議員層の「妥協的コース」と、運動を嘆願から直訴へと「発展」せしめようとする村議員以下一般農民の「急進的コース」との分裂をみている。さきの地域的分裂のうえにさらに階層的分裂が加わったのである。

福沢諭吉と農民

福沢諭吉が林らのために内務少輔兼元老院議官前島密《ひそか》（越後〈新潟県〉出身。明治一一年一月からは地租改正事務局出仕を兼任。二月から翌一二年三月までは勧農局長をも兼ねる）あての願書の案文を代作してやったというのはこのころのことである。

その案文には、いまのなりゆきでは「村民鎮撫の程見込《みこみ》」もないから、改正を承諾するかわりに、とくべつのはからいをもって拝借金を下付するなり、嘆願中は仮りに旧租額で納めておくなどの方法を講じてほしい、「村内長老の者」は「決して官に迫」るわけではなく、「私共目下《もっか》の心配は鎮撫一方」にある、と記され、さらに私はけっして村民総代ではないから内々に会見してほしい、とむすんでいる（『福沢諭吉全集』第二〇巻）。これでは農民のためというよりも、農民の分裂をさらにすすめ、鎮撫のための妥協策を政府にかわって福沢が提案しているにすぎないではないか。

事実、福沢は一方では明治一一年一一月一七日付で、当の前島へ、つぎのような一文を書き送っているのだ。

実を申せば是迄小生の御説法は、乱妨《らんぼう》ヲスルナヨ、スルト願ハ叶《かな》ハヌゾ、禁裏《きんり》様へ御直願抔《など》ハ功能ナキモノゾ、唯静ニシテ貧乏士族抔決シテ寄付《よせつけ》ルナヨ、ロクナコトハ出来ヌゾと、何か思はせぶりに生意気を申した末に、何事も出来なかつたと申しては少しきまりのわるき訳ゆへ、そこで事実官辺の御都合六ケ敷《むつかし》くば、唯今の中《うち》より遁辞を設け、どうも今度の事はむづかしそうだ、金兵衛抔もよい加減にして置け、村民えも（ママ）成丈《なるだ》け平穏を諭《さと》して、万々一も穏ならずして事に及ばゝ天と明らめるより外に策はある間敷《まじく》、唯長老の役前として何処《どこ》迄も鎮撫に尽力す可《べ》し位の事におわかれを致度存候（前掲『全集』第一七巻）。

この一文、説明不要とは思うが、農民の暴動化をいましめ、かつ直訴はやめろといい、しかもおりからの民権運動にはタッチするなとお説教をし、「官辺の御都合」しだいでみずからの逃げ口上も準備しておきたいものだ、というものである。

よもや福沢は、さきの前島あての願書案文とこの手紙が、後年みずからの『全集』に収められて舞台裏が暴露されるとは夢想だにしなかったにちがいない。これをしも開明的知識人の農民指導ないしは政治的仲介というのであれば、これほど民衆を愚弄《ぐろう》したものはあるまい。おまけに福沢がこの事件落着後、運動に参加した四二ヵ村（一村少ないのは後述）のために林らへあたえた「倹約示談の箇条」（明治一二年八月）という九ヵ条にわたる申合せには、近ごろ流行の「舶来」の酒や煙草、菓子や手遊び道具はいっさい買わず、洋服・蝙蝠《こうもり》傘《がさ》・靴・襟巻・石鹸・マッチなどももちいず、流行におくれた田舎《いなか》者と思われても気にするな、と述べている。

舶来品を使用しなければ、「之《これ》を小にすれば村々の倹約、之を大にすれば日本全国の会計に関《かか》はりて其万分一を救ふの方便」だというのだが、問題は春日井郡農民の抵抗運動に対する福沢のつぎのような評価にある。彼は、「大勢の者立騒ぎ、此処に集り彼処に奔《はし》り、大切なる月日を費したる其手間を金に積りたらば如何ばかり損毛ならん」（前掲『全集』第二〇巻）というのである。生活と命を賭《か》けた農民の抵抗を、たんに時間の浪費と見、それを金に換算してその損失いかんをはかる発想——。

わずか数年まえ、四民平等・一身独立を声高らかにとなえたあの「文明開化」の旗手福沢のおもかげはもはやない。彼はいまや国権論への傾斜をしめし、官民調和論へとその主張をうつしつつあったとはいえ、これではていのよい政府の代理人、もしくは手さきになりさがったとしかいいようがない。

話を本筋にもどそう。

不発の直訴

さきに大隈にあて内願書をだして帰村した林金兵衛らは、一一月二三日、岐阜へむかった。岐阜まで天皇の一行はきていたのである。一行中には福沢を介して知った小泉信吉がいた。林らは小泉から村民鎮撫の指示をうけ、また、警視庁側からは直訴のないよう尽力を依頼された。林らはただちに郡議員と協議、直訴阻止を申し合わせた。

二五日、午前一一時半ごろには、直訴のため四方八方から四、五千人の農民があつまった。林ら郡議員は必死になってこれをおしとどめる。直訴は不発に終わった。

以後、一一月から翌明治一二年三月までは、林ら郡議員と村議員以下の農民との対立をはらみながら、いちおう林らの指導のもとに運動は展開する。林らは嘆願をくりかえしながらも、この郡議員層は農民の鎮撫へ比重をかけていたことはいうまでもない。

四三ヵ村への圧迫も大きくなった。二月、ついに一村は脱落した。林金兵衛らへの画策もなされる。

第三区長天野佐兵衛らが、県の意をうけ、妥協案を提示した。結局、旧藩主徳川家からの五万円の貸下げ（ただし、返済条件によって実際は三万五〇〇〇円）と、明治一四年からの再調整を条件にして、この春日井郡の地租改正反対運動は終わりをつげる。その再調整にあたって、地価は「集議公論」をもってきめるという、当初あったもっとも重大な個所が削除されていたことは象徴的である。

四つの特徴点

以上のプロセスには、いくつかの特徴点が浮彫りにされている。

第一は、地租改正という農民（地主）の土地所有の法的確認を軸としてあらわになった政府・県庁と農民層との基本的階級矛盾である。

第二は反対運動の展開過程で、権力側の打ちこむ政治的なくさびとあいまって、農民層内部に分裂（地域的および階層的）が惹起《じゃっき》されていることである。そして、すでに寄生地主的傾斜をもつ上層農民（郡議員層）は権力との妥協によって、農民側鎮撫にまわりはじめている。あくまでたたかおうとしていたのは村議員以下の一般農民層だったのである。

第三には、右の基本矛盾と従属矛盾のからみあう過程で、一定の政治的役割を果たすのが、福沢に代表される開明的知識人であったことは注目してよい。この知識人たちは第三者的な立場をとりつつも、鎮撫を基本において権力側の代弁者（ないしは手さき）となっている。じつは福沢はまったく同じ姿勢と方法を千葉県の長沼事件でもとっていた（明治七年以降、長沼の漁業権をめぐる県庁と農民との対立に、福沢は県庁側の基本路線に立って、農民負担の増大と村と村との対立を深める妥協案を農民側にすすめた）。それは日本近代思想史家ひろた・まさき氏いうところの「明治啓蒙主義の凋落《ちょうらく》」の姿でもあった（『史林』四七の六）。

しかも第四に、村議員以下の農民の抵抗が、つまるところ、天皇への直訴という手段でなされようとした点を見落とすわけにはいかない。天皇への直訴という手段は、その後の民衆運動にもつきまとう方法だが、このばあい、かりに直訴したところで、それは支配の論理にくみ入れられる以外のなにものでもあるまい。なぜなら、直訴の対象、天皇こそは、すでに本書で明らかにしたように、権力のふりかざす公議の論理の究極点に存在するものであり、その公議の実体を一身に体現した存在にほかならないからである。それゆえにこそ、和爾良村の分賦書拒否に対する脅迫はつぎのようなものだったのである。すなわち、「至尊ノ詔書ニ向《むか》テ抗敵スル」ものは「逆賊」だから、「皇国ノ中」に居住することはできない。アメリカ、ヨーロッパなどの海外へでていくか、さもなくば分賦書をうけ入れよ、と。官＝公議と至尊（天皇）＝皇国とは一直線上につらなっていたことがわかろう。

このことは、たんに一和爾良村のみのことではない。石川県下越前七郡のばあいも、係官は見《み》据《すえ》収穫反米（いわゆる押付反米）は、「縦令《たとえ》富士山ガ崩ル、トモ居据《（ママ）》ハ変ゼズ、鉄槌《かなづち》ヲ以テ打ツトモ見据ハ砕ケズ」といい、「之ヲ受ケザル者ハ朝敵ナリ。故ニ外国へ赤裸ニシテ追放スベシ」といいはなっている。その論拠も、見据収穫米は「是《こ》レ皆官吏ノ衆議輿論ナリ」というにあった（『杉田鶉山翁』）。

では、それへの対抗の論理はもはやありえなかったのか。

私議の公議化

右の越前七郡の運動をリードした鶉山《じゅんざん》杉田定一《ていいち》（一八五一―一九二九）らは、明治一二年（一八七九）八月四日、石川県一等属三橋久実（愛媛県出身）あてに提出した「不服理由書」四ヵ条のなかで、つぎのようにいいきっている。

官ト云ヒ民ト云フモ、均《ひと》ク是レ人類ナリ。均ク是人類ニシテ、人民ノ申立ニハ相違アルモ、官ノ見据ニハドコ〳〵迄モ誤謬《ごびゅう》ナシト云フノ道理ナシ（第三条）。

そして、天皇の聖旨は、「賦ニ厚薄ノ弊ナク、民ニ労逸《ろういつ》ノ偏ナカラシメン」ためのものだから、かかる官の処置ではそれを貫徹することはできない、「服セザルノ理由ナリ」と。支配の論理を逆手《さかて》にとったのである。かくて、この理由書は不服従の正当性でつらぬかれていた。

かくて、改租の手続きをかちとる一方、翌一三年二月一七日には、福井市本覚寺《ほんかく》において越前七郡の連合大会が開催された。無慮一万有余人が雲集したが、その檄文《げきぶん》には、冒頭に「夫《そ》レ人ノ権利ハ結合ニ因《よっ》テ保全シ、人ノ幸福ハ親睦ニ縁《よっ》テ長生ス」と高らかにうたわれていた。だから、檄文はきっぱりとつぎのようにいいきる。各村各郡一致協力し、「非理ノ為メニハ敢テ其ノ権利ヲ屈セズ、公道ノ在ル所ハ一私ノ利害ヲ顧ミズ、進ンデ之ヲ拡張シ、竟《つい》ニ公平至当ノ改租ニ帰シ、之ヲ小ニシテハ一身一家ノ自由幸福ヲ保全シ、之ヲ大ニシテハ全国闔国《こうこく》ノ富強ノ基ヲ致シ、以テ国民タル本分ヲ竭《つく》サント欲スルナリ」と。それは堂々たるアピールだった。

ここでは、公議を権力の意のままに独占しようとする官側の支配の論理が、みごとにつきやぶられている。だから、人民の団結によって私議をつらぬき、その私議を拡張していくこと、つまり私議の公議化こそ、人々の自由や幸福を確保し、国家の富強のもとをかためるゆえんであり、国民の本分をつくすことなのだ、と喝破しているのだ。

ここまでみれば、もはや明らかなように、それは自由民権運動の基本論理とかさなっている。事実、鶉山は自郷学舎《じきょうがくしゃ》を自邸の酒倉にひらき、そこに青年子弟をあつめ、各地の有志をむかえた。これは越前自由民権運動の基盤となった。

「琉球処分」の意味するもの

三つの意見

「現在確認できる史料の上からいえば、明治政府がはじめて琉球問題を政治日程にとりあげたのは、一八七一年（明治四）七月の廃藩置県前後のことである」と『沖縄県史』（第二巻）はいう。そのとりあげかたも一般的な領土・外交問題以上ではなかったから、すでにみた蝦《え》夷《ぞ》地問題とは関心のもちかたがちがっていた、といえよう。

ところが、その政府の関心を一挙に積極化させたのは、「第一一章　東アジアのなかの日本」でふれた台湾事件であった。事件の情報は明治五年四月一三日、清《しん》国駐在公使柳原前光によって外務省に報告され、それから約五〇日後の五月三〇日、大蔵大輔井上馨《かおる》の「琉球国」の処置にかんする建議が正院あてに提出されたのである。

井上はそのなかで、これまでの琉球と薩摩・中国にかかわる歴史や、言語・風俗・地勢などにふれたうえで、「百度維新」をむかえた現在、琉球をこのまま放置しておくことはできない、と述べ、従来の「曖昧《あいまい》ノ陋轍《ろうてつ》」を一掃して、あらためて「皇国ノ規模御拡張ノ御措置」をとるべきだ、と基本的な態度をしめした。その方法としては、威力をたばさんでの「侵略ノ所為」にでることを避け、琉球の「酋長」をよびだしてその「不臣ノ責」を問い、これまでの歴史や「順逆ノ大義」などを説くことによってすみやかに版籍を収めさせ、そのうえで制度・税制などを「内地一軌《いっき》ノ制度」にすべきである、と論じたのである。

この井上の建議には、この地が「一方ノ要衝《ようしょう》皇国ノ翰屏《かんぺい》、譬《たとえ》バ手足ノ頭目ニ於《おけ》ルガ如ク」という表現がみられる。そこには琉球が小笠原や樺太に比して、より重要な国境線上の拠点という意味合いがふくまれていた（松田道之《みちゆき》編『琉球処分』、『沖縄県史』第一二巻所収文書）。

井上建議と前後して外務卿副島種臣も、明治五年、琉球王尚泰《しょうたい》（一八四三―一九〇一）を華族に列し、その外交権を日本がにぎるという「機密ニ渉《わた》ル」意見を具申した。正院はただちにこの琉球問題を左院に諮問《しもん》し、左院は明治五年六月回答した。それは全九章にわたるが、要点を列挙するとつぎのとおりである。

(1) 「琉球国」は日本と清とに「両属」し、その「両属」のしかたは、「清ニハ名ヲ以テ服従シ、我ニハ実ヲ以テ服従」している。

(2)　いまこの「両属」を「名義不正」として、もし日本のみに属せしめようとすれば、清国と戦争の危険がある。たとえ戦争にならなくても、手続きがもめて無益である。日本は清国に「虚文ノ名」をあたえて「要務ノ実」をとればよい。

(3)　外務省の琉球の取扱いかたが、琉球を「属国ノ扱《あつかい》」とし、琉球と外国との「私交」を停止するとしているのはよいが、琉球国主を琉球藩王とか華族にするというのには異議がある。琉球王（または中山王《ちゅうざん》）とするのならよい。「琉球国主ハ乃《すなわ》チ琉球ノ人類ニシテ国内ノ人類ト同一ニハ混看《こんかん》スベカラズ」。

(4)　日本が、琉球王に封じ、かつ清国からも冊封《さくほう》をうけることは許可し、「分明ニ両属ト看做《みな》ス」べきである。

(5)　「我同盟ノ東西洋各国」に対しては、「信義」をもって「公然タル交際」をすれば、「我ガ所属タル土地」をおかすはずもない。したがって「外寇《がいこう》ヲ禦《ふせ》グノ備《そなえ》」は不必要だから、九州鎮台からは琉球国内鎮撫のための少数の派兵でよい。

この左院の回答にみられる認識は、さきの大蔵省（井上）とも外務省（副島）とも明らかに異なる。外務省のそれは内容がよくわからないけれども、大蔵省の井上建議が皇権拡張という基本にたって琉球の版図《はんと》化をこころみようとしているのに対し、左院のそれは事実上の

「属国」化は認めつつも、これまでの歴史的事実を肯定し、一定の距離をそこにおこうとしていることは明らかである。当時、琉球の支配者はその「御内用日記」でみると、明治四年九月以降、日本の「御変革」によってこの地が朝廷の支配下にはいったことを知りつつ、これまでどおり薩州へ「御附従」というかたちでありたいと考えていたから（『那覇市史』資料篇第二巻中四所収）、結果的には左院の意見は琉球支配者層の望むところに近かった、といえよう。

『近事評論』の見解

以上の大蔵と外務の両省および左院の三つの見解に対して、これと発想を異にしたもう一つの意見がある。これは民権派の雑誌『近事評論』第二号「琉球藩ノ紛議」（明治九年六月一〇日）にみられる。

この『近事評論』の見解は、もし日本が琉球を管理する条理があるのならば、断固これを管轄して人民を保護すべきだし、もし清国にその権利があるのならば、清国にそれをゆだねるべきである、という。つまり、「曖昧模糊《あいまいもこ》ノ術策」をとるべきではないというのだが、じつは力点は、つぎのような注目すべき見解におかれていたのである。

其《その》人民或ハ他国ノ保護ニ頼ルヲ好マズ、衆心ノ向フ所独立自治ヲ欲スルノ兆《きざし》アラバ、我レ務メテ其萌芽ヲ育成シ、天下ニ先《さきだ》チテ其独立ヲ承認シ、以テ強ノ弱ヲ凌《しの》グベカラズ、大ノ小ヲ併スベカラザルノ大義ヲ天下ニ証明シ、(下略)。

ここにいう「人民」とか「衆心」とかはいうまでもなく琉球のそれをさす。いわば琉球の民心の帰趨《きすう》を尊重した自治・独立論なのである。そして、「強」「大」よりも「弱」「小」の観点から明治政府の「琉球処分」政策に批判的だったのだ。そのかぎりでは『近事評論』は琉球藩庁に同情的な態度をしめした。「該藩人民ヲシテ権利ヲ保チ、幸福ヲ全フシ、永遠遺憾ナカラシムルノ措置」をとるべきだ、とも主張したのである(第五号、明治九年七月一日)。

琉球政策の特徴

明治政府の琉球政策の展開過程は、次ページの年表(表-49)がそれをしめしてくれる。いま、そこからいくつかの特徴的な問題をとりだしてみよう。

第一の特徴は、はじめは外務省が主導権をにぎっていた対琉球政策を、明治七年(一八七四)の台湾問題以後、内務省の管下にうつし、うつされるや、かつての大蔵省(井上建議)にみられた皇権拡張の方針のもとに、政府が一貫してその強行策をつらぬいたことである。「琉球処分」という当事者自身の付した呼称こそは、その端的なあらわれである。それは日

表-49 「琉球処分」過程年表

明治4年(1871)	7廃藩置県により，琉球国は鹿児島県管轄となる。11台湾事件おこる。
〃 5年(1872)	4台湾事件，外務省へ報告される。5井上馨の建議。6左院の答申。9琉球藩設置。尚泰を琉球藩王とし，華族に列する。外務省管轄となる。10アメリカ公使，琉米和親条約につき照会。藩負債20万両政府引請。この年，藩は従来どおり清国へ進貢。
〃 6年(1873)	3副島外務卿渡清。4与那原親方，年頭使として上京。この年，藩の貢米減額。
〃 7年(1874)	1摂政・三司官の任免権を政府の手に収める。2台湾出兵を閣議決定。7藩，内務省管轄となる。11北京から大久保利通帰国。12大久保「琉球処分」につき建議。この年，藩，進貢使を清国へ派遣。
〃 8年(1875)	1琉清関係を絶たせるために三司官などに上京を命ずる。政府，「琉球処分」につきボアソナードに諮問。5藩，熊本鎮台分遣隊の藩設置を決定。7松田道之，渡琉，つぎつぎに改革を指令。藩側抵抗。9松田帰京。第1回復命書提出。10藩，清国との関係存続を嘆願，政府拒否。
〃 9年(1876)	4アメリカ，琉米条約を再度照会。5琉使の退京を命ずる。藩内の裁判・警察事務を内務省出張所の管轄とする。6内務省，「那覇出張所在勤警察職務規則」を定める。『近事評論』第2号「琉球藩ノ紛議」刊。7熊本鎮台分遣隊，警部・巡査等那覇到着。11渡清禁止，進貢船欠航。12藩，事情報告のため幸地親方らを清国へ密航さす。
〃 10年(1877)	3琉球問題，日清間の外交問題として再び表面化。
〃 11年(1878)	5大久保暗殺。伊藤博文が内務卿のあとをつぐ。10藩，砂糖などの買上げ価格を値上げ。12琉球問題が国際化し，ために政府，琉球使節の退京を命ずる。
〃 12年(1879)	1松田，再渡琉。2藩，政府の命令拒否。松田帰京。政府，臨時取調所を設けて処分案を作成。3松田，軍隊・警察をひきいて3度目の渡琉。4藩を廃し，沖縄県設置を公布。5尚泰，上京。グラント，清国で日清調停を約束。6県政の基本方針（旧慣温存）を布達。内務省出張所廃止。7サンシイ事件。グラント来日，分島案提示。
〃 13年(1880)	2県庁，会話伝習所設置。5政府，県の勧業資金（約7万円）貸下げ。6師範学校設立。7政府，県内士族（378名）の金禄改定を決定。10「分島・改約」案，日清間で妥結。12小・中学校開設。

(注)『沖縄県史』第2巻，第12巻，比嘉春潮著『新稿沖縄の歴史』その他参照。
右欄の数字は月をしめし，藩とは琉球藩，県とは沖縄県，政府とは明治政府をさす。

清間の緊張関係のなかで、明治政府の琉球に対する強圧的態度のなによりの証拠であった。具体的には、一つはこれまでの琉清関係の廃絶、もう一つは「天皇のもとでの中央集権的国家機構の枠内に琉球を包摂し、『朝旨』の貫徹を迅速かつ容易にするための『藩治職制』の簡素集中化をはかること」（『沖縄県史』第二巻）であった。

だが、この二点は琉球藩王府支配の体制を根幹からゆるがすものであったから、支配層は頑強に抵抗した。だから、明治政府は、一方では、この琉球問題が国際化することに極度に神経を使いながら（後述）、他方、士族反乱、朝鮮問題、あるいは地租改正反対一揆など、内外情勢の緊迫化に対処しつつ、この処理にあたらなければならなかった。

内務卿大久保利通がみずから北京にのりこんで帰国し、その一ヵ月後の明治七年一二月一五日から翌年にかけて、太政大臣三条実美《さねとみ》あてに「琉球処分」にかんする意見をやつぎばやに具申し、「処分」着手の手順さえも立案しながら、結局、その完了までに以後約五ヵ年を要したのは、こうした客観情勢と琉球側の執拗《しつよう》な抵抗に直面したからにほかならない。そして、処分官・内務大丞《だいじょう》（明治一〇年、内務大書記官）松田道之《みちゆき》（一八三九―八二）は、一度ならず二度渡琉し、ついに三度目は警官一六〇人、軍隊三百八十余人を背景に処分を完了したのである。

ここに琉球藩は沖縄県となった。布告の日付は明治一二年四月四日（実際の申しわたしは三月二七日）。県庁は首里《しゅり》におかれ、初代県令には鍋島直彬《なおよし》（旧肥前鹿島藩主）が任命された。しかし、王族や士族を中心とした抵抗はつづき、宮古《みやこ》島ではいわゆるサンシイ事件（「サンシイ」とは新県政への賛成の意）がおこった。

この事件は、明治一二年七月、宮古島民の、新県政非協力の盟約に違反した一士族に対する私刑事件である。この島では士族・平民をとわず、新県政非協力の盟約をし、署名血判して結束をはかっていたが、下里村の若い士族下地利社《しもじりしゃ》（仁屋）が警部派出所にやとわれ、通訳兼小使となった。島民はこの盟約をやぶった下地の両親と弟とを伊良部《いらぶ》島へ「所払《ところばら》ヒ」（流刑）の制裁を加え、裏切者として彼の行動を監視していた。

たまたま水汲みの婦女とこの下地とのいさかいから端を発して、島民の怒りは爆発した。事件の首謀者の一人と目されて逮捕、処罰された奥平昌綱（宮古島下里村士族）の供述書によれば、約一二〇〇人の島民が派出所をおそい、下地をひきだして乱打、失命させた、という。これほどはげしい事件は宮古島以外ではおこらなかったといわれているが、すくなくともここには、士族・平民の身分をこえた島民の新県政への抵抗がみられる。

だが、松田は、これらの抵抗さえも強権と威圧でおしきったのである。

支配層の分裂

第二の特徴は、琉球藩内の支配・被支配者層の動向はスパイ網によってくまなくキャッチされ、支配層内部の分裂や民衆との亀裂をたくみに利用しながら「処分」策がすすめられたことである。松田が、大久保のあとをついだ内務卿伊藤博文の命で編集した『琉球処分』（「例言」の日付は明治一二年一二月）はそのことを如実にしめしてくれる。

右の書によれば、琉球の支配層は「人心頗《すこぶ》ル洶々《きょうきょう》、藩議遂ニ三党ニ分レ」た、という。第一の派は、明治政府の「処分」をおそれて、すみやかにこれを遵奉《じゅんぽう》しようという「政府ヲ恩義アリトスルノ党」、第二の派はたとえ「処分」をうけても清国との情義はかえがたく、百方力をつくしてそれを阻止しようという「清国ヲ恩義アリトスルノ党」であった。そして、第三の派は、「処分」遵奉は認めはするものの、いますぐそれをおこなっては清国に対する信義や抵抗派の慰撫には得策ではないから、一度上京、嘆願したうえでやむをえず遵奉したかたちをとろうという「要路ノ党」であった。

いうなれば、この三党は明治政府派・清国派・大勢順応派とでも名づけられようが、しかし、これはあくまで明治政府の側からみての区分けにすぎない。政府派だから開明党で、清国派だから頑固党というわけのものではあるまい。たしかに清国派には自己の支配の体制がくずされることをなによりもおそれた保守派のいたことは事実だが、逆にそのいわゆる頑固党の目をとおして「処分」を強行する明治政府の本質がするどくえぐりだされていることもあるのだ。

神山庸栄は、尚泰の近習役《きんじゅう》をつとめた人で、その頑固党の熱心な活動家だったといわれているが、この庸栄はその子庸忠に、「王政復古」によっていま廟堂《びょうどう》で権をにぎったのは「諸藩ノ武士」で、「三条・岩倉等ノ廷臣ハ傀儡《かいらい》タルニスギズ。而《しこう》シテ武士ノ棟梁《とうりょう》タル者ハ実ニ薩藩ナリ」と語り、さらにつぎのようにいった。

> ソレ薩人ノ我ニナセル苛斂誅求《かれんちゅうきゅう》飽クコトヲ知ラズ、我ガ君臣ヲ辱《はず》カシムルコト言フニ忍ビザルモノアリ。薩ノ領導スル政府ノ、我レニ施サントスル所、マタ知ルベキニシテ、何《いず》ンゾ仁政ヲ望ミ得ンヤ。然リ而シテ日本王政ノ後ト雖《いえど》モ、覇道ヲ改メントセズ、親政未ダ幾《いくばく》モナラザルニ朝鮮ヲ討タントシ、マタ台湾ニ兵ヲ出セリ。
>
> 按《あん》ズルニ日本ハ小国ナリ。己ノ力ヲ測ラズシテ、シキリニ兵威ヲ以テ四隣ヲ脅シ、猥《みだ》リニ武断ヲ以テ八荒ニ対センカ、日本カナラズ敗ルルノ日来ラン。彼敗レテ自カラ危キニ至レバ、我ヲ棄ツルコト弊履ノ如クナルベシ。我アニ手ヲ拱《こまね》キテ政府ノ命ニコレ遵《したが》イ、イタズラニ好戦ノ犠牲ト化シテ日本ノ為メニ売ラルル有ルノ愚ヲナサンヤ。宜《よろ》シク旧制ヲ護持シテ王道ヲ顕揚シ、以テ社稷《しゃしょく》ノヤスキヲ図ルベシ。
>
> 汝《なんじ》危急存亡ノ秋《とき》ニ際会シテ士節ヲアヤマルコトナカレ。

これを語り聞かされた庸忠も、明治一二年（一八七九）の「琉球処分」直後に、反対運動のため同志三人と清国に脱走した一人である。右の一文は、在沖縄の新川《あらかわ》明氏の著『異族と天皇の国家』のなかに引用されているもので、庸忠の子神山庸由氏（那覇市三原。昭和四八年刊の同書には、「いま七四歳」とある）が、父庸忠が祖父庸栄のことばとして伝えたものを文章に書きとめたものだ、という。

多少の文飾はあろうが、ここには旧制護持の一念がつらぬかれ、民衆のことなど視野外にあるものの、琉球支配階級の一人がその肌で感じとったところから、「日本」の沖縄に対する処しかたがするどく照射されている。あとでみる「分島・改約」案どころか、戦後の日本までも見とおされているではないか。

民衆の生活

では、民衆はどうだったのか。その動向にふれるまえに、まずその生活状態からみてみよう。

第二代沖縄県令上杉茂憲《しげのり》は、みずから県内を巡回し、詳細な報告書を明治一五年五月二九日付で明治政府あてに提出した。その一節には各間切《まぎり》（自然村を村《むら》といい、ふつう五ないし二〇ヵ村が間切という行政単位とされる。明治以後の改革で村は字《あざ》となり、間切が村となった）の村吏の家を除いた一般民衆の家屋は、茅《かや》草で屋根を葺《ふ》いたにすぎないから、風雨をしのぐに苦労し、また、人々は夏冬をとわずたった一枚の粗悪な芭蕉《ばしょう》布でおしとおし、食物といえば一年中甘藷《かんしょ》と蘇《そ》鉄《てつ》のみで、「居ルニ席ナク、食スルニ器ナク、鶏豚牛羊ハ家中ニ雑畜シ、人ノ畜類ト許多《きょた》ノ区別ナキモノノ如シ」という。

さらにこの報告書は、つづけてつぎのように述べている。

> 終年ノ内、男耕女織汲々遑々《きゅうきゅうこうこう》タリ。其《その》産出スル所ノ米・粟・豆ハ総テ貢租ニ充《あ》テテ足ラズ。貢糖ノ外私買スル所ノ砂糖ハ之《これ》ヲ貢租ノ欠逋《けんぽ》（租税の未納分）ニ充テ、其余ハ之ヲ間切町村内ノ公費ニ充テ、貢布外ノ反布モ亦《また》然リ。一粒ノ米粟自ラ食スル能《あた》ハズ、一尺ノ反布自ラ衣《き》ル能ハズ。之ヲ要スルニ一県ノ黎庶《れいしょ》三十七万余人ノ内、僅々《きんきん》タル数百人ヲ除クノ外、人間社会中些少《さしょう》ノ快楽アルコトモ解了セザルモノトス。

これは公式文書の表現だが、当時、天野孫という人物の通信（明治一一年一一月八日）によると、農民はその地の役人の冠婚葬祭などに臨時の税をとられ、「農夫の常食は三度共芋で、芋には格別の税が無いから、早く言へば農夫は芋を喰つて米を造り砂糖を拵《こしら》へて、残らず之を献上するのだ。どんなに不作が続いても税はへらさぬ。貢納ができねば伍組親類で弁ずる。それで足りぬ時は一村にかける。家財を売り、子女を売り、身を売奴と為すに至りて止《や》む」と報告されている（横瀬夜雨編『明治初年の世相』）。

また、明治七、八年ころには、「りきう（琉球。薩摩での方言）へおじゃるなら、草鞋《わらじ》穿《は》いておじゃれ、りきうは石原小石原」という俗謡がはやった、という（宮武外骨著『府藩県制史』）。

民衆の動向

苛酷な収奪下の民衆の生活がこのようなものであったとすれば、彼らが「琉球処分」による「大和世《やまとよ》」への転換に、ある種の幻想をいだいたとしてもふしぎではない。松田が各間切に派遣した説諭官の「復命書」や「探偵書」は、農民たちの動向を、「一寸《ちょっと》モ早ク大和ノ御政事ニ相成候ニト願ヒ居ル次第」とか、「島尻地方ハ十年以来当年ノ如キ豊作ハナシ。是《これ》ハ改革ノ末大和管轄ニナル可キ吉祥《きっしょう》ナリト農民共内々万歳ヲ唱ヘ喜ビ居ルヨシ」などと報告しているのだ。もちろん、これには説諭官やスパイたちの、松田に対する迎合もあろう。しかし、ここに長年の苛酷の施政下にあった民心の一端がしめされていることも否定できない。

だが、その反面、あのサンシイ事件にみられたようなはげしい島民の抵抗もまた事実なのである。

こうした民衆の「二面性を持った複合的な動向、あるいは支配と被支配の社会構造の形成と持続における強制と受容の相関的な関係などを抜きにして」は、沖縄の民衆の動向や「琉球処分」の評価はできない、という前記新川氏の意見に私も同感である。民衆はもともとその意識と行動に二面性や屈折をもっているのであり、「前向きの革新性と後ろ向きの保守性が同一主体の中でたえず同居してうずまいている」のである。ときにそれは「きわめて戦闘的なエネルギーを横溢《おういつ》させた社会変革の主体として存在する」し、かと思えば、ときにそれは、「社会のもっとも保守的な部分を、その基底のところで支えつづけるものとして存在している」からである。

こうした民衆の複雑な実体をふまえたうえで、なおかつ「琉球処分」とはいったい民衆にとって何であったのか、と問いつめなければならない。が、そのことにふれるまえに、この琉球島民と当時この地に流入、移住していた本州からの人々との関係に、時の政府が極度に神経をとがらせていた事実に着目する必要がある。それは明治九年（一八七六）六月六日施行の「那覇出張所在勤警察職務規則」（全四章、計五〇ヵ条）にしめされる。その警部および巡査の勤務規程のそれぞれの第一条には、「藩内人民ト藩地ニ在留スル使府県人民トノ交際上ニ注目シ」とある。そして、「互《たがい》ニ他ノ権利ヲ侵害スル等ノ事ナキヤヲ視察ス可《べ》シ」（警部）、あるいは「異状アラバ警部ニ報知ス可シ」（巡査）と規定していたのである。

他の条項をも参酌《さんしゃく》してみるならば、そこには、(1)琉球島民と本土からの在留民とのあいだにはっきりと一線を設けていること、(2)これら本土からの在留民の実体把握と動向に敏感であったこと、(3)この在留民と島民との「交際」、あるいは「闘争又ハ口論」というような事態にただちに対処できる態勢をとろうとしていたことがわかる。本土の民権運動や士族反乱などの影響が琉球におよび、また、島民と在留民との軋轢《あつれき》が「琉球処分」の矛盾を噴出させる発火点になることを極度におそれてのことと思われる。

こうしたこまかな神経と配慮のもとで、松田は「処分」を強行した。それが琉球島民の意にそうものではなく、まさにその逆であったことはあとで述べる。

国際的配慮

第三の特徴としては、琉球問題が国際間の争点にならないよう考慮しながら、「処分」をすすめていったことがあげられる。「琉球処分」は日本と清国との関係が基本ではあったが、朝鮮問題とも微妙にからんでいた。と同時に、これは前章で指摘したように欧米列強との国際関係を無視してできるはずのものではなかった。

アメリカからの照会に対し、明治政府は、明治五年一〇月、幕末の米琉条約は「当政府ニ於テ維持遵行」すると回答をあたえ、同九年四月の再度の照会には、流動的な対清関係で容易に回答しがたいという認識をもちながらも、フランスやオランダとの条約関係を念頭におき、将来の障害にならないようにとの配慮のうえで、いささかも「変換」の意志はない、と回答しているのである。

琉球問題にこれら列強から圧力がかからないようにと警戒していたのである。明治一〇年七月、外務卿代理森有礼《ありのり》が、琉球藩にかんするイギリス人バルフォールの論説（ロンドン刊の東洋雑誌）を右大臣岩倉具視あてに抄訳して送付しているのは、そうしたことと無関係ではない。

軍事的関心

第四の特徴は、「琉球処分」と軍事的関心の問題である。右の論説には、もしイギリスがこの琉球の島々を手に入れ、ここを軍事拠点にしたならば、「東洋ニ於ケル英国ノ地位ハ尚《なお》幾歩ヲ進《すすむ》ルヲ知ルベカラズ」と述べている。これは日本のごときは琉球を領しても、それを「有用」に活用しえない、という文脈のなかで語られているのだが、それゆえにこそ明治政府は、逆にこの論説の重要性を認識したうえで「処分」を推進した、といえる。

そのことは第六軍管熊本鎮台の分営設置を大久保が急がせ、これに対し琉球側が、琉球は「従来寸兵ヲ備ヘズ、礼義（ママ）ヲ以《もって》維持ノ道ヲ立《たて》、外国船来航ノ節モ全ク口舌而巳《くぜつのみ》ヲ以テ応待（ママ）シ、今日マデ無異ニ治リ来《きた》」ったのだから、新たに兵営を設立することはかえって外国との問題をひきおこすことになる、と反対したのに一顧だにあたえず、明治九年七月、分遣隊を那覇《なは》に駐屯させたことからもわかる。

もちろん、それは「藩内保護ノ為」とうたわれていた。が、松田が琉球藩王尚泰にあてた明治八年七月の書では、この鎮台分営設置をめぐる琉球側の不要論に反駁し、それは一琉球の問題ではなく、「日本全国ノ責」だとし、日本全体の軍事的観点から論じている。分営設置がたんに藩内鎮圧のためでなかったことは明白である。

以上の諸特徴にみられる「琉球処分」の本質は、さらにいわゆる「分島・改約」案問題を

図-29　琉球処分・分島案関係図

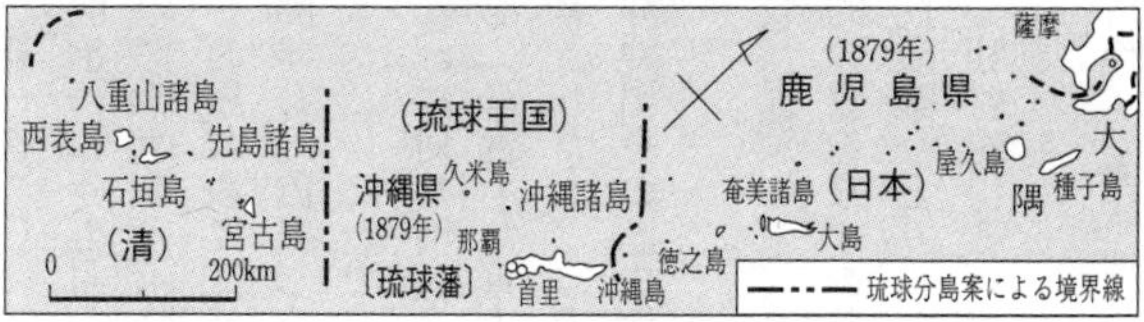

みることによっていっそう鮮明になる。

「分島・改約」案

では、「分島・改約」案とは何か。

「琉球処分」は日本の一方的な強行策であったから、これで日清間の「両属」問題がかたづいたわけではなかった。清国側は日本の強行策にしばしば抗議し、それは日清修好条規にもそむき、隣交・友《ゆう》誼《ぎ》の道にも反するとなじった。清国側のこうした態度の背後には、「琉球処分」を断行した日本が、やがてその勢いを朝鮮や台湾にもおよぼすだろうという危惧《きぐ》があった。

光緒《こうちょ》四年（一八七八＝明治一一年）四月の駐日清国公使何如璋《かじょしょう》（ホールオチャン）から直隷《ちょくれい》総督李《り》鴻章《こうしょう》あての文書にはそのことを、「琉球既ニ滅べバ行《ゆ》イテ朝鮮ニ及バン。（中略）他時日本一度強ナランカ、資スルニ船砲ヲ以テシテ我辺陲《わがへんすい》ヲ擾《みだ》サン。台湾・澎湖《ほうこ》島ノ間、将来一夕《いっせき》ノ安キヲ得《う》ベカラズ」といい、また、「日本既ニ琉球ヲ滅サバ、之ヲ練ツテ兵ト為《な》シ、之ヲ駆《か》ツテ寇《こう》ト為シ、転《うた》タ辺患已《や》ム時無キヲ恐ル」と表明していたのである（前掲『日支外交六十年史』第一巻)。

明治一二年五月から八月にかけて、前アメリカ大統領グラントが日清両国をおとずれた。このグラントの示唆《しさ》で、日本は宮古《みやこ》・八重山《やえ》の両先島《さきしま》を清国にゆずり、かわりに日清修好条規をあらためて、清国内陸部の通商をふくむ列強なみの権利を得ようとする案を提示した。廃藩し、置県したばかりの沖縄県を分割し、その犠牲において日本の条約上の利権を獲得しようとしたのである。

これに対し清国側は琉球三分案、つまり北部(奄美大島)を日本、中部を「琉球王国」、南部(宮古・八重山)を清国へという案を主張した(ただし、清国側のこの三分案が公式に提案されたかどうかは疑わしい、と『沖縄県史』第二巻はみている。前ページ図-29参照)。沖縄出身の歴史家比嘉春潮《ひがしゅんちょう》著『新稿沖縄の歴史』は、つぎのようにいう。

(日清間のこの交渉は)沖縄側では尚泰と極めて少数の親近者がおぼろげに感知して希望的観測をなすの外《ほか》、廃藩置県の現実を見ている一般住民はもちろん、当の宮古・八重山島民の誰ひとり自分らに近づきつつある運命について何一つ知らなかった。また改約によって利益を得るはずのものは、その頃の沖縄人には誰一人もいなかった。

当時、「琉球独立」論をとなえていた民権運動の理論的指導者植木枝盛《えもり》は、この「分島・

改約」案にみられる明治政府のやりかたは、「実ニ残忍酷虐ノ太甚《はなはだしき》矣モノニシテ、野蛮不文ノ極ニ達スルト云フベシ」と『愛国新誌』第二六号（明治一四年三月六日）で、はげしい怒りのことばを投げかけていた。

だが、この「分島・改約」案は、すでに明治一三年（一八八〇）一〇月、日本案どおりに妥結をみていたのである。

そして、たまたま清国側がロシアとの国境にからむイリ（伊犂）問題（イリは中国新疆《しんきょう》の西北部の地名）などに直面していたことから、調印がのびのびになり、ついに廃案となった。こうした偶然的な条件で沖縄は分割をまぬがれたのだ。

「琉球処分」の性格

「琉球処分」は、この「分島・改約」案とあわせ考えなければならない。そこにこの「琉球処分」の性格ははっきりとうかびあがってくる。

かつて伊波普猷《いはふゆう》氏は「琉球処分」を「一種の奴隷解放也」といった（「序に代へて」。喜舎場朝賢著『琉球見聞録』初版大正三年刊所収）。これに対し、戦後その対極に井上清氏の見解が出された。井上氏は琉球を「独自の国」、あるいは「独自の小国家」とみて、その「処分」を「侵略的統一」とみたのである（『岩波講座日本歴史』近代3昭和三七年刊）。また、「琉球処分」は「近代化であり、進歩であり、『歴史的方向』にそうもの」という意見もある

(下村冨士男著「『琉球王国』論」『日本歴史』一七六)。さらに、「あくまで上から押しつけられた」「一種の解放」(比嘉春潮他共著『沖縄』昭和三八年刊)、「上からの民族統一」(新里恵二著『沖縄史を考える』昭和四五年刊)、というような、ニュアンスの異なる見解もつぎつぎに出されている。

これらの「琉球処分」の見解や評価は、一方では明治維新の性格規定にかかわり、他方では琉球の歴史の事実認識の相違からおこっている。が、そのいずれもが「琉球処分」を「民族的統一」とみる点では共通しているのだ。

たしかに「琉球処分」が客観的には「民族的統一」であることは否定できない。しかし、それはあくまで結果論にすぎない。もし「琉球処分」をすでにみてきた「分島・改約」問題とかさねあわせてみるならば、明治維新の一環をなす強権的な「国家的統一」ではあっても、それがただちに「民族的統一」を意味するものでなかったことは明らかであろう。明治政府は民族の一部である沖縄を分割し、それを切りすてることによって、日本の外交上の権利を獲得しようと企図していたのだから。

ましてや、沖縄民衆が「大和世」への幻想をいだいていたからといって、それを「琉球処分」と直結して評価することはできない。それどころか、明治政府は「処分」に抵抗した琉球支配層の優遇策をおこなう反面、沖縄県設置後は逆に旧慣温存策をとり、土地制度も租税制度も地方制度も改革をできるだけのばしていったのである。それは旧来の民衆収奪体制の

表-50　本州・沖縄・北海道の行政対比

	本州	沖縄	北海道
廃藩置県	明治4年	明治12年	(開拓使) 明治2年 (札幌・函館・根室3県)明治15年 (北海道庁)明治19年
徴兵制施行	明治6年	明治31年(1)	(屯田兵制)明治7年,(全道)明治31年
地租改正施行	明治6年	明治32年	明治10年
市町村制施行	明治22年	明治41年(2)	(区制)明治32年 (1級町村制)明治33年,(2級　〃　)明治35年(5)
府県制施行	明治24年	明治42年(3)	(北海道会)明治34年
衆議院議員選挙法施行	明治23年	明治45年(4)	明治35年

(注) (1)小笠原島もこれと同時（勅令第258号)。(2)ただし，「特別制」，本土なみの一般制は大正9年。(3)ただし，「特別制」，本土なみは同上。(4)ただし，宮古・八重山を除く。これをふくめたのは大正8年。(5)2級町村制は北海道独特のもの，住民に公民権はない。

温存・延引策以外のなにものでもなかった。

本州・北海道・沖縄

いま、それらを本州のそれと対比してみよう。地方制度や選挙制度でみても、明治末から大正初年まで、沖縄が「特別制度」（府県制特例）の名のもとにいかに政治的な差別をうけていたかは明らかである。そこには、同一国家内のこととは思えないほどの大きな落差がある。

これは制度上の対比だが、「処分」当時の明治政府の意識は、処分官松田が明治一二年六月三日、首里をはじめ各地の士族代表を那覇《なは》にあつめて「県下士族一般」に発した「告諭」に端的にしめされている。彼は、もしも「処分」への抵抗をやめず、「旧態ヲ改メザルトキハ」、とまえおきして、つぎのようにいったのである。

新県ニ於テハ子等《しら》ハ到底用ユルヲ得《う》可《べか》ラザルモノトナシ、百職皆《み》ナ内地人ヲ取リ、遂ニ此土人ハ一人ノ職ニ就クヲ得ル者ナクシテ、自《みずか》ラ社会ノ侮慢《ぶまん》ヲ受ケ、殆《ほと》ンド一般ト区別サルルコト、恰《あたか》モ亜米利加ノ土人・北海道ノアイノ等ノ如キノ態ヲ為スニ至ルベシ。而《しこう》シテ是《これ》子等ノ自ラ招ク所ナリ（『琉球処分』）。

松田は士族をふくめて琉球島民を「土人」と表現し、ネイティブ・アメリカンや北海道のアイヌと対比しているのだ。沖縄島民へのこの差別意識が、北海道のアイヌの人たちのそれと二重写しになっていることは看過してはなるまい。

北海道との対比という点から、いま一度ふりかえれば、前ページの表-50でもわかるように、北海道と沖縄は、同じように差別的な政治構造のなかで位置づけられている。もしそのちがいを指摘するとすれば、北海道が維新当初から開拓使のもとに、お雇外国人を投入し、〝官〟主導の開拓の実験場として、年々一〇〇万円余の国費投資の場であったのに対し、沖縄では、明治一五年（一八八二）においても年間約二〇万円（沖縄からの総歳入六五万五〇〇〇円余に対して沖縄への地方費歳出四五万五〇〇〇円余）が国庫へ収奪されていることである。

北海道と沖縄では投資と収奪という一見対蹠《たいしょ》的な方向をしめす。しかし、その政治支配のありかたは、ともに内国植民地的であり、北海道が日本資本主義の発展の矛盾のはけ口の役割を果たせば、沖縄は明治政府と琉球旧支配層との癒着《ゆちゃく》のもとに収奪の対象とされていたのである。

明治維新の意義

明治維新は、このようなかたちで北海道と沖縄をつつみこむことによって、近代国家としての日本の統一をなしとげた。日本の近代国家統一過程におけるこの政治支配の構造こそは、同時に、新しい統一国家の権力の座についた明治政府指導者たちの、藩閥中心の政治構造と民衆に対する支配のありかたとかさなりあっていたことは、これまでの本書の叙述で明らかであろう。

そして、この支配構造に対して、「世直し」をめざした民衆は、そのたたかいのなかから、しだいにみずからを政治の主体として自覚しはじめる。公議という支配の思想のキー＝ワードを、民衆が逆にみずからのたたかいの武器に転化している事実をあらためて想起してほしい。やがて、それは欧米の「自由」や「平等」、あるいは「民権」の思想に色あげされることによって、さらに広がりと深まりをもつ組織的な運動となっていく。

明治一〇年代の自由民権運動の全国的な展開は、こうした「世直し」以来の潮流と、支配の思想のわくぐみを自覚的にうちやぶろうとした民衆のたえまない不屈のたたかいが背景になければ実現することはなかったであろう。そのたたかいは同時に、天皇から被差別部落の人々まで、あるいは北海道から沖縄までをつらぬいた、明治藩閥政府の差別の支配構造との対決にほかならなかった。

明治維新は、一九世紀後半における世界資本主義に包摂され、包摂されることによって日本資本主義形成の起点となった「革命」であった。その「革命」は、一方では、右のような近代天皇制国家の支配構造の基礎をつくったが、他方では、その支配の構造に果敢かつ不屈のたたかいをいどむ民衆闘争のあらたな出発点となっているのだ。それゆえにこそ、明治維新は、以後の民衆闘争の「革命」の原点ともなりえたのである。

維新以後の権力は、「王政復古」と天皇の絶対化によって明治天皇制国家の正統性と必然性を主張した。これに対し、それに対決する陣営は、維新の「革命」体験を民衆の側にひきよせ、ひきよせることによって維新の別の可能性を主張し、模索した。すくなくとも明治二七―二八年（一八九四―九五）の日清戦争までは、「王政復古」維新観になじまない多様な維新観が存在したことは、そのひとつの表象とみることができよう（拙著『明治維新観の研究』参照）。

この維新の可能性の主張をかりに「正」の視点とすれば、この可能性が日清戦争を転機に一挙に天皇制権力に圧服、包摂され、これにつづく日露戦争と産業革命を経ることによって、日本帝国主義の成立＝天皇制の確立として体制化していくところに、「負《ふ》」の視点を設定することができる。明治維新はこの「正」「負」の視点から照射しうる側面をあわせもつ政治・軍事・経済、あるいは社会・思想・文化のあらゆる面での一大変革だったのである。それは一九世紀後半の世界史段階でのアジアにおける日本の「革命」の特質であるとともに、それこそが明治維新の性格の複雑さと分析の困難さをもって、いまなおわれわれの前にたちはだかっているのである。

かかる明治維新をいかにトータルにとらえなおすか、本書のアプローチと叙述が今後へのひとつの手がかりになれば幸いである。

学術文庫化にあたって

本書の元版（小学館版『日本の歴史24明治維新』一九七六年二月一日刊、四六判上製、三九〇頁）の文庫化に当って、あらためて元版を読み直し、内容や文章を推敲しながら、いささか感慨を覚えるところがある。

元版はいまから四半世紀前の執筆だが、本書に貫く問題意識は深められこそすれ、いまでも変わりはないし、叙述も生彩を失ってはいない、とひそかに思う。もとより、その後の研究でただされなければならないところは当然ある。とりわけ「第七章　岩倉米欧使節団」は、元版の文章の雰囲気を保ちながら、その後明らかになった事実をふまえつつ、紙数の許す範囲で新たな文章を挿入した。より詳しくは、この間の研究をまとめた拙著『岩倉使節団の歴史的研究』（岩波書店、二〇〇二年）を参照されたい。

他の章も丹念に目を通し、現在では不十分な部分は加除し、表記のミスなどをただし、研究進展の成果をなるべく盛り込むように努力した。

元版の分量をできるだけ圧縮したいという編集部の要請もあって、本書では写真・図版・索引は割愛し（二つの図版〈一三三・一四一ページ〉は残した）、また、地図や表や図表のうち表-35（三二五ページ）だけは氏名を省略したが、あとはそのまま載せてある。そのためページに変化や余裕が乏しくなったがやむをえない。索引割愛は残念である。

本書の前提になる幕末期に関する通史は、拙著『開国と倒幕』（集英社版『日本の歴史』15、一九九二年）を、さらに自由民権運動を含む明治天皇制国家の形成過程と日本近代史の流れをめぐっては、拙著『明治維新』（岩波ジュニア新書『日本の歴史』7、二〇〇〇年）、同『小国主義』（岩波新書、一九九九年、ともに岩波書店）を併読していただきたい。

本書元版の執筆前後、つまり一九七四―七五年には、私は米・ハーバード大学東アジア研究センターにいた。アメリカ滞在中、同大学燕京《エンチン》図書館の書庫を、書斎同様に使わせてもらった。その書庫内のデスクでの日々や執筆中の原稿をもとに、大学院の学生諸君との自由なゼミでの討議などを、いまでも昨日のように想い浮べることができる。同大学での研究と教育の機会を与えて下さったアルバート・M・クレイグ、ハーバード大学名誉教授と同夫人に、あらためて心からなる謝意を表したい。

さらに、本文庫化を快く許された小学館および文庫化に御配慮をいただいた講談社取締役鷲尾賢也氏、そして本書の担当で御面倒をおかけした編集部の渡部佳延部長や坂口美恵子氏をはじめ、文庫制作に携わられた関係者の方々に深謝しつつ、「あとがき」にかえたい。

二〇〇二年一一月四日　　田中　彰

西暦	年号	日本	世界
一八六七	慶応 三	三月 将軍慶喜兵庫の開港勅許を奏請。岩倉具視ら入京を許可。四月 高杉晋作没（29）。五月 土佐藩士板垣退助ら鹿児島藩士小松帯刀らと討幕挙兵を盟約。六月 大政奉還の薩土盟約なる。坂本竜馬船中八策。九月 薩長盟約締結。長芸の出兵盟約。一〇月 土佐藩大政奉還建白書を提出。岩倉具視、大久保利通に討幕の詔書を手交。将軍慶喜、大政奉還を上表。一一月 坂本竜馬（33）中岡慎太郎（30）暗殺。一二月 兵庫開港、大坂開市。小御所会議、王政復古の大号令。この年八月ころ―翌年四月ころ「ええじゃないか」おこる。	四月 北ドイツ連邦成立。六月 オーストリア・ハンガリー二重帝国成立。一〇月 アメリカ、アラスカを領有。
一八六八	明治 一	一月 鳥羽・伏見戦争始まる。二月 徳川慶喜上野寛永寺に閉居。堺事件・英公使パークス襲撃事件。三月 相楽総三ら偽官軍として斬罪。五箇条の誓文。五条の禁令を掲示。四月 江戸城開城。閏四月 政体書。五月 奥羽越列藩同盟成立。上野彰義隊敗れる。新政府太政官札を発行。七月 江戸を東京とする。八月 榎本武揚江戸を脱走。九月 明治と改元。会津藩降伏開城。一〇月 藩治職制。	八月 清の揚州民衆、英人宣教師をおそう（揚州事件）。一二月 英第一次グラッドストン自由党内閣成立。
一八六九	二	一月 薩長土肥四藩主、版籍奉還を上表。政府、諸道の関門廃止を布告。二月 通商司・造幣局を設置。「府県施政順序」で小学校の設立を	五月 米で大陸横断鉄道完成。

		奨励。四月　脱籍浮浪人復籍の措置。五月　五稜郭開城、榎本武揚ら降伏。六月　版籍奉還を許可。七月　政府官制を改革。神祇官・太政官・開拓使ほかを置く。八月　蝦夷地を北海道と改称。この年農民一揆多発。	一一月　スエズ運河開通。
一八七〇	三	一月　大教宣布の詔。長州藩諸隊の脱隊騒動。二月　政府、常備兵編成規則を各藩に達する（新規の兵隊取立禁止）。三月　東京・横浜間鉄道の測量開始。四月　「宣教使心得書」を定め、国民教化運動を進める。七月　民部・大蔵二省を分離（民蔵分離問題）。八月　柳原前光、通商交渉のため渡清。九月　藩制改革を布告。閏一〇月　工部省設置。この年排仏毀釈運動広がる。	六月　天津でキリスト教会焼打される。七月　普仏戦争始まる。九月　仏、共和国を宣言。一〇月　イタリア統一完了。
一八七一	四	一月　東京・京都・大阪間に郵便開始を定める。参議広沢真臣暗殺(39)。二月　薩長土三藩兵で親兵を設置。四月　初めて鎮台を石巻・小倉に置く。五月　新貨条例を定める。七月　廃藩置県の詔書。文部省創設。日清修好条規を天津で調印。八月　「穢多・非人」の称を廃止。九月　田畑勝手作を許可。熊本洋学校開校。一〇月　宗門人別帳を廃止。三井組に委託し、大蔵省兌換証券を発行。一一月　岩倉具視ら特命全権大使一行横浜を出発。全国の県を改廃、三府七二県とする。	一月　ドイツ帝国成立。三月　パリ・コミューン成立。六月　朝鮮の大院君、斥洋碑を全土の都市にたてる。
一八七二	五	二月　土地永代売買解禁。福沢諭吉「学問ノス、メ」初編なる。「東京	五月　ビスマル

		日日新聞」創刊。三月 親兵を廃止、近衛兵を置く。四月 庄屋、名主、年寄などの称を廃止。五月 天皇、中国以西巡幸に出発。六月 岩倉大使、対米条約改正交渉の中止を通告。七月 壬申地券の交付本格化。八月 学制頒布。九月 マリア＝ルス号乗組の清国苦力を清国使節に引渡す。琉球国王尚泰を琉球藩王とする。新橋・横浜間、鉄道開業式。一一月 太陽暦採用。徴兵の詔。国立銀行条例。	ク議会でカトリック勢力に挑戦。八月 清国、最初のアメリカ留学生を派遣。
一八七三	明治 六	二月 切支丹禁制の高札を除去。三月 神武天皇即位日を紀元節と称する。この頃散髪する者が多くなる。五月 井上馨・渋沢栄一、財政改革意見で論議、免官。大久保利通、帰国。六月 第一国立銀行設立。七月 地租改正条例を布告。八月 閣議、西郷隆盛の朝鮮派遣を決定。九月 岩倉具視ら、帰国。一〇月 朝鮮遣使を無期延期、西郷はじめ副島種臣・後藤象二郎・板垣退助・江藤新平ら下野（明治六年一〇月政変）。一一月 内務省設置。一二月 秩禄奉還の法を定める。この年徴兵反対一揆多発。	二月 清国で同治帝の親政始まる。六月 清国皇帝初めて外国使臣と謁見。一一月 仏軍、ハノイを占領。朝鮮の大院君失脚、王妃閔氏一族政権をとる。
一八七四	七	一月 板垣退助ら民選議院設立建白書を提出。二月 江藤新平らの佐賀の乱。閣議、台湾征討を決定。三月 秩禄公債証書発行条例定める。『明六雑誌』創刊。四月 高知に立志社創立。五月 西郷従道台湾に上陸。六月 鹿児島に私学校設立。八月 台湾問題交渉のため、大久保利	三月 ベトナム、フランスの保護国となる（第二次サイゴ

		通渡清。一〇月 北海道屯田兵制を採用。一一月 小野組破産、閉店。	ン条約）。七月 清国、台湾へ五千人の増兵を指令。
一八七五	八	一月 英仏公使、横浜駐屯軍隊の引揚を通告。二月 板垣退助・大久保利通・木戸孝允ら大阪で会合、政治改革で意見一致（大阪会議）。立志社、各地の民権政社によびかけ、愛国社を結成。三月 地租改正事務局設置。四月 漸次立憲政体の詔書。五月 樺太・千島交換条約調印。六月 地方官会議開催。讒謗律・新聞紙条例を定める。九月 江華島事件。出版条例を改正、管轄を内務省に移す。一二月 江華島事件談判のため、黒田清隆・井上馨朝鮮に派遣。	一月 清の光緒帝即位。五月 ドイツ社会主義労働者党「ゴータ綱領」を採択。六月 清国、ベトナムは清国の属領と主張、サイゴン条約承認拒否。
一八七六	九	一月 徳富蘇峰ら熊本花岡山で信教を盟約（熊本バンド）。二月 日朝修好条規調印。三月 廃刀令。六月 天皇、奥羽巡幸に出発。七月 私立三井銀行開業。八月 金禄公債証書発行条例を定める。九月 元老院に勅語を下し、国憲起草を命じる。開拓使、札幌にビール醸造所を設立。一〇月 神風連の乱・秋月の乱・萩の乱起る。一二月 茨城や三重など地租改正反対農民一揆。内務卿大久保利通、地租減額を建議。	二月 朝鮮の儒者崔益鉉、排日を強調。五月 トルコ、青年トルコ党のクーデター起る。九月

一八七七	明治一〇	一月 地租軽減の詔。教部省・東京警視庁を廃止。その事務を内務省管轄とする。二月 西郷隆盛ら兵を率いて鹿児島を出発し、熊本城を包囲。四月 黒田清隆ら政府軍熊本城に入る。西郷軍敗走。東京開成学校と東京医学校を合併し東京大学と改称。五月 木戸孝允没（45）。六月 政府、立志社総代片岡健吉の国会開設建白を却下。八月 第一回内国勧業博覧会上野公園で開かれる。九月 西郷隆盛（51）桐野利秋（40）ら城山で自刃、西南戦争終る。	清・英間に芝罘条約調印。四月 清国、海軍建設のため留学生を英・仏に派遣。ロシア、トルコに宣戦布告（露土戦争）。
一八七八	一一	五月 大久保利通暗殺（49）。六月 第一国立銀行、釜山支店を開業（海外進出の初め）。七月 郡区町村編制法・府県会規則・地方税規則を定める（三新法）。八月 近衛兵の暴動（竹橋事件）。九月 大阪で愛国社再興大会開催。一二月 参謀本部を設置。	六月 独露墺英仏伊土七ヵ国参加のベルリン会議ひらく（サン・ステファノ条約改訂）。
一八七九	一二	三月 琉球藩王に廃藩置県を達し、松田道之、兵隊を率いて首里城を接収。四月 琉球藩を廃し沖縄県とする布告。七月 前アメリカ大統領グラント来日。九月「学制」を廃し「教育令」を定める。	一〇月 清・露間にイリ条約調印。独墺同盟成立。

本書は、一九七六年、小学館より刊行された
『日本の歴史』第二四巻を底本としました。

田中　彰（たなか　あきら）

1928年，山口県生まれ。東京教育大学文学部卒業。同大学院博士課程修了。日本近代史専攻。現在，北海道大学名誉教授。著書に『明治維新政治史研究』『岩倉使節団「米欧回覧実記」』『明治維新観の研究』『開国と倒幕』『小国主義』『岩倉使節団の歴史的研究』など多数がある。

講談社学術文庫

定価はカバーに表示してあります。

明治《めいじ》維新《いしん》

田中《たなか》　彰《あきら》

2003年2月10日　第1刷発行

発行者　野間佐和子
発行所　株式会社講談社
東京都文京区音羽2-12-21　〒112-8001
電話　編集部（03）5395-3512
販売部（03）5395-5817
業務部（03）5395-3615
装　幀　蟹江征治
印　刷　豊国印刷株式会社
製　本　株式会社国宝社

ISBN4-06-159584-9

「講談社学術文庫」の刊行に当たって

これは、学術をポケットに入れることをモットーとして生まれた文庫である。学術は少年の心を養い、成年の心を満たす。その学術がポケットにはいる形で、万人のものになることは、生涯教育をうたう現代の理想である。

こうした考え方は、学術を巨大な城のように見る世間の常識に反するかもしれない。また、一部の人たちからは、学術の権威をおとすものと非難されるかもしれない。しかし、それはいずれも学術の新しい在り方を解しないものといわざるをえない。

学術は、まず魔術への挑戦から始まった。やがて、いわゆる常識をつぎつぎに改めていった。学術の権威は、幾百年、幾千年にわたる、苦しい戦いの成果である。こうしてきずきあげられた城が、一見して近づきがたいものにうつるのは、そのためである。しかし、学術の権威を、その形の上だけで判断してはならない。その生成のあとをかえりみれば、その根は常に人々の生活の中にあった。学術が大きな力たりうるのはそのためであって、生活をはなれた学術は、どこにもない。

開かれた社会といわれる現代にとって、これはまったく自明である。生活と学術との間に、もし距離があるとすれば、何をおいてもこれを埋めねばならない。もしこの距離が形の上の迷信からきているとすれば、その迷信をうち破らねばならぬ。

学術文庫は、内外の迷信を打破し、学術のために新しい天地をひらく意図をもって生まれた。文庫という小さい形と、学術という壮大な城とが、完全に両立するためには、なおいくらかの時を必要とするであろう。しかし、学術をポケットにした社会が、人間の生活にとってより豊かな社会であることは、たしかである。そうした社会の実現のために、文庫の世界に新しいジャンルを加えることができれば幸いである。

一九七六年六月　　　　野間省一